DAVID SCHWARZWÄLDER WOLFGANG HUBERT JÜRGEN MATHÄSS FOTOS: ARMIN FABER

spanien und seine weine

Von Klassik bis Avantgarde

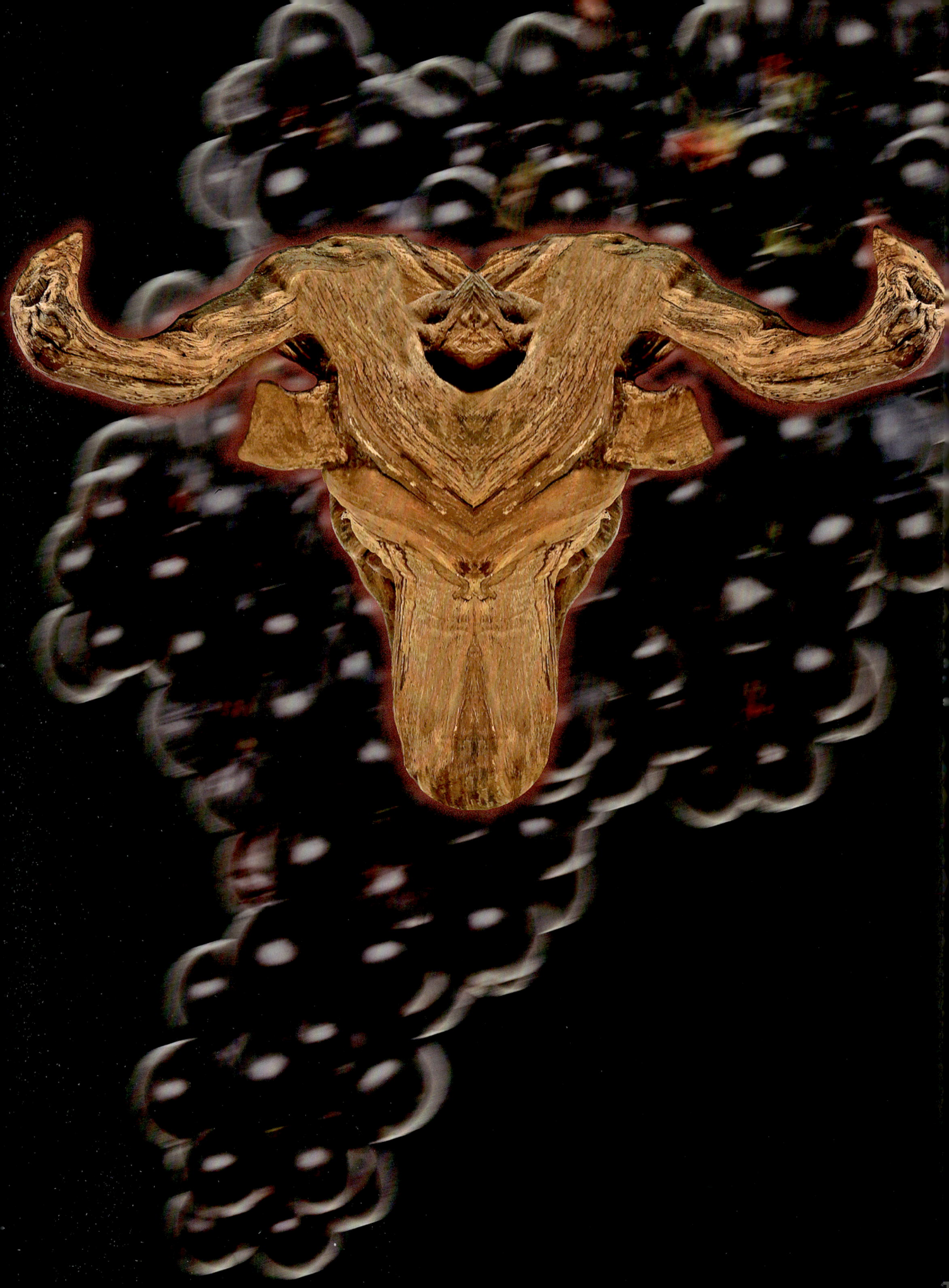

DAVID SCHWARZWÄLDER   WOLFGANG HUBERT   JÜRGEN MATHÄSS   FOTOS: ARMIN FABER

spanien und seine weine

Von Klassik bis Avantgarde

Vorwort

Spanischer Wein – das ist Moderne und Tradition, Dynamik und Gelassenheit, Lebensfreude und Genuss!

Der spanische Wein hat im neuen Jahrtausend seinen festen Platz in der Riege der Weltklasseweine erobert und die Weinwelt mit Qualität und Vielfalt, autochthonen Rebsorten, Spitzenwinzern und höchstbewerteten Weinen überzeugt.

Vielfalt in Flaschen ist Programm, und jede Region hat ihre eigenen autochthonen Rebsorten, ihre Böden, ihre Traditionen und ihre ambitionierten Winzer – allen gemeinsam ist der hohe Qualitätsanspruch und der Wunsch, das Beste aus dem heimischen Terroir herauszuholen.

Eine neue Generation spanischer Winzer krempelt das Bild von Spanien als Weinland gehörig um und begeistert mit neuen Weinen aus altem, oft wiederentdecktem Terroir.

Die positive Entwicklung der spanischen Weine spiegelt sich auch auf den Weinkarten der Restaurants und in den Regalen der Weinhändler wider. Neben den allgegenwärtigen, klassischen und überaus eleganten Weinen der D.O.Ca. Rioja findet man auf dem deutschen Markt ein vielfältiges Angebot verschiedenster Weinstile: von den konzentrierten, fruchtigen Weinen aus Ribera del Duero, den komplexen Gewächsen aus dem Priorato, den kraftstrotzenden Roten aus Toro oder den Weinen der Hauptstadt Madrid bis hin zu den filigranen Albariños und den trockenen und süßen Varianten aus Jerez und, nicht zu vergessen, die Cavas, die Qualitätsschaumweine aus Spanien.

Wenn auch bis vor kurzem das Wissen über spanische Weine und spanische Weinbauregionen beim Endverbraucher noch recht gering war, so hat sich das im Lauf der letzten Jahre enorm verändert. Das Interesse und die Neugierde auf spanische Weine seitens der deutschen Weinliebhaber ist enorm. Es gibt kaum ein anderes Land, in dem den Menschen das Wissen im Allgemeinen und auch das Wissen über den Wein so wichtig ist wie in Deutschland – ein guter Zeitpunkt also für die Publikation eines so umfangreichen Werkes über Wein aus Spanien.

Heute ist die Vielfalt der Regionen und Weine im Handel groß, und nur mit dem unermüdlichen und engagierten Einsatz der vielen großen und kleinen Fachhändler, der Spanien-Spezialisten im Handel und der Importeure spanischer Weine konnte dies erreicht werden. Der Handel und in steigendem Maß auch die Gastronomie und selbstverständlich die Presse haben spanische Weine bekannt und beliebt gemacht. Dafür möchten wir uns an dieser Stelle besonders bedanken.

Schon lange fehlt ein Buch wie dieses, um dem interessierten Weinfreund die wahre Faszination von Spanien als Weinland in all seinen Facetten zu zeigen.

Umso mehr haben wir uns darüber gefreut, als der HALLWAG-Verlag mit der Idee eines neuen Buches über Wein aus Spanien auf uns zukam, wofür wir dem Verlag sehr dankbar sind.

Wir danken auch den Autoren David Schwarzwälder, Wolfgang Hubert und Jürgen Mathäß, die mit ihrem reichen Erfahrungsschatz und ihrem tief gehenden Fachwissen über Spanien und seine Weine auf hervorragende Weise das aktuelle Bild Spaniens gezeichnet haben.

Alle drei Autoren haben hautnah die Entwicklungen der letzten Jahre miterlebt, und ihr Enthusiasmus und Herzblut ist in jeder Zeile spürbar.

David Schwarzwälder hat lange Jahre in Spanien gelebt und die Qualitätsrevolution im Weinbereich vor Ort miterlebt. Man man kann wohl ohne Übertreibung sagen, dass er sich im spanischen Weinsektor so gut auskennt wie kaum ein anderer Autor auf der Welt.

Es ist ein Meisterwerk entstanden, das ein höchst aktuelles und äußerst gründlich recherchiertes, modernes und lebendiges Bild vom Weinland Spanien zeichnet. Stimmungsvolle Bilder aus allen Regionen runden das Buch ab und unterstreichen den hohen Qualitätsanspruch.

Wissen erhöht den Genuss, und dieses neue Buch wird dazu beitragen, Ihr Wissen um die Weine aus Spanien noch weiter zu vertiefen und dabei die manchmal touristisch gefärbte Oberfläche zu verlassen.

Tauchen Sie ein in das moderne, avantgardistische Spanien und erfahren Sie alles über die neuen Tendenzen, die wichtigsten Winzer, die spannendsten Weine und erleben Sie die Vielfalt der Landschaften und Weinstile hautnah.

Wir wünschen Ihnen viel Spaß beim Lesen!

Fernando Hernández-Casquet
Wirtschafts- und Handelsrat

Pablo Calvo
Leiter Abteilung Wein

Sonja Overhage-Mrosk
Stellv. Leiterin Abteilung Wein

SPANISCHE WIRTSCHAFTS- UND HANDELSABTEILUNG
Spanisches Generalkonsulat Düsseldorf

ICEX – WEIN AUS SPANIEN

Inhalt

- 8 Spaniens Weine – eine Entdeckungsreise
- 10 Ein Weinland mit langer Geschichte
- 16 Spanien Übersichtskarte
- 18 Das spanische Weingesetz
- 20 Vinos de Pago
- 24 Kellertechnik – 225 Liter als Maß aller Dinge
- 27 Die Böden
- 30 Die klimatischen Bedingungen
- 32 Bioweine
- 34 Rote Rebsorten
- 40 Weiße Rebsorten

Der Norden von Ost nach West

- 48 Katalonien
  Empordà (Ampurdán) • Pla de Bages • Costers del Segre • Alella • Conca de Barberà • Penedès • Priorat (Priorato) • Montsant • Tarragona • Terra Alta • Catalunya (Cataluña) • Cava
- 80 Aragón
  Somontano • Calatayud • Campo de Borja • Cariñena • Landweine
- 90 Navarra
  Landweine • D.O. Navarra
- 102 Rioja
- 118 Baskenland
- 122 Galicien
  Rías Baixas • Ribeiro • Ribeira Sacra • Monterrei • Valdeorras

Die zwei Hochebenen

- 140 Kastilien-León
  Ribera del Duero • Rueda • Toro • Tierra del Vino de Zamora • Arribes del Duero • Bierzo • Tierra de León • Cigales • Arlanza • Land- und Tafelweine
- 170 Kastilien-La Mancha – Vinos de Madrid
  La Mancha • Landweine • Manchuela • Almansa • Méntrida • Mondéjar • Uclés • Ribera del Júcar • Valdepeñas • Vinos de Madrid

Rundreise durch den Süden

- 202 Valencia
  Alicante • Utiel-Requena • Valencia • Land- und Tafelweine
- 216 Murcia
  Bullas • Jumilla • Yecla • Land- und Tafelweine
- 224 Westandalusien
  Sherry und Manzanilla • Sherrystädte • Sherry-Typen • Condado de Huelva • Landweine
- 240 Zentralandalusien
  Málaga – Sierras de Málaga • Montilla-Moriles • Land- und Tafelweine
- 246 Extremadura
  Ribera del Guadiana

Die Inseln

- 254 Balearen
  Binissalem • Pla i Llevant • Die Landweinregionen • Weine der anderen Inseln
- 262 Kanarische Inseln
  Die Weininsel Teneriffa • D.O.s der anderen Inseln

- 268 Produzentenverzeichnis
- 278 Glossar
- 280 Register
- 288 Impressum

Spaniens Weine – eine Entdeckungsreise

Spanien ist nicht nur eine uralte Weinbaunation, sondern auch eine der wichtigsten, heute mehr denn je. Das Land zählt zu den großen drei Produzenten auf dem Weltmarkt und liefert sich um die Position als Weinexportweltmeister schon seit Jahren ein Kopf-an-Kopf-Rennen mit Italien. Superlative gibt es zuhauf: Neben der größten Rebfläche kann Spanien mit der D.O. La Mancha auch auf das weltgrößte Gebiet für geschützte Qualitätsweine verweisen. Dort, mitten im Don-Quijote-Land, befindet sich auch die größte Winzergenossenschaft. Der größte Barriquekeller der Welt wiederum ist im Besitz einer Rioja-Kellerei am Ebro. So stellt sich Spanien allein hinsichtlich seiner Eckdaten als Weinland ersten Ranges dar.

Als aufmerksamer Weinliebhaber kommt man natürlich nicht umhin festzustellen, dass spanische Weine vermehrt Thema sind. Vorbei sind die Zeiten, als Spanien allein an Sherry, Málaga und Rioja gemessen wurde; Weinkenner überall auf der Welt wissen, Spanien bietet viel mehr. In Ländern wie der Schweiz und England, aber auch in Skandinavien oder Nordamerika sind Spaniens Weine längst in der Sternegastronomie angekommen – und auch die Deutschen haben offensichtlich ein starkes Faible für den spanischen Wein entwickelt.

Der breite wirtschaftliche Erfolg stützt sich natürlich auf ein kommerzielles Erfolgsmodell, in dessen Zentrum weiche, zugängliche und fruchtige Rotweine stehen, die oftmals eher brav als temperamentvoll erscheinen. Offensichtlich kommt es jedoch gerade auf das Gezügelte und Maßvolle an. Der Logik des Marktes folgend, haben die Weinmacher technisch tadellose Arbeit mit verführerisch eingängigem Trinkvergnügen zu vermählen gewusst – allen möglichen allgemeinen Vorurteilen gegenüber südeuropäischen Weinen zum Trotz gehören die spanischen Roten zu den verträglichsten der Welt. Der spanische Mainstream triumphiert, spanische Weine haben Erfolg beim »großen Publikum«.

Zu den beliebtesten spanischen Weinen gehört nach wie vor der Rioja, und Deutschland ist nach den britischen Inseln auch der wichtigste Markt für die Weinmacher am Ebro. Rioja-Weine sind eher fein gebaut als muskulös, Frucht und Holz in der Regel gut verschmolzen. Der Alkoholgehalt ist in der Regel nicht höher als bei einem ausgereiften Spätburgunder aus Baden oder der Pfalz. Spanischer Wein kann ohne Zweifel wuchtig und opulent ausfallen, aber eben auch fein und strukturiert.

Inzwischen ist der spanische Wein aber auch von den anspruchsvollen internationalen Weingenießern geadelt worden, die ihm bis vor 15 Jahren eher zögerlich begegneten und traditionell eher zentraleuropäische Weine tranken. Dies hat sich grundlegend

geändert. Dass der Ehrgeiz der letzten Generation von Winzern und Weinmachern über das spanische Mainstream-Modell hinausgehen würde, war nur eine Frage der Zeit, und in den letzten Jahren zeichnen sich die Konturen einer spanischen Weinwelt ab, wie man sie in der Vergangenheit kaum kannte. In früherer Zeit immer wieder wankelmütige Boomgebiete wie Ribera del Duero haben ihre Qualität auf einem hohen Niveau gefestigt, und kleine Betriebe aus verlorenen Ecken des Landes treten mit Weinen auf, die mit gemütlichem Kommerz wenig zu tun haben.

Insbesondere der Norden Spaniens erweist sich als höchst ergiebig, was originelle, sehr individuell arbeitende Erzeuger angeht. Zudem beschränkt sich die Kreativität der neuen »Weinschaffenden« längst nicht mehr auf rote Trauben. Auf der nördlichen Meseta und im feuchten Nordwesten entstehen Weiße mit bemerkenswertem Profil. Grund genug für die internationale Weingenießerschaft, sich mit der neuen Generation an spanischen Gewächsen zu beschäftigen. Vergessene Gebiete mit großem Bodenpotenzial und eigenständigen Rebsorten bringen einen ganzen Reigen an eleganten, fein strukturierten Weinen hervor, an deren Namen und Bezeichnungen man sich erst gewöhnen muss. Aufgrund der vielen Höhenlagen profiliert sich aber auch der Süden mit ehrgeizigen Gewächsen. All diese Neuheiten sind allemal die Mühe wert, verkostet zu werden, denn sie bilden eine Parallelwelt zum Mainstream und weisen gleichzeitig in die Zukunft.

Die Zukunft – wie wird sie aussehen? Sicherlich kann man Überlegungen zur künftigen Entwicklung des Weinlandes Spanien anstellen. Es ist damit zu rechnen, dass wegen der weltweiten Überproduktion in ganz Europa die Rebflächen schrumpfen werden. In diesem Punkt wird Spanien vornan stehen und sich (wie Frankreich und Italien, die anderen beiden großen europäischen Erzeugerländer) mit den Problemen der Massenproduktion intensiver befassen müssen. Andererseits weist das Land nach Portugal die niedrigsten Hektarerträge auf. Die Rebe ist wie der Olivenbaum eine genügsame Pflanze und stellt sich vor allem im Südosten der Iberischen Halbinsel erfolg-

Traubenselektion im Weingut René Barbier:
Nur die besten Beeren werden verwendet.

reich der drohenden Versteppung entgegen, die von der afrikanischen Küste aus den europäischen Kontinent bedroht. Dem Weinbau kommt in dieser Hinsicht auch in der Zukunft eine wichtige Rolle zu.

Hervorragende Perspektiven tun sich auf dem Feld der Bioweinerzeugung auf. Das Land stellt ob der sprunghaft gestiegen Nachfrage nach dieser Art von Gewächsen zügig Flächen auf ökologischen Weinbau um; das weitgehend trockene Klima bietet in dieser Hinsicht beste Voraussetzungen.

Diskutiert wird heftiger denn je, welche Auswirkungen der Klimawandel haben wird. Hat ein südliches Land angesichts der drohenden Erwärmung überhaupt Perspektiven? Im Falle Spaniens sei dies mit einem klaren Ja beantwortet. Das Land ist im Schnitt gebirgiger als Österreich und bietet daher viele kühle Lagen – man denke nur an die endlosen Hochebenen des kastilischen Kernlandes. Der Weinbau, das heißt die Außenwirtschaft auf dem Feld, wird sich wandeln. Da aber das Land über hervorragend angepasste heimische Rebsorten verfügt, die in Klimata mit starker Sonneneinstrahlung sehr gute Ergebnisse erbringen, stehen die Winzer und Weinmacher Spaniens zwar vor neuen Herausforderungen, aber sicher nicht vor dem Ende.

Ein Weinland mit langer Geschichte

Schon lange vor den Römern wurde auf der Iberischen Halbinsel Weinbau getrieben, zur Blüte brachten ihn die Mönchsklöster im Mittelalter. Heute präsentiert sich Spanien als Weinland, das sogar modernere Züge trägt als Teile der Neuen Welt.

Wann genau in grauer Vorzeit die ersten Weine auf der Iberischen Halbinsel erzeugt wurden, darüber kann man nur spekulieren. Als gesichert gilt, dass die Phönizier im ersten vorchristlichen Jahrtausend in der Gegend von Jerez de la Frontera Weine kelterten – dort, wo heute der Sherry erzeugt wird. Dass auch schon früher Genussmittel aus vergorenem Traubenmost bereitet wurden, ist sehr wahrscheinlich, es kann aber nicht schlüssig bewiesen werden.

Das Erbe der Phönizier traten die Griechen an. Man nimmt an, dass sie als Erste kontrollierten Weinbau im überregionalen Stil betrieben. Auf sie geht möglicherweise auch die erste Rebsortenselektion zurück. Die bis heute als klassisch mediterran geltenden Traubensorten Malvasía und Moscatel fassten möglicherweise erstmals Fuß auf der Iberischen Halbinsel.

Römer, Goten, Mauren

Danach folgten die Römer, und mit ihnen begann der Ausbau der Weinwirtschaft im großen Stil überall südlich der Pyrenäen. Der Weinbedarf des römischen Reiches und seiner Metropole war gigantisch, und die Iberische Halbinsel mit ihren hervorragenden Weinbaubedingungen wurde bald zum Hauptlieferanten. Im 3. Jahrhundert n. Chr. deckten die Provinzen im heutigen Spanien und Portugal die Hälfte des römischen Bedarfs. Schon damals muss Westandalusien eine herausragende Rolle bei der Weinproduktion gespielt haben. Archäologische Unterwasseruntersuchungen förderten intakte Amphoren zutage, die die Inschrift »vinus gaditanus« trugen – Gades ist der alte Name der heutigen Stadt Cádiz.

Über die Genussgewohnheiten der Westgoten, die im Zuge der Völkerwanderung ins Land kamen und nach und nach zum Christentum übertraten, ist weniger bekannt. Belegt jedoch ist eine Vorliebe für Bier ebenso wie für Wein. Sicherlich verschwand bereits unter westgotischer Herrschaft ein Großteil der Rebflächen, die die Römer angelegt hatten. Diese

Die Kathedrale von Santiago de Compostela ist eines der drei wichtigsten Pilgerziele des christlichen Abendlandes.

Entwicklung setzte sich in den ersten 350 Jahren der maurischen Besatzung sicherlich fort, da im Islam der Weingenuss verboten ist. Es gibt allerdings Hinweise darauf, dass zu Zeiten des Kalifats in Córdoba auch auf arabischer Seite Wein konsumiert wurde. Dichtung und lyrisches Liedgut der damaligen Zeit belegen dies.

Aufschwung durch die Klöster

Als sich das Blatt im 12. Jahrhundert wendete und sich der christliche Einfluss im Zuge der Reconquista immer weiter nach Süden ausbreitete, begann eine neue Ära für den iberischen Weinbau. Die Neuzeit der spanischen Weingeschichte setzt ein.

Die Wiedereroberung der Iberischen Halbinsel war ein langwieriges Unterfangen, eher ein Hin- und Herwogen als ein gezielter Vorstoß nach Süden. Truppen verschiedenster Couleur und Herkunft verfolgten die unterschiedlichsten Ziele. Vor allem die kämpfenden christlichen Ordensritter sorgten dafür, dass die den Truppen des Halbmondes mit Mühe abgerungenen Territorien meist gehalten werden konnten.

Der Neubeginn des christlichen Weinbaus ist eng mit den nachrückenden Mönchen verknüpft, die mit ihren Klostergründungen am Ebro und später am Duero die Voraussetzungen für die ersten stabilen christlichen Siedlungen schufen. Mit den Klosterbrüdern kamen Getreide und Weinreben. Insbesondere die erfolgreiche, aber sicherlich mühsame Wiederbevölkerung der ehedem völlig verwüsteten kastilisch-leonesischen Hochebene ist den Brüdern des Zisterzienserordens zu verdanken, die aus Burgund kommend zudem fundierte Erfahrung in Sachen Weinbau mitbrachten.

Zu einer regelrechten Achse des frühen spanischen Weinbaus entwickelte sich auch der Jakobsweg, der ab dem 11. Jahrhundert Pilgerströme ins Land zog. Die Weinberge dehnten sich nach Westen aus; Reben wuchsen nun auch im leonesischen Bierzo und bedeckten die Ufer des Sil im heutigen Galicien. Manche europäische Pflanze und Rebsorte fand ihren Weg ins mittelalterliche Spanien.

Die Terrassen von Álvaro Palacios in der D.O.Ca. Priorat werden mit Eseln bearbeitet, für Maschinen ist es hier zu steil.

Die weiten Hochebenen des Südens, heute landläufig als La Mancha bezeichnet, verdanken den Ursprung ihrer Reben den Rittern des Calatrava- und des Santiago-Ordens. Um das Jahr 1150 soll der burgundische Mönch Raymond de Cîteaux, so lauten die Vermutungen, die ersten Rotweinreben aus seiner Heimat dort angesiedelt haben.

Zur selben Zeit trat das Rioja-Gebiet in Erscheinung. Gonzalo de Berceo, Kleriker und Poet, erwähnt den Rioja-Wein in seinem Werk, das als erstes Beispiel geschriebener kastilischer Sprache in die Kulturgeschichte eingegangen ist. Auch in Katalonien entstanden Rebgärten in großem Umfang, der Handel mit Wein erstarkte, und im Austausch mit den mediterranen Anrainervölkern Griechenland und Italien gelangten neue Rebsorten auf die Iberische Halbinsel.

12 EIN WEINLAND MIT LANGER GESCHICHTE

Die bergigen Landschaften Nordspaniens wurden im Mittelalter von Ritter- und Mönchsorden mit Reben bepflanzt.

Aufstieg und Fall des spanischen Weltreichs

Eine neue Ära brach an. Spanien entwickelte sich zum wichtigen Exportland und lieferte seine Weine nicht nur auf die britischen Inseln, sondern nach ganz Europa. Die Entdeckung Amerikas im Jahr 1492 öffnete dem Weinmarkt völlig neue Perspektiven; die Produzenten begannen zwischen Weinen für den Export und solchen für den Eigenkonsum zu unterscheiden. Die hafennahen Gewächse aus Jerez, Málaga, Alicante, den Kanarischen Inseln sowie die *vinos tostados* aus Ribadavia entwickelten sich zu begehrten Exportweinen, während Alaejos, Cigales, Medina del Campo, Rioja und Toro – um nur einige Gebiete zu nennen – den Inlandsbedarf abdeckten.

Gegen Ende des 15. Jahrhunderts gelang es einem Kommandanten der Flotte des Freibeuters Francis Drake, Cádiz und Jerez zu plündern, 3000 Sherryfässer zu erbeuten und sie auf dem englischen Markt zu veräußern. Diese zunächst als Tragödie bewertete Episode weckte jedoch die Begehrlichkeit des angelsächsischen Adels nach Sherry in einer Weise, dass die Popularität dieses Weins aus dem heutigen Sherrydreieck ungeheuer stieg. Sherry avancierte zum populärsten Wein seiner Zeit und zog im folgenden Jahrhundert spanische Gewächse anderer Gegenden, insbesondere den »Canary Sack«, in einen wahren Absatzrausch. Englands großer Dichter Shakespeare hat diese Weine in seinen Werken verewigt.

Spaniens goldenes Zeitalter, das *siglo de oro* von der Mitte des 16. Jahrhunderts bis tief in das folgende Jahrhundert hinein, bescherte dem Land einen spektakulären Aufstieg. Malerei, Literatur und Architektur erlebten eine nie gekannte Blütezeit. Der Edelmetallzufluss aus den neuen Kolonien erreichte seinen Höhepunkt, das spanische Weltreich befand sich auf dem Gipfel seiner Macht – nur um danach einen radikalen Niedergang zu erleben, ausgelöst durch eine

Im 13. Jahrhundert schließlich eroberte Alfons X. die westandalusische Stadt Jerez de la Frontera und vergab an seine treuen Kämpfer Grundstücke – unter anderem mit der Verpflichtung, Wein und Getreide darauf anzubauen. Weiter im Norden, im Duero-Tal, ergriff man vor dem Hintergrund der schnell anwachsenden Rebflächen bereits die ersten protektionistischen Maßnahmen. Die ersten großen kommerziellen Erfolge für die Winzer im Sherrygebiet kamen dagegen erst zu Beginn des 15. Jahrhunderts: Heinrich I. von England schlug den spanischen Herrschern ein Tauschgeschäft vor – englische Wolle gegen südspanischen Wein. Im August 1483 entstand schließlich das erste ordnende Gesetzeswerk, in dem Pflanzungen und Ausbau des Sherry-Weins im Gebiet geregelt wurden. Schon damals wurde ausdrücklich der Ausbau in Holzgebinden empfohlen. Das Dokument, bekannt unter der Bezeichnung *Ordenanzas del Gremio de la Pasa y la Vendimia de Jerez,* ist noch heute einzusehen.

enorme Staatsverschuldung. Die horrenden Kosten der Kriege zur Verteidigung des Imperiums und des katholischen Glaubens stürzten die spanische Nation in eine nachhaltige Krise.

Nichtsdestotrotz verzeichneten Jerez und seine Nachbargebiete mit ihren *vinos generosos,* den mit Weinalkohol verstärkten Weinen, eine zunehmende Nachfrage. Das 18. Jahrhundert stand weingeschichtlich ganz im Zeichen der Entwicklung im Sherrygebiet. Engländer, Iren, Flamen und Franzosen ließen sich nieder und gründeten viele der berühmten Häuser, die bis heute mit ihren klangvollen Namen für die einzigartigen Weine des »Marco de Jerez« stehen. Gleichzeitig erlebte Málaga eine erste Blütezeit, und in der Rioja versuchte sich der Kleriker Manuel Quintano erstmals an modernen Weinbereitungsmethoden wie dem Ausbau in Eichenholz.

Der Weg in die Moderne

Doch mussten noch einmal fast 100 Jahre vergehen, bis die Franzosen auf der Flucht vor Mehltau- und Reblausplagen nach Nordspanien drängten, um sich mit frischem Wein zu versorgen. In erster Linie Rioja, aber auch Navarra und aragonesische Weingebiete wie Cariñena schlossen die französische Produktionslücke und profitierten im Austausch von der modernen französischen Kellertechnik. Der Grundstein für den Siegeszug der feinen Rioja-Tischweine war gelegt. Die erste Bahnlinie ins Ausland diente nur dem Zweck, große Holzgebinde mit Rioja-Wein von Haro an die französische Grenze bei Irún zu befördern. Das Anbaugebiet am Ebro erlebte einen beispiellosen Boom, die Kleinstadt Haro, nicht einmal Provinzkapitale, zählte mehr Casinos, Freudenhäuser und bedeutende Bankniederlassungen als die Hauptstadt Madrid. Legendäre Erzeugerbetriebe wie Marqués de Murrieta und Marqués de Riscal entstanden.

Für den Flaschenwein berühmt wurden allerdings die *Jerezanos:* José de la Peña, Onkel des Gründers der Kellerei González Byass, verwirklichte seine visionäre Idee vom Wein im »Glasflakon« und füllte mit seinem Tío Pepe 1850 den ersten kommerziellen Flaschenwein des Landes ab.

Die spanische Weinwirtschaft stand auf ihrem Zenit. Auf über 1,8 Millionen ha wurde produziert, die Exporte beliefen sich auf die für die damalige Zeit sagenhafte Menge von über 11 Millionen hl im Jahr.

Wenige Jahre zuvor hatte Josep Raventós, Spross einer katalanischen Winzerdynastie, in den Kellern des späteren Cava-Hauses Codorníu nach Champagnervorbild den ersten spanischen Schaumwein mit Flaschengärung kreiert.

Die Reblaus setzt dem spanischen Weinboom schließlich ein Ende, wobei das Insekt über 25 Jahre benötigt, um alle Gebiete zu erreichen. Das erste Viertel des 20. Jahrhunderts steht folglich ganz im Zeichen der Wiederbestockung der zerstörten Weinberge, die anschließend einen gänzlich anderen Rebsortenspiegel aufweisen als vor der Plage. Die Weißweintrauben Airén und Palomino, aber auch die roten Sorten Bobal und Garnacha spielen von nun an eine Hauptrolle im spanischen Weinbau.

Die Sherry-Bodega Gonzáles Byass betreibt heute einen der größten Weinkeller der Welt.

Auch die Entstehung der genossenschaftlichen Bewegung fällt in diese Zeit. Der spanische *cooperativismo* hält dann auch den spanischen Weinbau bis weit in die 1970er-Jahre fest im Griff.

Einerseits bekennen sich die Spanier mutig zu Qualität und Kontrolle – in den Dreißigern entsteht mit dem *Estatuto del Vino* das erste spanische Weingesetz, und das System der geschützten Herkunftsbezeichnungen wird aus der Taufe gehoben –, andererseits liefert sich der Wein produzierende Sektor fast gänzlich dem Fassweinmarkt aus. Eine Schicht kleiner und mittelständischer Erzeuger entsteht erst gar nicht.

Moderne Architektur prägt heute bei vielen erfolgreichen Weinkellereien das Bild, wie hier beim mittlerweile zu Torres gehörenden Weingut Jean Léon.

Schwere Zeiten

Das Grauen des Bürgerkriegs nimmt der Wirtschaft schließlich jeden Elan, und die Kapitalströme versiegen. Die nachfolgenden Hungersnöte und General Francos verbissener Wille, das Land abzuriegeln und damit zwangsläufig autark zu machen, führen dazu, dass Weinreben nahezu überall im Land Getreidefeldern weichen müssen. Vorausgegangen waren eine Reihe von Missernten, die den spanischen Durchschnittsertrag Ende der 1940er-Jahre auf einen absoluten Tiefpunkt brachten.

Dennoch steigt Spanien ab der Jahrhundertmitte zu einem der wichtigsten Fassweinproduzenten auf, der seine Produkte in alle Welt verschifft. Dann, in den Siebzigerjahren, beginnt sich der spanische Weinkoloss mit seinen 1,6 Millionen ha zu bewegen. Ein neues spanisches Weingesetz tritt 1970 in Kraft. Es enthält erstmals exakt definierte Statuten, deren Qualitätsstufen für Weiß-, Rosado- und Rotweine auf der Reifezeit im Fass und auf der Flasche basieren. Die Termini *crianza, reserva* und *gran reserva* werden mit gesetzlichem Inhalt erfüllt.

Der Weg zum Erfolg

Das Ende der Diktatur, die Liberalisierung der gescheiterten franquistischen Planwirtschaft und tatkräftige Leute wie Miguel A. Torres und Carlos Falcó bringen Bewegung in die erstarrte Weinszene. Bedächtig kommt eine Modernisierungswelle in Gang, zudem entstehen neue Qualitätsweingebiete. Ribera del Duero mit Weinen wie Tinto Pesquera werden schnell bekannt, die Flaschenweinproduktion schnellt überall nach oben. Der Beitritt zur Europäischen Gemeinschaft im Jahr 1986 öffnet die Tore für den Export in die großen Konsumländer des europäischen Marktes. Es gibt, so mag es im Rückblick erscheinen, plötzlich kein Halten mehr. Die Investitionsfreude steigt mit der Begeisterung der Spanier für ihren eigenen Wein. Die Zeit der großen Erneuerer wie Álvaro Palacios, Agustín Santolaya, Peter Sissek und Telmo Rodríguez bricht an. Im Sommer des Jahres 2003 tritt endlich das lang erwartete neue spanische Weingesetz in Kraft. Es trägt der Entwicklungen des spanischen Weinbaus der letzten

Jahrzehnte Rechnung und schafft mit den *vinos de pago* eine neue Qualitätsebene, die Lagenweine anerkennt und schützt. Heute produzieren alle 17 Regionen des Landes Wein, wobei Asturien und Kantabrien bislang nur Landweinanerkennungen vorweisen können. Gut ein Dutzend Organisationen privater und staatlicher Natur wachen inzwischen über die Qualität des spanischen Weins. Eine der wichtigsten ist das *Observatorio del Mercado del Vino* (OEMV), das die Entwicklungen des Sektors genau beobachtet. Oberste Kontrollinstanz ist natürlich das Ministerium für Landwirtschaft, Fischfang und Ernährung *(Ministerio de Agricultura, Pesca y Alimentación)* in Madrid, auf Regionalebene sind es die *Consejerías de Agricultura*.

Heute hat die spanische Weinwirtschaft alle Versäumnisse der Vergangenheit mehr als nachgeholt. Man kann sogar sagen, dass die Entwicklung des europäischen Weins in den letzten 20 Jahren in gewisser Weise auch im Zeichen des spanischen Weins stand, der mehr Entwicklung und Elan gezeigt hat als selbst die großen Aufsteiger der Neuen Welt. Die Wiederentdeckung wertvoller heimischer Rebsorten und das Bekenntnis zur ihrem zwar schwierigen, aber auch hochinteressanten Terroir beflügeln die spanischen Winzer zu qualitativen Spitzenleistungen. Bleibt zu wünschen, dass Spanien bei so viel Moderne dennoch den eigenen Charakter zu bewahren weiß. Denn Eigenständigkeit ist keine Tugend, in heutigen Zeiten ist sie ein Muss.

SPANIEN: ZAHLEN UND FAKTEN

Bevölkerung: 46 Millionen, davon 5,2 Millionen Ausländer
Bevölkerungsdichte: 91 Personen pro Quadratkilometer
Ausdehnung in Quadratkilometern: 504,6 Millionen
Regierungsform: Parlamentarische Monarchie
Struktur: Aufgeteilt in 17 Autonome Regionen, diese wiederum in 59 Provinzen
Durchschnittliche Höhe: 650 Meter ü. d. M.
Rebfläche: 1 096 500 Hektar
  Davon Tafeltrauben: 31 000 Hektar
  Davon Rosinen: 3300 Hektar
Anteil an weltweiter Rebfläche: 14 %
Winzer: 375 000
Rebsorten registriert und in Produktion: 179
Wichtigste Sorten in Prozent: Airén 26 %, Tempranillo 19 %, Bobal 8 %
Verhältnis weiße zu roten Trauben: 46 % zu 54 %
Produktion: 38–40 Millionen Hektoliter jährlich
  Davon entfallen auf Traubenmost: 5 Millionen Hektoliter
Pro-Kopf-Verbrauch: 20 Liter
Exportvolumen: 16–17 Million Hektoliter (weltweit Nummer 2 nach Italien)
Umsatz Weinsektor in Spanien: 5 Milliarden Euro
Anzahl der Erzeugerbetriebe: 4200
Registrierte Marken: 20 000
Anzahl der anerkannten Herkunftsbezeichnungen für Lagenweine (Vino de Pago): 7
Anzahl der qualifizierten geschützten Herkunftsbezeichnungen (D.O.Ca.): 2
Anzahl der geschützten Herkunftsbezeichnungen (D.O.): 65
Anzahl Qualitätsweine bestimmter Anbaugebiete (Vino de Calidad): 2
Anzahl Landweingebiete (Vino de la Tierra): 33

ÜBERSICHTSKARTE 17

Das spanische Weingesetz

Den Begriff Gran Reserva kennt wohl jeder Weingenießer. Was aber steckt hinter Kürzeln wie VdT oder VCIG, und was ist ein Vino de Pago? Antworten gibt das neue Weingesetz.

Spanien hat eine der modernsten und verbraucherfreundlichsten Weingesetzgebungen der Welt. Dank einer 2003 durchgeführten Reform und aufgrund der kontinuierlichen Aktualisierung der Regelungen wurde mittlerweile ein sehr hoher Standard erreicht, von dem alle Beteiligten profitieren. Besonders attraktiv sind die nun geltenden Vorschriften für Händler und Weinfreunde, die sich anhand der Etikettenangaben besser orientieren können als je zuvor. Vorbei sind allerdings die Zeiten, als es genügte, die Bezeichnungen D.O., Crianza, Reserva und Gran Reserva zu kennen. Betrachtet man die Qualitätsstufen heute, beginnend mit den einfachsten Weinen, so gibt es zunächst Vino de Mesa (VdM) und Vino de la Tierra (VdT oder VT), gefolgt von der Gruppe der Qualitätsweine mit Indicación Geografica Viñedos de España, Vino de Calidad con Indicación Geografica (VCIG), Denominación de Origen (D.O.), Denominación de Origen calificada (D.O.Ca.) und Vino de Pago (in Katalonien: Vi de Finca). Die Bezeichnungen Crianza, Reserva und Gran Reserva, die Auskunft über die Lagerdauer in Holzfass und Flasche geben, sind den Qualitätsweinen vorbehalten. Diese tragen außerdem alle ein Rückenetikett mit der Prüfnummer ihrer zuständigen Behörde.

Vor der Freigabe der Rückenetiketten – dieses Prozedere ist auch mit dem neuen Gesetz gleich geblieben – werden alle Qualitätsweine einer behördlichen Prüfung in Bezug auf Geruch, Geschmack, Aussehen und Farbe unterzogen. Nationale Behörde für alle Qualitätsweine ist das Instituto Nacional de Denominaciónes de Origen (INDO), wobei jedoch für jede D.O.-Region ein eigener Consejo Regulador (Kontrollrat) zuständig ist. In dieser neuerdings interprofessionellen Vereinigung sitzen Vertreter der Winzer, Produzenten, Händler, Mitglieder des Landwirtschaftsministeriums und Wissenschaftler. Diese Behörde definiert mit dem *Reglamento* unter anderem die zugelassenen Rebsorten, den Höchstertrag pro Hektar, die Bepflanzungsdichte, den Rebschnitt und die Herstellungsmethoden wie Reifetechnik, Alkoholgehalt, Restzucker und Trockenextraktwerte. Bevor der Wein dann in den Handel gelangt, wird er von einem – seit dem neuen Gesetz unabhängigen – Kontrollorgan geprüft.

Die einzelnen Qualitätsstufen

Vino de Mesa entspricht dem Tafelwein, der untersten EU-Stufe. Zuständig dafür ist das in allen Ländern geltende EU-Recht. Viele schlichte Supermarktweine gehören in diese Gruppe, unter anderem auch einige der größten Markenweine Spaniens.

Bei **Vino de la Tierra** handelt es sich um Landwein, der, wie der vergleichbare französische Vin de Pays, eine geografische Herkunft hat, vorgeschriebene Rebsorten enthalten und bestimmte Produktionsregeln befolgen muss. Das Etikett nennt die Herkunft, zum Beispiel Vino de la Tierra de Castilla. Die Rebsorten- und Produktionsregeln sind weniger streng als bei den höherwertigen Qualitätsweinen. Neu sind definierte Reifestufen für Landweine: mit 18 Monaten Reifezeit darf er sich Noble nennen, mit 24 Monaten Añejo und mit 36 Monaten Viejo. Es gibt derzeit 33 definierte Vinos de la Tierra.

Im Jahr 2006 wurde eine neue, übergreifende Ursprungsbezeichnung für Qualitätsweine eingeführt, die aus mehr als einer Region stammen: **Indicación Geográfica Viñedos de España**. Die teilweise umstrittene Regelung wird allerdings in den Regionen Baskenland, Galicien, Kastilien-León und La Rioja nicht umgesetzt.

Neu seit 2003 ist die Bezeichnung **Vino de Calidad con Indicación Geográfica**, VCIG. Sie steht für eine Eingangsstufe in die Gruppe der Qualitätsweine und ist die Vorstufe zur D.O. Mitte 2009 existierten zwei solcher Bezeichnungen, die VCIG Benavente und die VCIG Valtiendas.

Die **Denominación de Origen**, D.O., ist die traditionelle geschützte Herkunftsbezeichnung für Weine aus einem eingegrenzten Gebiet. Sie entspricht der französischen AOC und der italienischen DOC. Ein Consejo Regulador legt die Grenzen des Gebiets fest, bestimmt Rebsorten, Produktionsregeln und zugelassene Weinarten. Mitte 2009 gab es 65 klassifizierte D.O.-Gebiete. Seit 2003 gilt die Regelung, dass ein Gebiet nur zur D.O. aufsteigen kann, wenn es zuvor mindestens fünf Jahre den VCIG-Status besaß.

Die Bezeichnung **Denominación de Origen Calificada**, D.O.Ca., stellt noch höhere Ansprüche an die Herkunftsregion. Beispielsweise dürfen im Gebiet maximal 2 % nicht klassifizierter Weinberge existieren. Der Bereich muss zumindest zehn Jahre D.O.-Status besessen haben, die Weine dürfen das Gebiet nur abgefüllt verlassen. Derzeit sind Rioja und Priorat die einzigen D.O.Ca.-Gebiete.

Die 2003 eingeführte Qualitätsstufe **Vino de Pago** bezeichnet Weine aus besonderen Einzellagen (spanisch *pago*). Ein solcher Pago muss ein eigenes Mikroklima aufweisen, das ihn von seiner Umgebung unterscheidet, die Lage muss traditionell für besondere Weinqualität bekannt sein, und der Name soll bereits seit mindestens fünf Jahren verwendet worden sein. Ein Qualitätskontrollsystem muss vorhanden sein, das zumindest die Richtlinien für eine D.O.Ca. erfüllt. Die Regionalregierungen haben die genauen Richtlinien bisher recht unterschiedlich festgelegt. So muss ein Pago in einigen Regionen nicht unbedingt innerhalb eines D.O.- oder D.O.Ca.- Bereichs liegen.

Reifestufen

Nach wie vor Gültigkeit besitzen die Reifestufen innerhalb der Kategorie der Qualitätsweine, die sich nach der Lagerdauer in Holz und Flasche richten. Dabei legt das Gesetz nationale Mindestvorschriften fest, die in einzelnen D.O.s auch verlängert werden können.

Joven ist eine Bezeichnung für einen Jungwein, der bereits im Jahr nach der Weinlese verkauft wird und nur maximal sechs Monate oder überhaupt nicht im Fass gereift ist. Gelegentlich werden Weine mit kürzerer Fasslagerung als **Semicrianza** oder **Roble** offeriert. Diese Bezeichnungen sind inoffiziell, die Weine gehören in die Kategorie Joven. Vermehrt werden auch hochwertige Prestigeweine als Joven auf den Markt gebracht, wenn die Produzenten sich bei den Lagerzeiten nicht an die Vorschriften halten, sondern eigene Wege gehen.

Crianza muss zumindest 24 Monate gereift sein, davon 6 Monate im Eichenfass, den Rest der Zeit in der Flasche. **Reserva** reifte mindestens 36 Monate, davon zumindest 12 Monate im Eichenfass. **Gran Reserva** muss wenigstens 60 Monate gereift sein, davon mindestens 18 Monate im Eichenfass. Diese Vorgaben beziehen sich auf Rotweine. Für Weiß- und Roséweine, von denen es nur selten Reservas oder Gran Reservas gibt, gelten kürzere Lagerzeiten.

Vinos de Pago

Als pagos werden in Spanien traditionell Einzellagen mit besonderen Eigenschaften bezeichnet. Dem will die 2003 geschaffene neue Qualitätsstufe Vino de Pago im Weingesetz Rechnung tragen: Sie soll die höchste Kategorie im Qualitätssystem darstellen.

Wie alles Neue in der Weinwelt ist allerdings die konkrete Umsetzung der neuen Kategorie in der Praxis nicht einfach. Der neue Status soll nur Weinlagen zuerkannt werden, die wegen ihrer Bodenbeschaffenheit und ihrem besonderen Kleinklima einzigartig sind und aus deren Reben auch ganz besondere Weine erzeugt werden. Die Weine müssen mindestens fünf Jahre lang die jeweils erforderlichen Qualitätsvorschriften erfüllen. Die Regelung der Details wurde den einzelnen Regionalparlamenten überlassen.

Bislang können sich offiziell nur vier Betriebe in Castilla-La Mancha und drei in Navarra mit dieser Auszeichnung schmücken. Zudem sind die vier anerkannten Pagos Kastiliens eigenständige D.O.-Regionen, die jeweils nur aus einer einzigen Bodega mit speziellen Qualitätsansprüchen bestehen, nämlich D.O. Dominio de Valdepusa, D.O. Pago Guijoso, D.O. Finca Élez und D.O. Dehesa del Carrizal.

Der Pago-Pionier

Hinter jeder dieser neuen D.O.s steht eine eigene, interessante Geschichte, vor allem bei der D.O. Dominio de Valdepusa von Carlos Falcó, dem Marqués de Griñon. Noch im letzten Jahrzehnt hätte er wohl nur im Traum daran gedacht, dass er eines Tages seine eigene D.O. erhalten würde. Dabei ist es nur der gerechte Lohn für die vielfältigen Aktivitäten, mit denen der gelernte Agronom so manchen Behörden Kopfschmerzen bereitete. Heute weiß jeder den Ex-Agrarrebellen zu schätzen. Schon vor Jahrzehnten pflanzte Falcó in den Bergen von Toledo als erster Winzer Reben an, brachte 1974 die damals noch nicht zugelassene Sorte Cabernet Sauvignon nach Castilla-La Mancha und musste sich so manchen Spott anhören. Auch seine Vorlieben für andere Sorten wie Petit Verdot, Syrah oder Graciano, die früher nicht in der Mancha anzutreffen waren, brachten ihm anfangs eher Ärger ein. Und dass er den französischen Önologen Michel Rolland und dessen nicht minder bekannten, inzwischen verstorbenen Landsmann Émile Peynaud als Berater konsultierte, gefiel längst nicht allen Kollegen und Kritikern.

Weingenies sind eben nicht immer gleich zu erkennen, und dass er eines ist, bewies er unter anderem, übrigens als erster Winzer weltweit, mit der Einfüh-

Der Pionier der Vinos de Pago: Carlos Falcó vom Weingut Marqués de Griñon.

rung der Tropfbewässerung im Weinberg. Längst hat er auch ein Messsystem für die Wasseraufnahme der einzelnen Pflanzen installieren lassen, um die jeweils optimale Menge ermitteln zu können.

Dass Carlos Falcó exzellente Weine erzeugt, wusste man spätestens seit der Präsentation des ersten spanischen sortenreinen Petit Verdot. Aber erst seit Robert Parker im Jahr 1995 fünf Weine des Marqués de Griñon mit Spitzenbewertungen versah, galt der Prophet auch im eigenen Lande als Toperzeuger.

Nun ist Carlos Falcó auch ein Mann mit Einfluss, und so durfte er seine offiziell einst als reine Tafelweine eingestuften Qualitäten aus dem Weingut in Malpica de Tajo mit der Bezeichnung »Vino de Mesa de Toledo« und der Jahrgangsangabe auszeichnen. Folgerichtig erhielt er bei der Einführung des neuen Weingesetzes 2003 auch als einer der ersten Betriebe für seine Einzellage Dominio de Valdepusa, die zum Teil bereits seit 1292 zum Besitz der Familie gehört, den neu geschaffenen Status Vino de Pago.

So werden nun die Weine des Marqués de Griñon als D.O. Dominio de Valdepusa produziert – eine Herkunftsbezeichnung, die nur für dieses Gut gilt. Ob als Summa Varietalis aus Syrah, Cabernet Sauvignon und Petit Verdot oder als jeweils rebsortenreines Gewächs aus diesen Sorten, herausragend sind alle diese Weine. Das bisherige Spitzenerzeugnis ist der nach Beeren duftende Emeritus aus Cabernet Sauvignon, Syrah und Petit Verdot, der mit Noten von Rosen, Minze, Gewürznelken, Paprika, Lavendel und Zedernholz aufwartet.

Nun aber kommt die Krönung auf den Markt: Der Wein aus dem Jahrgang 2004 namens AAA, angelehnt an das Ranking von Finanzinstituten für die besten Unternehmen, besticht durch seine Opulenz, elegante Frucht, würzige Noten, die feine, präsente Tanninstruktur und die enorme Länge. Auf eine Angabe der verwendeten Rebsorten will der Marqués indes verzichten. »Ich möchte hier den Wein in den Vordergrund stellen und nicht seine inhaltliche Zusammenstellung«, meint er dazu.

Die D.O. Dominio de Valdepusa besteht aus einem einzigen Weingut: Marqués de Griñon bei Toledo.

Weitere Pagos in Castilla-La Mancha

Auch Manuel Manzaneque von Viñedos y Bodega Manuel Manzaneque gehörte mit der D.O. Finca Élez zu den Ersten, die sich mit der Anerkennung als Vino de Pago schmücken durften. Der mit Auszeichnungen überhäufte Schauspieler, Theaterdirektor und Produzent produziert nebenher seit etwa 20 Jahren auf einer Höhe von 1080 m in der Sierra Alcarazas im Süden der Provinz Albacete seinen eigenen Wein. Hier herrscht aufgrund der exponierten Höhe ein spezielles Mikroklima mit sehr starken Temperaturunterschieden zwischen Tag und Nacht, die oft über 20 °C ausmachen. Auf den rund 40 ha Rebflächen stehen die Sorten Cabernet Sauvignon, Merlot, Tempranillo, Syrah und Chardonnay. Aus den beiden Letzteren keltert Manuel Manzaneque sortenreine

Die Hauptgebäude des Weinguts Señorio de Arínzano in Navarra.

Weine, wobei sein fruchtbetonter, würziger Chardonnay stets zu den besten Spaniens zählt und der Syrah mit einer Aromatik aus dunklen Waldfrüchten, Gewürzen und Kakao glänzt. Daneben gibt es noch den Finca Élez Crianza mit Cabernet Sauvignon als Hauptpartner, den Escena auf Tempranillo-Basis und den Nuestra Selección aus Cabernet Sauvignon, Tempranillo und Merlot, der mit herrlicher Frucht, mineralisch-erdigen Noten und einer sehr guten Tanninstruktur überzeugt.

Als dritter Betrieb erhielt das 1993 gegründete Weingut Bodegas y Viñedos Sánchez Muliterno den D.O.-Status für seinen Pago Guijoso. Die 72 ha umfassenden Weinberge liegen von Bäumen umsäumt auf einer Höhe von rund 1000 m, und auch hier betragen die Tag-und-Nacht-Unterschiede oft über 20 °C. Die nährstoffarmen Böden enthalten neben Lehm und Kalk viele Kieselsteine, die der D.O. auch ihren Namen gegeben haben – *guijarro* bedeutet Kiesel.

Sie werden mit modernster Technik bewässert. Multiunternehmer Eduardo Sánchez Muliterno, der inzwischen seinem Sohn Juan die Leitung der Bodega überlassen hat, ließ darauf neben Tempranillo vor allem Cabernet Sauvignon, Merlot, Syrah, Sauvignon blanc und Chardonnay pflanzen. Mit der Sorte Chardonnay hat er bislang den größten Erfolg, der Divinus gilt als bester Wein des Hauses und präsentiert sich mit feiner Frucht, blumigen Noten und einem harmonischen Gesamteindruck. Daneben werden auch die D.O.-Weine Vega Guijoso, Viña Consolación und Magnificus erzeugt.

Die jüngste D.O. in der Mancha schließlich heißt D.O. Dehesa del Carrizal und gehört dem erfolgreichen Unternehmer Dr. Gómez Sequeira. Der ließ sich 1984 von seinem Jagdpartner Carlos Falcó überzeugen, auf einem bislang für den Weinanbau ungenutzten Gebiet im Valle del Bullaque Reben zu pflanzen. Die Voraussetzungen schienen aufgrund der Höhenlage zwischen 800 und 900 m und einem nahe gelegenen Stausee ideal zu sein. Zwei Jahre danach war es so weit, und die ersten 8 ha wurden mit Cabernet Sauvignon angelegt. 1994 schließlich ließ Gómez Sequeira eine Kellerei bauen, erweiterte kontinuierlich die Rebflächen und bestockte sie zusätzlich mit Syrah, Merlot, Chardonnay und Tempranillo. Mittlerweile werden sechs Weine angeboten, darunter drei Cuvées, ein Chardonnay sowie erstklassige Weine aus Syrah und Cabernet Sauvignon, die mit intensiver Frucht, mineralischen Anklängen und einem sehr langen Finale überzeugen.

Die Navarra-Pagos

Das Anwesen Señorío de Arínzano nahe der Stadt Estella in der Region Navarra ist bereits seit dem 11. Jahrhundert für die gute Qualität seiner Weinberge bekannt. Es hatte im Lauf der Zeit verschiedene Besitzer, bevor es 1988 von der Familie Chivite erworben wurde. Die navarresische Winzerdynastie hatte ein gutes Gespür. Arínzano liegt in einem Tal an den Ausläufern der Pyrenäen und ist seit jeher für seine komplexe Geologie bekannt, da jede Parzelle andere Eigenschaften aufweist. Lehm, Sand, Kalkstein und Limonit aus dem Neogen sowie Gips und Dolomit aus der Trias bilden die Bodenstruktur. Der Fluss Ega, der mitten durch das Anwesen fließt, mäßigt die Temperaturen und sorgt ebenfalls für ein einzigartiges Mikroklima. Die Familie Chivite legte 127 ha Rebflächen neu an und suchte akribisch für jede Sorte die am besten geeigneten Parzellen aus. Darüber hinaus renovierte sie die historischen Gebäude, die von der Weinherstellung früherer Jahrhunderte Zeugnis ablegten, und errichtete eine neue Kellerei, die vom renommierten Architekten Rafael Moneo entworfen wurde.

Mittlerweile stehen dort Tempranillo, Cabernet Sauvignon, Merlot, Chardonnay und Moscatel im Ertrag, und aus den roten Sorten präsentierte der Önologe Fernando Chivite 2008 gleich die ersten drei Jahrgänge (2000 bis 2002) seines Arínzano Gran Vino de Pago gemeinsam. Qualitativ sind sie alle hoch- und nahezu gleichwertig, wobei der 2001er die etwas bessere Figur macht. Er besitzt eine großartige Aromatik von roten und dunklen Früchten wie Brombeere und Pflaume, feine würzige Noten, Mineralität und gut eingebundene Holzakzente. Am Gaumen zeigt er eine kraftvolle, samtige Struktur und eine enorme Länge.

Im selben Jahr wie die Chivites erlangte mit Bodegas Irache eine weitere Kellerei in Navarra eine Lagenweinanerkennung. Der Vino de Pago Prado Irache stammt aus einer Einzellage in unmittelbarer Nachbarschaft der Kellerei und wird aus Tempranillo, Cabernet Sauvignon und Merlot gewonnen.

Als Dritter im Bunde folgte dann Bodegas Otazu mit der Bezeichnung Pago de Otazu für zukünftige Lagenweine (ab 2010). In diesem Fall wurden dem Weingut von offizieller Seite zunächst 92 der 110 ha Gesamtfläche um die Kellerei für die Produktion von Pago-Weinen anerkannt. Geschäftsführer Javier Bañales wird also künftig neben den Pago-Gewächsen auch weiterhin D.O.-Navarra-Weine auf hohem Niveau produzieren.

Die katalanische Variante

Auch in Katalonien gibt es eine regionale Version des Vino de Pago, Vi de Finca, die allerdings bei Redaktionsschluss noch nicht offiziell anerkannt war. Dabei handelt es sich um den 20 ha großen Weinberg Clos Mogador von René Barbier. Das Potenzial zu einem großen Wein aus der D.O.Ca. Priorat hat die Cuvée aus Garnacha, Cabernet Sauvignon, Syrah und Cariñena jedenfalls.

Auch wenn es in der einen oder anderen Region noch etwas dauern wird, bis sich dort ebenfalls Betriebe mit dem Qualitätssymbol Vino de Pago schmücken dürfen, so gibt es doch noch etliche Kandidaten, die dafür in Frage kommen. Nur sollten die Behörden darauf achten, dass die Exklusivität gewahrt bleibt, denn eine inflationäre Welle würde letzlich niemandem nützen.

Der Clos Mogador von René Barbier ist der erste Vi de Finca – die noch inoffizielle katalanische Version des Vino de Pago.

Kellertechnik – 225 Liter als Maß aller Dinge

Der jahrelange Ausbau im Eichenfass war lange Zeit ein Teil des Erfolgsgeheimnisses der Rioja-Rotweine. Heute wird diese traditionelle Methode durch die ganze Palette moderner Technologie im Weinkeller ergänzt: Temperaturkontrolle, neue Barriques und Edelstahl sind in Spaniens Bodegas zur Selbstverständlichkeit geworden.

In der modernen internationalen Weinbereitung ist die Kellertechnik – abgesehen von Sonderfällen wie Sherry – kaum noch ein wichtiges Unterscheidungsmerkmal zwischen verschiedenen Ländern und Regionen. Die Herstellung von jungen, fruchtbetonten Weißweinen erfolgt in Deutschland kaum anders als in Südafrika oder eben in Spanien: kühles Traubenmaterial, schonende Pressung, Oxidationsvermeidung, gekühlte Gärung im Stahltank, fallweise Säuerung, Chaptalisierung oder Verwendung von Enzymen, eventuell Lagerung auf der Feinhefe. Ebenso weltweit ähnlich ist der moderne Ausbau von weißen Barriqueweinen oder von Rotwein. Ob durch Betonung des Terroircharakters individuelle Weinpersönlichkeiten geschaffen oder dem Durchschnittsgeschmack folgend leicht zugängliche, saftig-fruchtige Tropfen produziert werden, entscheidet sich eher von Fall zu Fall als von Land zu Land.

Auch wenn diese viel beklagte weltweite Vereinheitlichung der Technik und des Geschmacks nicht zu übersehen ist, bleibt der Einfluss von Tradition, Geschichte und regionalen Trinkgewohnheiten in einigen Fällen und bei manchen Erzeugern bestehen. Spanien hat hier eine sehr eigenständige Entwicklung genommen, die vor allem durch den Weinbau in der Rioja geprägt wurde.

Kurzer Rückblick

Der Niedergang Spaniens als Weltmacht brachte auch den Niedergang des Qualitätsweinbaus mit sich. Im 18. Jahrhundert hielten Autoren aus anderen europäischen Ländern Spanien nicht eben für einen Hort hochwertiger Weinherstellung. Das Vergären in flachen Trögen *(lagares)* und die Lagerung im Weinschlauch galt weder als geschmacklich attraktiv noch sonderlich hygienisch, war aber nahezu überall üblich.

Das änderte sich erst zur Mitte des 19. Jahrhunderts, zumindest in der Rioja. Die nordspanische Region

Bei der Kellerei Irius, Somontano, erfolgt die Gärung wahlweise in Eichen- oder in Stahltanks, in beiden Fällen mithilfe modernster Temperaturkontrollmethoden.

übernahm neue Techniken wie das Entrappen der Trauben, das Vergären der Weine in Holzgebinden und den Ausbau im Barriquefass zumindest für höherwertige Weine. Das Holzfass wurde nicht mehr nur als Lagerbehälter angesehen, sondern auch als Mittel zur Beeinflussung des Weingeschmacks. Dabei ging es mehr um die Dauer der Lagerung und den damit erfolgenden, langsamen und kontrollierten Reifungs- und Oxidationsprozess als um den Eintrag von Holzaromen. (Es ist ein weitverbreitetes Missverständnis, dass lange in alten Eichenbarriques gelagerte, traditionelle Gran Reservas besonders intensiven Holzgeschmack aufweisen. Hier wird oft die Entwicklung von Tertiäraromen sowie die Entstehung von Fehltönen aufgrund mangelhafter Fassqualität mit Holznoten verwechselt.)

Die neue Technik machte die Rioja für nahezu ein Jahrhundert zur unumstritten führenden Qualitätsweinregion Spaniens. Schon um die vorletzte Jahrhundertwende unterschied man hier zwischen den traditionellen Jungweinen aus der jüngsten Ernte, die in der Familie oder in Bars getrunken wurden, und den in Holzfässern gelagerten, höherwertigen Weinen, die man *reserva* nannte. Damit war die Bedeutung der Fasslagerung festgeschrieben. Sie sollte eine der prägenden kellertechnischen Maßnahmen des spanischen Weinausbaus werden und ist es bis heute geblieben. Der Bedarf an 225-Liter-Barriquefässern ist enorm. Allein in der D.O. Rioja – die im Jahr 2008 ausdrücklich betonte, dass die Verwendung anderer Mittel zur Holzreife (Chips, *inner staves* etc.) nicht erlaubt wird – lagern 1,3 Millionen gefüllte Eichenbarriques in den Kellern der Bodegas.

Große Weine, so sahen es spanische Weinliebhaber und Kellermeister gleichermaßen, mussten langen Fassausbau vertragen und dabei Komplexität und Fruchtsüße bewahren. Einige Jahrzehnte später definierte sogar das spanische Weingesetz die Qualitätsstufen Joven – Crianza – Reserva – Gran Reserva ausschließlich (!) über die Reifung eines Weins in Holzfass und Flasche. Dabei ignorierte der Gesetzgeber die Qualität des Ausgangsmaterials vollkommen, offenbar in der Annahme, dass die Verwendung

Viele Barriquekeller, wie hier bei Señorío de Arínzano, sind nicht einfach nur Lagerräume, sondern aufwendig gestaltete, sehenswerte Bauten mit perfekter Kontrolle von Temperatur und Luftfeuchtigkeit.

besserer Weine für den längeren Fassausbau wohl selbstverständlich sei.

Moderne Rotweinerzeugung

Die weltweite Modernisierung des Weinbaus ging freilich auch an der spanischen Philosophie des Holzausbaus nicht spurlos vorüber. In der traditionellen Kellertechnik setzte man die Eichenbarriques oft zehn Jahre und länger ein und zielte über die sehr lange Holzlagerung vor allem auf Abrundung der Weine und Aufbau einer Tertiäraromenstruktur ab. Abgesehen von der Tatsache, dass hierbei kellertechnische Risiken bestehen und nur geniale Kellermeister ausschließlich fehlerfreie Weine auf die Flasche bringen, änderte sich auch der internationale Geschmack: viel frische Frucht wird heute gewünscht, also Primäraromen, kombiniert mit riech- und schmeckbarem Eicheneinfluss und einem Holztanningerüst, das natürliche Gerbstoffe ergänzen. Diese Weine brauchen neuere Fässer und geringere Lagerzeiten.

Der moderne, internationale Stil hat sich weitgehend durchgesetzt. Dafür gibt es, abgesehen von der veränderten Geschmacksmode, mehrere Gründe: Die geringere Lagerzeit spart Kosten, die Weine gelangen früher auf den Markt, die technischen und hygienischen Risiken sind erheblich geringer. Zeitweilige Holzexzesse waren offenbar für die guten Kellermeister eine Durchgangsstation zum behutsameren Einsatz der Barriques. Auch die Betonung des regionalen Terroirs führte zur Rückbesinnung auf traditionellere Werte. Selbst die weitgehend traditionell erzeugten, lange gereiften Gran Reservas mit feiner Säure und eleganter Struktur finden wieder mehr Anerkennung und gehen nicht, wie zeitweise zu befürchten war, völlig verloren. Im Ergebnis bietet Spanien heute ein breites Spektrum unterschiedlich bereiteter Rotweine mit allen Abstufungen zwischen ganz traditionell und modernstem Überseestil.

Weißweinbereitung

Die technischen Umwälzungen im Weißweinausbau haben überhaupt erst dazu beigetragen, Spanien als Weißweinerzeuger Respekt zu verschaffen. Traditionell gab es zwei Weißweinstile: zum einen die *generosos*, also mit Alkohol verstärkte Weine, zum anderen die wie Rotwein im Fass gelagerten Weißen, die nur selten so brillant gelangen wie die noch heute erzeugten Weißweine der Rioja-Kellerei López de Heredia. Als Torres in den 1970er-Jahren die gekühlte Gärung einführte und Marqués de Cáceres auch den Stil weißer Riojas und Rosados modernisierte, ging ein Ruck durch das Land. Immerhin wurde erkannt, dass hier eine Chance bestand, leicht trinkbare, frische und zugängliche Weine anzubieten. Die Mancha kam dadurch immerhin als Lieferant von Sektgrundwein zu neuen Märkten. Das Penedés galt lange als die weiße Qualitätsregion, obwohl die meisten Weißweine mit geringem Körper und grüner Säure eher an Cava-Grundweine erinnerten. Erst mit dem Aufstieg der Albariños aus Rías Baixas etwa ab 1990 änderte sich das Bild grundlegend: Nun gab es fruchtbetonte trockene Weißweine, die sich international sehen lassen konnten. In Rueda begriff man diese Chance rasch. Moderne Ausbautechnik im Stahltank unter Verzicht auf Säureabbau – in Spanien hat man erst in jüngerer Zeit Weißweine mit spürbarer, aber reifer Säure schätzen gelernt – führte sogar zu einer Renaissance autochthoner Weißweinsorten. Allerdings wird selten der Versuch unternommen, sehr hochwertige Weißweine ohne Holzeinfluss zu erzeugen.

Edelstahltanks sind für die Herstellung von modernen Weißweinen unverzichtbar, wie hier bei Viñas del Vero, Somontano.

Ein letzter Schritt in Richtung Kellertechnik des 21. Jahrhunderts fehlt bei den Weißweinen noch: Lange gab es nur im wahrsten Sinne des Wortes recht hölzerne Versuche des Weißweinausbaus im neuen Barrique. Internationale Klasse erreichen bis heute nur wenige, aber mit Weinen wie As Sortes oder Ossian wurden auch für die Rebsorten Godello und Verdejo neue Kapitel aufgeschlagen.

Die Böden

Die verschiedenen Bodentypen und Terroirs, über die ein großes Land mit so unterschiedlichen geologischen Formationen wie Spanien verfügt, tragen zur Vielfalt des Weinangebots bei.

Wer von Spanien nur die Urlaubsparadiese mit Küste, Sand und Meer kennt, unterschätzt den Abwechslungsreichtum der Iberischen Halbinsel ebenso wie ihre gebirgige Geologie. Nimmt man den Durchschnitt des gesamten Geländes, ist Spanien von allen Ländern Europas mit 650 m das zweithöchste nach der Schweiz. Verantwortlich für diese Höhenlage sind nicht nur die bis zu 3480 m (Sierra Nevada), 3360 m (Pyrenäen) oder 2400 m (Sierra Cantabria) aufragenden Gebirge, die das Landesinnere fast von allen Seiten umschließen. Entscheidend ist vielmehr die Durchschnittshöhe des Landesinneren: Eine Hochebene, Meseta genannt, erstreckt sich auf einer Höhe von 600 bis 1000 m fast über das ganze Land. Nur von Flüssen ausgewaschene Täler, etwa des Duero oder des Guadiana, sowie die weiten Ebenen des Ebro, des Tajo und des Guadalquivir liegen wenig über Meereshöhe. Der Atlantik im Westen und die Höhenlagen der Meseta bewirken gemeinsam Temperaturen, die auf gleichen Breitengraden in anderen Mittelmeerländern deutlich überschritten werden.

Auch die weinbaulich wichtigen Inseln verfügen über Gebirge, teils vulkanischen Ursprungs, die Klima und Bodenstruktur der Weinberge entscheidend prägen. Der Vulkan Teide auf Teneriffa ist mit 3718 m der höchste Berg Spaniens.

Wo höherwertige Weine erzeugt wurden, achtete man in Spanien schon vor Jahrzehnten auf die Qua-lität einzelner Weinberge, ihr Kleinklima und ihre Böden. Dass sich bestimmte Rebsorten und Weinstile in abgegrenzten Gebieten durchgesetzt haben, hat ebenso mit den jahrhundertelangen Erfahrungen der Winzer mit ihrem Terroir zu tun. Die weiträumige Durchforstung ganz Spaniens nach besonders wertvollen Lagen durch engagierte Önologen ist dagegen jüngeren Datums. Wie in fast allen Weinländern in Europa und Übersee gewann auch in Spanien der Terroirgedanke vor allem ab 1990 erheblich an Bedeutung. Seitdem werden großflächige geologische Strukturen ebenso wie detaillierte Mikroterroirs intensiv erforscht. Erst jetzt zeigen sich das ungeheure Potenzial und die Terroirvielfalt des Weinbaulandes Spanien in vollem Umfang.

Betrachtet man die Bodenstruktur großräumig, so prägen Kalk, Ton, Lehm und Sand in unterschiedlicher Zusammensetzung weite Teile des Landes. Hinzu kommen wichtige Flächen mit Kies, Schiefer und Granit als entscheidender Komponente.

Schieferboden in der nordkastilischen D.O. Bierzo.

Die Reben für die Sherryproduktion in der Region Jerez wachsen auf den charakteristischen weißen Albariza-Böden.

Der zweite wichtige Boden des Südens ist der fast weiße **Albariza** mit sehr hohem Kalkgehalt sowie Ton und Sandanteilen. Dieser extrem wasserspeichernde Boden bildet die Grundlage für die besten Weine aus Jerez und Montilla-Moriles. Neben der mineralischen Struktur und Eleganz, die dieser Boden den Weinen verleiht, ist er auch eine Voraussetzung zur Vermeidung von Trockenstress.

Kalk ist in vielen Ländern der Erde eine Voraussetzung für hochwertige Weine, wobei der Zustand der Kalkverwitterung, der Kalkanteil sowie die Kombination mit anderen Bodenbestandteilen wesentlichen Einfluss im Detail aufweisen. Kalkstein und Muschelkalk verwittert unter Wassereinfluss. Zurück bleiben Ton-, Silt- oder Kalksand als Bodenbestandteile. Kalkböden sind tendenziell basisch, haben also einen eher hohen pH-Wert. In Extremfällen kann hoher Kalkanteil das Pflanzenwachstum behindern und den Weinbau durch den dann entstehenden Eisenmangel (Chlorose) unmöglich machen. Im richtigen Maß jedoch entstehen durch Kalk mit die weinbaulich interessantesten Böden.

Das südliche Spanien besitzt ein typisches Terroir: die **eisenhaltige rote Tonerde** mit Sand- und Lehmanteilen, mehr oder weniger steinig, oft im Untergrund auf einer Kalksteinbasis, die hin und wieder an die Oberfläche tritt. Dieser Boden prägt mit unterschiedlichem Anteil der verschiedenen Bestandteile weite Teile von Castilla-La Mancha, der Extremadura und der Levante. Fast durchgängig ist er sehr arm an Humus – ein Grund für die weiten Rebflächen der Mancha, denn andere Kulturen haben es auf diesem Boden schwer.

Die kalkige Basis der ursprünglichen Meseta ist auch im nördlichen Teil der Hochebene vorhanden. Wo Flüsse die obere Schicht abgewaschen oder Täler in die Meseta gegraben haben, tritt der Kalk an die Oberfläche. Das ist beispielsweise an den Hängen von Ribera del Duero der Fall. Eindeutig ist der Kalk-

KALK UND WEIN

Vorteile: hervorragende Wasserspeicherung, hoher PH-Wert, reichhaltige Mineralität
Nachteile: bei zu hohem Kalkanteil Wachstumsschwäche, Chlorose
Weingeschmack: samtige Tiefe, »strukturierte Harmonie«, Mineralität
Wichtigste D.O.-Regionen: Rioja, Ribera del Duero, Jerez, Montilla-Moriles, Cigales, Somontano, Jumilla, Yecla, Calatayud sowie große Teile Kataloniens

einfluss auch in der Rioja, vor allem in der Rioja Alavesa, sowie in Cigales, Calatayud, Jumilla, Yecla, Alicante, Somontano und in weiten Teilen Kataloniens. Im gesamten Süden spielt die kalkige Basis eine mehr oder weniger große Rolle als Untergrundgestein.

Den Weintyp zu beschreiben, der auf Kalkböden wächst, ist nicht ganz einfach. Zweifellos fördern kalkige Böden neben dem mineralischen Eindruck auch das scheinbare Gegenteil, nämlich einen samtigen, weichen, »milden« Gesamteindruck. So entstehen Weine von großer Tiefe, die dennoch nie kantig wirken und auch bei hohem Gerbstoff- oder Säureanteil ausgleichende Elemente aufweisen. Es ist, als ob auf einer weichen Plattform viele kleine, teils pikante, aber nie zu sehr hervorstechende Details für Abwechslung sorgen. Zweifellos profitiert die wichtigste rote Sorte Spaniens, Tempranillo, besonders von kalkigen Lagen.

Erstaunlich ist, dass der weinbaulich sehr wertvolle **Schiefer** in Spanien erst seit relativ kurzer Zeit gezielt genutzt wird. Böden mit hohem Schieferanteil sind wie Rassepferde, deren Zucht und Domestizierung zu den nobelsten Aufgaben des Züchters gehören. Gelingen die Weine von Schieferböden, so gehören sie zu den feinsten und anspruchsvollsten überhaupt. Doch schon beim Anbau machen sie Mühe. Sie sind steinig, wenig ertragreich, oft so durchlässig, dass Regenmangel rasch zu Wachstumsproblemen führen kann. Auch gehören Weine aus Schieferlagen nicht zu den leicht trinkbaren Tröpfchen. Intellektuell, manchmal in der Jugend unzugänglich, geprägt weniger von fruchtiger Fülle, dafür von mineralischen, verwobenen, »steinigen« Aromen, kommen sie dem ungeübten Weinfreund sonderbar vor. Weinen von Schieferböden haftet ein Mysterium an, eine feingliedrige, mineralische Verwobenheit, die sie kompliziert, aber gerade dadurch reizvoll macht.

Die bekanntesten Schieferlagen Spaniens befinden sich im Priorat, in den meernahen Teilen des Empordà, in den Höhenlagen von Bierzo und in Teilen von Valdeorras. Bisher noch weniger bekannte Gebiete mit Schieferböden wie die D.O. Valle de Güimar auf Teneriffa (vulkanische Böden und Schieferböden), Teile von Ribeira Sacra in Galicien, die D.O. Malaga (Axarquía) oder die flussnahen Hänge von Arribes de Duero zeigen, dass es noch weiteres interessantes Terroir auf Schieferbasis zu entdecken gibt.

Von enormem Einfluss auf die mineralische Qualität spanischer Weine sind weiterhin **Granitböden**, die eine elegante, gradlinige Mineralität einbringen. Sie finden sich in einem Teil des Empordà, in Teilen von Valdeorras, in Ribeira Sacra sowie in vielen anderen Teilen Galiciens.

Vulkanische Böden, die man vorwiegend auf den kanarischen Inseln findet, verleihen den Weinen oft Aromen, die an Jod oder Röstnoten erinnern. Extrem **kiesige Steinböden**, die häufig an der Oberfläche gar keine Erde zeigen, sind in Toro, Rueda oder Cigales, aber auch in der Rioja Baja zu finden. Sie speichern Tageswärme und ergeben kraftvolle, reife und kompakte Weine.

Weinberg in der D.O. Toro: Der Boden besteht aus groben Kieselsteinen, die die Sonnenwärme gut speichern.

Die klimatischen Bedingungen

Dank der Meereseinflüsse, des Kontinentalklimas Zentralspaniens und der Wetterverhältnisse in den Hochlagen herrschen in den spanischen Weinbaugebieten ideale Voraussetzungen für eine erstaunliche Vielfalt klimatisch beeinflusster Weinstile. Auch für den Klimawandel sind die spanischen Winzer gut gerüstet.

Nicht nur durch ihre Böden unterscheiden sich die spanischen Weinbaugebiete beträchtlich, auch die klimatischen Verhältnisse sind zum Teil sehr differenziert. Das reizvolle Zusammenspiel der Böden mit den unterschiedlichsten Klimabedingungen sorgt in Spanien für eine Weinvielfalt, die es in diesem Ausmaß sonst nirgends gibt.

Dafür sind im Prinzip drei Hauptklimazonen verantwortlich: das atlantische Klima, die kontinentale Zone und das mediterran beeinflusste Klima. Hinzu kommen Überlappungen wie etwa das atlantisch-mediterrane oder das atlantisch-kontinentale Klima sowie diverse Klimakorridore und natürlich, wie überall, unzählige Kleinklimata.

Was aber Spanien so unvergleichlich in der Weinwelt macht, sind die Auswirkungen des Zusammenspiels zwischen den Hauptklimazonen und den Gebirgsketten. Nur die wenigsten Urlauber wissen, dass Spanien eines der gebirgigsten Länder Europas ist. Nahezu von jedem Standort aus hat man eine Sierra im Blickfeld. Sogar von den beliebten Stränden zwischen Barcelona und Murcia aus sind in nicht sehr weiter Ferne Bergketten zu sehen, die großteils schroff und kahl wirken. Das gesamte Zentrum Spaniens ist sozusagen kreuz und quer von Gebirgen durchzogen, zwischen die riesige Hochebenen eingebettet sind: die Meseta, was so viel wie »Tisch« bedeutet.

Wertvolles Hochlandklima

Diese Hochflächen sind in der Regel karg und wenig attraktiv für eine breit ausgerichtete Landwirtschaft. Zwar gibt es im Norden ausgedehnte Kornfelder und im Süden beherrschen Olivenbäume das Bild, aber als einzige Kulturpflanze ist überall in den Hochebenen nur die Rebe stets vertreten. Doch nicht nur im Zentrum des Landes sind in großer Höhe Weinflächen anzutreffen, auch in den andalusischen Bergen baut man Wein an. Im Gebiet von Contraviesa-Alpujarra werden sogar auf einer Höhe von 1300 m noch Weinberge bewirtschaftet. In diesem Landweingebiet befinden sich die höchstgelegenen Weinberge des europäischen Festlandes.

Das Klima des innerspanischen Hochlandes ist im Wesentlichen kontinental geprägt – kastilische Literaten haben ihre Heimat als Platz zweier Extreme bezeichnet: neun Monate Winter und drei Monate Gluthölle. In Kastilien-León mischt sich kühlender atlantischer Einfluss dazu und sorgt für einen individuellen Weinstil, der außerhalb Spaniens kaum anzutreffen ist. Es bewirkt, dass die Gewächse aus den Hochlagen eine unnachahmliche Verbindung von südlicher Reife und zentraleuropäischer Eleganz aufweisen. Als Beispiele lassen sich etwa die kraftvollen und zugleich sehr eleganten Rotweine aus Ribera del Duero oder auch die fruchtig-eleganten Weißweine mit gut strukturierter Säure aus Rueda aufführen. In der südlichen Meseta, also in Kastilien-La Mancha und in der Extremadura, ist die Temperatur im Allgemeinen höher, weswegen der Qualitätsweinbau hier oft in möglichst hohe Lagen vorstößt.

Prägendes atlantisches Klima

Vorwiegend Galicien und die Nordküste Spaniens sind vom atlantischen Klima bestimmt. In diesen Gebieten sorgen Niederschläge im gesamten Jahresverlauf, ein relativ ausgeglichenes mildes Klima mit kühlenden Westwinden für eine weitgehend üppige grüne Vegetation. Diese Kombination ermöglicht fruchtige Weiß- und Rotweine, die eher an Gewächse aus nördlicheren Ländern erinnern. Auch Teneriffa wird zum Teil vom atlantischen Klima beeinflusst.

Ein atlantisch-kontinentales Klima dagegen herrscht vor allem in den Gebieten Bierzo, Rioja Alta, Rioja Alavesa und im Norden Navarras, wobei der atlantische Einfluss sich besonders in der Rioja segensreich auswirkt. Vorgelagerte Gebirgsketten reduzieren hier die atlantischen Regenfälle und sorgen für höhere Durchschnittstemperaturen. Frische Frucht, Eleganz und feine Säure bleiben jedoch den Weinen erhalten. So wurde die Rioja mit ihrer einzigartigen Kombination von atlantischen, leicht kontinentalen und – im Südosten – mediterranen Einflüssen zum Inbegriff spanischer Rotweinfinesse.

Die Regionen Huelva und Jerez im Süden werden ebenfalls vom atlantischen Klima beeinflusst, wenn auch in einer etwas anderen Art. Man spricht von einem atlantisch-mediterranen Klima, da sich in diesem Gebiet beide Meere recht nahe sind. Hier werden im Sommer meist keine Niederschläge verzeichnet und die Durchschnittstemperaturen fallen höher aus, aber durch die hohe Luftfeuchtigkeit und, wie im Norden, durch kühlende, regelmäßige Winde entstehen meist Weine mit gemäßigtem Alkoholgehalt und geringerer Säure. Auch auf den Kanaren herrscht zum Teil dieses spezielle Klima vor.

Bedeutendes mediterranes Klima

Dieser Klimastreifen erstreckt sich entlang der Mittelmeerküste von Málaga bis ins Empordà. Auch die Balearen liegen in dieser Zone. Bezeichnend für das mediterrane Klima sind vor allem geringe Niederschlagsmengen. Die Reben profitieren von längeren Reifeperioden und liefern körperreiche Weine. Im Unterschied zum kontinentalen Klima ist die Luftfeuchtigkeit höher, auch wenn es nicht regnet, tägliche Winde sorgen für Linderung, und das Tag-Nacht-Temperaturgefälle ist weniger groß.

Schon in relativ kurzer Entfernung zur Küste nimmt der kontinentale Einfluss zu. Nur das Ebrotal bis

Im heißen, trockenen Klima Südspaniens gedeihen auch Mischkulturen von Reben und Olivenbäumen.

hinauf zur Rioja Baja und der Süden Navarras sind so stark mediterran geprägt, dass man von einem kontinental-mediterranen Klima spricht. Die Weine weisen im Gegensatz zu den Gewächsen aus den Hochlagen eine etwas dezentere Säure auf und besitzen oft einen höheren Alkoholgehalt.

Gerüstet für den Klimawandel

In Anbetracht der vielen Höhenlagen kann die Mehrheit der spanischen Winzer der globalen Erwärmung relativ gelassen entgegensehen. Zwar wären wohl die niedrig gelegenen Anbauzonen betroffen, aber auch hier ließe sich mit hitzetoleranten Rebsorten zumindest zum Teil Abhilfe schaffen. Viele, vor allem etablierte Weinerzeuger nutzen bereits jetzt die Möglichkeit, insbesondere im Landesinneren geeignete Anbauflächen zu erwerben. Zumindest das Verschwinden hochwertiger Weine müsste man selbst im Fall einer baldigen Klimakatastrophe nicht befürchten.

Bioweine

Gerade in Spanien steigt die Zahl der ökologisch bewirtschafteten Rebflächen überdurchschnittlich an. Das gilt ebenso für die Qualität. Einige Weine renommierter Erzeuger zählen bereits zur spanischen Spitze, und der Trend hält weiter an.

Mit einer Rebfläche von über 17 000 ha ist Spanien derzeit der drittgrößte Bioweinerzeuger der Welt. Da gerade in weiten Teilen Zentralspaniens die klimatischen Bedingungen für eine ökologische Bewirtschaftung nahezu ideal sind, wird es wohl auch nicht mehr lange dauern, bis Frankreich und Italien überholt sein werden und Spanien sich ganz an die Spitze geschoben hat.

Der Biowinzer René Barbier in seinem Weinberg.

Die größten Bioflächen gibt es derzeit in La Mancha, wo bereits rund 5000 ha nach den Richtlinien des ökologischen Weinbaus bewirtschaftet werden. Danach folgen Jumilla, Alicante, Penedés und Rioja – doch auch in fast allen anderen Regionen trifft man Bioweingüter an. Vor allem Genossenschaften, etwa Coop. San Isidro und Coop. Jesus del Perdon aus La Mancha, sorgen für ein steigendes Angebot. Allerdings werden viele dieser Weine als Fasswein ins Ausland verkauft und dort als Eigenmarken mit einem Biolabel meistens in Supermärkten oder Bioläden angeboten.

Auf der anderen Seite ist festzustellen, dass auch renommierte konventionelle Erzeuger mehr und mehr dazu übergehen, Bioweine anzubieten. Das ist zwar oft nur als Abdeckung eines wachsenden Marktes zu bewerten, zeigt aber, dass die Spanier das Segment Biowein immer ernster nehmen. Als Beispiel kann man den Rioja-Produzenten Bodegas Paternina oder die Grupo Faustino aufführen, die mittlerweile beide jeweils einen Biowein im Sortiment führen.

Bioweinstars

Davon abgesehen gibt es etliche sehr gute bis ausgezeichnete Biowinzer, die teils schon vor ein paar Jahrzehnten auf ökologischen Anbau umgestellt haben. Zu den Pionieren zählen hier die Bodegas Dionisos aus Valdepeñas. Der Agrartechniker Dionisio de Nova García ist in ganz Spanien für seine Vorreiterrolle im biologischen Anbau bekannt und produziert bereits seit 1984 Bioweine wie den sehr guten Ego Primus Crianza. Auch die Brüder Antoni und Josep Albet i Noya im Penedès zählen zu den Biowinzern der ersten Stunde. Ihr Sortiment weist eine beeindruckende Bandbreite vor allem von Rotweinen auf, die vom sehr günstigen Vinya Laia bis zu Topgewächsen wie Reserva Martí, Lignum, Collecció Syrah und dem herausragenden Finca la Milana reicht. Insgesamt werden hier 1,1 Millionen Flaschen abgefüllt, die zu 83 % in den Export gelangen, vor allem nach Deutschland und in die Schweiz. Noch relativ neu dagegen sind die Penedès-Bioweine von Parés Baltà, der etwa mit dem erstklassigen Weißwein Calcari Xarel-lo aufwarten kann.

Im Priorat hält vor allem Mas Igneus mit dem FA 206 sowie mit dem FA 112 aus vorwiegend alten Garnacha- und Cariñena-Reben die Ökoflagge hoch. In Costers del Segre zählt der Petit Grealó zu den regionalen Highlights. In Navarra überzeugen die Azul y Garanza Bodegas mit ihrem enorm dichten Desierto aus Cabernet Sauvignon und die Bodegas Quaderna Via mit den Weinen Reserva und QV.

Im Südosten produziert die Casa de la Ermita in Jumilla eine sehr gute Bio-Crianza, während in der D.O. Alicante die Bodegas Montgó mit dem Flor del Montgó Organic Joven aus Monastrell und Shiraz sehr gute Qualität bieten. Bei den in der D.O. Utiel-Requena ansässigen Bodegas Palmera glänzen vor allem die L'Angelet-Weine, und Osoti in Rioja bietet einen La Era Rioja D.O.Ca. Viñedo unico von 20-jährigen Tempranillo-Reben an.

Mit zwei hervorragenden Gewächsen, die zur Spitzenklasse in der D.O. Valencia zählen, warten die Bodegas Los Frailes auf. Das 1771 entstandene Weingut konzentriert sich – wie beim fruchtig-würzigen, blumigen Bilogía aus Monastrell und Tempranillo – vorwiegend auf heimische Sorten, wenngleich der noch etwas feinere und kraftvollere Trilogía zusätzlich Cabernet Sauvignon enthält. Ebenfalls in Valencia befindet sich das Gut Dominio Los Pinos unter peruanisch-schweizerischer Leitung. Sein bester Wein ist Cum Laude, eine klassische Bordeaux-Mischung.

Zwei überdurchschnittliche Biogüter sind in der D.O. Málaga – Sierras de Málaga angesiedelt. Die Bodega F. Schatz bei Ronda wartet mit einem Petit Verdot und der Acipino Crianza auf, Bodega Kieninger überzeugt mit der Cuvée Vinana aus Cabernet Sauvignon, Pinot noir und Merlot.

Bei den Bodegas Ecológica Luis Saavedra in der D.O. Vinos de Madrid, einem der besten Bioweinproduzenten Spaniens, ragen Weine auf Garnacha-Basis heraus. Hier ist vor allem der fruchtig-würzige und kraftvolle Garnacha Cepas Viejas Crianza hervorzuheben. In La Mancha herausragend ist der Manuel de la Osa Vino de Autor von den Bodegas Parra Jiménez.

Auch auf Mallorca gibt es starke Bioweine, wie den Son Blanc Chardonnay von Can Majoral. Über diese und weitere Biowinzer wird auch in den einzelnen Kapiteln noch zu lesen sein.

Was für Bioweine spricht

Nun sagt aber »Biowein« noch nichts über die Qualität in der Flasche aus. Es ist wie bei Köchen oder Bäckern: Es gibt ein paar Spitzenleute, etliche sehr gute und viele gute, aber auch weniger gute und einige ziemlich schlechte, aber alle dürfen sich Koch oder Bäcker nennen. Dasselbe gilt auch für Winzer. Wenn man also einmal einen schlechten Biowein ins Glas bekommen hat, sollte man die Schuld dafür nicht gleich der Produktionsweise geben.

Dass immer mehr spanische Winzer mit Bio liebäugln, ist nicht zuletzt auf das Terroir (span. terruño) zurückzuführen. Denn der Wunsch, die Möglichkeiten des eigenen Terroirs optimal auszuschöpfen, hat nun einmal viel mit dem biologischen und noch mehr mit dem biologisch-dynamischen Anbau zu tun. Ein natürlich bearbeiteter Boden kann das Typische des Terroirs eher noch unterstreichen. Auch deshalb stellen immer mehr spanische Topwinzer um – oder haben diesen Schritt bereits getan, auch wenn sie es nicht kommunizieren. So wird bei Bodegas Hacienda Monasterio und Pingus in Ribero del Duero ebenso nach biologischen oder biodynamischen Regeln gearbeitet wie bei Álvaro Palacios im Priorat und Descendientes de J. Palacios in Bierzo.

Rote Rebsorten

Tempranillo

Die wohl wichtigste rote Rebsorte Spaniens wird fast überall im Land angebaut. Synonyme sind **Tinta del País**, **Cencibel** und **Ull de Llebre**, nur um einige zu nennen. Sie gilt als atlantische Sorte und trägt den Namen (»der kleine Frühe«) aufgrund ihrer relativ frühen Reife. Die Sorte gilt als anfällig für Botrytis. Die Beeren haben eine kräftige Schale von blauschwarzer Farbe,
die Traube ist mittelgroß, kompakt und länglich geformt. Die Weine sind dunkel, mit intensivem Duft nach Himbeeren, Waldbeeren und Kirsche oder Pflaumen. Sie haben ein sehr gutes Reifepotenzial im Holz und fallen nicht übermäßig alkoholreich aus. Trotz des nur mittleren Säuregehalts wirken sie lebendig und frisch. Charakteristisch sind zudem balsamische Noten, aber auch Teer und Fleisch. Am Gaumen sind sie saftig, mit präsenten, aber nicht austrocknenden Tanninen, die im Alter samtig und weich werden.

Garnacha

Die Garnacha tinta wird als autochthon spanisch angesehen und war bis zur Jahrtausendwende die meistangebaute rote Rebsorte des Landes. Die Rebe gilt als genügsam und kann auch unter schwierigen Wachstumsbedingungen recht hohe Erträge erbringen. Die Beeren sind mittelgroß und von dunkelblauvioletter Farbe mit dünner Haut. Sie ergeben alkoholstarke Weine von strahlendem Rubin, deren Bukett geprägt ist von reifen roten Früchten und süßen Gewürzen, in jungen Weinen finden sich Noten von blauen Blüten. Wegen der sehr dezenten Säure können die Weine zur Oxidation neigen. Am Gaumen wirken sie füllig und weich, wobei das mittelkräftige Tannin oft etwas aufgeraut wirkt. Aus Anlagen mit niedrigen Erträgen können strukturierte und sehr ausdrucksstarke, opulente Rotweine entstehen. Garnacha dient nicht selten auch zur Bereitung von Rosados.

Cariñena/Mazuela

Die Sorte stammt ursprünglich aus Frankreich, wo sie Carignan heißt, und findet im Norden wie im Osten Spaniens Verbreitung. Sie reift spät, die Beeren sind mittelgroß, die Schale kräftig. Die Erträge sind recht hoch. Die in der Rioja auch **Mazuelo**, in Katalonien auch **Samsó** genannte Sorte wird nur selten reinsortig ausgebaut und bildet in den traditionellen Rioja-Cuvées das Rückgrat, wo sie in der Regel für das stärkende Tanningerüst zuständig ist. Das Tannin ist ausgeprägt und eher rau, die Säure stabil und kräftig. Im Bukett dominieren vor allem rote Früchte und eine dezent grüne, vegetabile Note. Reinsortig wie im Verschnitt eignet sie sich sehr gut für den Ausbau im Barrique. In warmen Jahren mit langem Vegetationszyklus können kräftige und charaktervolle Weine entstehen.

Graciano

Die Sorte zählt zu den autochthonen Sorten Nordspaniens und ist in der Rioja, aber auch in Navarra heimisch. Vereinzelt findet man auch Pflanzungen in warmen Gebieten des Südens. Die Bestände sind klein, da die Sorte nicht einfach zu bestellen ist. Sie neigt zum Verrieseln, die Erträge sind demnach nicht hoch, die Reife setzt recht spät ein. Die kleinen, runden Beeren mit kräftiger Schale ergeben intensiv gefärbte, dunkle Weine mit viel Säure. Traditionell wurde Graciano nur in Cuvées eingesetzt, wo sie dem Tempranillo vor allem ein Säurerückgrat geben sollte. Dazu kommt eine überaus intensive Duftigkeit. Typisch sind Aromen von Johannisbeeren, Heidelbeeren und balsamische Noten von Nadelgehölz. Das Tannin ist kräftig und stabil, die Sorte entwickelt sich sehr gut im kleinen Eichenfass. Das Zusammenspiel von Frucht und Säure sorgt für eine ausgeprägte Saftigkeit. Die Weine haben Struktur und Nerv.

Bobal

Die Sorte zählt zu den ältesten spanischen Reben und wurde schon im 9. Jahrhundert angebaut. Man findet sie vorwiegend in den höher gelegenen Zonen der Levante, vor allem in den D.O.s Utiel-Requena und Manchuela, deren Sortenspiegel sie dominiert. Ihr Potenzial war lange unterschätzt, nicht zuletzt, da Bobal als eine schwierige Rebsorte gilt, die einen zu hohen Ertrag oder eine zu frühe Lese durch unausgewogene Weine mit ungebändigten Tanninen und spitzer Säure bestraft. Bei einem optimalen Lesezeitpunkt weist sie aber, vor allem wenn die Weinberge schon einige Jahrzehnte alt sind, feine Aromen von reifen Früchten, insbesondere Kirsche und Beeren, gepaart mit kräuterwürzigen Komponenten und erdigen Nuancen auf. Dazu gesellen sich eine prägnante fruchtige Säure, die nur bei zu hohen Erträgen störend wirkt, sowie ein gutes Tanningerüst. Auch für Rosados ist die alkoholmoderate Sorte sehr gut geeignet. Hier bringt sie frische Himbeernoten und gelegentlich Anklänge von Kräutern ins Bukett.

Mencía

Die nordwestspanische Rotweinsorte feiert seit einem Jahrzehnt eine bemerkenswerte Renaissance. Sie gilt als einer der großen Qualitätsträger der Zukunft. Heimisch ist sie in der D.O. Bierzo ebenso wie im galicischen Valdeorras. Mencía wird fast immer reinsortig bereitet. Die Sorte gilt als empfindlich gegen zu starke Sonneneinstrahlung, ist aber auch anfällig für Fäulnis. Tatsache ist, dass sie in kühlen Gebieten Spaniens strukturierte Weine hervorbringt, die oft nach roten Früchten, Fruchtgummi, Rotkirsche und Kräutern duften. Die Weine reifen gut im Barrique, trotz moderater Säurewerte und einem nicht sehr dicht gewobenen Tanninnetz. Die Weine wirken am Gaumen saftig und frisch, die Tannine samtig. Die Mencía spiegelt hervorragend ihr Terroir wider und kann betont mineralisch wirken. Besonders in alten Rebanlagen auf Schieferböden sowie auf Granitlagen ruht noch viel unentdecktes Potenzial.

Juan García

Heimisch ist die Traube im Westen der Region Kastilien-León, in der neuen D.O. Arribes ist sie die Hauptsorte. Außerhalb des spanisch-portugiesischen Grenzgebiets findet man sie dagegen kaum. Die Beeren sind recht groß und aufgrund ihrer dünnen Schale, die schnell an Straffheit verliert, anfällig für Botrytis. Im warmen Mikroklima der Duero-Schlucht entwickeln sich hohe potenzielle Alkoholwerte, obwohl die Traube in der Vergangenheit den Ruf hatte, in dieser Hinsicht eher leichte Gewächse hervorzubringen. In früheren Tagen diente sie vor allem der Bereitung von frischen Rosados und jungen Rotweinen, heute entstehen weiche, volle Rotweine mit Holzausbau, die sehr von warmer roter Frucht geprägt sind. Rote Beeren, eingelegte Frucht, balsamische Aspekte von Gewürzkräutern und Nadelholz sind typisch für die Sorte. Am Gaumen sind die Weine von mittlerer Struktur, der Gerbstoff moderat, die Säure in den modern bereiteten und hochreifen Roten zurückhaltend.

Monastrell

Die ursprünglich nur in Spanien verbreitete Sorte ist auch als **Mourvèdre** bekannt und wird unter diesem Namen vor allem in Südfrankreich angebaut, gelegentlich auch in Kalifornien und Australien. Ihre Hauptverbreitungsgebiete in Spanien sind Alicante und Murcia, man trifft sie aber auch etwa in Katalonien, Castilla-La Mancha oder in der D.O. Valencia an. Monastrell verträgt hohe Temperaturen und sehr trockene Böden. Die kleinen, dickschaligen und süßen Beeren liefern tiefrote, körperreiche Weine. Sie weisen vor allem Aromen von reifen oder eingelegten Früchten auf, etwa Brombeeren, Himbeeren, Pflaumen oder Kirschen, dazu können blumige und würzige Noten mit Anklängen von Lavendel oder Lakritze kommen. Die oft leicht süßliche Tanninstruktur ist meist nicht sehr ausgeprägt, weshalb man der Sorte außerhalb von Alicante und Murcia gerne Cuvéepartner beigibt. Sie ergänzt sich gut mit Bobal, Tempranillo oder internationalen Sorten.

Prieto Picudo

Derzeit ist die Sorte aus dem Norden der Region Kastilien-León noch relativ unbekannt. In der D.O. Tierra de León stellt sie die rote Hauptsorte. Prieto Picudo ist eine Kriechrebe mit kleinen, dickschaligen Beeren, die in einer festen und kompakten Traube von länglicher Form verbunden sind. Sie gilt als sehr aromatisch und wurde in der Vergangenheit hauptsächlich für die Produktion von Rosados verwendet. Der Ertrag ist niedrig, die Weine weisen eine hohe Säure und niedrige pH-Werte auf. Intensive Aromen von Kirsche sind typisch, je nach Weintyp kann die Aromatik auch ins Medizinische gehen. In jungen Weinen findet sich zudem eine schöne Blumigkeit. Sorgfältig bereitet, weisen die Weine viel Struktur, schöne Saftigkeit und edlen, feinkörnigen Gerbstoff auf. Bislang gibt es wenig Erfahrung, was das Reifepotenzial im Holz angeht, doch gibt die Sorte in dieser Hinsicht zu schönen Hoffnungen Anlass.

Manto negro

Die großbeerige Sorte ist die bekannteste autochthone Rebe der Balearen und reift ähnlich spät aus wie Cabernet Sauvignon. Sie ist überwiegend in der D.O. Binissalem Mallorca anzutreffen, genießt aber mittlerweile auch in der D.O. Pla i Llevant einen guten Ruf. Die Trauben liefern in der Regel harmonische, elegante und nicht zu schwere, aber anhaltende und lagerfähige Weine, die charakteristisch nach reifen Früchten duften, oft ergänzt durch würzige Noten und dezente Karamellanklänge. Obwohl die Sorte eine gute Ausgewogenheit aufweisen kann und auch durch maßvollen Barriqueausbau gewinnt, wird sie meistens als Cuvéepartner mit anderen Sorten wie Callet, Cabernet Sauvignon, Merlot oder Syrah eingesetzt. In der D.O. Binissalem Mallorca müssen die Rotweine einen Mindestanteil von 50 % Manto negro enthalten. Zunehmend wird das prinzipiell gute Potenzial der Sorte, besonders bei Trauben aus älteren Anlagen, genutzt, um höhere Qualitäten zu erzeugen.

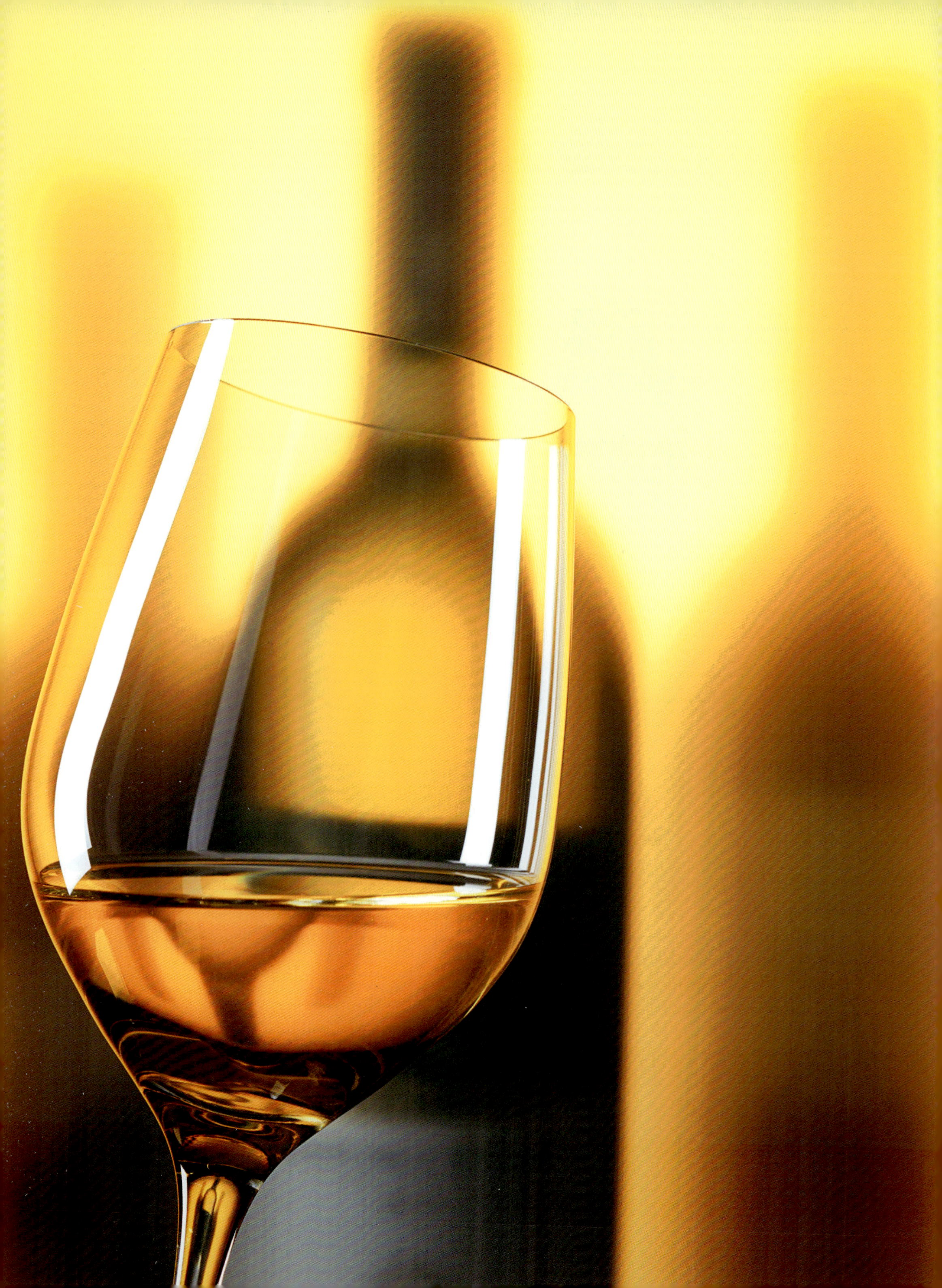

Weiße Rebsorten

Airén

Die Sorte gilt als die weltweit meistangebaute Traube und hat in Spanien ihren Schwerpunkt in Castilla-La Mancha. Größere Flächen findet man zudem in der Region um Madrid, Zentralandalusien und Murcia. Sie ist dort vor allem wegen ihrer großen Widerstandsfähigkeit gegenüber Hitze und Trockenheit beliebt. Während sie früher meist für neutral schmeckende, alkoholstarke Weißweine sorgte, entstehen mittlerweile weitaus bessere Qualitäten. Wenn die Trauben nicht vollreif, also noch mit ausreichend Säure geerntet und kühl vergoren werden, können animierend frische, feinfruchtige, milde Weine entstehen, mitunter mit Anklängen an tropische Früchte sowie blumige Noten. Auch als Cuvéepartner kann Airén überzeugen, wenn man ihr eine geschmacklich ausdrucksstärkere Rebsorte zur Seite stellt, etwa Macabeo, Chardonnay oder Sauvignon blanc.

Albariño

Spaniens prominenteste weiße Sorte ist sicherlich auch die eleganteste. Sie liefert komplexe, sehr aromatische und frisch-saftige Weine von zentraleuropäischem Charakter. Die kleinen Beeren in den gleichermaßen kleinen Trauben reifen recht früh. Die Stärke der rassigen, vielschichtigen Albariño-Weine liegt in ihrem ausgewogenen Verhältnis zwischen Süße und Säure. Das Bukett enthält Aromen von Birne, Pfirsich, Apfel und tropischen Früchten, aber auch florale Noten wie weiße Blüten. Am Gaumen wirken sie saftig, elegant und lebhaft. Fast der gesamte spanische Rebbestand befindet sich in der D.O. Rías Baixas. Als Cuvéepartner werden zwar in einem Teilgebiet auch Treixadura und Loreiro eingesetzt, doch bei den meisten großen von der Rebsorte geprägten Weinen handelt es sich um reinsortige Albariños.

Garnacha blanca

Dies ist die weiße Mittelmeertraube par excellence. Sie ist in weiten Teilen Kataloniens heimisch und war in früheren Zeiten aufgrund ihrer Eigenschaft, Weine mit hohem Alkoholgehalt zu entwickeln, sehr beliebt. Sie erzielt hohe Erträge und gilt als widerstandsfähig und genügsam, was den Wasserverbrauch angeht. Es handelt sich wohl um eine Mutation der roten Garnacha. Die Beeren sind mittelgroß und haben eine dünne Haut. Die Weine sind säurearm, zeigen sich alkoholreich und neigen zu einem kräftigen Körper. Im Bukett dominieren Noten von gelber Frucht, aber auch Gewürzkräuter gelten als typisch. Das Mundgefühl ist weich, voll und cremig. Die weiße Garnacha eignet sich für eine Vergärung und den kurzen Ausbau im Barrique auf ihren Hefen. Sie neigt zur Oxidation und wurde in der Vergangenheit für die Produktion von *vinos rancios* benutzt.

Macabeo

Die Traube ist speziell in Nordspanien sehr weit verbreitet. Im Penedès liefert sie, früh gelesen, durch ihre betonte Säure und ihre Aromen von grünen Früchten vor allem Grundweine für die Cava-Produktion. Die auch als **Viura** bekannte Sorte dominiert aber außerdem den Sortenspiegel der weißen Trauben in der Rioja und ist die Nummer zwei in Rueda. Während sie in Rueda vorwiegend dazu dient, die Weine aus der Sorte Verdejo geschmeidiger zu machen, wird sie in der Rioja vor allem für die Produktion von leichten, fruchtigen Weinen mit sortentypischen Kräuternoten herangezogen. Bei niedrigen Erträgen spielt sie jedoch zunehmend auch eine Rolle als gehaltvollerer Partner der Airén und liefert zudem rebsortenreine Weine mit gutem Geschmackspotenzial: fruchtig, körperreich und mit schöner Säurestruktur. Macabeo eignet sich auch für den Ausbau im Barrique.

Godello

Die Godello ist in Galicien beheimatet und gilt dort als autochthon. Obwohl sie auch im kastilischen Bierzo angebaut wird, ist ihre angestammte Heimat die D.O. Valdeorras. Die Trauben sind klein, die Beeren mittelgroß und von grüngelber Farbe. Ihre Weine gelten als sehr charaktervoll. Das Bukett ist komplex mit Noten von trockenem Heidegras, dezenten Rauchnuancen, Rosenblättern, grünem Apfel, reifer Grapefruit sowie tropischen Früchten wie Litschi oder Maracuja. Ihr Säuregehalt ist beträchtlich, aber auch die Extraktwerte sind im Vergleich zu anderen galicischen Sorten hoch. Godello-Weine zeigen Volumen am Gaumen, eine feine, vegetabile Bitternote und eine schöne Balance von Bukett und Körper. Robust genug, um auch im Eichenholzfass zu bestehen, wird die Sorte als eine der zukunftsträchtigsten des »grünen« Spaniens gehandelt.

Verdejo

Die im kastilischen Rueda heimische Traube zählt zu den interessantesten Weißweinsorten des Landes, deren Geschichte bis ins 11. Jahrhundert zurückreicht. Die dickschaligen Beeren sind mittelgroß und von grünlicher Farbe. Die Sorte gilt als sehr extraktreich und kann konzentrierte, volle Weine erbringen. Im Bukett dominieren Zitrusfrüchte, aber auch würzige Noten. Für viele Verkoster weist sie aufgrund ihrer Stachelbeeraromatik eine gewisse Ähnlichkeit mit Sauvignon blanc auf. Fenchel und Lorbeer, aber auch Kreuzanis sind außerdem typische Aromen. Sie ist bekannt für ihr gutes Säureniveau und zeigt sich vom Mundgefühl her trotzdem weich, wenn sie gut ausgereift ist. Charakteristisch ist zudem eine feine Bitternote am Gaumen. Hervorragende Ergebnisse werden in der Cuvée mit der Macabeo-Traube (Viura) erreicht.

Malvasía

Sie gilt als eine der großen traditionellen mediterranen Sorten und ist in Spanien wahrscheinlich seit dem 5. Jahrhundert heimisch. In Katalonien, wo sie erstmals auf der Iberischen Halbinsel gepflanzt wurde, heißt sie **Subirat parent**. Hervorragende Qualität bringen auch die Pflanzungen auf der Kanareninsel La Palma. Die Sorte gilt als empfindlich und entwickelt schnell Fäulnis. Der Ertrag ist zudem niedrig. Die Trauben sind mittelgroß, die Beeren hängen locker. Sie erbringt sehr komplexe, von einer beeindruckenden Würzigkeit getragene Weine. Auch Malvasía zeigt, wie viele andere mediterrane Weißweinsorten, feine Bitternoten am Gaumen. Berühmt sind die süßen Weine, die ob ihrer Komplexität am Gaumen nicht umsonst zu den berühmtesten Süßweinen der Welt gerechnet werden. Trocken können sie aber ebenfalls sehr reizvoll sein. Eingelegte oder kandierte Früchte, Pfirsich, Orangenschalen, Jasmin, Rosenblätter, Muskatnuss und Honig, aber auch Noten von mediterranen Kräutern insbesondere in den trockenen Weinen sind typisch.

Pedro Ximénez

Die Verbreitung der oft einfach **PX** abgekürzten Traube beschränkt sich auf die Region Andalusien mit Schwerpunkt auf die Provinzen Córdoba und Málaga. Sie ist auch unter den Bezeichnungen **Pero Ximén** oder **Pedro Jiménez** bekannt. Auch für die Produktion von Sherry wird sie herangezogen, so spielt sie als süßende Cuvéekomponente beim Cream-Sherry eine wichtige Rolle. Die Traube ist recht kompakt, die Schale der großen Beeren fein und empfindlich gegenüber zu viel Feuchtigkeit. Die Weine erreichen extrem hohe Zuckerwerte, wobei die meisten PX-Weine nur angegoren und dann mit destilliertem Weinalkohol verstärkt (gespritet) werden. In Montilla-Moriles entstehen aus der Sorte Fino-Weine mit biologischer Reife, die nicht aufgespritet werden. Je nach Ausbauart können die Weine nach Schokolade, Kaffee, Karamell, Datteln, Rosinen, aber auch balsamischen Gewürzkräutern und Pfeifentabak riechen. Im Mund wirken sie cremig, dicht, opulent und zeigen eine intensive Süße.

Treixadura

Die Sorte stammt aus Galicien und wird auch nur dort angebaut. Heimisch ist sie in den Appellationen Ribeiro, Rías Baixas sowie Monterrei. Sie wird selten reinsortig ausgebaut. Treixadura ist eine bislang noch unterschätzte Rebsorte, die feine, konturierte und sehr strukturierte Weine hervorbringen kann, nicht selten mit bemerkenswerter Mineralität. Die Trauben reifen spät, die Beeren sind mittelgroß mit dünner Haut. Wegen der niedrigen Erträge und der späten und deshalb nicht immer vollständig erfolgenden Reife ist die Sorte bei den Winzern nicht besonders beliebt. Die Weine sind sehr aromatisch, zeigen Noten von frischem Apfel, weißen Beeren, Melone, Blüten und hellem Honig. Am Gaumen wirken sie schlank, dennoch weich, die Säure fällt mittelkräftig aus. In der Cuvée mit Albariño entstehen komplexe, hocharomatische Weine.

Xarel-lo

Für die Cava-Produktion ist Xarel-lo eine der drei Basissorten, aus diesem Grund findet sie auch im Penedès ihre größte Verbreitung. Wichtigstes Synonym ist **Pansa blanca**. Sie reift früh, die Traube ist klein und kompakt, die Beeren sind mittelgroß mit dicker Haut und recht starker Pigmentierung. Es handelt sich um eine ertragreiche Sorte, die sehr empfindlich gegenüber Frost ist. Die Weine sind körperreich und von goldgelber Farbe. In der Regel fallen sie sehr extraktreich aus und eignen sich vorzüglich für den Ausbau im kleinen Eichenfass. Trotz einer guten Säure wirken sie durch ihre Fülle eher weich, vorausgesetzt, sie sind ausgereift. Die Aromatik ist recht vegetabil geprägt, die Weine können erdig wirken. Die Frucht ist dezent, Noten von gelben Früchten und Bratäpfeln sind typisch, auch nussige Komponenten finden sich.

Der Norden
von Ost nach West

So vielfältig, wie sich Nordspaniens Landschaften von der Mittelmeer- bis zur Atlantikküste zeigen, so breit ist auch die Palette der Weine: elegante Riojas, mächtige Priorat-Rote, frische galicische Albariños, schäumende Cavas – und noch viel, viel mehr …

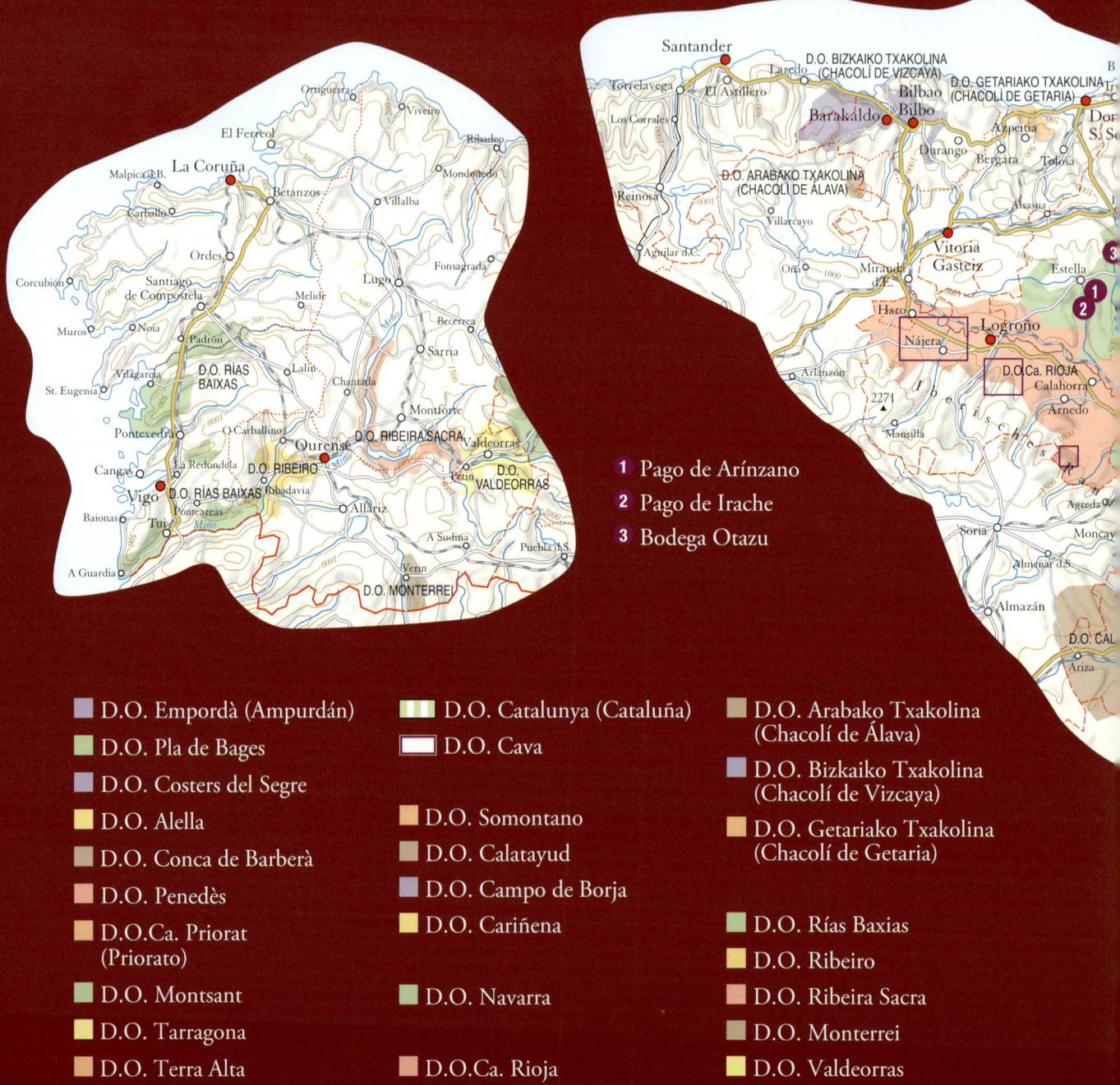

1. Pago de Arínzano
2. Pago de Irache
3. Bodega Otazu

- D.O. Empordà (Ampurdán)
- D.O. Pla de Bages
- D.O. Costers del Segre
- D.O. Alella
- D.O. Conca de Barberà
- D.O. Penedès
- D.O.Ca. Priorat (Priorato)
- D.O. Montsant
- D.O. Tarragona
- D.O. Terra Alta
- D.O. Catalunya (Cataluña)
- D.O. Cava
- D.O. Somontano
- D.O. Calatayud
- D.O. Campo de Borja
- D.O. Cariñena
- D.O. Navarra
- D.O.Ca. Rioja
- D.O. Arabako Txakolina (Chacolí de Álava)
- D.O. Bizkaiko Txakolina (Chacolí de Vizcaya)
- D.O. Getariako Txakolina (Chacolí de Getaria)
- D.O. Rías Baxias
- D.O. Ribeiro
- D.O. Ribeira Sacra
- D.O. Monterrei
- D.O. Valdeorras

Lange Jahre war Rioja so etwas wie der Inbegriff höchster spanischer Weinkultur, und auch wenn inzwischen andere Gebiete ebenfalls höchste Qualität bieten, hat die D.O.Ca. am oberen Ebro doch nichts von ihrer Klasse verloren.

Zu jenen, die weder qualitativ noch mengenmäßig zurückstehen, gehört sicher Katalonien. Nicht nur von den steilen Lagen des Priorat kommen Rotweine der Extraklasse, und der Schaumwein Cava hat überall auf der Welt Liebhaber.

Aus den Regionen Aragón und Navarra kommen vorwiegend Rotweine. In Ersterer hat vor allem die D.O. Somontano internationales Profil, während drei Vino-de-Pago-Güter die Qualität der Weinberge Navarras eindrucksvoll unter Beweis stellen.

Ein Weißweinwunder ereignete sich ab den späten 1980er-Jahren in Galicien. Die Albariño-Weine aus der D.O. Rías Baixas eroberten das Land und die ganze Welt. Doch auch die anderen *denominaciones* in Spaniens Nordwestecke haben neben Landschaften von außergewöhnlicher Schönheit beachtliche Weine zu bieten.

Katalonien

Mit Hartnäckigkeit und Eigensinn haben sich die Katalanen eine eigene Sprache und Kultur bewahrt. Der nach der traditionellen Methode in Flaschengärung bereitete Schaumwein Cava war der erste Exportschlager, inzwischen beeindrucken auch kraftvolle Rotweine von altem Terroir.

Auf den Weinbergterrassen des Priorat reifen
die Trauben für große Rotweine heran.

Schmelztiegel der Völker

Mit den bis ans Meer heranreichenden Pyrenäen im Norden, dem damals noch fischreichen Mittelmeer, bizarren und wildreichen Gebirgen und fruchtbaren Tälern übte das heutige Katalonien schon früh große Anziehungskraft auf die Menschen aus. Zugleich war es als Dreh- und Angelpunkt von Handelsströmen ein kultureller Schmelztiegel. Die hervorragende Lage und der natürliche Reichtum weckten die Begehrlichkeiten verschiedenster Herrscher, Völker und Volksgruppen. Die Folge war eine Vielzahl von Auseinandersetzungen und eine Abfolge Goldener Zeiten, erbitterter Kriege und wirtschaftlicher Nöte. Dass dabei nicht nur eine eigene Sprache, sondern auch eine besondere katalanische Identität mit großem Unabhängigkeitswillen und einem gehörigen Maß an Eigensinn entstand, muss nicht verwundern. Heute ist Katalonien eine wohlhabende *autonomía* innerhalb Spaniens mit einer Reihe von Sonderrechten und weiteren Ansprüchen. Das *català* als zweite offizielle Sprache neben dem Spanisch genießt nicht nur Schutz wegen seiner umfassenden literarischen Vergangenheit. Es ist die Umgangssprache der gesamten autonomen Region. Mehr noch: Man setzt es durchaus als Mittel zur Ausgrenzung ein, wenn etwa in Restaurants die Speisekarten nur in *català* und Englisch geschrieben sind oder Angestellte im öffentlichen Dienst *català*-Prüfungen ablegen müssen.

Das lebendig-virile und kosmopolitische Barcelona mit vielen Sehenswürdigkeiten sowie großem kulturellem und gastronomischem Angebot versteht sich als Kontrapunkt zum kastilisch-herrschaftlichen Madrid. Der wirtschaftliche Wohlstand ist unübersehbar. Auf die Region Barcelona entfällt etwa ein Fünftel der spanischen Industrieproduktion. Der wirtschaftliche Erfolg hat indes in der Umgebung der größeren Städte, vor allem Barcelonas, Lleidas und Tarragonas, auch zu plan- und geschmacklos wirkenden Industrieansiedlungen geführt. Sie stehen in merkwürdigem Kontrast zu zauberhaften ländlichen Ebenen, Hügeln, Bergen, Dörfern und Städtchen.

Karthager, Römer und Christen

Die Geschichte des Weins in dieser Region begann mit den Phöniziern und Karthagern, die vor allem Küstenstreifen besiedelten und von denen möglicherweise die Ureinwohner Kenntnisse über die Herstellung alkoholischer Getränke aus Früchten erhielten. 219 v. Chr. landeten die Römer bei Empuries, um Hannibals Truppen den Weg abzuschneiden. Damit begründeten sie ihre Herrschaft auf der Iberischen Halbinsel. Bald wurde das 218 v. Chr. von Scipio gegründete Tarraco, das heutige Tarragona, Zentrum und Hauptstadt der nordspanischen Aktivitäten der Römer. Der Weinbau der Region florierte. Dichter wie Silvius Italicus, Marcial oder Plinius der Jüngere sangen Loblieder auf die Weine von Tarraco.

Die Weinbaukultur der Region – deren Geschichte im Weinmuseum von Vilafranca del Penedès hervorragend dokumentiert ist – ging mit dem römischen Reich weitgehend unter, erst recht, als die Mauren nach der Eroberung Iberiens im 8. Jahrhundert alte Handelswege abschnitten.

Eine neue Blütezeit erlebte der Wein mit der Ankunft der Zisterzienser, deren Klöster in Vallbona, Santa Creus und Poblet bis heute von der Baukunst und dem hohen landwirtschaftlichen Kenntnisstand der Mönchsorden zeugen. Zeitgleich erreichte das vereinigte Königreich Katalonien und Aragón unter der Herrschaft der Grafen von Barcelona im 13. und 14. Jahrhundert seine größte Macht und beherrschte das westliche Mittelmeer bis nach Sardinien und Sizilien. Nach dem spanischen Erbfolgekrieg, den die Katalanen an der Seite der unterliegenden Österreicher bestritten, beschnitt Philipp V. die Rechte Kataloniens, das seitdem nur noch einmal für kurze Zeit im Jahr 1932 selbstständig wurde. Das mehrheitlich bürgerliche Katalonien kämpfte im spanischen Bürgerkrieg gegen Franco, verlor aber schließlich den Krieg und musste als Austragungsort erbitterter Kämpfe die Zerstörung eines Teils seiner wirtschaftlichen Basis, auch vieler Weinberge, hinnehmen.

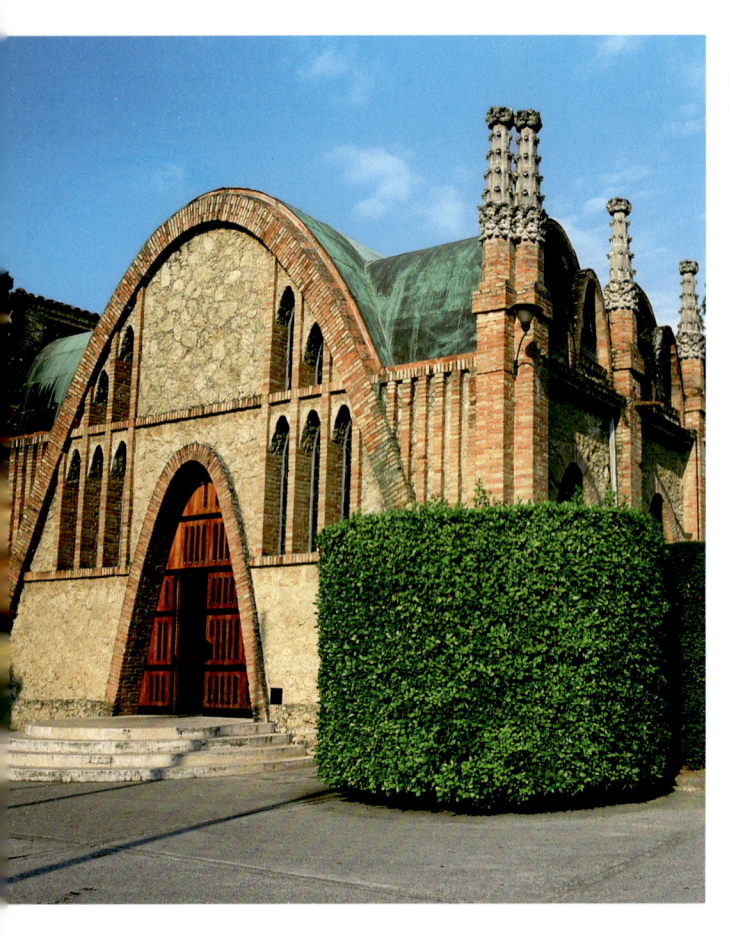

Die Jugendstilkellerei von Codorníu ist das berühmteste Beispiel aus einer Reihe von Kellereibauten des spanischen Modernismo.

Kämpfe und Erfolge

In all diesen Jahrhunderten erlebte auch der Weinbau Kataloniens manches Auf und Ab. Im 15. Jahrhundert machten die Pest und kriegerische Auseinandersetzungen einen Großteil der Aufbauarbeit der Zisterzienser zunichte.

Ab dem 18. Jahrhundert führte eine in Katalonien weitverbreitete Art der Naturalpacht namens *rabassa morta* immer wieder zu sozialen Auseinandersetzungen – bis ins 20. Jahrhundert hinein. Die *rabassa morta* legte vertraglich fest, dass ein Winzer über von ihm gepflanzte Weinberge als Pächter so lange unbeschränkt verfügen konnte, wie der Weinberg lebte. Was zur Zeit des Feudalismus die Winzer zur Selbstständigkeit motivierte, führte ab 1880 zu erheblichen Auseinandersetzungen zwischen Landeigentümern und Bauern und zur Gründung von Vereinigungen der *rabassaires*, die um Landrechte kämpften.

Nachfrage aus aller Welt hatte die Weinberge Kataloniens im 19. Jahrhundert zu nie gekannter Flächenausdehnung geführt und Wein zum wichtigsten landwirtschaftlichen Gut gemacht. Reben wuchsen nun sogar auf Flächen, die eigentlich ungeeignet waren. Einige Jahre lang kam sogar Frankreich als Abnehmer hinzu, als die Reblaus dort bereits wütete, Katalonien aber noch nicht erreicht hatte. Nachdem die Plage auch in Katalonien angekommen war, ging es mit dem Weinbau erst wieder aufwärts, als 1896 die *rabassaires* neue Verträge durchgesetzt hatten. Neue Arbeitstechniken, der aufkommende Cava-Schaumwein, gute Absatzmöglichkeiten und große Investitionskraft der aufstrebenden Wirtschaft Barcelonas brachten den Weinbau zu neuer Blüte.

In diese Zeit fiel auch die Bereitschaft, zunehmenden Wohlstand durch anspruchsvolle Kellereiarchitektur zu dokumentieren. Das spanische Pendant zum Jugendstil Deutschlands und zum Art Nouveau in Frankreich heißt Modernismo, eng verknüpft mit dem Namen des Baukünstlers Antonio Gaudí (1852 bis 1926). Seine bis heute unvollendete Kathedrale Sagrada Familia in Barcelona ist eines der meistbesuchten Bauwerke Spaniens. Gaudí hinterließ sehenswerte Profanbauten wie den Palacio Güell, den Parque Güell, die Casa Batlló oder die Casa Milà. Modernistische Architekten des Kreises um Gaudí entwarfen Kellereien (etwa für Codorníu in Sant Sadurní und in Raimat oder für verschiedene Genossenschaften in Conca de Barberà und Terra Alta), die nicht nur ästhetisch, sondern auch technisch noch heute Bewunderung verdienen.

Von den äußeren Verwüstungen und den bis in die Familien reichenden bitteren Wunden des Bürgerkriegs erholte sich der katalanische Weinbau erstaunlich rasch, nicht zuletzt, weil immer mehr der Cava den Weg zum Erfolg wies. Etwa ab dem Ende der 1960er-Jahre half auch die Familie Torres, die allerdings nie Cava erzeugte, mit wegweisender Arbeit und Innovationskraft dem katalanischen Weinbau auf die Sprünge.

Heute gehen etwa die Hälfte der Trauben der insgesamt 59 000 ha umfassenden katalanischen Weinberge in die Cava-Produktion.

Bodenvielfalt

Die Böden innerhalb Kataloniens variieren erheblich. Vorherrschend ist steinige, kalkhaltige Erde mit hohem pH-Wert und lehmig-toniger, in tieferen Lagen auch sandiger Struktur. An den Hängen des Priorat, Teilen der umliegenden D.O.-Regionen wie Montsant und Conca de Barberà sowie in Teilen des Empordà finden sich stark schieferhaltige Böden. In Pla de Bages weisen die Kalkverwitterungsböden einen hohen Eisengehalt auf. Insbesondere in den gebirgigen Lagen um die Schieferenklave Priorat, etwa in Montsant, Conca de Barberà und dem Süden von Costers del Segre, gleicht die Bodenstruktur einem bunten Flickenteppich.

Klima

Für die einzelnen Klimazonen kann man zwar grobe, generalisierende Angaben machen, die gebirgige Landschaft, Täler, Hanglagen und vorherrschende Luftströme sorgen jedoch für sehr unterschiedliche Kleinklimata. Generell herrscht mediterran geprägtes Klima vor allem in Meernähe, besonders deutlich im Baix Penedès (Bajo Penedés), in tieferen Lagen Tarragonas, in Alella und in Teilen des Empordà. Mit zunehmendem Abstand zum Meer steigt das Gelände an, dadurch wird es im Jahresdurchschnitt allgemein etwas kühler. Vor allem aber nehmen kontinentale Einflüsse mit stärkeren Temperaturschwankungen zu, was trotz niedriger Jahresdurchschnitte zu höheren Sommertemperaturen führt, teils auch zu geringeren Niederschlägen. Die sicherste Wasserversorgung besitzen die Gebiete am Südrand der Pyrenäen (Empordà) mit hohen, oft wolkenbruchartig fallenden Niederschlagsmengen, die bis zu 700 mm erreichen können. Unter Trockenheit leidet die Gegend von Lleida, vor allem im Westteil der D.O. Costers del Segre bei Raimat, wo kaum 200 mm erreicht werden und Bewässerung notwendig ist.

Rebsorten

Entsprechend der Klima- und Bodenverhältnisse, aber auch geprägt von regionaler Weinbautradition, haben die Winzer ihre Sortenauswahl angepasst. So wächst Xarel-lo vor allem in niedrigeren, ausgeglicheneren Lagen, während Macabeo, Parellada oder Trepat in etwas kühlerem Klima bessere Ergebnisse bringen.

Etwa die Hälfte der Weinbege nehmen die traditionellen Cava-Sorten Macabeo, Xarel-lo und Parellada ein. Doch gehört Katalonien zu den Regionen, die sich recht früh ausländischen Sorten gegenüber offen zeigten. Von 59 000 ha Rebfläche sind über 13 000 ha mit internationalen Rebsorten bepflanzt. Der Anteil von mehr als einem Fünftel ist deutlich höher als in den meisten Teilen Spaniens. Die oft international und weniger traditionell-spanisch ausgerichtete Denkweise katalanischer Erzeuger zeigt sich auch an einem

In seinem Geburtsort Figueres wird das Werk Salvador Dalís in einem außergewöhnlichen Museum gezeigt.

anderen Detail: die in ganz Spanien geltenden gesetzlichen Qualitätsstufen Crianza, Reserva und Gran Reserva, die sich an der Lagerzeit in Eiche und Flasche orientieren, spielen in Katalonien fast keine Rolle. Die meisten Erzeuger nutzen sie nicht, sondern geben ihren höherwertigen Weinen Lagen- oder Fantasienamen.

Neue Weine von altem Terroir

Das Penedès, als große fruchtbare Ebene für die Landwirtschaft prädestiniert und mit Vilafranca früh an das Schienennetz angeschlossen, hatte jahrzehntelang eine unangefochtene Führungsrolle im katalanischen Weinbau inne. Bis heute ist es die mit Abstand größte Herkunftsregion. Seit 1990 jedoch rückte die Wiederentdeckung alten Terroirs andere Gebiete ins Blickfeld. Zunächst war es das kleine, lange fast vergessene Priorat. Später wurde man auf der Suche nach weiterem wertvollem Terroir auch in Montsant, Empordà und Terra Alta fündig. Kleinere, terroirbezogene Projekte finden sich mittlerweile in fast allen katalanischen D.O.-Regionen. Die Szenerie junger Önologen mit eigenen Projekten und engagierter Quereinsteiger mit hohen Ansprüchen wird von Jahr zu Jahr bunter.

Auf der anderen Seite führten insbesondere die Interessen großer Markenerzeuger zur Einrichtung einer übergreifenden D.O. Catalunya (Cataluña), die alle katalanischen Anbaugebiete abdeckt und sämtliche Weinbauflächen erfasst. Sie ist der katalanische Ersatz für die Vinos de la Tierra im übrigen Spanien. Katalonien hat sich auch hier – wie mit vielen anderen Regelungen des politischen und gesellschaftlichen Lebens – eine Extrawurst gebraten. Auf der einen Seite führt die übergreifende D.O. zu Diskussion und Konfusion. Andererseits bietet sie aber als D.O. einen besseren Herkunftsschutz als die Landweine. Vor allem aber: Der zugkräftige Name Katalonien kann als Herkunft verwendet werden.

Eine Sonderregelung trafen die Katalanen auch bei der Einführung der Lagenweine Vino de Pago. Diese höchste Stufe der spanischen Weinpyramide trägt in Katalonien den Namen Vi de Finca. Das katalanische Weinrecht verlangt dafür die Lage innerhalb eines Ortes *(municipio)* und eine besondere Charakteristik der Lage und der Weine. Für die Anerkennung zuständig ist das INCAVI, das offizielle katalanische Weinbauinstitut, das auch umfangreiche Ausbildungs- und Forschungsarbeiten leistet. Anerkannt ist bisher nur Clos Mogador von René Barbier. In absehbarer Zeit dürften einige weitere Weine folgen.

Empordà (Ampurdán)

Die rund 220 km lange Costa Brava (»wilde Küste«) trägt nur im Norden, bei den Ausläufern der Pyrenäen, ihren Namen zu Recht. Hier fallen stark zerklüftete Felsmassive steil zum Meer ab. Kleine Strände und Dörfer sind teilweise nur per Boot zu erreichen. Doch am Golf de Roses weitet sich das Land, an der Küste finden sich mehr und mehr flache Stränden mit feinem Sand. Hier entstanden im Sommer überlaufene

D.O. EMPORDÀ (AMPURDÁN)

PROVINZEN MIT D.O.-FLÄCHE
Girona

REBFLÄCHE
2020 ha

ANZAHL KELLEREIEN
44, davon 36 mit eigener Flaschenabfüllung

PRODUKTION
9 Millionen kg Ernte, 4,5 Millionen Flaschen D.O.-Wein

GESCHÜTZTE WEINTYPEN
Weißwein, Rosado, Rotwein, Perlwein, Schaumwein, verschiedene Likörweine (u. a. Garnacha d'Empordà)

ZUGELASSENE REBSORTEN
weiß: Garnacha blanca, Macabeo (Viura), Moscatell d'Alexandría (empfohlen); Chardonnay, Gewürztraminer, Malvasìa, Moscatell de grano menudo, Picapoll blanc, Sauvignon blanc, Xarel-lo (zugelassen)
rot: Cariñena (Samsó), Garnacha tinta (empfohlen); Cabernet Sauvignon, Cabernet franc, Merlot, Monastrell, Tempranillo (Ull de Llebre), Syrah, Garnacha peluda (zugelassen)

Die katalanische Küche

Neben der baskischen Küche genießt die katalanische in Spanien höchstes Ansehen. Seit Jahrhunderten profitiert sie vom Reichtum der Berge und des Meeres. Von durchziehenden Völkern hat man verschiedene Einflüsse aufgenommen und ist zu Kombinationen bereit, die andernorts als ungewöhnlich gelten. Hühnchen mit Gambas, das traditionelle Weihnachtsessen *canalones* oder auch *bullabesa* gehören in diese Kategorie einer Küchentradition, die sich immerhin schon 1477 im *llibre de coch,* einem der ersten gedruckten Bücher der Welt überhaupt niederschlug. Trotz der Vielfalt traditioneller katalanischer Küche tauchen in vielen Rezepten fünf Saucen auf: *allioli, picada, sofrito, samfaina* und *romesco,* wobei Nüsse, Mandeln, Knoblauch, Tomaten und Olivenöl gleich mehrfach Verwendung finden. Weltberühmt wurde die katalanische Küche in ihrer modernen Version, vor allem durch Ferran Adrià mit seinem Restaurant »El Bulli« an der Küste bei Roses. Der wohl berühmteste und seit Jahren einflussreichste Koch der Welt verwendet Gerichte und Zutaten aus aller Welt für seine ausgefallenen Rezepturen und überführt dabei die Rohprodukte in völlig neue Texturen. Eine Reihe weiterer berühmter Köche, allen voran die Gebrüder Roca, Carme Ruscalleda und Santí Santamaría, haben das hohe Ansehen der modernen katalanischen Küche begründet. Ihre Modernisierung bezieht sich übrigens nicht nur auf das Geschehen am Herd, sondern auch auf eine gestalterische Erneuerung der Restaurants, die avantgardistisches Design dem hergebrachten steifen Luxus vorzieht.

Ferienstädte wie Roses, Palamos oder Lloret de Mar. Deren touristische Dynamik veränderte ab den 1960er-Jahren auch das Hinterland und seine Landwirtschaft, weil im Vergleich zum lukrativen Tourismus der Weinbau auf steinigen Hängen kaum noch rentabel schien.

Man könnte behaupten, das Empordà sei die Fortsetzung des Roussillon auf der Südseite der Pyrenäen. Immerhin besitzt es an der Küste die gleichen wertvollen Schieferböden wie Banyuls und Collioure. Selbst die traditionellen Rebsorten sind die gleichen: Garnacha und Cariñena, die über 40 % der Fläche bedecken. Doch hier wachsen bereits Zweifel an der Theorie von der »Fortsetzung«. Grenache, Carignan und Mourvèdre (Monastrell) sind aus Spanien nach Frankreich eingewandert, nicht umgekehrt. Die gelbrote Fahne Kataloniens weht an vielen Masten zwischen Perpignan und dem Cap Cerbère. Aber auch die einfache Umkehrung wäre nicht ganz richtig. Wer nämlich von Girona nach Narbonne fährt oder umgekehrt, wird in vielen Fällen feststellen, dass die Grenze bei La Jonquera auf einer Anhöhe der Pyrenäen

»Molekularküche« wird seine Kochkunst auch genannt: Ferran Adrià hat mit seinem »El Bulli« Gastronomiegeschichte geschrieben.

Zur führenden Kellerei des Empordà, Castillo Perelada, gehört nicht nur das gleichnamige Schloss mit Weinmuseum und berühmter Bibliothek, sondern auch ein Casino und ein Luxushotel.

auch eine Wetterscheide ist. Es scheint, als sei der Einfluss der Pyrenäen auf der Südseite stärker ausgeprägt.

Im Einflussbereich von Bergen und Meer

Den nordöstlichsten Teil Spaniens beeinflussen Mittelmeer und Pyrenäen gleichermaßen. Eher ausgeglichenes, warmes **Klima** mit relativ hoher Luftfeuchtigkeit trägt das nahe Mittelmeer bei. Dass die mit 550 bis 700 mm meist ausreichende Niederschlagsmenge oft in sintflutartigen Regengüssen niederstürzt, geht dagegen auf den rauen Einfluss der Pyrenäen zurück. Gleiches gilt für den gefürchteten Sturm Tramontana, der mit Geschwindigkeiten bis 200 km/h heranbraust und die Winzer zwingt, ihre Rebzeilen in Windrichtung zu ziehen, damit sie nicht wie Strohhalme umgeknickt werden. Zwei Vorteile hat der Wind: Schadinsekten macht er noch mehr zu schaffen als den Menschen, und die Pilzdruck erzeugende Feuchtigkeit bläst er von den Blättern. Als im 16. und 17. Jahrhundert der Wind eine Weile ausblieb, soll eine Insektenplage sogar Epidemien unter der Bevölkerung ausgelöst haben.

Von diesen generellen Bedingungen abgesehen gehört das Empordà klimatisch und geologisch zu den abwechslungsreichsten Anbaugebieten Kataloniens. Mit dem Abstand zum Meer und der Nähe der Pyrenäen nehmen die Niederschläge zu, die Temperatur ab. Direkt am Meer, zwischen Portbou und Salvador Dalís Wohnort Cadaqués gibt es Schieferhänge, deren alte Terrassen noch zu erkennen sind. Sie liegen brach, seit nach der Reblauszeit Tourismus und Nutzung der fetteren Talböden mehr Geld einbrachten. Castillo Perelada, die große, seit Jahren führende Weinkellerei der Region, hat hier die Finca Garbet neu angelegt, mit spektakulären, direkt am Meer gelegenen neuen Terrassen. Dort erzeugt Perelada schon mit relativ jungen Reben einen großartigen, fein strukturierten und mineralischen Roten. In ähnlicher Lage, versteckt in einem kleinen Tal, haben Diego Soto und Núria Dalmau ihr 16-ha-Weingut Mas Estela aufgebaut, verlassene Terrassen rekultiviert und mit kraftvoll-reifen, rosinenfruchtigen Roten sowie mit dem Likörwein Garnacha d'Empordà an alte Traditionen angeknüpft.

Abgesehen vom Schieferstreifen an der Küste wechseln die **Bodenverhältnisse** oft innerhalb kurzer Distanz. Castillo Perelada macht sich die Vielfalt zunutze und baut mittlerweile fünf ausgezeichnete Lagenweine von unterschiedlichem Terroir aus: Neben der Finca Garbet sind es La Garriga von Sand und Kies, Pont de Molins von sehr sandigen Böden, Espolla von schwarzem Schiefergestein und Malaveina von steinigen Sand-Ton-Böden. Zweifellos hat die agile Kellerei des katalanischen Unternehmers Javier Suqué das wertvolle Terroir dieser Region wieder in Erinnerung gerufen. Sie hat dazu beigetragen, vom billigen Rosado wegzukommen, der hier lange Zeit produziert wurde, und charaktervolle Terroirweine zu erzeugen. Recht dicht an der Grenze, bei Capmany und Cantallops, haben beispielsweise Oliver Conti und Masia Serra mit ihren beachtlichen Roten eine kleine Enklave hochwertiger Granitverwitterungsböden wieder ins Gespräch gebracht.

Die D.O. wird erweitert

Weiter südlich, zwischen Toroella und Calonge, kam 2006 mit dem Baix Empordà ein neues Teilgebiet in die D.O. Gleichzeitig wurde aus dem Namen der 1975 als Ampurdán (Empordà) – Costa Brava gegründeten D.O. der Zusatz »Costa Brava« gestrichen. Das Baix Empordà mit eher sandigen, steinigen Tonböden hat bereits einige anspruchsvolle Erzeuger vorzuweisen. Der profilierteste, Mas Gil, mit seinem kraftvoll-strukturierten weißen und roten Clos d'Agón, füllt seine Weine unter der D.O. Catalunya ab.

Neugründungen mit hohen Ansprüchen

Die Wiederentdeckung hochwertigen Terroirs begann Mitte der 1990er-Jahre. Man fasste wieder Vertrauen in die traditionellen Garnacha- und Cariñena-Reben, pflanzte aber auch französische Sorten, wobei Syrah und Cabernet Sauvignon bessere Ergebnisse bringen als Merlot. Inzwischen beginnt man auch, über die Möglichkeiten spanischer Sorten, vor allem der Monastrell nachzudenken, die lange hier zu Hause war. Unübersehbar liegt die Zukunft der Region in der Erzeugung hochwertiger Weine, obwohl weite Teile noch dem alten Rhythmus verhaftet sind. Vor allem weiße Trauben fließen nach wie vor in die Cava-Produktion. Einige der Genossenschaften, die etwa 50 % aller Trauben annehmen, erzeugen nur mäßig rentable Fassware. Andere freilich gehen zumindest mit einzelnen Weinen den Weg in Richtung Qualität mit.

Um altes Weinbauland handelt es sich zweifellos. Die Phokäer führten den Weinbau vor über 2500 Jahren ein, als sie Empuriés gründeten, das dem Empordà den Namen gab. Die Römer entwickelten die Rebkultur weiter, ebenso die Benediktinermönche des Klosters Sant Pére de Rodes. Geblieben ist von der Tradition eine Spezialität der Region, der Garnatxa de l'Empordà aus überreifen Trauben, der bis auf 5 Vol.-% vergoren, dann aufgespritet und mindestens zwei Jahre gelagert wird. Bei Mas Estela reift dieser Wein in einer traditionellen, 1991 gegründeten Solera.

Pla de Bages

Mit nur 550 ha Rebfläche ist Pla de Bages heute die zweitkleinste Qualitätsregion Kataloniens. Dennoch handelt es sich um altes Weinland. Darauf deutet bereits der Name hin: »Bages« habe sich aus dem römischen Bacchus entwickelt, ist vorherrschende Ansicht in der Region, die damit als Bacchusland immerhin auf eine zweitausendjährige göttliche Anerkennung zurückblicken kann.

Besonderheiten der Region und Relikte alter Weinbautradition sind gemauerte runde Gärtanks, manchmal mehrere wie eine Festung zusammengebaut,

D.O. PLA DE BAGES

PROVINZEN MIT D.O.-FLÄCHE
Barcelona

REBFLÄCHE
550 ha

ANZAHL KELLEREIEN
11

PRODUKTION
1,2 Millionen Liter

GESCHÜTZTE WEINTYPEN
Weißwein, Rosado, Rotwein

ZUGELASSENE REBSORTEN
weiß: Chardonnay, Gewürztraminer, Macabeo, Picapoll, Parellada, Sauvignon blanc
rot: Sumoll, Tempranillo, Merlot, Cabernet franc, Cabernet Sauvignon, Syrah, Garnacha

inmitten der Weinberge. Einige dieser Reste früherer Bau- und Weinbaukunst hat man gepflegt, sie stehen zur Besichtigung frei: unter anderem im Casa de la Culla, einem ehemaligen Landhaus in Manresa, in dem sich heute der Consejo Regulador befindet.

Die intensive Nutzung des Landes nordwestlich der berühmten Montserrat-Felsen liegt freilich noch nicht allzu lange zurück. Noch vor den Verwüstungen, die die Reblaus Ende des 19. Jahrhunderts anrichtete, besaß die Region um die 25 000 ha Rebfläche. Bessere Verdienstmöglichkeiten durch die aufkommende Textilindustrie um das auch heute noch industriell geprägte Zentrum Manresa verhinderten den Wiederaufbau zu alter Größe. Erst in den vergangenen 15 Jahren pflegt man die weinbauliche Tradition wieder intensiver, nicht zuletzt seit der Anerkennung als D.O.-Region im Jahr 1995.

D.O. COSTERS DEL SEGRE

PROVINZEN MIT D.O.-FLÄCHE
Lleida

REBFLÄCHE
4721 ha

ANZAHL KELLEREIEN
23

PRODUKTION
125 Millionen Liter

GESCHÜTZTE WEINTYPEN
Rosado, Rotwein

ZUGELASSENE REBSORTEN
weiß: Macabeo, Xarel-lo, Parellada, Chardonnay, Garnacha blanca, Riesling, Sauvignon blanc, Moscatel de grano grande (Moscatel de Alejandría), Malvasía (Subirat parent), Gewürztraminer (empfohlen); Albariño, Moscatel de grano menudo (erlaubt)
rot: Garnacha negra, Tempranillo (Ull de Llebre), Cabernet Sauvignon, Merlot, Monastrell (Garrut), Trepat, Mazuela (Samsó), Pinot noir, Syrah (alle empfohlen)

Wiederentdeckte Rebsorten von rauem Terroir

Neuerdings wird auch die fast verschwundene autochthone Rebsorte Picapoll, eine durchaus reizvolle und aromatische weiße Traube, wieder stärker gepflegt. (Sie ist übrigens weder identisch noch verwandt mit der südfranzösischen Picpoul.) Auch die selten gewordenen roten Sorten Sumoll, Picapoll negra und Mandó stehen wieder auf kleinen Flächen und könnten in einigen Jahren sortenrein als Besonderheit angeboten werden. Derzeit haben allerdings nur Sumoll (ca. 100 ha) und die weiße Picapoll mit rund 40 ha Fläche eine gewisse Bedeutung. Wichtigste Sorten im Anbau sind Macabeo und Merlot.

Vom warmen und ausgeglichenen **Klima** des Mittelmeers ist die Region durch hohe Bergketten wie Montserrat oder die Sierra de L'Obac abgetrennt. Dennoch ist Mittelmeereinfluss vorhanden. Ausgleichende Luftströme gelangen zumindest durch das Tal des Llobregat bis nach Manresa. Andererseits stehen die Lagen relativ weit im Landesinneren und am Fuß der Pyrenäen unter kühlendem und kontinentalem Einfluss. Starke Temperaturschwankungen zwischen Tag und Nacht sowie Niederschläge von durchschnittlich 500 bis 600 mm sorgen für ausgewogene Traubenreife und gute Säure. Dies ist wohl auch ein Grund für den mit fast 50 % recht hohen Anteil weißer Trauben.

Typischer **Boden** der Region ist kräftiger roter, eisenhaltiger Tonboden mit sandigen und kalkigen Anteilen. Önologen der Region machen dieses Terroir für die zwar reifen, aber doch manchmal in der Jugend etwas hart wirkenden Gerbstoffe der roten Bages-Weine verantwortlich.

Erzeuger

Größter und zugleich qualitativ führender Anbieter der Region ist die Bodega Masies d'Avinyó (Abadal). Sie gehört ebenso wie die im gleichen Gebäudekomplex untergebrachte Bodega Roqueta (D.O. Catalunya) Valentín Roqueta, dessen Familie nachweislich seit dem 12. Jahrhundert hier lebt und Weinbau betreibt. Die viel besuchte, auch wegen ihres Museums sehenswerte Bodega hat seit dem Jahrgang 2008 zwei bemerkenswerte Picapoll-Weine anzubieten. Bei den Roten setzen »5 Merlot«, »3.9« und »Selecció« qualitative Maßstäbe für die Region.

Costers del Segre

In der Gegend um das heutige Lleida pflanzten schon die Iberer Weintrauben, wie Samenfunde bei Vilars de Arbeca beweisen. Der Weinbau blühte in der Römerzeit auf. Seine größte Pflanzdichte erreichte das breite Tal südlich der Pyrenäen jedoch im 19. Jahrhundert, als vor der Reblauszeit fast 120 000 ha unter Reben standen. Erst mit dem Aufstieg des Landgutes Raimat nahm man wieder von dem alten Weinland Notiz.

Dass diese D.O. überhaupt existiert, verdankt sie vor allem der Familie Raventós, den Eigentümern des Cava-Riesen Codorníu. Dies gilt in zweifacher Hinsicht. Der erste Teil der Geschichte begann im Jahr 1914, als Manuel Raventós das Landgut Raimat besuchte und dort auf eine wüstenartige Brachfläche um ein Schlösschen aus dem 17. Jahrhundert stieß. Jahrhundertelang waren hier Reben gewachsen, im 19. Jahrhundert aber aufgegeben worden. Angesichts des hohen Salzgehalts des lange brachgelegenen Bodens war eine rasche Nutzung aussichtslos. Ob Raventós erheblichen Weitblick besaß, als er dennoch die 3200 ha große Finca erwarb, oder ob er und seine Nachfolger mit dem höchst risikoreichen Unterfangen vor allem Glück hatten, ist heute schwer zu sagen. Immerhin wusste Raventós, dass der geplante Kanal Aragón–Katalonien genau durch diesen Besitz führen und genügend wertvolles Schmelzwasser aus den Pyrenäen bringen würde. Somit war die wichtigste Voraussetzung für erneuten Anbau geschaffen: Man konnte bewässern und damit den Salzgehalt reduzieren. Dennoch war klar, dass es erheblicher Zeit bedurfte, um die salzige Erde wieder nutzbar zu machen. Der Anbau von Luzernen und Föhren sollte dabei helfen. Ein Gaudí-Schüler baute die erste Stahlbetonkellerei Spaniens, aber der Rebanbau glückte erst ab 1975. Nun wurde die Rebfläche rasch vergrößert. Der sehenswerte Kellereineubau aus dem Jahr 1986

Rund 400 ha Land umfasst heute der Besitz des Castell Remei. Unter früheren Besitzern gehörte das Landgut zu den größten Latifundien Europas.

gilt als erstes architektonisch bedeutendes Bodega-Gebäude des modernen Spanien.

Nun begann der zweite Teil der Geschichte, den der örtliche Kontrollrat so schildert: »Zur Jahresmitte 1983 kamen Jaume Siurana, Direktor des katalanischen Weininstituts INCAVI, und Manuel Raventós, Generaldirektor von Codorníu und Raimat, überein, dass die exzellente Qualität der Gemeinden von Lleida und die Tradition der Region einen Consejo Regulador erfordern.« Und so geschah es. Seit 1986 ist die D.O. Costers del Segre anerkannt. Raimat ist bis heute mit 2800 von insgesamt 4700 ha Rebfläche der dominierende Erzeuger der Region. Bewässerung ist in den Weinbergen von Raimat nicht nur wegen möglicher besserer Erträge sinnvoll, sondern aufgrund des andernfalls steigenden Salzgehalts notwendig.

Rebsorten und Klima

Es ist naheliegend, dass sich die Regeln der D.O. auch an den Interessen des mit Abstand führenden Erzeugers orientierten. Sicher ist das Bedürfnis Raimats, zu experimentieren und unterschiedlichste Sorten anzupflanzen, mit ein Grund dafür gewesen, eine Vielzahl von Rebsorten zuzulassen. Mittlerweile aber dominieren die roten Sorten Tempranillo, Cabernet Sauvignon und Merlot sowie die weißen Chardonnay und Macabeo den Anbau für D.O.-Wein. Außerdem zählen weitere mit Macabeo und Parellada bepflanzte Flächen zum D.O.-Gebiet, die jedoch für die Cava-Produktion verwendet werden. Nicht zuletzt die Nachfrage der großen Cava-Erzeuger hat dazu geführt, dass diese weißen Sorten für viele Winzerfamilien erhebliche Bedeutung besitzen. Von den traditionell bedeutenden Kulturen Getreide, Oliven, Mandeln und Wein ist der Traubenanbau als rentabelstes Segment geblieben, obwohl angesichts geringer Niederschläge nur niedrige Hektarerträge möglich sind. Da sich die Traubenpreise für die Cava-Produktion nicht unterscheiden, können die Winzerfamilien im trocken-heißen Costers del Segre weniger Einkommen erzielen als etwa im ertragreicheren Penedès.

Von allen katalanischen D.O.-Regionen weist Costers del Segre die größte Distanz zum Meer auf. Die Weinberge stehen weniger unter mediterranem als unter kontinentalem Einfluss, teilweise sogar mit wüstenähnlichem **Klima** von großer Trockenheit und erheblichen Schwankungen der Temperatur zwischen Tag und Nacht. Die Sommer können extrem heiß, die Winter sehr kalt ausfallen.

Das gilt jedoch für die einzelnen Teile der weit verstreuten Anbauflächen nicht überall gleichermaßen. Heute ist die D.O. in sieben **Subzonen** aufgeteilt: Artesa de Segre, Les Garrigues, Pallars Jussà, Raïmat, Segrià, Vall del Riu Corb, Urgell. Eine Gemeinsamkeit besteht zwar (abgesehen von den gebirgigen Garrigues) in der großen Zahl von Nebeltagen im Herbst, Winter und Frühjahr, doch sonst bringen die recht verschiedenen Kleinklimata und Böden – etwa in den gebirgigen Lagen der Garrigues im Süden, die eher mit dem nahen Montsant verwandt ist, dem trocken-heißen Raimat und der kühlsten Subregion Pallars Jussà im Norden – erhebliche Unterschiede der Anbaubedingungen. Sie werden noch potenziert durch den entscheidenden Unterschied zwischen bewässerten Lagen, über die etwa Raïmat verfügt, und dem Großteil der übrigen Weinberge, die teils trotz sehr geringer Niederschläge keine Bewässerungsmöglichkeit besitzen. Die mittlere Jahrestemperatur schwankt von 13,8 °C in der Garriga bis 15 °C um Lleida. Die Niederschläge erreichen in der Ebene um Lleida manchmal kaum 300 mm pro Jahr, im Norden und Süden liegen sie bei etwa 450 mm.

Gute Weine auch von kleinen Erzeugern

So unterschiedlich das Gebiet ist, so verschieden können auch die Weine ausfallen. Raimat hat sich mit Sortenweinen im internationalen Stil einen Namen gemacht, wobei mit Chardonnay und Cabernet Sauvignon beachtliche Ergebnisse gelingen. Seit einiger Zeit wachsen die besten Weine des Anbaugebiets

D.O. ALELLA

PROVINZEN MIT D.O.-FLÄCHE
Barcelona

REBFLÄCHE
314 ha

ANZAHL KELLEREIEN
7

PRODUKTION
800 000 Liter

GESCHÜTZTE WEINTYPEN
Weißwein, Rosado Rotwein

ZUGELASSENE REBSORTEN
weiß: Xarel-lo (Pansa blanca), Chardonnay, Garnacha blanca, Pansa rosada, Picapoll, Malvasía, Macabeo, Parellada, Sauvignon blanc, Chenin blanc
rot: Garnacha, Tempranillo (Ull de Llebre), Merlot, Pinot noir, Syrah, Cabernet Sauvignon

allerdings in den Weinbergen kleinerer Erzeuger. Neben Raimat hat schon früh, ab 1982, die Unternehmerfamilie Cusiné bewiesen, dass im heißen, kontinentalen Klima der Ebene überdurchschnittliche Weine zu erzeugen sind. Die Cusinés haben das Castell de Remei und 400 ha eines alten Landguts übernommen – heute mit 70 ha Weinbergen – und auf fruchtbaren Böden vorbildlich ausgebaut. Der Topwein »1780« genießt überregionales Ansehen. 1997 hat die Familie in kargerem Gelände in der Subregion Les Garrigues investiert, die vielleicht das beste Qualitätspotenzial der D.O. aufweist. Sie liegt auf der Nordseite der Sierra de la Llena, die das Priorat abschließt. Mit dem Aufbau des kleinen Weinguts Cérvoles, dessen exzellente Weiß- und Rotweine auf kalkigen Böden wachsen, ist ein weiterer Qualitätsschritt gelungen. Tomás Cusiné, einer der Brüder, hat seit 2003 mit einem eigenen Weingut in den Garrigues bereits vergleichbare Qualitätserfolge erzielt. Weitere sehr gute Erzeuger sind der relativ junge, von ehemaligen Traubenerzeugern gegründete Celler Cercavins und der Ökobetrieb Vinya l'Hereu.

Alella

Alella, in unmittelbarer Nachbarschaft von Barcelona nahe am Meer gelegen, gehört zu den kleinsten D.O.-Regionen Spaniens. Die Großstadt Barcelona und ihr wachsender Bedarf an Bauland trugen dazu bei, dass immer mehr Weinberge der Urbanisation geopfert wurden. Auch Erweiterungen in andere Gemeinden konnten den Trend nicht aufhalten.

Sandige **Böden** auf Granituntergrund und die Nähe zum Meer mit deutlich mediterranem, ausgeglichen-warmem Klima charakterisieren das Terroir der D.O., die vor allem Weißwein, aber auch Cava erzeugt. Vorherrschend ist die Rebsorte Xarel-lo, die hier Pansa blanca genannt wird und sich nach Ansicht der Erzeuger zumindest hinsichtlich der Klone von der gleichen Sorte im Penedès unterscheidet. Saftigere und dichter wirkende Weine als im Durchschnitt des Penedès bringt sie zweifellos hervor. Große Verdienste bei der Modernisierung des Weinstils hat sich in den 1980er-Jahren die Kellerei Parxet/Alta Alella

Das Zisterzienserkloster Poblet an der katalanischen Weinstraße.

erworben, die seitdem mit beachtlichen Weißweinen überregional bekannt wurde. Weitere Erzeuger von Bedeutung sind Roura und die Winzergenossenschaft von Alella, die ebenfalls feine Weiße produzieren.

Conca de Barberà

Fährt man auf der Autobahn Barcelona–Lleida durch das Penedès an Vilafranca vorbei, so beginnt etwa auf der Höhe des ehemaligen Zisterzienserklosters Santa Creus das Gelände anzusteigen. Vor sich sieht man die Bergkette mit dem Massiv des Tossal de la Baltesana, der das Priorat nach Nordosten hin abschließt. An der Nordseite des Massivs liegt das kleine Städtchen Montblanc, dessen mittelalterliche Stadtmauer noch fast vollständig erhalten ist. Es ist das wirtschaftliche Zentrum der Conca de Barberà, einer geschichtsträchtigen Region, die bis heute durch die beeindruckenden Zisterzienserklöster, allen voran das nahe gelegene Poblet, Touristen aus aller Welt anzieht.

Auch wenn schon die Römer hier Wein anpflanzten, so waren es doch die Zisterzienser- und Templermönche, die sich ab dem 12. Jahrhundert ansiedelten und neben ihren weinbaulichen Kenntnissen auch die Rebsorte Pinot noir mitbrachten. Jahrhundertelang prägten sie die Landwirtschaft in ihrem Einflussbereich. Die ehemalige Klosterkellerei von Poblet hatte erhebliche Ausmaße. Heute pflegt Codorníu mit zwei innerhalb der Klostermauern der *Abadía de poblet* wachsenden Pinot-noir-Weinen die klösterliche Weinbautradition. Im 19. Jahrhundert verbreitete eine hier besonders starke und in Katalonien führende Genossenschaftsbewegung die Kenntnisse über Rebveredlung, um des Reblausbefalls Herr zu werden.

D.O. CONCA DE BARBERÀ

PROVINZEN MIT D.O.-FLÄCHE
Tarragona

REBFLÄCHE
5800 ha

ANZAHL KELLEREIEN
22

PRODUKTION
25 Millionen Liter, aber nur 1,5 Millionen Flaschen als D.O. Conca de Barberà

GESCHÜTZTE WEINTYPEN
Weißwein, Rosado, Rotwein, in geringen Mengen auch Espumoso (ist nicht Cava!), Perlwein, Rancio, Mistela, Süßwein

ZUGELASSENE REBSORTEN
weiß: Macabeo, Chardonnay, Garnacha blanca, Chenin blanc, Moscatel de grano menudo, Parellada, Sauvignon blanc (empfohlen); Moscatel de Alejandría (zugelassen)
rot: Cabernet Sauvignon, Cabernet franc, Garnacha tinta, Monastrell, Merlot, Pinot noir, Syrah, Trepat, Tempranillo (Ull de Llebre), Mazuela (Samsó) (alle empfohlen)

Genossenschaften prägen das Bild

Bis heute beherrschen acht Genossenschaften den Großteil der Traubenanlieferung in der D.O. Sie konnten allerdings nicht verhindern, dass der Löwenanteil der Traubenproduktion sich an den Erfordernissen der großen Cava-Erzeuger orientiert. Fast alle Weinberge der D.O. sind auch für Cava (und neuerdings auch für die D.O. Catalunya) eingetragen.

Von 25 Millionen kg Trauben einer durchschnittlichen Ernte tragen am Ende nur 1,5 Millionen Flaschen das Zeichen der D.O. Conca de Barberà, die neben dem Penedès Hauptlieferant für Macabeo-Trauben ist. Nur die größte der Genossenschaften, Sarral mit der Marke Portell, füllt immerhin mit 1,5 Millionen Flaschen rund 20 % ihrer Ernte von 1100 ha Weinbergen selbst ab – als eigenen Cava und als D.O.-Stillwein. Vom früheren Wohlstand des Genossenschaftssektors zeugt das 1914 von Domènech y Roure gebaute modernistische Kellereigebäude. Weitere modernistische Kellereigebäude aus dieser Zeit sind in den Cooperativen von Barberà, von Pira und von L'Espluga de Francolí zu bewundern.

Zwei Spitzenweine heben das Ansehen

Bis in die 1990er-Jahre beherrschten die Genossenschaften mit einigen regional vertriebenen Weinen die 1985 eingetragene D.O. fast vollständig. Überregionale Aufmerksamkeit erregte die Appellation erst, als Torres seine beiden Spitzenweine Milmanda und Grans Muralles nach ihrer Herkunft als D.O. Conca de Barberà auswies. Der Chardonnay Milmanda wächst nahe dem gleichnamigen alten Castell auf einer 15 ha großen Einzellage bei Vimbodí, ebenso wie Grans Muralles (32 ha), ein großartiger, charaktervoller und reifefähiger Roter, für den neben Garnacha, Monastrell und Mazuelo auch die alten Sorten Garró und Samsó verwendet werden. Vor allem der Grans Muralles bleibt mit Abstand der beste Wein der D.O., auch wenn in den vergangenen zehn Jahren einige weitere Familienbetriebe den Wert des Terroirs zu schätzen und zu nutzen begannen. Der größte Abfüller der Region, Concavins mit der Marke Clos Montblanc, erzeugt ansprechende Rot- und Weißweine. Die Familie Foraster mit ihrem Celler Mas Foraster erreicht auf der Basis von Tempranillo und Cabernet Sauvignon mit charaktervollen klassischen Roten mit Röstnoten schon beachtliches Niveau.

Trepat, eine lokale Rotweinsorte – auch für Rosado

Carles Andreu, der zunächst nur Cava erzeugte, war der Erste, der Rotwein aus der lokalen Sorte Trepat auf Flaschen zog – ein samtiger, ledriger Wein, der ein wenig an sehr guten Pinot noir erinnert. Die Rebsorte Trepat, eine Besonderheit der Region, steht auf fast 1000 ha Rebfläche. Sie fließt hauptsächlich in Cava Rosado, vereinzelt auch in Rosado-Stillwein. Die großbeerige, farb- und tanninschwache Sorte fällt aus dem Geschmacksbild der kraftvollen spanischen Roten heraus, könnte aber, Qualitätsbemühungen vorausgesetzt, durchaus eine regionale Rotweinspezialität werden.

Ansonsten beherrschen die Bedürfnisse der Cava-Erzeuger den Rebsortenspiegel des Gebiets. Die Erträge von 1380 ha Macabeo und fast 1000 ha Parellada fließen fast ausschließlich in die Cava-Erzeugung. Von gewisser Bedeutung für Rotwein sind von den vielen zugelassenen Sorten Tempranillo (316 ha), Cabernet Sauvignon (310 ha), Merlot, Garnacha und Pinot noir.

Klima

Das Klima der Conca de Barberà ist bereits zu kühl für Xarel-lo, die vor allem unter möglichen Frühjahrsfrösten leiden könnte. Auf Höhenlagen von 300 bis 600 m bleibt es aber mediterran geprägt mit frischen Nachmittagswinden und Niederschlägen von 450 bis 550 mm. Die Temperaturschwankungen zwischen Tag und Nacht sind etwas größer als im Penedès, aber deutlich geringer als in großen Teilen des sich nördlich anschließenden Costers del Segre. Erosion durch die Flüsse Francolí und Anguera formen das nach Westen ansteigende Tal. Vorherrschende Bodenstruktur ist kalkhaltiger Ton und Lehm mit sandigen Anteilen und geringem organischem Material. Im westlichen Teil des Anbaugebiets gibt es nahe Poblet *llicorella*-Böden wie im Priorat, die neuerdings recht begehrt sind. Bisher wurden aber noch keine gezielt auf diesem Terroir erzeugten Weine abgefüllt – zweifellos nur eine Frage der Zeit.

Penedès

Einige Landstriche des Alt-Penedès, etwas abseits der größeren Städte, wirken mit hügliger Landschaft, einem Flickenteppich von kleinen Weinbergparzellen, alten, teilweise auf Hügelkuppen gebauten Dörfern und Pinien- sowie Olivenhainen wie eine mediterrane Musterlandschaft. Von Weinbergen umgebene *masies*, kastellartige Landgüter, schmücken die Landschaft und lassen einen die lauten, von Industrie oder Tourismus geprägten Städte und Küstenorte vergessen. Wein- und Cava-Erzeuger wie Rovellats, Can Feixes, Can Ràfols dels Caus, Albet i Noia oder Can Bonastre sind in sehenswerten alten *masies* zu Hause. Im Hintergrund dieser Kulturlandschaft thront, fast unwirklich hoch und zerklüftet, das Massiv des Montserrat. Die starke Parzellierung des Weinberg-

D.O. PENEDÈS

PROVINZEN MIT D.O.-FLÄCHE
Barcelona, Tarragona

REBFLÄCHE
26 081 ha

ANZAHL KELLEREIEN
153

PRODUKTION
1,8 Millionen hl, davon 0,3 Millionen hl als D.O. Penedès abgefüllt

GESCHÜTZTE WEINTYPEN
Weißwein, Rosado, Rotwein

ZUGELASSENE REBSORTEN
weiß: Macabeo, Parellada, Xarel-lo, Moscatel de grano menudo, Moscatel de Alejandría, Chardonnay, Chenin blanc, Gewürztraminer, Riesling, Sauvignon blanc
rot: Cabernet Sauvignon, Cabernet franc, Cariñena, Garnacha tinta, Merlot, Monastrell, Pinot noir, Tempranillo

Einer der wichtigsten Botschafter des spanischen Weines ist Miguel A. Torres. Sein Einfluss auf den spanischen Weinbau ist gar nicht hoch genug einzuschätzen.

nur hier erzeugt werden darf. Seit Beginn der 1990er-Jahre jedoch veränderte sich der spanische Weißweinsektor. Deshalb denken die Verantwortlichen des Penedès über eine Neuorientierung nach und stellten im Jahr 2009 einen Strategieplan vor. Xarel-lo soll das Image des Penedès tragen. Von Cava will man sich stärker abgrenzen. Damit wird ein neues Kapitel in der jahrtausendelangen Geschichte der Region aufgeschlagen.

Weinland mit Geschichte

Phönizier, Griechen und Karthager, die den ganzen Mittelmeerraum beherrschten, hinterließen auch im heutigen Penedès Spuren. Doch seine Bedeutung stammt vor allem aus römischer Zeit. Noch heute ist der römische Triumphbogen von Berà zu bewundern, dazu viele Einzelstücke im *museo del vino* in Vilafranca del Penedès. Zur Römerzeit begann auch die Tradition der Süßweine, vor allem aus der Rebfamilie der Malvasier. Sie errangen im 16. Jahrhundert internationale Bedeutung, als die Türken Kreta eroberten und die Lieferwege der in ganz Europa beliebten Malvasierweine sperrten. Bis heute haben sich kleine Flächen etwa des Malvasier von Sitges – einer eigenen Rebsorte der Malvasierfamilie – gehalten. Bei Vega de Ribes in St. Pére de Ribes gelingt er sehr gut.

besitzes, mal mit Drahtrahmen, mal in der traditionellen Einzelstockerziehung, prägt die Landschaft ebenso wie die hellbraune, von Kalksteinen durchzogene Erde. Im Gegensatz dazu, aber landschaftlich kaum weniger reizvoll, bildet das Massiv des Garraf im Baix-Penedès eine Abgrenzung zum Meer und fügt der niedriger gelegenen Weinbauzone eine mediterrane Waldlandschaft mit hübschen Dörfern wie Olivella, Olérdola (mit iberorömischen Ruinen) oder Castellet hinzu.

Die Heimat des Cava orientiert sich um

Noch in den Achtzigerjahren des 20. Jahrhunderts identifizierte man Kataloniens Weinbau fast automatisch mit dem Penedès, weil sich keine andere Herkunftsregion auch nur annähernd stark profiliert hatte. Lange bevor Galicien mit seinen Albariño-Weinen aus Rías Baixas und Rueda mit seinem Verdejo von sich reden machten, galt das Penedès als *die* spanische Weißweinregion. Als Erzeuger von Stillwein – auch rotem – hatte sich vor allem der Erzeuger Torres überregional einen Namen gemacht. Außerdem nannte man das Anbaugebiet 70 km südwestlich von Barcelona fast automatisch im gleichen Atemzug mit Cava, oft ohne zu wissen, dass dieser durchaus nicht

Im 18. Jahrhundert erlitt der Weinbau einen großen Qualitätsverlust durch Pflanzung vor allem ertragsstarker Sorten. Einen neuen Aufschwung erlebte das Penedès ab 1880 durch den aufkommenden Cava, dessen Erfolgsgeschichte nur durch die Reblauszeit unterbrochen wurde.

Ein großer Vorteil für die Entwicklung des Gebiets war der Anschluss von Vilafranca del Penedès an das Eisenbahnnetz. Dieser Umstand, zusammen mit der guten Fruchtbarkeit des ausgedehnten Tals und der Ansiedlung praktisch aller großer Cava-Erzeuger im Städchen Sant Sadurní, dürften die Gründe dafür

Torres: Die Eroberung der Weinwelt

Nimmt man die Leistungen bei der technischen und agronomischen Forschung, der Entwicklung von Weinmarken, der Qualitätsphilosophie und nicht zuletzt beim gesunden und kontinuierlichen Wachstum als Maßstab, so dürfte Torres *der* spanische Musterbetrieb überhaupt sein. In den vergangenen 30 Jahren hat niemand die Entwicklung des spanischen Weinbaus so geprägt wie dieser Erzeuger. Mit 1555 ha eigener Weinberge in Spanien (davon 1348 ha in Katalonien) gehört Torres zu den größten Weinbergbesitzern. Weinmarken zwischen etwa fünf und über 100 Euro bieten auf fast allen Ebenen hohe Qualität.

Jaime und Miguel Torres sen. gründeten die Firma 1870 in Vilafranca. Sie wurde rasch bekannt und verlegte sich früh auf die Produktion von Weinmarken. Die 1907 eingetragene Marke Coronas hat bis heute Bestand. 1928 begann die Familie, Brandy als zweites Standbein aufzubauen. Cava hat Torres nie erzeugt.

Der 1941 geborene Miguel A. Torres, der heute das Unternehmen führt, trug erheblich zu seiner Innovationskraft bei. Nach Studien in Frankreich pflanzte er 1966 erste Cabernet-Sauvignon- und Chardonnay-Reben und führte die ersten Gärtanks aus Edelstahl ein. 1970 folgte die Technik der gekühlten Gärung. Im gleichen Jahr gewann der Cabernet Sauvignon Gran Coronas Black Label in einer Blindprobe gegen alle großen Bordeaux-Weine die Gault-Millau-Olympiade in Paris und erregte weltweit Aufsehen.

1979 kaufte Torres ein eigenes, inzwischen 440 ha großes Weingut in Chile. Er gilt als Initiator der »chilenischen Weinrevolution«, einer kompletten Umstellung von Technologie und Ausbaustil, die den großen internationalen Erfolg Chiles ab 1990 erst möglich machte. 1982 folgte ein Weingut in Kalifornien, das heute von Marimar Torres geführt wird.

Miguel Torres vertrat früh die Philosophie einer D.O. Catalunya für die gesamte Region und war einer ihrer treibenden Kräfte – nicht zuletzt deshalb, weil Marken wie Sangre de Toro, Coronas und Viña Sol so stark gewachsen waren, dass sie kaum noch mit dem Lesegut einer einzigen D.O. erzeugt werden konnten.

Die von Torres lancierten Marken waren immer so stark, dass die dahinterstehenden D.O.-Gebiete eher von ihnen profitierten als umgekehrt. Womöglich deshalb investierte man lange nicht in prestigeträchtige Appellationen. Dennoch wollte man schließlich nicht auf Regionen wie das Priorat (2007 erste Freigabe des Salmos), Ribera del Duero (erster Celeste im Jahr 2005 freigegeben), Rioja (2007 Weinbergkauf, 2009 erster Ibéricos) und Toro (2004 Ankauf von 40 ha) verzichten. Auch in Jumilla erwarben die Katalanen mit 160 ha ein beachtliches Grundstück. Vom Start weg schloss Torres auch in Ribera del Duero und im Priorat zu den sehr guten Erzeugern auf. Im Penedès, wo 1995 auch das Weingut Jean León übernommen wurde, das mit dem Zemis ein weiteres Weltklassegewächs erzeugt, hat mit Miguel Torres Maczassek und Mireia Torres bereits die fünfte Generation der Familie Verantwortung übernommen.

Terroirbezogene Lagenweine wie Grans Muralles, Mas la Plana, Fransola oder die grandiose Reserva Real aus einer nur 2 ha kleinen Lage gehören zu den allerbesten Roten und Weißen Spaniens. Doch das ist vielleicht nicht einmal die größte Leistung: Klare Markenführung und eine beachtliche Preis-Qualität-Relation auch einfacher Weine dokumentieren die perfektionistische und innovative Arbeit dieses Hauses. Möglich wurde dies durch eine Vielzahl von Forschungsarbeiten, nicht zuletzt in der Rebsorten- und Klonenselektion, der Anbautechnik, der Ausbaumethoden, neuerdings zudem in der Umwelttechnik, die sich auch Fragen des Klimawandels stellt (in kühlen Pyrenäenlagen bei Tremp hat Torres bereits auf über 900 m Höhe 50 ha gepflanzt). Diese Innovationskraft trug dazu bei, dass Torres selten Trends hinterherlaufen musste, sondern meist selbst Trendsetter war.

Das steil aufragende und zerklüftete Massiv des Klosterbergs Montserrat bildet den Hintergrund der Weinlandschaft des Penedès.

gewesen sein, dass das Penedès rasch wuchs und heute fast die Hälfte aller katalanischen Rebflächen einnimmt. Zum Erfolg trug auch bei, dass die Erzeuger nach der Reblauszeit früher als anderswo die Bedeutung der Flaschenabfüllung begriffen. Dabei blieben weiße Rebsorten bis heute im Anbau dominierend. Rote Trauben waren viele Jahrzehnte lang nicht sonderlich gefragt. Erst mit dem Erfolg einiger Weine der Familie Torres oder von Erzeugern wie Jean León kehrte das Interesse an roten Trauben zurück.

Geografie und Geologie

Das von den Flüsschen Anoia, Gaià und Foix geformte Tal zieht sich vom Meer bis auf Höhen um 800 m. Es ist aufgeteilt in drei Klimazonen. Im Küstenstreifen Baix-Penedès (Bajo Penedés) mit seinem warmen und milden Klima baut man traditionell rote Rebsorten und Xarel-lo an. Das mittlere Penedès auf Höhen zwischen 200 und 400 m, wo traditionell Macabeo und Xarel-lo gepflanzt wurde, produziert heute vermehrt wieder Rotweine. Das kühlere und etwas kontinentalere Alt-Penedès (Alto Penedés) auf Höhen bis zu 800 m schließlich beherbergt heute neben der traditionellen Parellada auch mitteleuropäische Sorten wie Riesling, Sauvignon blanc und Gewürztraminer, wenn auch nur auf kleinen Flächen. Die klimatischen Unterschiede sind erheblich: die durchschnittlichen Jahrestemperaturen im Küstenstreifen liegen mit 14,4 °C deutlich über den 12 °C der hoch gelegenen Weinberge.

Geologische Basis des Terroirs sind Kalkfelsen im Untergrund, je nach Flussnähe und Höhenlage von stets kalkhaltiger, aber mal eher toniger, mal eher kalkiger und mal von Kies durchzogener Erde bedeckt. Hanglagen sind eher selten, die Möglichkeit zur Mechanisierung und gute Fruchtbarkeit bringen dem Gebiet wirtschaftliche Vorteile. Vor allem in den Weinbergen, die der Cava-Erzeugung dienen, wird die Fruchtbarkeit für hohe Erträge genutzt. Zugelassen sind wie bei der Cava-Produktion für die weißen Sorten 12 000 kg/ha, die durchaus erreicht werden. Für rote Sorten ist ein Höchstertrag von 8000 kg/ha erlaubt.

Rebsorten – nicht nur für Cava

Zwischen 1998 und 2008 hat sich die Rebfläche nur wenig verändert. Allerdings nahm der Anteil der roten Sorten von etwa 4000 ha auf 5400 ha zu, während die weißen Sorten von 22 700 auf 20 700 ha abnahmen. Die traditionellen weißen Cava-Sorten Xarel-lo (7250 ha), Macabeo (5900 ha) und Parellada (5100 ha) wachsen immer noch auf 70 % aller Flächen. Zugenommen hat der Anbau von Merlot (1900 ha), Chardonnay (1500 ha) und Cabernet Sauvignon (1200 ha), während Tempranillo, hier Ull de Llebre genannt, nur geringfügig auf 1300 ha aufgestockt wurde.

Schon lange fließt weit mehr als die Hälfte der Traubenproduktion in die Cava-Herstellung. Seit der Einrichtung der D.O. Catalunya ist der Anteil der letztlich als D.O. Penedès abgefüllten Weine weiter gesunken, nicht zuletzt, weil Torres drei seiner großen

Weinmarken auf die übergreifende D.O. umstellte. Der Bedeutungsverlust innerhalb der eigenen Flächen, der Erfolg anderer katalanischer D.O.-Regionen und das unklare eigene Profil erforderten eine neue Standortbestimmung, die mit dem strategischen Plan von 2009 vorgenommen werden soll. Ziele wären die Fokussierung auf Weißweine aus der oft unterschätzten Sorte Xarel-lo als Markenzeichen, möglicherweise auch die Reduzierung der eingetragenen Rebflächen, indem auf ein und derselben Fläche nur Cava oder Penedès, aber nicht beides gleichzeitig eingetragen werden darf. Befürworter dieser Regelung nehmen in Kauf, dass dadurch die Rebfläche des Penedès auf kaum mehr als 6000 ha sinken könnte. Auch strengere Qualitätskontrolle zählt zu den Vorschlägen der Studie.

Erzeuger von internationalem Rang

Eine Reihe von Erzeugern machte vor, wie das Terroir um Vilafranca del Penedès für hochwertige Qualität genutzt werden kann. Erstaunlicherweise sind es aber hauptsächlich Rotweine, die erkennbar über dem guten Durchschnitt liegen. Allen voran hat Miguel Torres mit Weinen wie Mas la Plana oder Reserva Real Maßstäbe gesetzt. Ausgesprochen individuelle, charaktervolle und reifefähige Rot- und Weißweine sowie ein beachtlicher Rosado und ein jahrelang auf der Hefe gelagerter Cava verschafften Can Ràfols dels Caus internationalen Respekt. Seit geraumer Zeit beweist Parés Balta, neuerdings auch Sumarroca, dass selbst mittelgroße Betriebe sich mit Spitzenqualität profilieren können. Eines der ersten Ökoweingüter Spaniens, Albet i Noia, gehört längst zur Qualitätsprominenz des Anbaugebiets. Daneben haben auch alteingesessene Qualitätserzeuger wie Can Feixes oder Jané Ventura sowie der erst vor wenigen Jahren gegründete Celler Pardas bereits internationale Beachtung gefunden.

Der weitaus größte Teil der Spitzenerzeuger – außer Torres, Parés Balta und Sumarroca – gehört zu den vielen kleinen Produzenten des Penedès, die meist Stillwein und Cava gleichermaßen anbieten. Die Mehrzahl der großen Häuser wie Masía Bach, Jaume Serra, Covides, Pinord, Joan Serdá, Marqués de Monistrol oder René Barbier konzentrieren sich dagegen weitgehend auf gute Durchschnittsware und Supermarktqualitäten.

Priorat (Priorato)

Der Talkessel des Priorat mit seinen Schluchten, mittelalterlichen engen Dörfern, gewundenen schmalen Straßen und den am Rande steil aufragenden felsigen Gebirgszügen gehört zu den beeindruckendsten Weinlandschaften Spaniens. Von den Höhen ebenso wie in den Tälern, nach jeder Kurve und zu jeder Jahreszeit bieten sich grandiose Einblicke in die raue Schönheit des abgelegenen Tals mit seiner ausgefallenen Geologie. Diese wilde, urtümliche Landschaft wurde in den 1990er-Jahren zu einer Pilgerstätte des spanischen Weinbaus. Die Weine des Priorat gehören seitdem zu den teuersten Spaniens. In keinem Anbaugebiet Kataloniens erhalten die Winzer auch nur annähernd so viel Geld für ihre Trauben. Das Priorat ist außerdem eine von zwei spanischen Weinregionen, die als D.O.Ca., Denominación de Origen calificada (auf Katalanisch D.O.Q., Denominació

D.O.Ca. PRIORAT

PROVINZEN MIT D.O.-FLÄCHE
Tarragona

REBFLÄCHE
1700 ha

ANZAHL KELLEREIEN
82

PRODUKTION
4,6 Millionen kg

GESCHÜTZTE WEINTYPEN
Weißwein, Rosado, Rotwein

ZUGELASSENE REBSORTEN
weiß: Garnacha blanca, Macabeo, Chenin blanc, Pedro Ximénez
rot: Garnacha tinta, Garnacha peluda, Cariñena, Cabernet Sauvignon, Merlot, Syrah

Als einer der Ersten erkannte René Barbier den unschätzbaren Wert des Terroirs im Priorat und seiner alten Weinberge.

d'Origen Qualificada), besonderen Herkunftsschutz genießen.

Die neuere Geschichte des Priorat ist eine Art modernes Märchen. Kaum jemand hätte geglaubt, dass dieses fast vergessene »Aschenputtel« innerhalb weniger Jahre eine derartige Faszination und Begeisterung auslösen könnte. Noch 1980 hatte man doch angenommen, die besten Terroirs Europas seien bekannt, und allenfalls in Übersee seien noch große Entdeckungen zu machen. Freilich ist das Priorat nicht die einzige spanische Region, die diese Ansicht widerlegte.

Noch Ende der 1980er-Jahre war das Priorat ein zwar landschaftlich beeindruckender, aber weinbaulich fast vergessener Talkessel, in dem zwei Weingüter, De Muller und Scala Dei, sowie ein paar veraltete Genossenschaften tiefdunkle und alkoholschwere Weine kelterten. Die einstmals bis zu 12 000 ha umfassende Rebfläche war auf weniger als 1000 ha geschrumpft. Außer ein paar Rentnern und einer Handvoll Nebenerwerbswinzern war kaum noch jemand bereit, auf den brütend heißen Hängen in den alten Weinbergen zu arbeiten, die nur geringste Erträge brachten und wirtschaftlich den Aufwand nicht lohnten. Die Jugend war abgewandert in die Touristenorte an der Küste oder in die Industrie, wo sich erheblich leichter Geld verdienen ließ.

Dabei handelt es sich um altes Kulturland. Wie fast überall in Katalonien, so trieben die Römer auch hier Weinbau; außerdem gruben sie nach Blei und Silber. Im 12. Jahrhundert glaubte ein Bewohner von Poboleda, Engel auf einer Stiege auf- und niederschweben zu sehen. Alfons II. von Aragón gründete im Jahr 1163 an dieser Stelle das Kartäuserkloster Scala Dei (Gottestreppe). Das daraus entstehende klösterliche Priorat prägte über Jahrhunderte das Tal, bis die Mönche 1835 das Kloster verließen. Wein, Oliven und Mandeln brachten den Bewohnern der elf Dörfer im 18. und 19. Jahrhundert gutes Einkommen. Im 20. Jahrhundert jedoch waren diese Kulturen kaum noch rentabel. Um 1988 lebten fast nur noch Rentner in den Dörfern.

Ein kometenhafter Aufstieg

Die Wiederentdeckung des Priorat begann Ende der 1980er-Jahre. René Barbier, Spross der Familie, die einmal die gleichnamige Kellerei besaß, war der Initiator und lebte bereits seit 1980 im Priorat. Er animierte eine Handvoll Mitstreiter, mit ihm gemeinsam von den alten Terrassenweinbergen modernen Wein zu keltern: José Luis Pérez, einen Önologen, Weinbaulehrer und Tüftler aus Falset, Álvaro Palacios, einen »jungen Wilden« aus einer Rioja-Familie, der in Bordeaux Erfahrungen gesammelt hatte und irgendwo in Spanien einen großen Wein erzeugen wollte, sowie Dafne Glorian und Carles Pastrana. Sie kauften Weinberge und begannen mit dem Jahrgang 1989 zunächst einen gemeinsamen Wein zu erzeugen. Sie hatten erkannt, dass ein gewaltiger Schatz an alten Weinbergen vorhanden war. Ob es allerdings gelingen würde, aus den Rebsorten Garnacha und Cariñena große Weine zu keltern, können sie kaum gewusst haben. Erfahrungen gab es in Spanien damit nicht.

Ihr erster Wein enthielt nur 12,5 % Alkohol – vorgeschrieben sind bis heute 13,5 Vol.-% Mindestalkohol – und wurde daher nicht als D.O.-Wein anerkannt, erregte aber wegen seiner beachtlichen Qualität internationales Aufsehen. Da in der Gruppe durchaus verschiedene Charaktere versammelt waren, erwies es sich als praktikabler, dass jeder sein eigenes Weingut gründete. Die Weingüter René Barbier mit den Topweinen Clos Mogador und Clos Manyettes, Costers del Siurana mit Clos de L'Obac, Álvaro Palacios mit L'Ermita und Clos Dofí, Dafne Glorian mit Clos Erasmus und Mas Martinet mit Clos Martinet gehören bis heute zu den führenden Qualitätserzeugern des Priorat. Die kleine Enklave erlebte nach beeindruckenden Weinen der Pioniere einen regelrechten Ansturm neuer Produzenten und wurde binnen weniger Jahre zur exklusivsten und teuersten Weinregion Spaniens. Als Musterbeispiel für charaktervolles Terroir trug es dazu bei, dass dieser Begriff in der weinbaulichen Diskussion Spaniens die heutige Bedeutung gewann.

Die Abgeschiedenheit des Tals, die traditionellen Rebsorten Garnacha und Cariñena sowie die geringen Erträge, die kaum 1000 kg pro ha erreichen, haben wohl zur viel zu langen Missachtung des Priorat beigetragen. Die natürlichen Voraussetzungen zur Erzeugung großer Weine sind nämlich einzigartig und aus heutiger Sicht offensichtlich. Während die den Talkessel umgebenden – hinsichtlich der Weinqualität durchaus ebenfalls reizvollen – Gebirgslandschaften des Montsant, der Terra Alta, der Conca de Barberà oder der Garriga in der D.O. Costers del Segre aus einem Flickenteppich unterschiedlichster Böden bestehen, bedeckt die Hänge des Priorat fast ausschließlich ein hier *llicorella* genannter Schiefer mit Quarzeinschlüssen. Er tritt mal extrem steinig, mal stark verwittert und an der Oberfläche fast sandig auf, dominiert jedoch mit Ausnahme einer kleinen Ecke mit kalkigen Böden (dortiger Erzeuger: Mas d'en Gil) das Terroir und verleiht den Weinen eine manchmal strenge, oft an kalte Asche erinnernde mineralische Note, die durch die verwendeten Sorten Garnacha und Cariñena eher noch betont wird.

Klima

Klimatisch unterscheidet sich das Priorat nicht allzu sehr von den benachbarten D.O.-Regionen. Es ist durchaus noch mediterran geprägt, denn zumindest erfrischen im heißen Sommer am Nachmittag kühlende Brisen vom Meer die höheren Lagen. Starke kontinentale Einflüsse mit hohen Temperaturschwankungen zwischen Tag und Nacht sind dennoch unübersehbar. Vor allem saugt der schwarze **Boden** die Wärme der Sommertage geradezu auf, was die Tageshitze um einige Grad betonen kann. Diese besondere Wärme lässt Garnacha-Trauben rosinenartig vollreif werden. Traditionelle Priorat-Weine konnten durch-

Alt allein genügt nicht: Die knorrigen Einzelstöcke müssen gut gepflegt sein, damit sie hochwertige Trauben tragen.

Typisch für die Böden in der D.O.Ca. Priorat ist der Unterbau aus rotem Schiefer.

aus Alkoholwerte von 16 % und mehr aufweisen. Heute vermeidet man diese hohe Reife durch frühere Lese. Das betont den fruchtigen Charakter der Trauben, ohne dass allerdings die manchmal samtig-rosinenfruchtige Finesse verloren geht.

Alte Garnacha- und Cariñena-Reben als Trumpf

Wichtiges Rückgrat der Weinqualität sind bis heute die rund 500 ha Anlagen mit alten Garnacha- und Cariñena-Stöcken, die mit kaum 1000 kg/ha extrem niedrige Erträge erbringen. Insgesamt stehen Garnacha und Cariñena auf zwei Dritteln der Gesamtfläche. Beide Rebsorten gelten in anderen Regionen als nicht besonders wertvoll, bringen jedoch in diesem Terroir, bei diesem Rebalter und mit geringen Erträgen grandiose Weine hervor. Vor allem Garnacha läuft mit samtiger Zartheit und hoher Fruchtreife bei gleichzeitigen mineralischen Aspekten des Terroirs zu Bestform auf. Der teuerste Wein des Anbaugebiets und einer der teuersten Spaniens, L'Ermita, wird seit dem Jahrgang 2005 nur noch aus einem alten, hoch gelegenen Garnacha-Weinberg gekeltert. Vorher enthielt er noch Anteile von Cabernet Sauvignon.

Andere Rebsorten, insbesondere die internationalen wie Cabernet, Merlot und Syrah, kamen erst nach 1990 in die Region. Vor allem José Luis Pérez war früh der Meinung, dass sie den Weinen Rückgrat und etwas kräftigere Frucht verleihen können (ebenso wie er die heute verbreitete Bewässerung der steinigen Hanglagen für unabdingbar hält). Die internationa-len Sorten dominieren jedoch kaum eine der großen Cuvées. Meist bleiben sie unter 50 % Verschnittanteil. Weiße Trauben spielen mit gerade 100 ha Fläche kaum eine Rolle.

Junge und alte Spitzenerzeuger

Die harte Knochenarbeit in den Weinbergen und die niedrigen Erträge erlauben wirtschaftliches Arbeiten nur bei Erzeugung hochwertiger Weine. Einfache oder preiswerte Weine sind kaum vorhanden. Den vier großen alten Männern des Priorat und Dafne Glorian, alle bis heute qualitativ führend und international mit höchsten Bewertungen geehrt, folgten rasch weitere Investoren, darunter viele exzellente Weinmacher. Eine Phalanx von Produzenten ist mittlerweile in der Lage, Jahr für Jahr Weine von internationalem Rang zu keltern. Zu den Toperzeugern gehört auch der Sänger Luis Llach, dessen Mutter aus Porrera stammt. Er investierte 1997 bei Porrera in das Weingut Vall-Llach, das von 44 ha Rebfläche hervorragende Weine bereitet. Schon vorher hatte er gemeinsam mit José Luis Pérez den Wein Cims de Porrera erzeugt und bewiesen, dass auch fast reinsortiger Cariñena in diesem Konzert mitspielen kann. Seine Anteile hat er mittlerweile an Perellada abgegeben. Die im Empordà ansässige Kellerei hat mit Casa Gran del Siurana noch ein zweites Weingut im Priorat und erzeugt dort einen der wenigen fast sortenreinen Syrah – in bestechender Qualität.

Die Familie Capafons-Osso, die auch in Montsant Weinberge besitzt, erzeugt neben hervorragenden Roten einen der besten Weißweine der Region. Die

Finca Mas Perinet, die in aufwendigstem Prozess aus Felsen Weinbergterrassen »konstruierte«, bringt mit modernster Technik hochfeine Weine auf die Flasche. In den Bodegas Mas Alta füllt der belgische Liebhaber Michel Vanhoutte-Rigolle herausragende Weine fast nur aus den traditionellen Rebsorten ab. Torres hat mit dem im Jahr 2005 erstmals (nicht aus den eigenen, jungen Weinbergen) erzeugten, herausragenden Perpetual ebenfalls eine Führungsrolle angemeldet.

Weitere hervorragende Erzeuger sind Gratavinum, Mas Doix, Ferrer Bobet und Mas d'en Gil. Als führende Köpfe der zweiten Generation von jungen Önologen experimentieren Sara Pérez und René Barbier jun. mit Weinbergen, Erziehungsarten und Weinen (großartig: Vinya del Vuit) und stellen fast im Jahrestakt aus dem Priorat und dem Montsant Neuheiten vor, die von sich reden machen.

Freilich ist nicht alles Gold, was glänzt. Viele Neueinsteiger und Investoren hatten wenig Erfahrung im Weinbau, schon gar nicht mit den schwierigen Bedingungen im Priorat. Manche legten neue Weinberge an und glaubten, gleich Preise verlangen zu können wie für mineralisch-konzentrierte Weine aus den inzwischen auf ein Viertel der Gesamtfläche geschrumpften alten Anlagen. Manchem Abenteurer ohne Erfahrung im Weingeschäft der oberen Preisklasse machen die aufwendigen Investitionen nur noch wenig Vergnügen. Wo der Goldrausch ausbricht, bleibt oft die Vernunft auf der Strecke.

Über die **Alterungsfähigkeit** der Priorat-Weine wurde in jüngerer Zeit viel diskutiert. Zweifellos gelten Garnacha und Cariñena nicht als besonders lagerfähige Sorten. Andererseits konnten stark extrahierte, alkoholstarke, dunkle, traditionelle Gran Reservas etwa von Scala Dei sehr alt werden. Bei den moderneren Weinen, auch unter den besten des Priorat, kann man Weine finden, die nach zehn Jahren sehr viel Trinkvergnügen bereiten, es gibt allerdings auch Enttäuschungen mit anfangs vielversprechenden Weinen, die überraschend schnell müde wirken. Sicher entfalten die meisten Weine relativ bald nach der Abfüllung ihren vollen Charme.

Montsant

Viele Jahre lang gehörte die heutige D.O. Montsant als Subregion Falset zum Anbaugebiet Tarragona. Damit war jeder zufrieden, obwohl die in großartige Gebirgslandschaft eingebetteten Weinberge nicht allzu viel mit den übrigen Teilen der bis ans Meer reichenden D.O. Tarragona zu tun hatten.

Doch dann stieg in den 1990er-Jahren das Priorat wie Phönix aus der Asche zu internationalem Ruhm auf. Nun wurde man sich seiner besonderen Lage bewusst: Die damalige Subregion Falset krümmt sich wie eine dicke Schale fast vollständig um das berühmt gewordene Priorat, ist also, wenn man so will, dessen Fortsetzung nach allen Seiten. Mit dem hervorragenden Terroir des Priorat hatte man trotz anderer Böden erheblich mehr zu tun als mit dem etwas verschlafenen, vorwiegend Cava-Trauben und Fasswein erzeugenden Tarragona. Hinzu kam, dass einige Erzeuger, darunter die Cooperativen von Capcanés und Falset-Marça, bereits gezeigt hatten, was ihre Weinberge mit

D.O. MONTSANT

PROVINZEN MIT D.O.-FLÄCHE
Tarragona

REBFLÄCHE
1980 ha

ANZAHL KELLEREIEN
54, davon 49 abfüllend

PRODUKTION
5,5 Millionen Liter

GESCHÜTZTE WEINTYPEN
Weißwein, Rosado, Rotwein, diverse Likörweine

ZUGELASSENE REBSORTEN
weiß: Garnacha blanca, Chardonnay, Macabeo, Moscatel de grano menudo, Pansal, Parellada
rot: Cabernet Sauvignon, Garnacha tinta, Garnacha peluda, Cariñena (Samsó), Merlot, Monastrell, Picapoll negre, Syrah, Tempranillo (Ull de Llebre)

Schon früh startete die junge Önologin Sara Pérez eigene Weinprojekte neben ihrer Mitarbeit im elterlichen Weingut Mas Martinet.

alten Rebstöcken qualitativ hergeben können. Seit Jahren erreichen diese beiden exzellent geführten Genossenschaften – sie gehören zu den besten Spaniens – mit ihren Spitzenweinen das Niveau hervorragender privater Bodegas. Also betreiben vor allem sie die Trennung von Tarragona und die Gründung einer eigenen D.O. Im Jahr 2001 erteilte die Regionalregierung die Anerkennung. Rasch wurde Montsant als etwas preiswertere Alternative zum Priorat gehandelt. Dabei wird oft das eigenständige Profil dieser Regionen übersehen.

Erzeuger in Montsant

Mittlerweile arbeiten mehrere Erzeuger sowohl im heißen Talkessel des Priorat als auch in dem etwas besser mit frischen Meeresbrisen versorgten Montsant. Dazu gehören die beiden Jungstars René Barbier jun. und Sara Pérez mit ihren wunderbar fruchtdichten und seidigen Weinen Venus und Dido. Mit dem Espectacle haben die beiden rastlosen Experimentierer und Terroirsucher einen weiteren großen Wein aus dem Hut gezaubert. Er stammt aus der bisher zu wenig beachteten Gegend von La Figuera, wo wenige, aber alte Weinberge relativ hoch gelegen auf kalkigen Böden stehen. Auch Capafons-Osso, Mas Perinet und Laurona (im Priorat mit Clos Figueras) sind in beiden Regionen mit ausgezeichneten Weinen vertreten.

Andere legten sich ganz auf Montsant fest. Joan D'Anguera traf in etwas niedrigeren Lagen bei Darmós vermutlich die richtige Entscheidung, als er vor allem Syrah pflanzte: Sein bester Wein, der mineralisch-verspielte Bugader, besteht zu 90 % aus dieser Traube. Unübersehbar jedoch ist der Trend zu autochthonen Sorten, vor allem zur Garnacha. Juan Ignacio Domenech setzt in kalkigen Höhenlagen bei Capcanès vor allem auf Garnacha und Merlot. Sein Teixar von 70 Jahre alten Garnacha-peluda-Stöcken gehört zu den feinsten und zartesten Garnachas Spaniens. Acustic nennt Jané Ventura aus dem Penedès sein Projekt und erzielt mit dem Verschnitt von Garnacha und Cariñena hervorragende Ergebnisse.

Die Zahl der exzellenten Weine aus Montsant steigt von Jahr zu Jahr. Schon 2007 zahlte man für Trauben aus Montsant die – nach dem Priorat – zweithöchsten Preise in ganz Katalonien. Eine weitere Besonderheit der Region erklärt das starke Interesse von fremden Investoren: Fast die Hälfte der abfüllenden Bodegas verfügten im Jahr 2008 noch nicht über einen eigenen Keller, sondern haben sich bei anderen eingemietet. Dazu gehört einer der Stars der Region, Can Blau von der Gruppe Oro-Wines.

Ein Flickenteppich von Böden

Trotz räumlicher Nähe darf man die Verwandtschaft mit dem Priorat nicht zu weit treiben. Nur in der südöstlichen Ecke bei Pradell und La Torre de Fontaubella besitzt Montsant die *llicorella*-Böden des Priorat. Der Rest der Region ist ein unglaublich bunter Flickenteppich verschiedenster Böden; dazu herrschen große Unterschiede bei Temperaturen und

Niederschlägen. Die bekanntesten Weine der Region wachsen auf kalkig-lehmiger, tonhaltiger oder sandiger Erde vor allem im wärmeren Südteil der Region zwischen Falset, Darmós und Capcanés. Im Norden und Westen, wo teilweise zwei Wochen später geerntet wird, zeigen einzelne Weine, dass hier noch bestes Terroir auf engagierte Weinmacher wartet.

Tarragona

Die Stadt Tarragona wurde 218 v. Chr. als Tarraco von Scipio gegründet. Reste eines Amphitheaters und einer Stadtmauer gehören zu den Sehenswürdigkeiten der Hafenstadt. Die D.O. Tarragona gehört trotz traditionsreicher Geschichte zu den weniger populären Weinbaugebieten Kataloniens. Sie erlebte zudem im Jahr 2002 einen erheblichen qualitativen Aderlass, als die damalige Subregion Falset sich von Tarragona trennte und zur eigenen D.O. Montsant wurde.

Die Region reicht mit den zwei Subzonen Camp und Ribera d'Ebre vom Meer bis auf Höhen von 500 m. Entsprechend unterschiedlich ist die Temperatur, doch dominiert in beiden Subzonen mediterranes, warmes **Klima**. Regen fällt mit 500 mm relativ reichlich, vor allem im Frühjahr und Herbst. Die Böden sind geprägt von sandiger, tonig-lehmiger und steiniger Struktur auf einer darunterliegenden Kalkbank.

Trauben für die Cava-Produktion

Wie viele katalanische D.O.-Regionen, so lässt auch Tarragona seinen Winzern große Freiheit bei der Sortenwahl, was aber nicht allzu häufig in Anspruch genommen wird. Tarragona ist neben Barcelona die Provinz mit den meisten Gemeinden, in denen Cava erzeugt werden darf. So fließt ein großer Teil der hier geernteten Trauben in die Cava-Produktion, obwohl es kaum nennenswerte Cava-Erzeuger in der D.O. Tarragona gibt. Die traditionellen weißen Cava-Sorten Parellada, Macabeo und – in geringerem Maß – Xarel-lo machen fast 80 % der gesamten Ernte aus. Gewisse Bedeutung für die Weißweinproduktion haben daneben nur Chardonnay und Moscatel. Bei den auf etwa 20 % der Flächen stehenden roten Sorten nimmt Tempranillo den größten Anteil ein.

Likör- und Rotweine

Große Tradition besitzen die in Tarragona erzeugten alkoholstarken Likörweine, die trocken und süß ausgebaut werden. Früher stammten sie vornehmlich aus den Sorten Moscatel und Malvasía und wurden als Rancio oxidativ ausgebaut. Der bekannteste Erzeuger der Region, die 1851 gegründete Kellerei De Muller, pflegt diese Tradition bis heute. De Muller war auch über viele Jahre hinweg der einzige Erzeuger von überregionaler Bedeutung. Die große Kellerei bietet auch beim Rotwein und bei ihren Abfüllungen aus dem Priorat immer zuverlässige Qualität.

Seit 2003 macht außerdem der kleine Familienbetrieb Terrer d'Aubert von sich reden. Von Cabernet-Stöcken, die nur wenige Kilometer vom Meer entfernt wachsen, gewinnt er vor allem seit dem Jahrgang 2006 hervorragende samtig-zarte Weine, die erstaunlicherweise an die Feinheit des Priorat erinnern, obwohl weder Klima noch Terroir noch Rebsorte sich ähneln.

D.O. TARRAGONA

PROVINZEN MIT D.O.-FLÄCHE
Tarragona

REBFLÄCHE
7260 ha

ANZAHL KELLEREIEN
58

PRODUKTION
45 Millionen kg Trauben, nur teilweise als D.O. Tarragona abgefüllt

GESCHÜTZTE WEINTYPEN
Weißwein, Rosado, Rotwein, traditioneller Likörwein

ZUGELASSENE REBSORTEN
weiß: Chardonnay, Macabeo, Xarel-lo, Garnacha blanca, Parellada, Moscatel de Alejandría, Moscatel de grano menudo, Sauvignon blanc, Malvasía
rot: Cariñena, Garnacha, Tempranillo (Ull de Llebre), Cabernet Sauvignon, Merlot, Monastrell, Pinot noir, Syrah

Terra Alta

Ganz gleich, ob man von Reus aus über Falset oder vom Meer aus über Fatgés an Mora de Ebro vorbei in das südlichste D.O.-Gebiet Kataloniens fährt: Die gebirgig-felsige Landschaft, unterbrochen von Weinbergen und Olivenbäumen, ist gleichermaßen faszinierend und abwechslungsreich. Terra Alta, Montsant und das Priorat sind karge, steinige Gebirgsregionen, in denen kalte Winter und heiße Sommer die Arbeit im Weinbau erschweren, während gleichzeitig andere landwirtschaftliche Kulturen wie Oliven oder Mandeln nur noch wenig Verdienstmöglichkeiten bieten. Dass die Landflucht hier Lücken hinterlässt, ist ebenso verständlich wie die Hoffnung, die in jüngerer Zeit erfolgreiche hochwertige Weine weckten.

Geografie und Böden

Kalkige Bergketten des Pandoll und Cavall im Süden und Westen, die Sierra de Montenegreto und die Sierra de Boix im Osten sowie der Ebro umgrenzen das *terra alta,* das Hochland. Auf 350 bis 500 m Höhe entstand ein Hochplateau, das man in *plano* und *altoplano* unterteilt. Beide besitzen kalk- und tongeprägte Böden. Doch erreichen die mediterranen Luftströme, die im Sommer gegen Abend das Ebrotal heraufziehen, das *plano* eher als das etwas trockenere *altoplano,* wo eher körperreiche Weine wachsen, während Finesse und Eleganz eher im zweiten Zentrum, Gandesa, zu Hause sind. Die beiden wohl besten Erzeuger der Region, Bàrbara Forés und Piñol, bieten dafür mit ihren Rotweinen hervorragendes Anschauungsmaterial. Filigran, fein, allerdings auch kellertechnisch hervorragend geschliffen, repräsentieren die Forés-Weine ganz den *plano*-Typus. Piñol-Weine dagegen zeigen Muskeln und satte, robuste Frucht.

Rebsortenspezialitäten

Im Vergleich zu Montsant und Priorat ist das Klima in der D.O. Terra Alta etwas kühler. Vielleicht hat es damit zu tun, dass man die Region vor allem für ihre weiße Rebsorte Garnacha blanca kennt, die hier seit dem Jahr 1650 nachgewiesen ist. Wenn man einige der besten Weißen aus dieser Sorte probiert, versteht man, dass in ganz Katalonien mit größter Hochachtung von Garnacha blanca aus dem Terra Alta gesprochen wird. Mit Aroma von gelben Früchten und einem Hauch Honig sowie körperreicher, cremiger Struktur erinnern diese Weine an sehr guten Viognier und können sowohl aus dem Stahltank wie aus dem Barrique beachtliche Qualität erreichen. Hier schlummert ein weiterer Edelstein im Schmuckkästchen der spanischen Rebsorten.

Allerdings steht die Garnacha blanca nur auf etwa 1300 ha, während die in ganz Spanien weitverbreitete Macabeo fast 1500 ha erreicht und häufig für Markenweine der D.O. Catalunya Verwendung findet. Rote Rebsorten (3300 ha) haben mittlerweile die weißen (3000 ha) überholt. Neben der meistangebauten Garnacha tinta haben auch Syrah (480 ha), Cariñena (460 ha) und Tempranillo eine gewisse Bedeutung. Cabernet Sauvignon und Merlot sind zwar in den Spitzencuvées oft vertreten, bleiben jedoch im Anbau noch deutlich hinter den anderen Sorten zurück. Eine

---

D.O. TERRA ALTA

PROVINZEN MIT D.O.-FLÄCHE
Tarragona

REBFLÄCHE
6210 ha

ANZAHL KELLEREIEN
42, davon 32 abfüllend

PRODUKTION
38 Millionen kg Ernte; 12 Millionen Liter D.O.-Wein

GESCHÜTZTE WEINTYPEN
Rosado, Rotwein

ZUGELASSENE REBSORTEN
weiß: Garnacha blanca, Macabeo, Parellada (empfohlen); Chardonnay, Moscatel de Alejandría, Moscatel de grano menudo, Pedro Ximénez, Sauvignon blanc, Viognier (zugelassen)
rot: Garnacha tinta, Garnacha peluda, Cariñena, Syrah (empfohlen); Cabernet Sauvignon, Cabernet franc, Garnacha tintorera, Merlot, Morenillo, Tempranillo (zugelassen)

Spezialität der Region, der spät reifende, farblich etwas blasse, aber aromareiche, leicht rauchige Morenillo, steht nur auf kleinen Flächen und wird bisher nicht sortenrein ausgebaut. Er drückt aber mit hohem Verschnittanteil dem charaktervollen El Templarí von Barbara Forés seinen Stempel auf.

Auch der Celler Batea und einige der **Genossenschaften**, die über zwei Drittel der Ernte einfahren, beweisen mit einzelnen Weinen, dass das 1972 als D.O. anerkannte Anbaugebiet über bestes Terroir verfügt. Die Genossenschaftsbewegung hat hier übrigens nach der Reblauszeit rasch eine Neustrukturierung betrieben. Dass dabei gut verdient wurde, zeigen anspruchsvolle modernistische Kellereigebäude wie in Gandesa.

Die Zukunft der D.O.

Im Moment werden von 38 Millionen kg Trauben einer durchschnittlichen Ernte nur etwa 12 Millionen Liter als D.O. Terra Alta abgefüllt, obwohl hier kein Cava erzeugt werden kann. Dies zeigt, dass noch einige Aufbauarbeit geleistet werden muss, bis die erzeugten Trauben auch angemessene Vermarktungswege als Qualitätsweine finden. Das Terroir ist vorhanden. Bald könnte erneut eine gute Zeit für die Weine des Hochlands anbrechen, wenn die Tendenz anhält, die in den 1970er-Jahren verlassenen kargen Hügellagen wieder verstärkt zu nutzen, von der Produktion namenloser Massenware wegzukommen und dem Beispiel der guten Erzeuger zu folgen. In Deutschland wird man allerdings keinen großen Imagegewinn verzeichnen, solange in den Supermärkten als »Gran Reserva« etikettierte Weine aus Terra Alta zu Niedrigstpreisen angeboten werden, obwohl nach den Statistiken des Consejo Regulador gar keine Gran Reserva erzeugt wird.

Catalunya (Cataluña)

Es hätte alles ganz einfach sein können: Wie in anderen spanischen *autonomías* hätte man einen Landwein *Vino de la tierra de cataluña* einrichten und fördern können. Aber wie so häufig in Katalonien sieht man die Dinge ein wenig anders als im übrigen Spanien.

Deshalb erhielt der übergreifende Wein aus der gesamten Region, den man im Jahr 1999 eintragen ließ, D.O.-Status. Es ist kein Geheimnis, dass vor allem die großen, überregional tätigen Erzeuger, allen voran Torres, ein Interesse daran hatten. Torres wollte für einige seiner Marken Trauben aus ganz Katalonien nutzen, aber nicht auf den D.O-Status verzichten. So verfiel man auf einen Kniff, den schon die Deutschen anwandten, als es 1971 darum ging, das neue Weinrecht mit europäischem Recht in Einklang zu bringen: Um den ungeliebten Land- und Tafelwein zu vermeiden, definierte man schlicht jeden Quadratmeter existierender Weinberge als »Qualitätswein«. Genau das Gleiche geschah mit der Einrichtung der D.O. Catalunya (auf Spanisch Cataluña).

Eine D.O. für die ganze *autonomía*

Alle Weinberge, die in Katalonien existieren, können in die übergreifende Appellation eingetragen werden. Anders herum: Außerhalb der definierten Gemein-

---

D.O. CATALUNYA (CATALUÑA)

PROVINZEN MIT D.O.-FLÄCHE
Girona, Barcelona, Tarragona, Lleida

REBFLÄCHE
54 500 ha

ANZAHL KELLEREIEN
115 flaschenfüllende

PRODUKTION
50 Millionen Flaschen

GESCHÜTZTE WEINTYPEN
Weißwein, Rosado, Rotwein, Likörwein, Perlwein

ZUGELASSENE REBSORTEN
weiß: Chardonnay, Garnacha blanca, Macabeo, Moscatel de grano menudo, Moscatel de Alejandría, Parellada, Riesling, Sauvignon blanc, Xarel-lo (empfohlen); Gewürztraminer, Malvasía, Pedro Ximénez, Picapoll (zugelassen)
rot: Cabernet franc, Cabernet Sauvignon, Garnacha tinta, Merlot, Monastrell, Pinot noir, Cariñena (Samsó), Trepat, Tempranillo (Ull de Llebre) (empfohlen); Garnacha tintorera, Syrah (zugelassen)

den der D.O. Catalunya dürfen in Katalonien keine Weinberge angelegt werden. Denn es ist durchaus nicht so, dass die D.O. Catalunya die gesamte *autonomía* umfassen würde. Vielmehr gehören nur bestimmte *comarcas* (Gemeinden) dazu, die auch vorher schon in D.O.-Gebieten lagen. Nur etwa 300 ha Weinberge bei Odena, bei Queral und bei Esparreguera, die vorher in keiner D.O. waren, wurden zusätzlich integriert. Dadurch existiert im Jahr 2009 praktisch kein Weinberggelände in Katalonien, das nicht D.O-Schutz genießt. Andere Neuanlagen sind nicht möglich.

Die anfangs umstrittene Einrichtung wurde rasch zur Erfolgsgeschichte. Nach kaum zehn Jahren sind von den 59 000 ha katalanischer Weinberge über 90 % auch bei der D.O. Catalunya eingetragen. Mittlerweile muss ein neuer Weinberg gar nicht mehr extra bei der D.O. Catalunya angemeldet werden. Ist der Winzer nicht ausdrücklich dagegen, gehören seine Weinberge automatisch auch zur übergreifenden D.O. Rasch haben die Winzer erkannt, dass dies Vorteile bietet: Die größeren Unternehmen können die Ernte aus mehreren D.O.-Regionen zusammenführen, ohne den D.O.-Status zu verlieren. Der Name Catalunya bzw. Cataluña ist beliebt und im Export erfolgreich. Schließlich sind mehr Rebsorten und Verschnitte zulässig als in den anderen D.O.-Regionen.

Produktionsbedingungen

Eine gewisse Hierarchie gibt es schon. Most oder Wein, der direkt als D.O. Catalunya angemeldet wurde, darf nicht mehr für eine andere D.O. verwendet werden. Dagegen kann Most und Wein, der zunächst in den lokalen D.O.s angemeldet war, zur D.O. Catalunya »umdeklariert« – man könnte auch sagen: herabgestuft – werden. Üblicherweise melden die Winzer ihre Trauben bei der Ernte zunächst bei ihrer lokalen D.O. an. Beim Verkauf des Fassweins oder kurz vor der Abfüllung entscheiden sie, ob der Wein zur lokalen D.O., zu Cava oder zur D.O. Catalunya gehören soll. In manchen lokalen Regionen, wie Conca de Barberà oder Penedès, liegt die Menge der geernteten D.O.-Trauben um ein Mehrfaches über den schließlich unter dieser D.O.-Bezeichnung abgefüllten Weinen. Umgekehrt wurden etwa in der D.O. Catalunya im Jahr 2007 zunächst nur 27 Mio. kg angemeldet, am Ende aber 50 Mio. Flaschen als D.O. Catalunya auf den Markt gebracht. Ob dieses vom ursprünglichen Gedanken des Herkunftsschutzes sicher nicht so gewollte Hin und Her auf Dauer ein akzeptables Verfahren ist, wird sich zeigen.

Erzeuger, die sich ganz auf die D.O. Catalunya festgelegt haben, gibt es nur wenige. Dazu zählt vor allem der ausgezeichnete Ca N'Estruc aus Esparreguera – einem der Orte, der vorher keiner D.O. angehörte. Auch Mas Gil aus Calonge im Empordà kennzeichnet seine hervorragenden Weine als D.O. Catalunya. Hinzu kommt Roqueta aus Pla de Bages. Die meisten anderen Kellereien sind mit ihren Topweinen in anderen D.O.s vertreten.

Cava

Hätte vor 20 Jahren jemand behauptet, ein spanisches Produkt werde in absehbarer Zeit zu einer der beiden wichtigsten Schaumweinmarken auf dem deutschen Markt aufsteigen, wäre er wahrscheinlich ausgelacht worden. Im Jahr 2008 jedoch war Freixenet mit über 40 Millionen in Deutschland verkauften Flaschen buchstäblich in aller Munde. Mancher Konsument der Marke wird allerdings wenig von der Herkunft und Herstellung des Produkts wissen. Die Bedeutung des Begriffes Cava als Bezeichnung für spanischen Schaumwein, der nach klassischer Methode der Flaschengärung erzeugt wurde, ist den wenigsten Deutschen bekannt. Folgerichtig konnte kein anderer Pro-

CAVA UND RESTSÜSSE

Für Cava gelten folgende Süßeklassen:
- BRUT NATURE: 0–3 g/l
- EXTRA BRUT: 0–6 g/l
- BRUT: 0–15 g/l
- EXTRA SECO: 12–20 g/l
- SECO: 17–35 g/l
- MEDIUM SECO: 33–50 g/l
- DULCE: über 50 g/l

duzent an den Riesenerfolg Freixenets anknüpfen, obwohl im Handel, insbesondere im Fachhandel, eine Vielzahl kleinerer Produzenten vertreten ist. Codorníu, der zweite Cava-Riese, hatte anfangs mit einigem Erfolg mitzuhalten, versucht, agierte jedoch recht glücklos und ist mittlerweile in Deutschland nur noch mit vergleichsweise kleinen Mengen vertreten.

Schaumwein nach der klassischen Methode

Schaumweine haben die Menschen schon früh fasziniert, auch wenn sie viele Jahrhunderte lang eher als Zufallsprodukt für Überraschung sorgten. Vergil hat schon von überschäumenden Weinen geschrieben. Doch erst seit etwa 300 Jahren – als »Erfinder« gilt Dom Pierre Perignon (1638–1715) – ist man in der Lage, gezielt Schaumwein zu erzeugen und in Flaschen zu halten. Das hängt auch damit zusammen, dass erst Flaschen und Korken zur Verfügung stehen mussten, die dem erheblichen Druck des Schaumweins überhaupt standhalten konnten.

Sicher ist: Der Erfolg des Champagners reizte schon im 19. Jahrhundert Hersteller in anderen Regionen Europas. In Katalonien waren der Erzeuger und Theoretiker Augustín Vilaret aus Blanes und der Chemieprofessor Lluis Justo i Villanueva erste Protagonisten der Herstellung. Villanueva hatte zwei Schüler aus dem Penedès: Miguel Esquirol und Josep Raventós. Sie begannen mit der Methode zu experimentieren. Daraus entstand das Cava-Haus Codorníu.

Vor 1880 erreichte kaum ein Cava den Markt als kommerzielles Produkt. Nach der Reblauszeit stellte sich bald ein so großer Erfolg ein, dass sogar die Anpflanzungen und die Sortenwahl vor allem im Penedès von den Bedürfnissen der Cava-Produzenten geprägt wurden. Schon im Jahr 1900 erreichte die Produktion etwa 200 000 Flaschen, 1920 bereits eine Million. Das kleine Städtchen Sant Sadurní d'Anoia wurde zum Zentrum der rasch expandierenden Produktionsweise. Cava wuchs zum mit Abstand erfolgreichsten Produkt des katalanischen Weinbaus heran. Die Trauben von etwa der Hälfte aller Weinberge Kataloniens gehen in die Cava-Produktion.

Herkunftsschutz nicht nur in Katalonien

Genau betrachtet blieb Cava ein katalanisches Produkt. Etwa 50 % aller in Spanien getrunkenen Cavas finden ihre Abnehmer in Katalonien selbst. Während hier schon mal zum Essen, in der Bar oder zu anderen Gelegenheiten eine Flasche geöffnet wird, trinkt der Rest Spaniens traditionell fast nur zu Weihnachten schäumenden Wein. Viele Jahre lang nannte man den schäumenden katalanischen Wein einfach »Champán«. Diesen Gattungsbegriff reklamierte freilich die Champagne für sich, sodass 1966 das spanische Agrarministerium den Begriff Cava etablierte.

Denominación de Origen bedeutet in ganz Spanien grundsätzlich ein festgelegtes und geschütztes Herkunftsgebiet. Dies gilt auch für Cava. Allerdings liegt dessen Herkunftsgebiet nicht in einer zusammenhängenden Fläche. Es hat seinen eindeutigen Schwerpunkt in den Provinzen Barcelona (mit Penedès) und Tarragona, erstreckt sich aber auf insgesamt neun über ganz Spanien verteilte Provinzen sowie innerhalb

D.O. CAVA

PROVINZEN MIT D.O.-FLÄCHE
Jeweils mit Anzahl der insgesamt 159 festgelegten Gemeinden: Alava (3), Badajoz (1), Barcelona (63), Girona (5), La Rioja (18), Lleida (12), Tarragona (52), Valencia (1), Zaragoza (2).

REBFLÄCHE
32 315 ha

ANZAHL KELLEREIEN
275

PRODUKTION
ca. 225 Millionen Flaschen

GESCHÜTZTE WEINTYPEN
Schaumwein nach klassischer Methode

ZUGELASSENE REBSORTEN
Macabeo, Xarel-lo, Parellada, Malvasía (Subirat parent), Chardonnay; Garnacha tinta, Monastrell, Trepat, Pinot noir

Freixenet und Codorníu

Der jahrzehntelange Wettstreit der beiden Cava-Riesen scheint entschieden: **Freixenet** wuchs schneller und wurde zur Nummer eins. Ausgehend von Sant Sadurní d'Anoia, der »Hauptstadt« des Cava, hat Freixenet nicht nur die Welt des Cava erobert, die Firma wuchs mit weltweiten Investitionen auch in anderen Sektoren zu einer wichtigen Größe des internationalen Weingeschäfts heran. Mit mehr als 500 Millionen Euro Umsatz gehört die Freixenet-Gruppe zu den größten spanischen Weinunternehmen und zu den zehn größten Weinerzeugern weltweit.

Die ersten Aktivitäten der Familie Ferrer, die bis heute das Unternehmen besitzt und führt, liegen fast 150 Jahre zurück. Schon 1864 exportierte ein Ferrer Wein. Doch erst als 50 Jahre später Doña Dolores Sala i Vivé den Sohn der Besitzer der Finca La Freixenada, Don Pere Ferrer i Bosch heiratete, gründeten die Familien die Kellerei Freixenet zur Herstellung von Schaumwein mit traditioneller Flaschengärung. Export blieb jahrzehntelang die große Stärke. In den 1990er-Jahren konnte der große Konkurrent Codorníu auch am spanischen Cava-Markt überholt werden. Heute ist die Stellung von Freixenet und seiner in den 1980er-Jahren übernommenen Tochterfirmen Segura Viudas, Castellblanch, Canals & Nubiola und Conde de Caralt als größter Cava-Erzeuger beeindruckend, besonders in Deutschland. Der intensiv beworbene Carta Nevada steht auf Platz zwei des Schaumweinmarkts. Neun von zehn Flaschen aller nach Deutschland importierten Cavas stammen aus den Kellern von Freixenet.

Cava bleibt zwar der mit Abstand wichtigste Aktionsbereich der Gruppe, doch erhebliche Investitionen im Stillweinbereich zeigen, dass man auch hier eine führende Position in Spanien anstrebt. In der D.O. Penedès sind Segura Viudas und die Kellerei René Barbier leistungsstarke Bodegas. In Deutschland ist der Rotwein »Mederaño de Freixenet« sehr erfolg-

der Provinzen auf festgelegte, einzelne Gemeinden. Das hat damit zu tun, dass Cava ursprünglich Schutz einer bestimmten Produktionsmethode war. Weil eine D.O. aber als Herkunftsschutz definiert ist, grenzte man diesen bei der Gründung der D.O. Cava so ein, dass er die Gemeinden einschloss, in denen nach klassischer Flaschengärung gearbeitet wurde.

Die Erzeuger können wählen

Die Situation wird noch ein wenig komplizierter, weil alle für Cava eingetragenen Weinberge innerhalb anderer D.O.-Gebiete liegen. Fast alle für Cava eingetragenen Weinberge sind auch in der jeweiligen Stillwein-D.O. eingetragen. Die Winzer können sich nach der Ernte entscheiden, ob sie den Ertrag eines Weinbergs für die Produktion von Cava oder von Stillweinen deklarieren wollen.

Der Einfachheit halber haben einige D.O.-Regonen wie Penedès oder Conca de Barberà ihre Höchstertragswerte den recht hohen Hektarerträgen für Cava angepasst – 12 000 kg/ha, was durch Sondergeneh-

reich. Dass man in der Oberklasse mitspielen will, zeigen Investitionen in qualitativ führenden D.O.-Regionen. In Ribera del Duero (Valdubón), Rías Baixas (Vionta), Priorat (Morlanda), Montsant (Fra Gerau) und Rioja (Solar Viejo) besitzt Freixenet eigene Kellereien, ebenso in Frankreich (Champagne Abelé, Yon Mau – Bordeaux), in den USA (Gloria Ferrer – Kalifornien), Mexiko (Sala Vivé), Australien (Wingara Wine Group), Argentinien (Viento Sur) und Uruguay (Arerunguá). Von über 200 Millionen Flaschen, die die Gruppe weltweit verkaufte, waren im Jahr 2008 schon fast 40 % Stillweine.

Immerhin ist **Codorníu** älter. Das älteste Dokument der Familie Codorníu stammt aus dem Jahr 1551. Es erwähnt Keller, Weinpressen, kleine und große Fässer. Seit María Anna Codorníu im Jahr 1659 Miguel Raventós heiratete, heißt die Eigentümerfamilie Raventós – bis heute.

Josep Raventós wandte im Jahr 1872 als erster Spanier die *méthode champenoise* genannte Technik der Schaumweinherstellung an und gilt als Gründervater des Cava. 1885 übernahm sein Sohn Manuel als geschickter Promoter die Firma. Er soll mit seinen Traubenwagen absichtlich ein Verkehrschaos in Barcelona verursacht haben, damit jeder Codorníu kennenlernte. Zur Gestaltung von Werbeplakaten organisierte er Wettbewerbe unter führenden katalanischen Künstlern. Casas, Utrillo, Tubilla und Junjent entwarfen Plakate. 1898 baute Manuel Raventós in Sant Sadurní das modernistische Kellereigebäude, das heute als nationales Denkmal geschützt ist. 1949 folgte die Eröffnung der zweiten Cava-Kellerei Rondel, 1975 der Kauf der Kellerei Masía Bach. Damit und mit dem Aufbau von Raimat wurde Codorníu ein wichtiger Faktor im spanischen Stillweingeschäft.

Während der große Konkurrent Freixenet sich zunehmend am Inlandsmarkt engagierte und Codorníu schließlich sogar überholte, nahm Codorníu relativ spät auch die Auslandsmärkte stärker in Angriff. 1991 engagierte sich das Haus in Napa Valley mit der Kellerei Artesa, einige Jahre später mit der Kellerei Septima in Argentinien. In Spanien ist die Gruppe in der Rioja (Bilbainas), in Ribera del Duero (Legaris), in Aragón (Nuviana) und im Priorat (Scala Dei) engagiert. Im Kloster Poblet pflegt Codorníu die Tradition des Pinot noir mit zwei Weinen der Abadía de Poblet innerhalb der D.O. Conca de Barberà. Codorníu gehört mit über 250 Millionen Euro Umsatz zu den zehn größten spanischen Weinunternehmen. Innovativ blieb Codorníu auch in der Cava-Produktion und setzte sich für die Aufnahme von Chardonnay und Pinot noir in die Liste der zugelassenen Sorten ein. Zumindest in diesem Punkt obsiegte man schließlich gegen Freixenet.

migung des Consejo Regulador in manchen Jahren um 25 % erhöht werden kann.

Betrachtet man einzelne Regionen, so liegen etwa zwei Drittel der für Cava eingetragenen Weinberge, rund 22 000 ha, im Penedès, weitere knapp 4000 in Conca de Barberà und etwa ähnlich viel in der D.O. Tarragona. Der Anteil der außerhalb Kataloniens erzeugten Cavas liegt unter 3 %. Größter Produzent im übrigen Spanien dürfte Torre Oría in der Provinz Valencia sein.

Für die meisten Familienbetriebe im Penedès gehört Cava ebenso wie Stillwein automatisch ins Sortiment, mal mehr mit dem einen, mal mehr mit dem anderen Schwerpunkt. Die meisten größeren Cava-Produzenten wie Marqués de Monistrol, Vallformosa, Castillo Perelada, Raventós Rosell, Parés Baltà, Juvé y Camps oder Gramona verfahren genauso. Sie haben neben ihren Cavas Stillweine im Programm. Die beiden ganz großen Erzeuger, Freixenet und Codorníu, betreiben für ihre Stillweine eigene große Kellereien.

Herstellungsverfahren

Die Definition des Cava ruht auf drei Säulen: Produktionsmethode, Lagerzeit und erlaubte Rebsorten. Als Produktionsmethode ist die Flaschengärung nach der klassischen Methode vorgeschrieben (die Bezeichnung »Champagnerverfahren« darf nach EU-Recht außerhalb der Champagne nicht mehr verwendet werden). Dabei wird ein Basiswein, der zwischen 9,5 und 11,5 Vol.-%. Alkohol aufweisen muss, zusammen mit einer Zuckerlösung und Hefe in die Originalflasche gefüllt, in der die zweite Gärung stattfindet. Die Zuckerlösung darf den Alkoholgrad um nicht mehr als 1,5 Vol.-% erhöhen. Nach Gärung und Lagerung wird die Hefe an den Flaschenhals gerüttelt, eingefroren und entfernt. Der Wein bleibt in der Flasche, die aufgefüllt und endgültig verkorkt wird (Sonderflaschengrößen wie 0,2 l und 0,375 l dürfen umgefüllt werden). Das Endprodukt muss zwischen 10,8 und 12,8 Vol.-% Alkohol enthalten.

»Handgerüttelt« wird immer noch, wenn auch nicht jede Cava-Flasche einzeln. Häufig nutzt man jedoch auch automatische Rüttelgeräte.

Mindestens 9 Monate Hefelagerung ist für jeden Cava vorgeschrieben, wird aber bei vielen hochwertigen Cavas erheblich überschritten bis hin zu 40, 50 Monaten in einzelnen Fällen. So lange muss nach der zweiten Gärung die Hefe in der Flasche verbleiben. Will ein Erzeuger den Erntejahrgang auf die Flasche schreiben, kann er dies tun. Besondere Vorschriften dafür gibt es nicht. Die meisten Cavas stammen aus einem Weinjahrgang, ohne dass dies allerdings auf der Flasche vermerkt wird. Für Cavas der Qualität Reserva gelten 15 Monate, für Gran Reserva 30 Monate Reifung auf der Hefe. Gran Reserva muss außerdem aus einem einzigen Jahrgang stammen, der auch auf der Flasche erscheint, und darf nur als Brut nature, Extra brut und Brut produziert werden. Gran Reserva unterliegt außerdem einer strengen organoleptischen Kontrolle.

Neun Rebsorten sind zugelassen. Traditionelle Hauptsorten sind die autochthone spanische Sorte Macabeo (in anderen Regionen heißt sie Viura), sowie die beiden katalonischen Sorten Xarel-lo und Parellada. Bis heute machen diese drei Sorten 87 % aller für Cava geernteten Trauben aus. Ihr Anteil ist allerdings gesunken, da in den vergangenen 15 Jahren eine Reihe von Spezialitäten unter Hinzunahme der Sorten Chardonnay und Pinot noir ausgebaut wurden und weil Rosado-Cavas aus der alten katalanischen roten Sorte Trepat etwas in Mode gekommen sind. Um die Zulassung der nichtkatalanischen Sorten Chardonnay und Pinot noir hatte es jahrelang einen erbitterten Streit zwischen Freixenet und Codorníu gegeben. Während Pinot noir inzwischen auch zur Herstellung von weißem Cava zugelassen ist, darf Trepat nur für Rosado verwendet werden.

Über die Aspekte, die jede der traditionellen Sorten zum Gelingen eines Cavas beiträgt, wird mancherlei behauptet. Sicher ist, dass es sich bei Xarel-lo, deren Rebe wärmere Lagen braucht, eher um einen körperreichen, saftigen Weintyp handelt. Macabeo dürfte die fruchtigste der drei Sorten sein, mit häufig klaren Apfelaromen. Parellada zeigt sich meist als zarte, säurebetonte Sorte mit schlanken Weinen von relativ geringem Alkoholgehalt. Am besten gedeiht sie in kühleren Höhenlagen. In der Realität freilich wird der Stil eines Cavas nicht nur von den Anteilen der jeweiligen Sorte abhängen, sondern auch vom Reifestadium der Trauben, das ihr Aroma und ihre Geschmacksaspekte erheblich verändern kann.

Ein ganz eigener Charakter

Angesichts eines großen und recht verschiedenartigen Angebots von Cava muss man stark generalisieren, wenn »typischer« Cava beschrieben werden soll. Ausgehend von guter Qualität, die im Allgemeinen mindestens Brut oder mit noch weniger Restzucker ausgebaut wird, ist ein Aroma typisch, das nicht rein auf der fruchtigen Seite verharrt (wie viele Sekte) und ebenso selten hefig-laktische Aromen aufweist (wie viele Champagner). Typisch ist eine oft grünlich schimmernde Farbe. Im Aroma findet sich häufig eine Verbindung von Apfelfrucht mit einer bis zur Pikantheit reichenden Kräuternote. Mediterrane Kräuter und eine spürbare Säure prägen auch den Geschmack. Dies macht viele Cavas zwar charaktervoll, für manche Konsumenten jedoch ein wenig kompliziert. Diesem Schaumweinstil muss man sich schrittweise nähern, er ist – abgesehen von einfachen, kommerziellen Qualitäten – nicht unbedingt auf den ersten Schluck zugänglich. Da die Basisweine nicht übermäßig säurereich sind, wird bei der Bereitung auf den biologischen Säureabbau verzichtet, was den pikanten Charakter betont. Finesse, Länge und Vielschichtigkeit erreichen die besten Cavas durch den gekonnten Umgang mit langen Hefelagerzeiten. Als wichtiges Qualitätskriterium, etwa bei der Qualifikation der Gran Reservas, gilt, dass eine lange Lagerung auf der Feinhefe nicht auf Kosten der Frische und der Farbe gehen darf.

Zwei Riesen und viele andere Qualitätserzeuger

Von rund 225 Millionen Flaschen Cava reifen rund zwei Drittel in den Kellern der beiden Riesen Freixenet (inklusive ihrer Tochterfirmen Segura Viudas und Castellblanch) und Codorníu. Ergänzt man diese beiden um Marqués de Monistrol, García Carrión und Aretey, so überschreitet man bereits

Viele Dutzend Cavakeller unterhöhlen das Städtchen Sant Sadurní d'Anoia und machen es zur Hauptstadt des Cava.

die 80-Prozent-Grenze. Fast 270 Erzeuger teilen sich die verbleibenden 45 Millionen Flaschen. 146 Produzenten bleiben unter 50 000 Flaschen, viele von ihnen sogar unter 10 000.

Keineswegs erzeugen die großen Produzenten ausschließlich Massenware. Mit Weinen wie Reserva Real von Freixenet oder Jaume Codorníu und Reina Cristina von Cordorníu spielen sie in der Topklasse der besten Cavas mit. Höchstes Ansehen genießen freilich vor allem einige kleinere und mittlere Erzeuger, wobei in der Bestenliste der besonders prestigeträchtigen Erzeuger Namen wie Recaredo, Agustí Torelló, Sumarroca, Castell Sant Antoni, Raventós i Blanc, Vilarnau oder Gramona nicht fehlen dürfen. Auch traditionsreiche Familienunternehmen wie Rovellats (sehenswertes Landgut), Nadal, Juvé y Camps, Roger Goulart oder Parxet (in der D.O. Alella) produzieren besonders charaktervolle Cavas.

Aragón

Mit seinen vier D.O.s und manchen herausragenden Landweinen steht Aragón zwar noch im Schatten berühmterer Regionen, die D.O. Somontano zählt jedoch schon zu den innovativsten und zukunftsträchtigsten Anbaugebieten Spaniens.

Das moderne Kellereigebäude der Bodegas Irius,
D.O. Somontano.

Ein altes Königreich

Heute eine autonome Region, blickt Aragón auf eine glänzende Vergangenheit zurück. Zunächst als Grafschaft ein Teil von Navarra, wurde es 1035 zum eigenständigen Königreich. Die Vereinigung mit Katalonien 1164 zur »Krone Aragón« schuf ein Reich, das in Nordostspanien und im Mittelmeerraum eine beherrschende Stellung einnahm – neben Kastilien die zweite Großmacht auf spanischem Boden. Als 1469 Ferdinand II. von Aragón die Infantin Isabella von Kastilien heiratete, wurde der Grundstein zur Einigung Spaniens und dessen Aufstieg zur Weltmacht gelegt.

Touristisch gesehen ist die 48 000 km² große *autonomía* bislang wenig erschlossen. Dabei hat die Region nicht nur eine Fülle landschaftlicher Reize vom Ebrobecken bis zur Vorpyrenäenlandschaft zu bieten, sondern auch reichlich Kultur und Genuss. Die Hauptstadt Zaragoza, Spaniens fünftgrößte Stadt, hat gewaltig von der Expo 2008 profitiert. Die Weltausstellung, die unter dem Motto »Wasser und nachhaltige Entwicklung« stand, hat eine ansehnliche Infrastruktur hinterlassen, von Verkehrswegen bis hin zu stattlichen neuen Gebäuden und Grünanlagen, und könnte somit auch dem Tourismus einen kräftigen Schub geben. Eine gute Route durch Aragón kann man etwa in El Tubo, dem Tapas- und Kneipenviertel der Stadt, bei dem einen oder anderen Glas Wein planen.

Weinbau lässt sich in Aragón bis zum 2. Jahrhundert v. Chr. zurückverfolgen, doch der große Aufschwung kam erst durch die Mönche, die ab dem Mittelalter hier intensiv Rebbau und Weinbereitung betrieben. Im 16. Jahrhundert sollen sogar 50 % der Provinz mit Reben bestockt gewesen sein. Insbesondere der Wein aus Cariñena hatte einen so guten Ruf, dass zu Ehren des Besuchs von König Philipp II. ein Springbrunnen eingeweiht wurde, aus dem statt Wasser Wein floss.

Heute zählen Cariñena, Calatayud und Campo de Borja zu den kleinen, aber feinen Erzeugerregionen von Weinen, in denen die Garnacha-Traube dominiert, während die weiter aufstrebende D.O. Somontano bereits einen hervorragenden Ruf als Spezialist für internationale Sorten genießt.

Somontano

Das Gebiet am Fuß der Pyrenäen im Norden Aragóns um das Städtchen Barbastro ist weinbaulich der Star der Region. Seit 1984 der D.O.-Status erreicht wurde, hat sich Somontano vom belächelten Neuling zu einer der eindrucksvollsten Boomregionen Spaniens entwickelt und viele private Investoren angezogen.

So richtig an Bedeutung gewonnen hat die Weinwirtschaft ab den 1990er-Jahren. Ausschlaggebend dafür war vor allem die Gründung der beiden Bodegas Enate und Viñas del Vero. Mit einer gelungenen Mischung aus heimischen und internationalen Rebsorten gelang es den Winzern, einen Weinstil zu

D.O. SOMONTANO

PROVINZEN MIT D.O.-FLÄCHE
Huesca

REBFLÄCHE
4700 ha

ANZAHL KELLEREIEN
32

PRODUKTION
15,6 Millionen Liter

GESCHÜTZTE WEINTYPEN
Weißwein, Rosado, Rotwein

ZUGELASSENE REBSORTEN
weiß: Macabeo, Garnacha blanca, Chardonnay, Alcañón, Gewürztraminer
rot: Tempranillo, Garnacha, Cabernet Sauvignon, Merlot, Syrah, Pinot noir, Moristel, Parrelata

Die 20 000 m² große, architektonisch beeindruckende Kellerei Laus in Barbastro enthält auch ein Wellness-Hotel mit Blick auf die Pyrenäen.

Starke Auftritte

Das erste Gut der Region, das Flaschen abfüllte, war Bodegas Lalanne, 1842 von der gleichnamigen Winzerfamilie aus Bordeaux gegründet. Es zählt mittlerweile mit 25 ha zu den kleineren Gütern von Somontano, die Weine aber überzeugen nach wie vor, etwa der Leonor Lalanne Merlot oder der Classic Crianza, eine Cuvée aus Cabernet Sauvignon und Merlot. Bei den 1903 gegründeten Bodegas Osca ragt der kraftvoll-cremige Gran Eroles Reserva aus Tempranillo und Cabernet Sauvignon heraus. Aus diesen beiden Sorten besteht auch der Rosado Ines de Monclús der Bodegas Monclús mit Aromen von roten Früchten, würzigen Noten und einer kräftigen Statur.

Heute wird die Region in der Spitze hauptsächlich durch junge Betriebe vertreten, wie etwa die 2002 gegründeten Bodegas Laus mit 500 ha Rebfläche. Zu den Hits zählen der Flor de Merlot Rosado mit seinen Aromen von roten Früchten und Wildbeeren und die sortentypische, kraftvolle Crianza aus Merlot und Cabernet Sauvignon. Bei den Weißweinen ragen ein eleganter Gewürztraminer und ein nach Kräutern und kandierten Früchten duftender Chardonnay heraus.

Ebenfalls zu den neuen Stars zählen die 2004 gegründeten Bodegas Irius mit 425 ha Weinbergen und einem futuristisch anmutenden Kellereigebäude. Das breite Sortiment führt der Absum Colección Merlot an, der herrlich nach roten Früchten und Gewürzen duftet und im Mund harmonische Holznoten und eine gute Tanninstruktur bei enormer Länge präsentiert. Klasse sind zudem der würzig-blumige Absum Colección Chardonnay sowie der elegante Absum Varietales aus Tempranillo, Caber-net Sauvignon, Merlot und Syrah.

Einen spektakulären Auftritt liefern die Bodegas Olvena mit ihrem Flaggschiff namens Hache aus Syrah und Garnacha: Eine Aromenpalette von Erdbeere, Himbeere, Heidelbeere und Schwarzkirsche,

kreieren, der in Spanien wohl einmalig ist. Bei den Weißweinen überzeugt vor allem Chardonnay, gefolgt von Gewürztraminer und Macabeo, der sich vorwiegend fruchtig-frisch, bei spät gelesenen Trauben aber auch kraftvoll-elegant zeigen kann. Die ausgezeichneten fruchtintensiven Rosados sind überwiegend im internationalen Stil gehalten. Am beeindruckendsten aber sind die Rotweine. Bereits die traditionellen Varianten mit mehr oder weniger hohen Anteilen an Tempranillo oder Moristel, aber auch reinsortige Parrelata-Gewächse zeigen sich außergewöhnlich fruchtig und kräftig. Herausragend indes sind die im Barrique ausgebauten Weine auf Basis oder reinsortig von Cabernet Sauvignon oder Merlot.

Das **Klima** ist für den Weinanbau nahezu ideal, die Niederschlagsmenge beträgt rund 500 mm, tagsüber gibt es viel Sonne, die Nächte sind kühl. Dunkle **Böden** mit hohem Kalkgehalt und guter Wasserdurchlässigkeit dominieren.

Viñas del Vero/ Blecua: Hochkarätige Vielfalt

Die Weinberge des 1986 im Rahmen eines Strukturförderungsprogramms gegründeten Betriebs in und um Barbastro sind mit Tempranillo, Moristel, Garnacha und Macabeo sowie internationalen Vertretern wie Chardonnay, Gewürztraminer, Cabernet Sauvignon, Merlot und Pinot noir bestockt. Im terrassenförmig angelegten Keller sind mittlerweile 8000 Fässer untergebracht, dazu 250 Edelstahltanks. Das ist auch nötig, denn von derzeit 1160 ha Rebflächen werden jährlich 6,5 Mio. Flaschen produziert.

Moderne Edelstahltanks im Keller der Bodegas Viña del Vero.

Zu den besten Weinen zählt der Chardonnay Colección San Miguel, der sich mit einer reichen Aromatik aus Zitrusfrüchten, tropischen Fruchtnoten, feiner Würze und am Gaumen cremig und anhaltend präsentiert. Kaum weniger beeindruckend sind der fruchtig-blumige Standard-Chardonnay und der Gewürztraminer Colección el Enebro mit seinem feinen Rosenduft und dem typischen, charaktervollen Auftritt im Mund.

Bei den Roten zählen die beiden Syrah-Weine zu den Stärken, wobei der Series Limitadas mit dem reichhaltigen Duft nach roten Früchten, würzigen Akzenten und gut integrierten Holznoten einen Hauch besser sein kann als der Syrah Colección las Canteras. Enorm ist zudem der Gran Vos Reserva aus Merlot und Cabernet Sauvignon, der sich mit Marmeladennoten, Cassis und kraftvollem Finish zeigt. Auf derselben Qualitätsebene stehen der fruchtig-komplexe Merlot Colección el Ariño und der Secastilla, hinter dem sich ein mineralischer, nach Himbeeren und Röstaromen duftender Garnacha verbirgt.

Besonders stolz ist man auf das 2000 eröffnete Weingut Blecua. Der Blecua Reserva, eine Cuvée aus Merlot, Cabernet Sauvignon, Garnacha und Tempranillo, duftet verführerisch nach roten Früchten und Cassis, würzigen Noten, dazu bestens integriertem Holz und präsentiert sich am Gaumen mit ausdrucksvoller fruchtiger Art, feiner würzigen Note, reifer Tanninstruktur und enormer Länge. Ein Juwel im Sortiment, das zeigt, zu welcher Leistung die Region fähig ist.

dazu Röstaromen, eine gute Dichte und runde Tannine überzeugen restlos. Von dieser Bodega wird man noch einiges hören, nicht zuletzt durch das Engagement des Starönologen Michel Rolland.

Aber auch flächenmäßig bescheidenere Weingüter machen hervorragende Rotweine. Der Topwein der Bodegas Otto Bestué, der Finca Santa Sabina, stammt aus der gleichnamigen Einzellage, auf der alte Cabernet-Sauvignon- und Tempranillo-Reben stehen. Sie liefern einen würzigen, beerenduftigen Rotwein mit feiner mineralischer Note und kraftvollem, fruchtigem Auftreten im Mund. Meler Barrica und Andres Meler nennen sich die würzigen, nach roten Früchten und Kakao duftenden Spizencuvées aus internationalen Sorten der 2004 gegründeten Bodegas Meler.

Enate: Große Weine und Kultur

Zweifelsohne hat dieser Betrieb, auch unter dem Namen Viñedos y Crianzas del Alto Aragón geläufig, einen immensen Anteil am Ruf dieser Region. Die Bodega besitzt rund 400 ha Rebflächen, die nach den Prinzipien des biologischen Weinbaus bewirtschaftet werden. Bei den weißen Sorten stehen vorwiegend Chardonnay und Gewürztraminer unter Ertrag; das weiße Aushängeschild ist der im Barrique fermentierte Enate Uno Chardonnay mit seiner üppigen Aromatik von Rauch- und intensiven Fruchtnoten. Aber auch die anderen Weißweine zählen zur Oberklasse, nicht nur in diesem Gebiet. Ähnliches gilt für den Rosado aus Cabernet Sauvignon, der mit Beerenaromen und feiner Säure aufwartet.

Der Hauptanteil der Produktion entfällt mit 85 % auf Rotweine. Hier geben die internationalen Sorten den Ton an, etwa beim Syrah-Shiraz, der sich mit enormer Frucht, gut eingebundenen Holznoten und einer fruchtig-kraftvollen Intensität mit langem Nachhall zeigt. Der Merlot-Merlot des Hauses präsentiert sich mit sortentypischer Frucht, Kakao und würzigen Aromen und zeigt sich im Mund mit kraftvoll-komplexen Charakter, aber auch mit Eleganz. Sehr überzeugend ist zudem der Cabernet Sauvignon Reserva mit seinem Aromenstrauß aus roten Früchten, Cassis, Kaffee und würzigen Noten. Dass man sich bei Enate auch auf Cuvées versteht, demonstriert eindrucksvoll der Varietales del dos Mil Cuatro aus Merlot, Tempranillo, Cabernet Sauvignon und Syrah, der sich mit stattlicher Frucht, feiner Röstaromatik und intensiv am Gaumen präsentiert. Der beste Rote allerdings ist der Reserva Especial aus Cabernet Sauvignon und Merlot. Er duftet nach dunklen Beeren und getrockneten Pflaumen, mineralischen Noten, Mokka und Kakao und schmeichelt dem Gaumen mit komplexer Fruchtfülle und einer eleganten Tanninstruktur.

Kunst wird bei Enate großgeschrieben: Skulpturengruppe vor dem Hauptgebäude der Kellerei im Hintergrund.

Mit dieser Palette hat die 1991 gegründete Bodega ihr ehrgeiziges Ziel im Großen und Ganzen schon erreicht, nämlich Weine zu machen, die in der Weltspitze mitspielen. Der Erfolg ist mit ein Verdienst des Önologen Jesús Artajona, der eine Zeit lang auf Château Margaux gearbeitet hat. Seine Intention sind terroirgeprägte Weine mit weichen, süßen Tanninen, Kraft und großer Eleganz. Verpflichtet wurde er vom Initiator des Weinprojekts, Jesús Sese, und der Familie Nozaleda, die für die Investitionen in hohen zweistelligen Millionenbeträgen aufkam.

Zum Gesamtkonzept von Enate zählt aber auch die Kunst. So wurden nahezu alle wichtigen zeitgenössischen spanischen Künstler gebeten, für das Weingut zu malen. Entstanden ist dadurch eine Kunstgalerie mit über 100 Gemälden, aus denen auch die Etiketten für die Weine ausgewählt werden.

Dass nicht immer internationale Sorten an Spitzenweinen aus Somontano beteiligt sein müssen, beweist der eindrucksvolle Emoción der Bodegas Ballabriga aus der hier selten gewordenen Sorte Parraleta. Er überzeugt mit reifen Fruchtnoten, Röstaromen und einer subtilen, kraftvoll-eleganten Struktur.

Einen sehr guten Überblick über die Weine der Region erhält man übrigens in Barbastro. Hier entstand unter Mitarbeit des Consejo Regulador eine Art Weinkulturzentrum, in das auch ein Weinshop integriert ist, der eine breite Auswahl an Weinen des Gebiets vorweisen kann.

Musterbetrieb mit Bioengagement

Neben Viñas del Vero und Enate zählt die 1993 gegründete Bodega Pirineos, eine ehemalige Genossenschaft, die nun als Aktiengesellschaft firmiert, zu den drei größten Betrieben. Ein Teil der 1100 ha Rebflächen wird ökologisch bewirtschaftet. Das schönste Resultat hieraus ist der kraftvolle, harmonische Montesierra Agricultura Ecológica aus Tempranillo und Merlot. Gelungen sind auch der nach roten Beeren duftende Rosado Montesierra Tempranillo-Garnacha und der an Rosen und Zitrusfrüchte erinnernde Gewürztraminer. In Zusammenarbeit mit der spanischen Ornithologischen Gesellschaft wird seit 2003 ein Projekt zum Schutz der in der Region angesiedelten Vogelarten unterstützt und mit dem Verkauf des kraftvollen, würzigen Rocal Tinto finanziert.

Calatayud

Calatayud war schon im 1. Jahrhundert n. Chr. für seine feinen Tropfen bekannt, die ins gesamte römische Reich exportiert wurden. Auch heute gelangen stattliche 85 % der Produktion ins Ausland. Zu verdanken ist das nicht zuletzt den Weinen mit der Formulierung »Calatayud Superior« auf den Etiketten, die aus Garnacha-Trauben von über 30 Jahre alten Rebflächen gekeltert werden. In Höhenlagen zwischen 550 und 880 m wachsen die Reben auf meist nährstoffarmen, bräunlichen bis rötlichen, oft sehr geröllreichen Kalkböden. Das Klima ist vorwiegend kontinental geprägt, mit 300 bis 550 mm Niederschlag.

Die Weißweine der südlichsten Appellation Aragóns zeigen sich meist frisch und fruchtig. Die Rosados auf Garnacha-Basis sind blumig, mit sortentypischen Noten und kräftiger Art, während die Rotweine sich in der Regel durch Aromen von dunklen Früchten und einer guten Struktur auszeichnen.

Zu den wichtigsten Erzeugern der Region zählt neben den Bodegas San Alejandro bereits jetzt die erst 2005 von Jorge Ordoñez gegründete Kellerei Bodegas Ateca. Ihr Aushängeschild ist der Armas aus 100 Jahre alten Garnacha-Anlagen. Mit seiner Aromatik von dunklen Kirschen, würzigen Noten, gut integrierten Holzanklängen und einem sehr langen Nachhall gehört er zu den besten Weinen der Region. Exzellent ist aber auch der günstige Garnacha de Fuego, der mit Aromen von Kirsche, würzigen Akzenten, mineralischen Noten und intensiven Tanninen aufwartet.

Ein großartiger Wein ist zudem der fruchtintensive, mineralisch-erdige Albada Calatayud Superior Reserva der Cooperativa Virgen de la Sierra, die daneben mit dem Cruz de Piedra Capricho einen weiteren

D.O. CALATAYUD

PROVINZEN MIT D.O.-FLÄCHE
Zaragoza

REBFLÄCHE
5621 ha

ANZAHL KELLEREIEN
15

PRODUKTION
14,1 Millionen Liter

GESCHÜTZTE WEINTYPEN
Weißwein, Rosado, Rotwein

ZUGELASSENE REBSORTEN
weiß: Macabeo, Malvasía, Garnacha blanca, Chardonnay, Moscatel de Alejandría
rot: Garnacha, Tempranillo, Mazuela, Monastrell, Cabernet Sauvignon, Merlot, Syrah

Top-Garnacha anbietet. Auch die Bodegas y Viñedos del Jalón spielen mit ihrem nach Zedernholz und Kaffee duftenden Alto las Pizzaras im Reigen der Top-Garnachas mit, und der kraftvolle, mit reifen Tanninen ausgestattete Langa Centenaria der Bodegas Langa Hermanos gehört ebenfalls dazu.

Spitzen-Garnachas mit Schuss sozusagen bieten die Erzeuger Niño Jesús und San Gregorio an. Während dem Estecillo Legado Viñas Viejas von Jesús ein Hauch Syrah beigegeben wurde, der ihn noch etwas kräftiger erscheinen lässt, werden dem Manga del Brujo von San Gregorio 25 % Syrah und 5 % andere Sorten ins Fass gelegt.

Größe durch alte Weinberge

Yolanda Díaz ist die Chefin der 350 Mitglieder starken Genossenschaft Bodegas San Alejandro, die über rund 1100 ha Rebflächen verfügt. In der 1962 gegründeten Kooperative wurden bereits 1990 die ersten Edelstahltanks zur temperaturgeregelten Vergärung installiert und sämtliche Weinberge klassifiziert, um unterschiedliche Lagen individuell ausbauen zu können. Seitdem der Önologe Jean-Marc Lafage die Kellerei berät, haben die Weine noch weiter an Qualität zugelegt. Garnacha aus alten Weinbergen ist die Basis fast aller Rotweine, so beim Baltasar Gracián Superior mit einer Aromatik aus Kirschen, Kompott, Zedernholz und feinen mineralischen Noten. Hervorragend auch der Garnacha Viñas Viejas von durchschnittlich 100 Jahre alten Reben, der sich mit feiner Mineralität, Sauerkirschen, Rosinen und Mandeln präsentiert. Selbst als Rosado macht die Sorte hier eine sehr gute Figur. Wer Tempranillo bevorzugt, wird beim Viñas Viejas fündig: Er duftet nach reifen roten Früchten, Leder und feinen Holznoten.

Campo de Borja

Das »Reich der Garnacha« nennen die Winzer der 60 Gemeinden im Westen der Provinz Zaragoza ihre D.O. – je nach Lage sind hier allerdings große Unterschiede festzustellen. Die Weine aus den tiefen Lagen nahe dem Ebrotal können zwar gut sein, doch bringen die mittleren Höhenlagen meist eine bessere Struktur, während die bis zu 700 m hoch gelegenen Weinberge am Fuß des Moncayo, des mit 2313 m höchsten Gipfels des Iberischen Randgebirges, die eleganteren Weine liefern.

Die Reben wachsen in der Regel auf dunklen Kalk- und kiesigen **Terrassenböden**. Am Moncayo herrschen teils eisenhaltige, lehmige und auch geröllhaltige Böden, teils Schieferböden vor. Das **Klima** ist ausgeprägt kontinental, die Niederschlagsmenge liegt bei 350 bis 450 mm.

Die fruchtigen, leichten Weißweine bereitet man fast ausnahmslos von der Macabeo-Traube. Fruchtig,

Aus dem Ort Borja stammt womöglich das Adelsgeschlecht der Borja, das in Italien als Borgia zu Berühmtheit gelangte.

würzig und frisch präsentieren sich die Rosados. Die jüngeren Rotweine sind meist mit üppigen Aromen von dunklen Früchten ausgestattet, während ältere Weine mitunter animalische Noten aufweisen.

Die beiden Rotweinstars des Gebiets sind die Kellereien Aragonesas und Bodegas Alto Moncayo. Aragonesas kann aus dem Vollen schöpfen: Man verfügt über eine Rebfläche von rund 3500 ha, was fast die Hälfte der gesamten D.O. ausmacht. Während Alto Moncayo sich ganz auf Garnacha spezialisiert hat, gibt es bei Aragonesas eine breitere Sortenvielfalt. Zu den absoluten Stars zählt neben dem Coto de Hayas Reserva, einem enorm würzigen und fruchtigen Garnacha, auch der nach roten Früchten, Blumen und mineralischen Noten duftende Solo 08 Syrah. Auch auf Cuvées versteht man sich bei Aragonesas, wie das Beispiel Aragus Garnacha Cabernet zeigt: Er enthält einen Anteil von 40 % Cabernet Sauvignon.

Völlig auf Garnacha verzichtet Bordejé bei seinem fruchtig-komplexen Pago de Huechaseca Barrica aus Tempranillo, Merlot und Cabernet Sauvignon, der in puncto Qualität auf der gleichen Wellenlänge liegt wie der Garnacha Leles de Bordejé Roble.

Ebenfalls zu den besten Erzeugern der Region zählen die Bodegas Borsao, die mit ihrem Tres Picos einen herausragenden sortentypischen Garnacha anbieten, und Crianzas y Viñedos Santo Cristo, deren Topweine der Santo Cristo 60 Aniversario Garnacha und der fruchtig-konzentrierte Weißwein Moscatel Ainzón 90 Días Barrica sind.

Garnacha-Granaten

Zweifellos zu den Spitzenweingütern ganz Spaniens zählt die erst 2002 gegründete Bodega Alto Moncayo, die ihren Rang ihren rebsortenreinen Garnacha-Weinen zu verdanken hat. Dafür engagierten Jorge Ordoñez, eine der einflussreichsten Persönlichkeiten des modernen spanischen Weinbaus, und seine Partner einen international erfahrenen Spezialisten, Chris Ringland. Sein bester Wein ist der Aquilón, der sich mit einer faszinierenden Aromatik aus Blaubeere, dunkler Kirsche, Cassis und dunkler Schokolade zeigt und mit einem enorm langen Finale glänzt. Herausragend sind zudem der Alto Moncayo mit seiner reifen, süßen Tanninstruktur und der gewaltige Veratón.

Cariñena

Östlich der D.O. Calatayud und an diese angrenzend, erstreckt sich rund um die Stadt Cariñena die gleichnamige Appellation. Die Weinberge zwischen dem Überschwemmungsgebiet im Ebrotal und dem Iberischen Randgebirge befinden sich auf Höhenlagen zwischen 400 und 800 m. Neben der dunklen Erde auf den Schwemmlandablagerungen trifft man sonst vor allem auf dunklen Kalkstein und rötliche **Böden** sowie graubraunen Boden auf Schiefergrund. Geprägt ist die Region vom kontinentalen **Klima** mit heißen Sommern, kalten Wintern und nur 350 mm Regen sowie dem trockenen Nordwind, dem sogenannten Cierzo, der die Luftfeuchtigkeit gering hält.

Diese Region ist zu Recht stolz auf ihre Weinbautradition. 1960 erhielt das Gebiet den D.O.-Status. Interessanterweise spielt die Rebsorte Cariñena, die in

D.O. CAMPO DE BORJA

PROVINZEN MIT D.O.-FLÄCHE
Zaragoza

REBFLÄCHE
7414 ha

ANZAHL KELLEREIEN
17

PRODUKTION
29,6 Millionen Liter

GESCHÜTZTE WEINTYPEN
Weißwein, Rosado, Rotwein

ZUGELASSENE REBSORTEN
weiß: Macabeo, Moscatel, Chardonnay
rot: Garnacha, Tempranillo, Mazuela, Cabernet Sauvignon, Merlot, Syrah

Navarra und Rioja als Mazuela oder Mazuelo bekannt ist, hier keine besondere Rolle. Man bevorzugt stattdessen Garnacha, wobei auch diese Rebe allmählich zugunsten von Cabernet & Co. auf dem Rückzug ist.

Die wenigen Weißweine weisen einen fruchtigen Charakter auf, die Rosados auf Garnacha-Basis sind gehaltvoll und würzig. Junge Rotweine haben meist ein intensives Aroma von reifen Früchten, vor allem Brombeere und Pflaume, und zeigen sich im Mund kräftig und würzig.

Seit wenigen Jahren ist hier ein neuer Trend zu beobachten. Spielten bisher wie beim Marín Garnacha der Bodegas Ignacio Marín kräftige, warme und etwas süßliche Garnacha-Weine die Hauptrolle, gibt es nun zunehmend Cuvées mit Garnacha und internationalen Sorten, die für elegantere, komplexe, aber nicht ganz so wuchtige Weine sorgen. Das ist der Fall beim Aushängeschild Care Finca Bancales Barrica der Bodegas Añadas, dem 15 % Cabernet Sauvignon beigegeben werden, oder dem ebenso prächtigen Care XCLNT, der außer den beiden Sorten noch einen Teil Syrah enthält. Er präsentiert sich mit feiner Beerenfrucht, würzigen Noten, Kakao und Röstaromen sowie einer bestens ausgewogenen Struktur. Beim intensiv nach roten Früchten duftenden Jabalí Garnacha-Syrah der Bodegas Virgen del Águila S. Coop. sind sogar 40 % Syrah zu finden. Erstklassiges gibt es zudem von Bodegas Lomablanca, die mit einem herausragenden Gabarda PV und dem kaum weniger beeindruckenden Gabarda IV Crianza aus Syrah und Garnacha aufwarten.

Eine internationale Cuvée (Merlot, Garnacha, Cabernet Sauvignon) ist auch der Wein, der oft als der beste der Region bezeichnet wird: Der fruchtintensive, enorm nachklingende Aylés Tres de 3000 von Bodegas Señorio de Aylés besticht durch seine komplexe Aromatik aus Beeren, Pflaume, Cassis und etwas Paprika, würzigen und blumigen Noten, dezenten Röstaromen und mineralischen Akzenten.

Es geht in der D.O. aber auch ganz ohne Garnacha, wie Grandes Vinos y Viñedos mit dem Anayón aus Cabernet Sauvignon, Merlot und Tempranillo eindrucksvoll zeigen. Gleich mit zwei Cuvées, die zu den fünf besten des Gebiets zählen, warten die Bodegas Victoria auf. Ihr Longus (Cabernet Sauvignon, Merlot, Syrah und Tempranillo) weist eine herrliche Aromatik aus Brombeeren, Cassis, orientalischen Gewürzen, Toast sowie einem Hauch Lakritze auf. Im Mund zeigt er sich mit verführerischer Frucht, Eleganz und Komplexität. Nur ein paar Nuancen kleiner ist der Dominio de Longaz aus denselben Rebsorten.

Eine starke Rarität ist bei Covinca zu finden: Ihr Terrai besteht aus 100 % Vidadillo und beeindruckt mit seiner sehr würzigen Aromenvielfalt, die sogar die Frucht etwas in den Hintergrund treten lässt. Ein ungewöhnlicher, aber wirklich erstklassiger Wein.

Traditionsgut mit Profil

Die rund 60 ha umfassenden, ökologisch bewirtschafteten Weinberge der Viñedos y Bodegas Pablo liegen an den Ausläufern der Sierra de Algairén auf einer Höhe von 550 bis 750 m. Das bereits 1760 gegrün-

D.O. CARIÑENA

PROVINZEN MIT D.O.-FLÄCHE
Zaragoza

REBFLÄCHE
16 000 ha

ANZAHL KELLEREIEN
56

PRODUKTION
69,7 Millionen Liter

GESCHÜTZTE WEINTYPEN
Weißwein, Rosado, Rotwein

ZUGELASSENE REBSORTEN
weiß: Macabeo, Garnacha blanca, Chardonnay, Moscatel romano, Parellada
rot: Garnacha, Tempranillo, Cariñena (Mazuela), Cabernet Sauvignon, Merlot, Syrah, Juan Ibáñez

Das Hauptgebäude von Grandes Vinos y Viñedos ist im Stil eines Mönchsklosters gehalten, mit angeschlossenem Museum.

dete Weingut ist Spezialist für Garnacha, vereinzelt stößt man auch auf die rare autochthone rote Traube Vidadillo. Internationale Sorten sorgen für eine Abrundung der Weine. Wie gut das funktioniert, beweist der Gran Viu Selección Reserva aus Garnacha, Tempranillo, Cabernet Sauvignon und Syrah. Er duftet verführerisch nach dunklen Früchten, Gewürzen und erdigen Noten und präsentiert sich am Gaumen mit einer sehr harmonischen, komplexen Struktur, feinen Tanninen und einem enorm langen Nachhall. Sehr gut ist auch der kraftvoll-intensive Garnacha del Terreno mit Aromen von sehr reifen Früchten, Gewürzen, mineralischen Noten und präsenten Holzaromen.

Beachtliche Landweine

Eine gute Zahl herausragender Qualitäten gibt es vor allem unter der Bezeichnung **Vino de la Tierra Bajo Aragón**, etwa den fruchtbetonten, mineralisch-eleganten Garnacha namens Evohe der Bodegas Leceranas. Topweine liefern auch Dominio Maestrazgo mit dem Rex Deus (Garnacha, Cabernet Sauvignon, Syrah) und die Bodegas Tempore, bei denen der Tempranillo Roble herausragt.

Im Landweingebiet **VdT Valle del Cinca** sind die Bodegas Valonga vor allem mit den Rebsortenweinen Monte Valonga Merlot und Syrah erste Wahl.

Schweizerisch-deutsche Präzision

Die Bodega Venta d'Aubert liegt an der Grenze zu Katalonien in der Gemeide Cretas auf 580 m Höhe. Seit 1986 weht hier ein frischer Wind, nachdem Schweizer Weinliebhaber das verwilderte Gut übernahmen, auf dessen 82 ha Flächen nur wenige alte Garnacha-blanca-Weinstöcke standen. Mittlerweile sind auf 18 ha außerdem Garnacha tinta, Monastrel, Cabernet Sauvignon und franc, Syrah, Merlot, Viognier und Chardonnay unter Ertrag.

Die Weine kommen als VdT Bajo Aragón auf den Markt. Für den Ausbau ist der deutsche Önologe Stefan Dorst verantwortlich, der auch für das südafrikanische Topweingut Laibach und für das renommierte Weingut Friedrich Becker in der Pfalz arbeitet.

Das Aushängeschild des Hauses ist der Dionus, eine Cuvée aus Cabernet Sauvignon, Merlot, Syrah und, je nach Jahrgang, auch etwas Garnacha, die rund 30 Monate in französischen Barriquefässern reift. Das Resultat ist eine Aromenfülle aus Waldbeeren, Brombeeren, Wildkräutern, Leder und feinen Holzaromen, im Mund samtig und komplex mit feiner Frucht und stattlicher Länge. Den ersten Dionus des Jahrgangs 1995 erzeugte übrigens Starweinmacher Álvaro Palacios, damals hieß der Wein noch Domus. Etwas einfacher zu trinken, qualitativ aber fast ebenbürtig, ist der enorm dichte Venta d'Aubert Merlot, der sich mit roten Früchten, blumigen Akzenten und guter Tanninstruktur präsentiert. Mit seiner fruchtigen Vielfalt und den erdigen Noten überzeugt zudem der Ventus Reserva.

Auch bei den Weißweinen gibt es Hochkaräter zu entdecken, etwa den Venta d'Aubert Blanco, eine Cuvée aus Chardonnay, Garnacha blanca und Viognier mit schöner Säure, die neben feinfruchtigen Noten nach Blumen und Gewürzen duftet.

Navarra

Navarra bietet neben hinreißenden und kontrastreichen Landschaften ein bemerkenswert abwechslungsreiches Weinangebot. Duftige Rosados sind ebenso Tradition wie fruchtbetonte Rotweincuvées.

Weinberg der Bodegas Castillo Monjardín, im Hintergrund der namengebende Berg mit seiner Burgruine.

Ein altes Königreich

Navarra ist Spaniens ureigener Norden, und trotzdem hält die Region ihr grünes Versprechen vielerorts nicht. Schon knapp südlich der Hauptstadt Pamplona prägt das typische innerspanische Buschwerk die Horizonte. Das sanft gewellte Hügelland bildet zunächst einen Flickenteppich aus Getreidefeldern und etwas Obst- und Weinbau, hie und da eingerahmt von geduckten Nadelbäumen. Gelb- und Ockertöne lassen die Konturen verschwimmen, besonders im Sommer, wenn die flimmernde Hitze sich mit dem Staub vermischt, der von den trockenen Lehmböden aufsteigt. Auffallend sind lediglich die Kolonien von Windkrafträdern, zusammengedrängt in Gruppen oder verwegen in langen Reihen über die Hügelkämme gezogen. Sie bilden die neuen Landschaften des Nordens, doch noch sind sie Fremdkörper in der ländlichen Leere der weiten Ebenen des alten Königreiches.

Die südliche Hälfte Navarras hat etwas Melancholisches an sich, die Dörfer wirken nicht ungepflegt, aber verlassen. Sie stehen in offensichtlichem Gegensatz zum angeblich großen Wohlstand der Region. Das Auge des Reisenden sucht vergeblich nach wirtschaftlicher Aktivität und bleibt doch immer wieder an Getreidesilos hängen. Reichtum ist durchaus vorhanden, aber versteckt und in Form vieler Adelshäuser aus vergangenen Jahrhunderten, deren gelber Sandstein im weichen Licht des Nachmittags eine seltsam friedvolle Stimmung schafft.

Navarra ist ein Begriff, der ein Eigenleben besitzt, wie es nur ganz wenige Provinz- oder Regionalnamen auf dem spanischen Festland tun. Ernest Hemingway, der dem munteren, aber auch dramatischen Treiben und dem Stierkampf während der Sanfermines in Pamplona ein literarisches Denkmal gesetzt hat, drängt sich dem belesenen Weinreisenden auf ebenso unvermeidliche Weise auf wie der aus Navarra stammende französische König Heinrich IV., den Heinrich Mann so genial in seinem Romanwerk »Die Jugend des Königs Henri Quatre« und »Die Vollendung des Königs Henri Quatre« in Szene gesetzt hat. Einst Königreich auf beiden Seiten der heutigen Grenze, strahlte Navarra nach Frankreich ebenso aus wie nach dem langsam sich formenden Machtgefüge im Zentrum der Iberischen Halbinsel. Gestützt und gestärkt, dies sollte man nicht vergessen, durch den *camino francés,* die klassische Route des Jakobswegs, die von den Pyrenäen hinab nach Pamplona und dann schnurstracks gen Westen zieht, um an ihren Flanken wie Perlen an einer Kette von Geschichte überladene Städtchen und schmucke Weindörfer aneinanderzureihen. Wenn auch der Weinbau im Süden Navarras auf beiden Seiten des Ebroflusses viel deutlicher in Erscheinung tritt, so beansprucht er doch entlang des Jakobswegs nicht nur seine angestammte Heimat sowie seine geschichtlichen Wurzeln, sondern sicherlich auch sein bestes Terroir.

Alte Weinbaukultur

Wie die Region Navarra geschichtlich wahrhaft aus dem Vollen schöpfen kann, so vermag sie ebenso aus ihrer weinbaulichen Tradition heraus zu beeindrucken. Schon die Römer pflegten einen ausgedehnten Weinbau in der Region – zu besichtigen in den römischen Villen von Arróniz, deren Weinkeller beredtes Zeugnis ablegen. Nicht vergessen sein sollen auch die frühen Erfolge navarresischer Weinkultur im 16. und 17. Jahrhundert, als die Gewächse an erlauchten Tafeln der Alten wie der Neuen Welt genossen wurden. Als stolze Protagonisten spanischer Weingeschichte in herausragender Rolle zeigten sich Winzerschaft wie Verwaltung jedoch zu Beginn des 20. Jahrhunderts, als dort in ihrer Frühform die ersten Genossenschaften Spaniens entstanden und Navarra sich als Gastgeber für die wichtigen und wegweisenden Zusammenkünfte unterschiedlichster landwirtschaftlicher Gremien aus allen Teilen des Landes empfahl, welche den verheerenden Folgen der Reblauskatastrophe beizukommen suchten.

Bedeutendes hat die Region also geleistet, und auch die Neuzeit geizt nicht mit Errungenschaften, die die heutige Appellation Navarra eigentlich an die Spitze

Weinberge entlang des Jakobswegs in Navarra.
Santa Maria de Eunate (12. Jahrhundert).

im Alleingang als auch im Zusammenschluss, mutig hervorgetan und dafür gesorgt haben, dass Navarra stets Weine von bemerkenswerter Güte und individuellem Zuschnitt vorweisen konnte. Dass die unsteten bzw. orientierungslosen Zeiten nun vorbei sind, zeigt die Fülle attraktiver Weinprojekte, welche die Weinszene innerhalb des letzten Jahrzehnts so effektiv wiederbelebt haben. Die D.O. Navarra präsentiert sich heute individueller und qualitativ zuverlässiger denn je.

Landweine

Der Weinbau in Navarra ist fast vollständig unter dem Dach der einzigen regionalen Appellation zusammengefasst, die stolz den klangvollen Namen der *autonomía* zwischen Pyrenäen und Ebro trägt. Nicht eingetragene Rebberge finden sich vereinzelt am Südrand der Region, dort, wo ein Zipfel Navarras nach Aragón hineinragt und vor einigen Jahren das überregionale Landweingebiet **Vino de la Tierra Ribera del Queiles** geschaffen wurde. Prominentester Erzeuger mit Landweinen von anerkannter Qualität ist Guelbenzu, einst eines der Wunderkinder der Appellation Navarra, bekannt für seine geschliffenen roten Verschnitte der Marke Evo. Ein Disput mit den Behörden veranlasste die Familie dazu, der D.O. Navarra den Rücken zu kehren und fortan auf Landweinebene zu agieren. Auslöser war der Wunsch, auch Lesegut direkt benachbarter aragonesischer Provenienz in ihre Cuvées einzuflechten.

Seit dem Jahr 2009 existiert mit **Vino de la Tierra Riberas** eine neue Landweinbezeichnung. Sie soll, zumindest in der Theorie, die Gesamtheit aller nicht als D.O. Navarra deklarierten Weine aufnehmen können, von den ganz einfachen oder aus gänzlich exotischen Rebsorten produzierten Weinen einmal abgesehen, die dem neuen europäischen Weingesetz zufolge als Tafelweine fungieren. Der namentliche Bezug dieser neuen VdT-Bezeichnung

spanischer Herkünfte für Qualitätswein stellen sollten. Man denke beispielsweise nur an die exzellent beleumundete Weinforschungsanstalt EVENA, die schon zu Beginn der Achtzigerjahre des 20. Jahrhunderts die Eignung landesfremder Sorten für nordspanische Klima- und Bodengegebenheiten erforschte. Nichtsdestotrotz haben sich starre Strukturen wie das mächtige Genossenschaftswesen als wenig förderlich für das Fortkommen des navarresischen Weinbaus erwiesen. Und ebenso wie zahlreiche andere Anbaugebiete musste auch die regionale Weinwirtschaft Navarras die schmerzliche Erfahrung machen, dass die Suche nach einer eigenen Identität beschwerlich und dornig sein kann. Noch heute produzieren die Genossenschaften gut die Hälfte aller Trauben bzw. Weine der *denominación*.

Dennoch muss ausdrücklich betont werden, dass sich vor allem auch in den schwierigen Jahrzehnten des vergangenen Jahrhunderts einige Erzeuger, sowohl

ist in den Zuflüssen des Ebro zu suchen, denn schon in der Grundschule lernen die Schüler: *Ega, Arga, Aragón hacen al Ebro varón,* will heißen, erst die drei Zuflüsse machen den Ebro zum Manne.

Die D.O. Navarra

Dem Anbaugebiet in allen seinen Details und Varianten gerecht zu werden ist angesichts der für den Wein sehr unterschiedlichen Rahmenbedingungen nicht gerade einfach. Weinbau beginnt in unmittelbarer Nähe der Hauptstadt Pamplona auf dem alten Rittergut Señorío de Otazu und erstreckt sich bis hinab an die aragonesische Grenze, wo der Tüftler und Navarra-Pionier Juan Magaña im Dörfchen Barillas spanische Weingeschichte geschrieben hat. Dazwischen findet sich eine solche Vielfalt an Kleinklimata und Bodenstrukturen, dass immer wieder der Gemeinplatz, Navarra sei ein Spanien en miniature, für das Unvermögen herhalten muss, das Weingebiet in wenigen Sätzen zu beschreiben.

Tatsächlich schränken zwei Wachstumsgrenzen denkbar konträrer Art die Möglichkeiten des Gebiets ein. Bei Villamayor de Monjardín am Jakobsweg in Nordwesten der Appellation gehen die Höhenlagen in die Ausläufer der Gebirgsketten von Urbasa und Andía über und stoßen dort auf zu kühle und zu atlantikfeuchte Gefilde für den erfolgreichen Weinbau, während der aride Süden mit seiner Halbwüste Bardenas Reales die Winzer mit Versteppung und der damit verbundenen Austrocknung (und Versalzung) der Böden konfrontiert. Das Nord-Süd-Temperaturgefälle wird mit mindestens 4 °C beziffert.

Um die Situation noch komplexer zu machen, darf selbstredend der mediterrane, sprich warme und ausgleichende Klimaeinfluss von Osten nicht unerwähnt bleiben. Die breite, vom Ebro durchflossene Ebene im Grenzgebiet zu Aragón fängt die warmen Luftströmungen von Osten auf und hält je nach Wetterlage die Kaltwettereinbrüche aus der kalten Grenzprovinz Soria sowie dem aragonesischen Gebirgsmassiv Moncayo in Schach. Kein einfaches Terrain also, aber dafür ein umso interessanteres.

Fünf Unterregionen

Eingeteilt hat man die D.O. in fünf Teilgebiete (Ribera Baja, Ribera Alta, Tierra Estella, Valdizarbe und Baja Montaña), von denen das zweitgrößte, Ribera Baja, ausgerechnet auf den trockenen und damit von seiner Wasserversorgung her nicht ganz einfachen Südteil entfällt. Im selben Maße wie das hervorragende Gemüse – die berühmten Piquillo-Paprika, die Salatherzen oder die kleinen Artischocken – ist auch der Weinbau in diesen trockenen Gemarkungen immer mehr auf Bewässerung angewiesen. Man geht indes fehl in der Annahme, dass der Süden qualitativ weniger zu bieten habe als die gemäßigter erscheinenden Teilgebiete weiter im Norden, wie beispielsweise die direkt angrenzende Ribera Alta. Im Dunstkreis der Kreisstadt Tudela befinden sich namhafte Weindörfer, deren Klang die Herzen Navarra-erfahrener Weingenießer höher schlagen lassen: Cascante, Murchante, Corella, das schon erwähnte Barillas und nicht zu vergessen Cintruénigo, Heimat des Stammhauses der Weindynastie der Chivites, sind alles Gemeinden mit namhaften

D.O. NAVARRA

PROVINZEN MIT D.O.-FLÄCHE
Navarra

REBFLÄCHE
16 000 ha

ANZAHL KELLEREIEN
114

PRODUKTION
70 Millionen Liter

GESCHÜTZTE WEINTYPEN
Weißwein, Rosado, Rotwein sowie Dulce natural, d.h. aufgespriteter Süßwein.

ZUGELASSENEN REBSORTEN
weiß: Viura, Chardonnay, Garnacha blanca, Malvasía, Moscatel de grano menudo, Sauvignon blanc
rot: Tempranillo, Garnacha, Cabernet Sauvignon, Graciano, Mazuelo, Merlot, Pinot noir, Syrah

Erzeugern, verbunden durch die graubraunen Kalkböden und das rötlich schimmernde Schwemmland des Ebrobeckens.

Betrachtet man die D.O. Navarra als Ganzes, fallen sofort die vielen Flussläufe auf, die in Wirklichkeit in der Regel allerdings viel weniger Wasser führen, als ihre Kennzeichnung auf den Karten vermuten lassen würde. Dennoch haben sie im Lauf der Jahrtausende die Bodenstrukturen des Anbaugebiets geprägt. Entsprechend ist der hohe Anteil von Lagen, die mit Flussgestein durchsetzt sind.

Drei neue *pagos*

Lagen sind auch in Navarra zum Thema geworden, hat doch das Landwirtschaftsministerium der Comunidad Foral Navarra schneller als andere Regionen auf das neue spanische Weingesetz von 2003 reagiert und die Vorgaben aus Madrid zügig auf regionaler Ebene umgesetzt. Irache, eine der wirklich alteingesessenen Bodegas nahe dem gleichnamigen Kloster am Jakobsweg, hat inzwischen die Anerkennung für den Lagenwein Prado Irache durchsetzen können, die Familie Chivite mit ihren Vinos de Pago de Arínzano ebenso.

Ob sich weitere Betriebe für diese neue Qualitätsebene entscheiden, ist unklar, denn die Umstellung ist erheblich. Pago-Weine unterstehen nicht mehr dem Kontrollorgan des jeweilgen Qualitätsweingebiets. Ein Gran Vino de Pago de Arínzano ist folglich kein D.O.-Navarra-Gewächs.

Die jüngste Pago-Anerkennung ist Bodega Otazu zugefallen. Das Gut bei Echauri unweit der Hauptstadt Pamplona erfüllt die gesetzlichen Voraussetzungen in jeder Beziehung. Geschäftsführer Javier Bañales hat den Betrieb mittels einer eisernen Qualitätspolitik an die nordspanische Weinspitze gebracht und produziert auf seinem über 100 ha großen Weinberg Otazu eine ganze Serie von Spitzengewächsen. Die Rotweine Altar und Dimensión sowie der barriquevergorene Chardonnay zeigen sich konzentriert, kraftvoll und mineralisch. Mächtig und sehr beeindruckend ist der fast reinsortige Cabernet Vitral. Der Erzeuger hat es schließlich geschafft, seine Weinqualität dem spektakulären Weingutkomplex anzupassen. Otazu mit seiner wunderschönen Anlage und der kathedralenartigen und trotzdem avantgardistischen Kellerarchitektur ist schon für sich eine Reise wert.

Die Chivites und ihr Pago de Arínzano

Schon seit vielen Generationen gilt die Familie Chivite als feste Größe im Anbaugebiet Navarra – der Name besitzt im Grunde absolute Eigenständigkeit im spanischen Weinbau. Das Stammhaus befindet sich in Cintruénigo im Süden der D.O. Dort werden heute die weltberühmten Weine der Marke Gran Feudo produziert. Ihre Spitzengewächse entstehen dagegen im nördlichen Teilgebiet Tierra Estella, wo die Chivites in den 1980er-Jahren zwei sogenannte *señoríos,* zu Deutsch Rittergüter, kauften. Das weniger bekannte Legardeta-Anwesen stellt die Rebflächen für das Gros des Leseguts der 125-Colección-Weine,

Einer der bekanntesten Winzer in Navarra ist Fernando Chivite von den Bodegas Julian Chivite.

Die fünf Teilgebiete

Einer der Kernpunkte des Regelwerks der Denominación de Origen Navarra sah die Schaffung von vier Teilgebieten vor, die dann um ein fünftes ergänzt wurden, namentlich Tierra Estella, Valdizarbe, Baja Montaña, Ribera Alta und Ribera Baja.

Tierra Estella und **Valdizarbe** liegen beide am Jakobsweg und verfügen über 3000 bzw. 1380 ha Rebflächen. Das Klima ist kühler als in den beiden »Ribera-Zonen«, die Niederschläge fallen üppiger aus. In den höheren Lagen – in Tierra de Estella bis auf 700 m – dominieren Kalkböden. Je mehr es in die Ebene geht, insbesondere im Valdizarbe, desto tiefer werden die rötlichen Lehmböden. Auch Schwemmlandablagerungen finden sich im unteren Teil. Diese mehr von atlantischem Klima beeinflussten Teilgebiete bringen kühle, elegante Weine hervor. Der Tempranillo-Anteil ist hoch, zudem entstehen dort einige der besten Chardonnay-Weine des ganzen Landes.

In Puente la Reina überquert der Jakobsweg den Fluss Arga.

Ribera Alta bildet das Zentrum der Appellation und ist mit 5800 ha das größte Teilgebiet. Bräunliche Kalk-Lehm-Böden und steiniges Schwemmland bilden das Gros der von den Winzern bearbeiteten Fläche. Die Königsstadt Olite, im oberen Drittel des Gebiets gelegen, ist eines der wichtigsten Weinzentren der gesamten D.O. Tempranillo überwiegt, aber auch vereinzelte Moscatel-Pflanzungen finden sich.

Baja Montaña, die östlich gelegene Unterzone, gilt als Hochburg alter Garnacha-Pflanzungen. Obwohl 2400 ha, davon 63 % Garnacha, unter Reben stehen, findet sich kaum ein namhafter Erzeuger in den recht hoch gelegen Winzerdörfern, stattdessen einige unbekannte Genossenschaften mit bedeutender Trauben- bzw. Weinproduktion. Durch die mit viel Gestein durchsetzten Böden in den Tälern sowie Kalk-, aber auch Sandsteinuntergrund in den Hügeln zeigen sich die Bodenstrukturen sehr unterschiedlich in dieser kühlen, klimatisch stark von den Pyrenäen beeinflussten Unterzone.

Ribera Baja mit seinen 5100 ha bedeckt die gesamte Südwestspitze der Region. Graugelbe Kalk- und Sandböden, abgelöst von Schwemmland in Ufernähe des Ebro in fast flachem Gelände bestimmen das Bild. Die Landschaft ist trocken, ja oftmals steppenartig; nur etwa 350 bis 400 Liter Regen pro Jahr und Quadratmeter fallen in dieser ariden Gegend. Aufgrund des warmen Klimas und der hohen Sonneneinstrahlung entstehen hier die körperreichsten Rotweine der Appellation. Tempranillo und Garnacha sowie die flächenmäßig wichtigsten Viura- und Moscatel-Pflanzungen der D.O. machen in der Hauptsache den Rebsortenspiegel aus.

während das ungleich bekanntere und vom navarresischen Stararchitekten Rafael Moneo spektakulär ins Szene gesetzte Nachbargut Señorío de Arínzano unter anderem den erst 2009 vorgestellten Lagenwein Gran Vino de Pago de Arínzano hervorbringt. Den brillant durchdachten Kellereikomplex zu beschreiben ist müßig, so gut wie jede seriöse Architekturzeitschrift der Welt hat ihn mittlerweile mit einer Reportage gewürdigt. Nur so viel sei gesagt, technisch so perfekt und gleichzeitig so naturschonend produzieren wenige Kellereien im Spitzensegment.

Schon die Colección-Weine sind von außerordentlicher Klasse. Der Chardonnay ist in Spanien unerreicht, der Süßwein aus kleinbeerigen Muskateller-Trauben mit Botrytis-Befall eine Klasse für sich. Die roten Crus der Chivite Colección 125 Reserva geben sich vielschichtig und im Grunde unspanisch kühl; sie sind fest, aber elegant im Tanningerüst – *very sophisticated*. Fernando Chivite, seines Zeichens der Weinmacher der Familie, nützt die kalkigen Böden und das von einem Fluss geprägte Kleinklima optimal. Dies wird besonders in seinem neuen Pago-Wein deutlich, von dem pro Jahrgang zwischen 15 000 und 20 000 Flaschen entstehen. Tiefgründig, komplex und feinmineralisch kommt er daher, der Gran Vino de Pago de Arínzano. Auf die weitere Entwicklung dieses bis dato besten Pago-Weins Spaniens darf man gespannt sein.

Ein vielseitiger Rebsortenspiegel

Immer wieder wird Kritik geübt, dass im Lauf der Zeit ein zu hoher Anteil an gebiets- bzw. landesfremden Rebsorten im Anbaugebiet Navarra zugelassen worden sei. Da immerhin rund 5700 ha Weinberge mit diesen »Immigranten« bestockt sind, beklagt so mancher Weinfreund die Verwässerung des regionalen Charakters der Appellation. Darüber wird allerdings oft vergessen, dass die Region auf eine enge geschichtliche Verbundenheit mit dem Nachbarn Frankreich zurückschauen kann. Schließlich befand sich Navarra auch einige Jahrhunderte unter französischer Herrschaft. Dass ein Austausch auch auf weinbaulicher Ebene stattfindet, ist daher wohl kaum als verwerflich zu bezeichnen. Abgesehen davon kann

mit Fug und Recht behauptet werden, dass gerade der Chardonnay im Norden der Appellation hervorragende Ergebnisse erbringt, bessere, wohlgemerkt, als in vielen anderen Anbaugebieten mit heißeren Klimata. Weißweine machen jedenfalls nur einen kleinen Teil der Produktion in Navarra aus, da nur 6 % der Rebfläche weiße Trauben erbringen.

Rotweinsorten

Die große traditionelle Rebsorte des Anbaugebiets ist die **Garnacha**, auch wenn sie erst nach der Reblausplage diese massive Präsenz erlangte. In den Siebzigerjahren des 20. Jahrhunderts soll dieser rote Klassiker unter den spanischen Trauben 90 % des Rebspiegels der Appellation ausgemacht haben. Davon kann mittlerweile keine Rede mehr sein. Tempranillo hat buchstäblich Boden gutmachen können und beansprucht nun 6000 ha oder 37 % der Gesamtfläche. Die heimische Garnacha tinta ist dagegen auf weniger als 5000 ha zurückgegangen. Dass die Traube überhaupt noch 25 % der Fläche einnimmt, hat sie Vorzügen zu verdanken, die besonders bei der Herstellung von Rosado zur Geltung kommen. Denn im Zuge des Vormarsches des Tempranillo, der sich ja bekanntlich viel besser für die Bereitung von lagerfähigen Weinen eignet, hatte das Image der Garnacha sehr gelitten. Das führte dazu, dass viele Winzer entweder ihre Weinberge neu bestockten oder die vermeintlich unrentablen Garnacha-Anlagen schlicht und ergreifend aufgaben.

Nichtsdestotrotz hat es den Anschein, dass die Sorte eine Renaissance erlebt, insbesondere bei der Produktion von Rotweinen. Hatten es die aragonesischen Nachbarappellationen Campo de Borja und Calatayud in den vergangenen Jahren vorgemacht, ziehen jetzt navarresische Önologen nach. Berücksichtigen sollte man indes eines: Auch in Navarrra gibt es drei prominente Erzeuger, die schon seit Jahren reinsortigen roten Garnacha keltern und ausbauen. Aufmerksamkeit erregte zunächst Bodegas Nekeas. Aus einem hochgelegenen Weinberg am Jakobsweg entstand der vor allem in Übersee sehr erfolgreiche Lagenwein El Chapparal. Kurz darauf investierte Rioja-Star Juan Carlos López de Lacalle in ein kleines Weingut eben-

Die Entstehung der D.O. Navarra und das neue Regelwerk von 2008

Als die Behörden der Provinz Logroño sich in den Zwanzigerjahren des vergangenen Jahrhunderts erstmals ernsthaft um die Schaffung einer geschützten Herkunftsbezeichnung Rioja bemühten, wurde auch darüber nachgedacht, Rebland aus den benachbarten Regionen Baskenland und Navarra mit einzubeziehen. Da die Administration in Rioja aus Verwaltungs- und Kostengründen schließlich übereinkam, die Aufnahme neben einigen baskischen Gemarkungen auf nur sechs navarresische Winzergemeinden (von West nach Ost: Viana, Mendavia, Sartaguda, Andosilla, San Adrián und Azagra) zu beschränken, bekam in Navarra selbst das Projekt der Gründung einer eigenen Appellation starken Auftrieb. Heute entfallen nur 6700 ha Rebland auf die D.O.Ca. Rioja, Navarra schützt hingegen unter seiner eigenen Appellation knapp 18 000 ha. 1967 stand der erste umfassende Gesetzesentwurf, acht Jahre später wurde das endgültige Regelwerk dann verabschiedet. Im Jahr 2008 wurde ein neues Reglement aufgelegt, welches einige Neuerungen vorsieht. So ist der Terminus *tinto roble* nun erlaubt, während die Mindestdauer des Barriqueausbaus bei Crianzas von zwölf auf neun Monate gesenkt wurde. Des Weiteren ist die Tropfbewässerung nicht mehr eingeschränkt, dafür ahndet man Überproduktion strenger als früher. Weist eine Parzelle mehr als den vorgeschriebenen Höchstertrag aus, degradiert der zuständige Kontrollrat die gesamte aus dem betreffenden Rebstück gelesene Traubenmenge zu Tafelweinqualität.

falls im Norden und begann mit seinem Garnacha Santa Cruz de Artazu rekordverdächtige Bewertungen auf internationaler Ebene zu sammeln. Altmeister in Sachen Garnacha ist jedoch Javier Malumbres aus dem südlichen Corella. Er schuf einen Garnacha aus alten Reben, den Primeros Viñedos 1940–1960, und kreierte damit einen wundervoll traditionellen Wein, der weich und cremig über die Zunge läuft. Letzte Garnacha-Neuheiten in der D.O. sind Jardín de Lúculo sowie der mächtige Palacio de Sada Garnacha Centenaria.

Wie zu erwarten war, hat sich **Tempranillo** mittlerweile in der D.O. durchgesetzt und ist sogar zur vorherrschenden Sorte aufgestiegen. Die Präsenz dieser Sorte im Gebiet ist historisch ebenso belegt wie die der nordspanischen Traube Graciano. Renommierte Kellereien wie Ochoa in Olite und natürlich Chivite haben sich immer auf ihre Vorzüge verlassen und zählten mit ihren Weinen zu den wenigen Namen des Gebiets, die auch international gehandelt wurden. Chivite produzierte über viele Jahre eine Gran Reserva der 125er Kollektion, die ob ihres zeitlosen Stils auch in die Rioja gepasst hätte. Heute spielt Tempranillo in fast allen wichtigen Weinen der Appellation eine Rolle. Nur reinsortige Premiumgewächse aus Tempranillo finden sich so gut wie überhaupt nicht.

Unter den Fremdsorten hat sich **Cabernet Sauvignon** klar durchgesetzt. Seit etwa 25 Jahren erfährt sie einen bemerkenswerten Boom, was sich an den 2700 ha Anbaufläche auch festmachen lässt. Die Ergebnisse sind mehr als befriedigend, zeigen doch einige der Weine mit dominantem Cabernet-Anteil vor allem aus den kühleren Lagen wie auch aus Weingärten mit hohem Fluss- oder Verwitterungsgestein Eleganz und Tiefe. Ob freilich die inzwischen schon als klassischer Navarra-Blend bekannte Cuvée aus Tempranillo und Cabernet wirklich Großes bieten kann, ist Ansichtssache. Allzu viele wirklich geglückte Gewächse dieses Typs kann das Gebiet nicht vorweisen. Tauchen die beiden Sorten in ein und demselben Wein auf und dieser zeigt unzweifelhaft Format, dann sind meist noch weitere komplementäre Sorten wie Merlot oder gar Garnacha tinta mit im Spiel. Ausnahmen bestätigen die Regel, wie Javier und Tochter Adriana Ochoa mit einigen Weinen immer wieder beweisen. Don Javier erhob den Tempranillo/Cabernet-Blend zur Kunstform, wobei er in den letzten Jahrgängen auch etwas Merlot hinzugibt. Seine Cuvées sind feingliedrig, nicht zu tieffarbig, besitzen traditionelle Würze und können altern.

Die französische **Merlot** zeigt ihre besten Ergebnisse als Komplementärsorte in den eben schon erwähnten Cuvées, die für Navarra so typisch geworden sind. Als Einzelkämpfer hat sie in der Breite des navarresischen Angebots zwar wenig vorzuweisen – dass aber bemerkenswerte reinsortige Weine dieser Traube mit einem ganz eigenen, würzig-rotfruchtigen, aber auch straffen Profil möglich sind, kann man schon seit vielen Jahren anhand der famosen Crus von Juan und Diego Magaña im äußersten Süden der Appellation feststellen. Der Querkopf Juan, ein eigenwilliger Nordspanier, wie er im Buche steht, hat es im seinem Weingut Bodegas Viña Magaña sogar verstanden, Merlot-Gewächse auf die Flasche zu bringen, die für südländische Verhältnisse auch noch sehr schön altern konnten, nämlich gute zwölf bis 15 Jahre. Und dies gelang ihm bereits vor 30 Jahren, als Merlot in den Weingärten der *denominación* Navarra offiziell noch nichts zu suchen hatte. Der Visionär Magaña ist ein gutes Beispiel für das Vermögen der Region, doch immer wieder brillante Weinmacher hervorzubringen.

Weißweinsorten

Gut eingefunden hat sich zweifellos **Chardonnay**, und es erscheint nur logisch, dass die besten Weine dieser Traube in der nördlichen Hälfte des Anbaugebiets entstehen. Denn Kühle ist Trumpf, ebenso wie die kalkhaltigen Böden, und so entlocken einige Weinmacher der Sorte Virtuoses, allen voran der zeitlos-stilsichere Fernando Chivite. Beständig und kreativ arbeitet aber auch Victor Olano vom Castillo de Monjardín, seiner Chardonnay-Besessenheit wegen auch »Señor Chardonnay« genannt. Ganze vier verschiedene Weintypen gleichzeitig vermag er in man-

Der spektakuläre Barriquekeller der Bodega Otazu gleicht in seiner feierlichen Nüchternheit und Eleganz einem sakralen Ort.

chen Jahren aus der Traube zu zaubern. Seine Chardonnay Reserva etwa nimmt in Spanien ob ihres rauchig-cremigen Charakters und der ausdrucksvollen und akkurat gezeichneten Frucht unter den Weinen dieser Sorte eine führende Position ein, wenngleich der wirkliche Star des Betriebs ein in halbe Flaschen gefüllter Chardonnay-Süßwein ist. Esencia Monjardín heißt dieser delikate Sonderling, der nur in trockenen Wintern aus sozusagen spät gelesenen Trockenbeeren entsteht. Im Gegensatz zu deutschen Süßweinen muss das Lesegut keine Fröste durchlaufen haben, der Zuckergehalt ist auch bei weitem moderater. So brillieren Säure, komplexe Frucht und in kuriosem Kontrast eine feinfühlig eingewobene Holznote.

Eine echte Bereicherung hat der Weinbau in Navarra durch die Wiederentdeckung der autochthonen **Moscatel de grano menudo** erfahren. Die Sorte weist deutlich kleinere Beeren auf als die südspanische Variante, was sie wiederum in die Nähe der bekannten französischen Spielart Muscat de Frontignan rückt. Nicht dass sie komplett verschwunden gewesen wäre; Camilo Castilla, das einzige authentische Kellereirelikt aus der Frühzeit des vergangenen Jahrhunderts im Gebiet, hielt über all die Jahrzehnte an einem Likörwein namens Capricho de Goya fest, der für sich genommen ein Stück lebendige Weingeschichte ist und sich in seiner Art stilvoll zwischen einem großen gereiften Málaga und einem halbtrockenen alten Oloroso einreiht. Den modernen Moscatel-Kreszenzen, die ungespritet bereitet werden, sind alle duftigen Tugenden der Muskateller-Traube eigen: Rosenwasser, Orangenblüten und getrocknete Aprikosen. Sie haben jedoch der Süße auch etwas Säure entgegenzusetzen. So wirken sie leichtfüßiger und saftiger. Man kommt nicht umhin, festzustellen, dass die Weinmacher Navarras mit diesen Weinen das Weinportofolio des Nordens auf bemerkenswerte Weise bereichert haben.

Rosado – Fluch und Segen eines Weingebiets

Der Rosado muss wohl als das wichtigste Aushängeschild Navarras im vergangenen Jahrhundert gesehen werden, wobei dieser Aspekt der navarresischen

Pflanzungen bei Lerga, die in der traditionellen Einzelstockerziehung gehalten sind.

Weingeschichte nicht alle Beteiligten mit Genugtuung erfüllt. Dies ist eigentlich schade, denn der Rosado hat viel Geld in die Hände der Winzerschaft gespült und dem Ruf der Region sicherlich nicht geschadet – ganz im Gegenteil. Im Zuge der weltweiten Rehabilitation dieses Weintyps müssten sich gerade die Erzeuger mit hochwertigen Rosados heute glücklich schätzen. Dass dem leider meist nicht so ist, liegt – oder besser gesagt, lag – an der weitverbreiteten, wenn auch irrigen Meinung, nur Rotwein sei ein richtiger Wein.

Auch wenn der Platz an dieser Stelle nicht ausreichend ist für ein ausführliches Plädoyer zugunsten des Rosado, sei doch kurz erläutert, wie das Gebiet zu dieser Spezialität kam und warum es diese Weingattung weniger denn je nötig hat, ihre Existenz zu rechtfertigen.

In den 1950er-Jahren startete die Kellerei Las Campanas mit den ersten Versuchen, einen modernen und fruchtbetonten Rosado zu keltern. Denn schwer lastete die erdrückende Menge an belanglosen Weinchen, die man eher schlecht als recht aus dem riesigen Bestand an Garnacha-Trauben kelterte. Man griff auf das sogenannte Saignée-Verfahren zurück, eine Methode, welche die Vergärung von Mosten vorsieht, die ohne Pressung mittels des ersten Abstichs aus einem Maischetank voll roter Trauben gewonnen werden. Da die Trauben schon beim Entrappen leicht angequetscht werden, sammelt sich auch durch den Druck des Eigengewichts der Trauben im oberen Teil des Tanks am Boden Most, der nach wenigen Stunden Kontakt mit der Maische abgeleitet wird.

Die besten Garnacha-Weine entstehen aus Trauben alter Stöcke, die in der D.O. Navarra noch reichlich vorhanden sind.

Dieser *mosto de lágrima* oder *mosto virgen,* wie man diesen freilaufenden Most auch nennt, ist von strahlender Roséfarbe und ausgeprägter Fruchtigkeit, die an rote Fruchtbonbons erinnert.

Das Regelwerk der Denominación de Origen schreibt genau vor, wie viel Most aus einer bestimmten Traubenmenge auf diese Weise gewonnen werden darf, nämlich 40 Liter aus 100 kg Trauben. Denn der erste abgelassene Most ist der klarste, hellfruchtigste und säurebetonteste; die später nachlaufende Qualität ist kräftiger in der Farbe, da sie länger von den Schalenhäuten der Maische eingedunkelt worden ist. Alle Rosados aus Navarra müssen also auf diese Weise gekeltert werden. Noch beansprucht dieser Weintyp ganze 25 % der gesamten D.O.-Weinproduktion.

Eine Erfolgsgeschichte

Diese Art der Weinbereitung revolutionierte das Weinangebot Navarras und bescherte dem Anbaugebiet einen kommerziellen Erfolg ohnegleichen. Die Weine waren mit ihrer intensiv fruchtigen Art selbst nach heutigen Maßstäben sehr modern. Selbstredend wurde der Rosado gleichsam zum Synonym für Navarra; andere Gewächse gerieten ins Hintertreffen oder hatten erst gar nicht die Chance zu entstehen. Andererseits avancierte Navarra zur technischen Avantgarde, wenn auch nur auf diesem einen Feld. Man halte sich nur vor Augen, dass sich im Rest von Spanien noch Jahrzehnte danach der traditionelle *clarete* hartnäckig hielt, ein roséfarbener Wein, der durch ein Zusammengeben roter und weißer Weine entstand.

Klarstellen sollte man in jedem Fall, dass ein guter Rosado aus Navarra eindeutig ein Genuss ist. Und welcher Weintyp passt schon besser zu einem spanischen Reisgericht oder gebratenem Gemüse, etwa zu den leicht pikanten navarresischen *pimientos de piquillo* oder zu grünem Spargel aus der Pfanne, mit grobem Meersalz gewürzt?

Wandlungen hat aber auch diese navarresische Weinikone durchlaufen. Heute dient nicht nur mehr Garnacha als Basis für diesen Klassiker, sondern auch

Navarra und Rioja: Die Nachbarn im Spiegel der Zeit

Eng miteinander verwachsen sind sie, die beiden Regionen Navarra und Rioja, kulturell und geschichtlich, über Jahrhunderte verbunden durch die lebenserhaltende Nabelschnur des Jakobswegs. Rioja im Mittelalter war nichts anderes als eine Expansionsetappe für das immer mächtiger werdende christliche Königreich Navarra, dessen Herrscher stolz im heute riojanischen Nájera residierten und ihren Einfluss in Richtung des heutigen Kastilien auszubauen suchten.

Auch im Weinbau hatte Navarra im Rückblick zunächst die Nase vorn, kann es doch im Örtchen Funes auf einen römischen Gärkeller mit geradezu industriellen Kapazitäten verweisen. Erst die weingeschichtliche Stunde null nach dem Einfall der Reblaus markiert den Wendepunkt. In der Rioja entscheidet man sich bei der Wiederbestockung mehrheitlich für die Sorte Tempranillo, eine empfindsame Traube, eher fein und zu gemäßigten Alkoholgraden tendierend. Navarra indes setzt auf die rote Garnacha – blumiger, duftiger und betörend tieffarbig, mit üppigem Alkoholpotenzial gesegnet. Navarra, die ehemals übermächtige Region, beginnt ihren Weinsektor genossenschaftlich zu organisieren; unterstützt, aber auch gelenkt von der Verwaltung in Pamplona. Am oberen Ebro indes entsteht ein neues Weinunternehmertum, das, geformt durch das Vorbild Bordeaux, eine beeindruckende Dynamik entwickelt. Unaufhaltsam steigt die Rioja zum Weingebiet der Superlative auf. Die Gewichte verschieben sich immer stärker. Während Rioja mit seiner immer ausgeprägteren Barriquekultur erfolgreich ein Qualitätsimage aufbaut, vermag Navarra nur schwerlich in das Bewusstsein der Konsumenten zu dringen.

Rebanlagen in der gebirgigen, wilden Landschaft Nordspaniens: Navarra und die Rioja haben vieles gemeinsam.

Cabernet Sauvignon, Merlot und selbst Tempranillo kommen zum Einsatz. Chivite, einer der zuverlässigsten Produzenten, hat in jüngster Zeit das Erfolgsmodell erneut überarbeitet und wartet mit einem *rosado criado sobre lias* der Gran-Feudo-Reihe auf, einem Rosé, der einige Zeit auf der Hefe belassen wurde und daher mehr Körper und Schmelz offeriert. Zu beachten gibt es indes eins: Lagern sollte er nicht, der Rosado de Navarra, nach einem Jahr verfliegt sein Charme, und er wird müde.

Rioja

Das Weinbaugebiet Rioja erhebt sich in seiner Bedeutung über alle anderen Anbaugebiete Spaniens. Lange schien es fast ein Synonym für spanischen Wein höchster Qualität überhaupt zu sein.

Das Kellereigebäude von Marqués de Riscal wurde von Stararchitekt Frank Gehry entworfen.

Der Gigant

Die Rolle, die die Region Rioja im Weinland Spanien einnimmt, ist komplex und vielschichtig und bedarf einiger klärender Erläuterungen zu Anfang, ohne die dieses Monument des spanischen Weinbaus nicht fassbar wird.

Zunächst gebührt dem Gebiet der Titel »Wiege des Tempranillo«. Auch wenn nicht mit absoluter Sicherheit nachgewiesen werden kann, dass diese bedeutendste aller spanischen Rebsorten tatsächlich dort ihre heutige Form annahm, so darf sich die Rioja dieser Bezeichnung mit vollem Recht rühmen. Denn kein anderes Anbaugebiet hat sich letztendlich um das Ansehen der Tempranillo-Traube so verdient gemacht wie das weltberühmte Weingebiet an den Ufern des oberen Ebro.

Die Rioja ist Pionier in vielerlei Hinsicht. Die ersten nach den Prinzipien neuzeitlicher Weintechnik produzierten Rotweine entstanden am Ebro, aber auch die Grundelemente für das Modell der ersten spanischen Denominación de Origen wurden für die Rioja zusammengefügt. Noch entscheidender sind indes die Impulse zu bewerten, die, von der Rioja ausgehend, eine der Säulen der spanischen Weinklassifizierung schufen, nämlich das berühmte System der Qualitätsabstufungen nach Reifezeiten im kleinen Holzfass und auf der Flasche. Die Rede ist vom Dreigestirn Crianza, Reserva und Gran Reserva (siehe auch Seite 19), das vielen den Einstieg in die Welt des spanischen Rotweines so ungemein erleichtert hat.

Zudem darf nicht vergessen werden, dass sich die Rioja auch vor den strengen Augen vieler traditioneller und konservativer Weinliebhaber als ernst zu nehmendes Anbaugebiet profilierte, indem sie mit ihren berühmten zeitlosen und filigranen Gewächsen ein vermeintlich »südländisches« Rotweinmodell entworfen hat, das in seinen besten Jahrgängen dem nagenden Zahn der Zeit entgegentritt und mit Eleganz und Rasse viele Jahrzehnte lang reifen kann.

Eine Sonderstellung nimmt das Gebiet zudem aufgrund seiner Einstufung als D.O.Ca. ein. 1991 stieg Rioja zur ersten »Superappellation« Spaniens auf, unterzog sich damit den strengsten Qualitätskontrollen und festigte seine Position als Spitzengebiet. Unter anderem verpflichteten sich die Erzeuger, keine Fassware mehr zu veräußern – den Fasswarenverkehr von Kellerei zu Kellerei natürlich ausgenommen –, sodass Qualitätsweine der D.O.Ca. nur abgefüllt in den Flaschengrößen für europäische Qualitätsweine vermarktet werden dürfen. Dass aller Rioja-Wein im Gebiet selbst auf die Flasche gebracht werden muss, versteht sich von selbst.

Die Rioja und ihr Terroir

Über 18 000 Winzer bewirtschaften die 63 500 ha Rebland, die die Rioja zu einem der wichtigsten Qualitätsweingebiete der Welt machen. Für die Weinbauern sind die Eigenheiten ihrer Parzellen ein selbstverständlicher Teil ihres Tagwerks. Die Qualität der Trauben steht im Vordergrund und damit natürlich auch die Wertigkeit ihres Grund und Bodens. Der viel bemühte Ausdruck Terroir beziehungsweise *terruño,* wie man in Spanien sagt, ist ein in Mode gekommener Ausdruck für eine altbekannte Tatsache. Bodenstruktur, Kleinklima und Ausrichtung der Parzelle wirklen sich direkt auf die Güte und den Charakter der Trauben aus.

Obwohl der eher schmal wirkende Ebro auf den ersten Blick keinen nachhaltigen Eindruck hinterlässt, prägen die Mäander des Flusses die D.O.Ca. Rioja entscheidend, hat er doch innerhalb des lang gestreckten Tales mit seinen acht wichtigen Zuflüssen für unterschiedlichste **Bodenstrukturen** gesorgt. Hinzu kommen die beiden Gebirgsketten im Süden wie im Norden, die die Weinberge gegen unerwünschte Klimaeinflüsse schützen, aber auch für bodenauflockerndes Erosionsmaterial sorgen. Kalk, Lehm, Flussgestein, ja sogar Sand direkt am Flussbett schaffen unterschiedlichste Bodenbedingungen. Blickt man von der östlichen Talsohle nach Westen, schlägt die

Viele Weinberge in der Rioja sind auf kargen Kalk-Lehm-Böden angelegt.

was auf die zahlreichen Zuflüsse des Ebro zurückzuführen ist. Dies mag überraschen, da klassische Schwemmlandböden aufgrund ihrer Fruchtbarkeit und Tiefe nicht gerade den besten Ruf für Qualitätsweinbau genießen. Die andere Hälfte entfällt ungefähr zu gleichen Teilen auf eisenhaltige **Lehmböden** sowie kargeren **Kalk-Lehm-Grund**. In einigen Randzonen treten auch Granitformationen auf, die aber kaum von Bedeutung sind.

Ob die Kalkböden den Schwemmland- oder Lehmböden vorzuziehen sind, ist Ansichtssache. Kalk kann großartige Weine erzeugen, die erst im Alter ihre rechte Form finden, aber auch die fruchtbareren Schwemmlandterrassen erbringen in der Rioja erwiesenermaßen große Gewächse, wenn man den Ertrag streng kontrolliert. Und ob die Tendenz von Lehmböden zu kraftvollen und ausdrucksstarken Weinen tatsächlich immer zutrifft, hängt gerade in einem so uneinheitlichen Gebiet wie der Rioja sehr von der genauen Lage, der Höhe, der Sonneneinstrahlung, mitunter auch vom Alter und der Qualität des Weingartens sowie natürlich von der Hand des Winzers und Kellermeisters ab.

Landschaft sanfte Wellen; Weinberge stehen in unterschiedlichster Höhe auf Böden, die ständig ihre Form und Farbe wechseln. Kleine Tafelberge und Hügelkuppen bilden die Spitzen des Geländes, in dem sich Rebgärten in nahezu alle Richtungen erstrecken. Im Relief betrachtet, verliert das Tal nach Osten hin deutlich an Höhe, und die Auffaltungen, welche die Landschaft von Haro bis Logroño prägen, fallen zusehends flacher aus. Der Höhenunterschied zwischen dem niederen Osten und den höchsten Weinbergen im oberen Teil des Ebrotals im Nordwesten beträgt immerhin gut 330 m, ein Aspekt, der vor allem klimatische Kontraste innerhalb des Anbaugebiets schafft.

Drei Bodentypen

Die D.O.Ca. lässt sich in drei vorherrschende Bodentypen aufteilen. Erstaunlicherweise weist nahezu die Hälfte des Anbaugebiets **Schwemmlandböden** auf,

Eigentlich sollte es eindeutige Aussagen oder zumindest einigermaßen erschöpfende Untersuchungen zum Thema *terruño* in der Rioja geben. Erstaunlicherweise ist das jedoch nicht der Fall. Selbstverständlich lassen der gesunde Menschenverstand und die schiere Logik allgemeine Schlüsse zu, doch damit ist es nicht getan. Denn trotz ihrer Ausdehnung erweist sich die Appellation vor allem oberhalb der Stadt Logroño als recht kleinteilig. Je enger das Tal wird, desto schneller sind die Wechsel, was Höhe, Ausrichtung und natürlich die Größe der Parzellen betrifft. Insbesondere die Geländestrukturen und damit die Pflanzungen auf den von Kalk dominierten Böden um die Gemeinden Laguardia, San Vicente de la Sonsierra oder auch Labastida, alle auf der Nordseite des Flusses, sind eine Welt für sich.

Die offiziellen Stellen hüllen sich in Schweigen, was das Thema Bodenstrukturen und Lagen angeht. Untersuchungen sind zwar unternommen worden – die letzte Mitte der 1990er-Jahre –, die Ergebnisse wurden jedoch nie der Öffentlichkeit zugänglich gemacht. Selbstverständlich muss klar herausgestellt werden, dass eine Einteilung oder Bewertung der Lagen ungemein kompliziert wäre. Eine öffentliche Diskussion zu einer Klassifizierung der Böden oder Fluren scheint indes eher unerwünscht zu sein. Angesichts der Tatsache, dass die meisten großen und einflussreichen Kellereien nur in Ansätzen terroirbewusst arbeiten können und wollen, ist dies auch nicht wirklich verwunderlich.

Andererseits muss an dieser Stelle betont werden, dass trotz einer fehlenden Regulierung für Lagenweine viele Weinmacher die Frage nach der Lagentypizität ihrer Gewächse umtreibt. Mittelständische Betriebe wie R. López de Heredia mit seinen Viña-Tondonia-Weinen oder der recht große Erzeuger Bilbaínas mit seiner feingliedrigen Reserva La Vicalanda erweisen ihren mehr oder minder großen Weingärten Reverenz. Dass natürlich die kleineren Kellereien für Spezialitäten prädestiniert sind, erscheint logisch, da diese viel kleinteiliger arbeiten können. Torre de Oña, ein Weingut, dessen Weinberge wie bei einem französischen Château direkt um die Kellerei gruppiert sind, wäre ein Beispiel; der große Pionier Viñedos del Contino mit seiner in einer Schleife des Ebro eingebetteten famosen Einzellage und dem hochgelobten »Parzellenwein« Viña El Olivo ein anderes. Selbst der schon fast als Klassiker geltende kleine Erzeuger Viñedos y Bodegas de la Marquesa hat unter seiner Marke Valserrano den Finca-Wein Monteviejo entwickelt.

Das Klima

Gerade in der Rioja sollte die Bedeutung des Klimas und seine Auswirkung auf den Weinbau nicht unterschätzt werden. Denn die spezielle Situation des Ebrotals hat den berühmten traditionellen Weinstil der Rioja erst möglich gemacht.

Es mag gewagt klingen, die Rioja als einziges kühlklimatisches Anbaugebiet von Bedeutung in Spanien zu bezeichnen. Klar ist jedenfalls, dass sich die Appellation zumindest in einer klimatischen Grenzsituation befindet. In einigen Jahren sind die warmen mediterranen Einflüsse bestimmend, in anderen Jahren setzt sich das kühle atlantische Klima durch, in beiden Fällen immer gewürzt durch eine kontinentale Witterungskomponente, die von der südlich gelegenen kastilischen Hochebene einfließt. Schlechtes Wetter kann also von Norden wie vom Süden kommen. Fröste und Schnee sind keine Seltenheit, drückende Hitze freilich auch nicht. Die Nähe zur Biskaya ist wohl einer der entscheidenden Faktoren. Denn die atlantische Kühle ermöglicht erst die langsame Reife der Trauben im Herbst, sodass elegante und feine Weine entstehen können.

Die Distanz vom westlichsten zum östlichsten Winzerdorf misst wenig mehr als 100 km, die Breite der D.O.Ca.-Fläche maximal 40 km, wobei die Gebirgsketten im oberen, das heißt westlichen Drittel immer näher zusammenrücken. Sie sind es auch, die das Klima im Wesentlichen beeinflussen, denn die Sierra

D.O.Ca. RIOJA

PROVINZEN MIT D.O.-FLÄCHE
La Rioja, Álava, Navarra

REBFLÄCHE
63 500 ha

ANZAHL KELLEREIEN
596

PRODUKTION
275 Millionen Liter

GESCHÜTZTE WEINTYPEN
Weißweine, Rosado, Rotwein

ZUGELASSENE REBSORTEN
weiß: Viura, Malvasía de Rioja, Garnacha blanca, Chardonnay, Maturana blanca, Sauvignon blanc, Tempranillo blanco, Turruntés, Verdejo
rot: Tempranillo, Garnacha, Graciano, Mazuelo, Maturana tinta, Maturano, Monastel de Rioja

Cantábria auf der Nordseite sowie die Sierra de la Demanda auf der Südseite des Flusses schotten das sich an ihren flacheren Hängen und in der Talwanne ausbreitende Weingebiet von der Biskaya beziehungsweise der kastilischen Meseta ab. Es kann im Winter trotzdem zu empfindlichen Frösten kommen. Die Weine der Rioja entstehen also in einer klassischen Flusstalsituation mit der Besonderheit, dass sich am westlichen Ende das Tal nahezu schließt, während im unteren Teilstück die Bergschenkel weit auseinandergehen und den warmen Ostwinden Zugang verschaffen. Die klimatischen Verhältnisse präsentieren sich folglich sehr differenziert und können je nach Teilgebiet in ein und demselben Jahr recht unterschiedlich ausfallen. In diesem Punkt das gesamte Gebiet grob über einen Kamm zu scheren wäre somit ein Fehler.

Die drei Teilgebiete

Unterschieden werden drei Teilgebiete, von denen das bekannteste und größte **Rioja Alta** genannt wird. Mit seinen 26 800 ha bedeckt es die Südseite des Flusses vom westlichsten Ende bis hinunter nach Logroño. Diese Unterzone beansprucht jedoch auch eine kleine Enklave auf der Nordseite des Flusses, gelegen um das berühmte Winzerstädtchen San Vicente de la Sonsierra. Rote, eisenhaltige Lehmböden und Schwemmland überwiegen.

Gegenüber dehnt sich das kleine und feine, nach der baskischen Provinz Álava benannte Teilgebiet **Rioja Alavesa** über gerade mal 12 800 ha aus. Im Norden wird es von der abrupt aufsteigenden kantabrischen Gebirgskette überragt. Hier steigen die Weinberge in größere Höhen hinauf als in der Rioja Alta. Süd-, Südwest- und Südostausrichtungen sind die Regel. Der Kalkanteil in den Böden ist bedeutend. Die baskische Rioja weist sehr viele kleinere Weingärten auf, die Zahl kleiner Winzer und Familienbetriebe mit eigener Flaschenproduktion ist dort am größten. Tempranillo dominiert unangefochten und beansprucht im Vergleich zu den anderen Unterzonen den weitaus größten Anteil am vorhandenen Rebspiegel.

Ganz anders charakterisiert sich die südlich von Logroño gelegene *subzona* **Rioja Baja** mit sanfter Hügellandschaft oder annähernd flachem Gelände. Tiefere Lehmböden, Sand, aber auch mit grobem Flussgestein durchsetztes Schwemmland herrschen vor. Das recht flache Talstück, nach Osten geöffnet, gibt sich klimatisch gesehen mediterran-kontinental. Voluminösere Weine sind die Regel, die rote Garnacha findet dort ihr ideales Zuhause. Im Bereich dieses Teilgebiets auf der Südseite des Ebro beansprucht die D.O.Ca. Rioja über 6700 ha Weinberge auf navarresischem Territorium. Früher entstanden kaum Weine, die nur aus Lesegut der Rioja Baja bereitet wurden. Heute brillieren Erzeuger wie Barón de Ley, Valsacro oder Herencia Remondo mit opulenten und weichen Rotweinen.

Traditionell kaufen die Kellereien in mehreren Teilgebieten Lesegut ein, denn die mittelständischen und großen Häuser verfügen kaum über genügend eigene Weinberge, um ihren Bedarf zu decken. Je kleiner ein Erzeuger ist, desto größer die Wahrscheinlichkeit, dass er nur aus einer *subzona* zukauft oder gar nur auf eigene Trauben zurückgreift. Ist also auf dem Etikett eines großen Hauses eine Gemeinde mit dem oft in Klammern beigefügten Teilgebiet vermerkt, bezieht sich dieses auf den Standort der Kellerei und nicht unbedingt auf die Herkunft des Leseguts.

Die Rebsorten der Rioja

Die D.O.Ca. Rioja schützt Weißweine ebenso wie die berühmten Roten, obgleich die weißen Pflanzungen deutlich weniger als ein Zehntel der Gesamtfläche ausmachen. Nichtsdestotrotz hat die Rioja beschlossen, die Weißweinproduktion zu fördern, und aus diesem Grunde 2007 neuen, sogenannten verbessernden Rebsorten die Tore der Appellation geöffnet. Die Rede ist von Chardonnay, Sauvignon blanc und der im kastilischen Rueda beheimateten Verdejo-Traube. Damit brach die D.O.Ca. Rioja erstmals mit dem ungeschriebenen Gesetz, keine Fremdsorten zuzulassen. Allein, reinsortig darf keiner dieser Neuzugänge ausgebaut werden. Im selben Jahr erstmals namentlich als empfohlene Sorten genannt wurden zudem die autochthonen Varietäten Maturana blanca, Tempranillo blanco (eine Mutation der roten Tempranillo, erstmals 1988 registriert) und Turruntés

Die Erzeugerstruktur der Rioja

Die D.O.Ca. Rioja ist eigentlich ein Anbaugebiet der großen Kellereien. Die zehn größten Bodegas zeichnen nach wie vor für ca. 60 % der Produktion verantwortlich, wobei Juan Alcorta (Marke: Campo Viejo) bei Logroño nicht nur in der Rioja an der Spitze steht. Diese übrigens sehenswerte Monumentalkellerei liegt bei den holzausgebauten Weinen mit 76 000 Barriques im Bauch ihres monumentalen Kellers auch weltweit ganz vorn. So versteht sich eine Bodega mit einer Produktion von zwei bis fünf Millionen Flaschen nicht als groß, sondern als mittelständisch.

So mancher mag angesichts hoher Flaschenvolumina die Nase rümpfen, doch können die großen Erzeuger in der Regel einen guten Qualitätsschnitt vorweisen. Denn eines der Erfolgsgeheimnisse der Rioja ist, gute und vor allem verlässliche Qualität zu optimalen Preisen anzubieten. Dies will natürlich geübt sein, und der Grund für das Vermögen, sehr homogene Güte zu produzieren, liegt in der Vergangenheit.

Mit dem Neuanfang nach der Reblausplage konzentrierte man sich auf die Produktion einer verlässlichen Marke, statt auf Gewächse mit der Typizität einer Lage. So war das höchste Ziel, die Kontinuität und Homogenität eines Weintyps zu garantieren. Terroir und Jahrgang wurden nicht mehr in den Vordergrund gestellt. Stattdessen versuchte man den Kunden an einen Weinstil zu binden, und dieses angestrebte Vertrauen der Kunden in ihre Marke leitet zu einem beträchtlichen Teil noch heute die Philosophie der großen Bodegas.

Ein anschauliches Beispiel für außergewöhnliche Qualität bei einem beeindruckenden Produktionsvolumen ist CVNE mit ihrer Schwesterkellerei Viña Real. Auch wenn die Gruppe wie fast alle große Produzenten zwischenzeitlich schwächere Phasen durch-

Moderne Produktionsanlagen, wie hier bei der Bodega Roda, sind in der Rioja selbstverständlich geworden.

laufen hat, so konnte sie in jüngster Zeit zu ihrer altbekannten Klasse zurückfinden. Das Stammhaus glänzt nun wieder in der Gran-Reserva-Klasse; Imperial zeigt seit der Jahrtausendwende hervorragende Qualität, und der seltene Real de Asúa gilt als einer der echten Geheimtipps im Gebiet. Dass die blendend durchdachte Designkellerei Viña Real in den vergangenen Jahren eine der schönsten Crianzas Spaniens produziert, hat sich indes herumgesprochen.

In den letzten 25 Jahren hat sich die Erzeugerstruktur jedoch zersplittert, die Anzahl der Kellereien in wenigen Jahrzehnten verdreifacht. Die vielen kleinen Kellereien haben das Angebot stark individualisiert und aus der D.O.Ca. am Ebro eines der dynamischsten Anbaugebiete der Welt gemacht.

Es waren im Übrigen einige der großen und mittelständischen Bodegas, die sich für den Weintourismus engagierten und mit beträchtlichem finanziellem Aufwand sehenswerte Kellereigebäude entstehen ließen. Auch in diesem Bereich ist die Rioja zusammen mit dem andalusischen Sherrygebiet im Lande führend.

(verwandt mit der kastilischen Albillo), die zwar immer geduldet waren, aber nie im Rampenlicht standen. Traditionell – und absolut auch vorherrschend – sind die mit feiner Säure und viel Zitrusnoten gesegnete Viura, die kräftige, gaumenbetonte Garnacha blanca sowie die Malvasía de Rioja, die nichts mit der klassischen Malvasierrebe gemein hat.

Für die Bereitung der Rotweine hält die Rioja an den heimischen Sorten fest, was sicherlich als eine der großen Stärken der D.O.Ca. angesehen werden muss. Wer roten Rioja genießt, trinkt also nach wie vor absolut gebietstypisch.

Tempranillo ist natürlich der leuchtende Stern unter den Trauben am oberen Ebro, ergänzt durch Garnacha, Mazuelo und Graciano (so geordnet nach ihrer Gewichtung im Gebiet).

Knorrige alte Reben in einem Rioja-Weinberg.

Die Vermutung liegt nahe, dass Tempranillo aus dem Gebiet der heutigen Rioja stammt. Zweifelsfrei geklärt ist inzwischen jedenfalls, dass es sich um eine atlantische Sorte handelt, ihr Ursprung also im Norden der Iberischen Halbinsel zu suchen ist. Der Ebro markiert die erste natürliche »Frontlinie« südlich der Pyrenäen, sodass dort im Zuge der Reconquista auch die ersten Klöster auf dem Weg ins Landesinnere der Halbinsel entstanden sind. Ob Vorläufer des Pinot noir oder anderer zentraleuropäischer Sorten zu ihrer Entstehung beigetragen haben, ist genealogisch nicht nachweisbar, erscheint aber logisch. Dass die Mönche bei der Rechristianisierung Reben im Gepäck hatten, steht wohl außer Frage. Jedenfalls darf Tempranillo als ein ureigenes spanisches Gewächs verstanden werden. In der Rioja bedeckt die Sorte mehr als 75 % der Gesamtfläche. Sekundiert wird sie von der Garnacha, die Aroma und Alkohol beisteuert, der ursprünglich aus Frankreich stammenden Mazuelo (Carignan) mit ihrem etwas groben, aber kräftigen Tannin sowie der Graciano. Diese sorgt für Säure, Farbe, aber auch für Frucht und muss in der Cuvée zusammen mit Tempranillo als echtes Juwel bezeichnet werden. Sie ist Objekt der Begierde aller Erzeuger, denn mit rund 2000 ha ist ihr Bestand immer noch sehr gering im Verhältnis zur Bedeutung, die man ihr als komplementärer Sorte zu Tempranillo zumisst. Abgesehen von Tempranillo hat keine andere Sorte in Rioja einen solch rasanten Pflanzungsboom erlebt wie diese spät reifende rote Edeltraube.

Entsprechend der Vorgehensweise beim weißen Rebspiegel hat man auch bei den roten Trauben einige vergessene heimische Sorten offiziell in das Regelwerk der D.O.Ca. aufgenommen, denen aber vom Hektaraufkommen keine große Bedeutung zukommt. Wichtigste Traube ist die kleinbeerige Maturana tinta mit ihrem würzig-balsamischen Charakter, gefolgt von Maturano und Monastel de Rioja (nicht zu verwechseln mit Monastrell), beide eher von heller Farbe, moderatem Aroma und recht hoher Säure.

Eine Ausnahme muss an dieser Stelle noch erwähnt werden. Da der große Rioja-Pionier Marqués de Riscal schon lange vor der Gründung der Appellation

Die Holzfrage: Barriques aus amerikanischer oder französischer Eiche?

Typisch für die Rioja sind aus amerikanischer Eiche gefertigte Fässer. Das weltweit verbreitete französische Barrique ist zwar auf dem Vormarsch, dürfte aber allerhöchstens 20 % des aktuellen Barriquestocks in der Rioja ausmachen. Die Dauben aus amerikanischer Eiche werden einige Millimeter stärker gehalten und gegen die Pore gesägt (und nicht in Faserrichtung gespalten, wie das französische Holz und auch alle anderen europäischen Eichentypen). Die harte amerikanische Weißeiche gibt ihr Tannin langsamer an den Wein ab und kann deshalb länger im Gebrauch bleiben. Dafür wirken unter dem Einfluss amerikanischer Hölzer ausgebaute Weine rustikaler, ihr Charakter »holziger« und würziger. Neue Fässer aus den Hölzern der Appalachen imprägnieren den Wein mit typischen Noten von Kokos und Vanille, man spricht auch vom Bourbon-Ton. Ob hingegen das Holzaroma insgesamt kräftiger als bei der französischen Eiche ausfällt, die langsamer wächst und etwa doppelt so teuer gehandelt wird, hängt vor allem vom Weintyp ab. Ingesamt lässt sich jedoch sagen, dass die französische Eiche vielschichtigere Aromastoffe abgibt und daher subtiler, ja eleganter wirkt. Da jedoch die großen Erzeuger der Rioja Tausende oder gar Zehntausende kleiner Eichenfässer belegt halten, wird auch aus Kostengründen nach wie vor das Barrique aus amerikanischer Weißeiche favorisiert. Hölzer aus den östlichen Produktionsländern werden zwar wahrgenommen, doch Eiche aus Ungarn, Rumänien oder Tschetschenien wird meist nur komplementär eingesetzt. Die spanischen Küfer kaufen aus Gründen der Qualität in der Regel das vorgeschnittene Frischholz ein, trocknen und schneiden es und verarbeiten die Dauben vor Ort. Dabei sollte die Trocknungsphase der Hölzer insgesamt drei Jahre betragen.

Es gibt nach wie vor Kellereien, die eigene Küfereien betreiben – Muga, Tondonia und Montecillo gehören beispielsweise dazu.

Die Rioja ist für ihre großen Fasskeller berühmt, wie hier bei Martínez Bujanda. Kaum ein anderes Weingebiet der Welt kann auf einen ähnlich großen Stock an belegten Barriquefässern verweisen wie die D.O.Ca. Rioja.

Cabernet Sauvignon in seine Rebberge aufgenommen hatte, darf das Haus die Sorte benutzen. Auf dem Etikett allerdings darf sie nicht namentlich genannt werden.

Weinbereitung in der Rioja

In der Rioja fand einst die Initialzündung für moderne Weinbereitung in Spanien statt. Mit den französischen Weinmachern, die Ende des 19. Jahrhunderts über die Grenze nach Haro pilgerten, um ihren durch die Reblaus bedingten Produktionsausfall mit spanischem Rebensaft auszugleichen, fanden neue Techniken den Weg zuerst in die Rioja, um dann nach ganz Nordspanien überzuspringen. Das Entrappen der Trauben, die Gärung im Holzgebinde sowie der Ausbau im kleinen Eichenfass, besser bekannt unter der Bezeichnung Barrique, hielten Einzug am Ebro, und die ersten Vorreiter der heutigen Rioja-Gewächse entstanden. Heute hält das Gebiet über eine Million Barriques mit Wein belegt, der Stock beträgt etwa 300 Millionen Liter holzausgebauter Weine, was der Menge einer überdurchschnittlichen Ernte entspricht. Die Reifung im Eichenfass – nach wie vor meist in Barriques aus amerikanischer Eiche – ist so etwas wie ein Synonym für den Rioja-Wein geworden, trotzdem finden immer noch große Mengen an jungen, frischen Weinen den Weg zum Konsumenten.

R. López de Heredia, besser bekannt als Viña Tondonia, zählt zu den legendären Kellereien in der Rioja.

Selbstverständlich ist das Gebiet technisch auf der Höhe der Zeit, die Weinbereitung für Qualitätsrotweine fällt daher nicht aus dem internationalen Rahmen. Einzig die langen Ausbauzeiten im Barrique, die einige der sehr traditionellen Häuser ihren klassischen Flaggschiffweinen nach wie vor angedeihen lassen, müssen als Besonderheit gewertet werden.

Ganz anders sieht es bei den jungen Roten aus. Neben den normalen Jungweinen, den *vinos del año*, offeriert die Rioja den Liebhabern von knackigspritzigen Weinen eine rote Besonderheit. Für die *tintos de maceración carbónica* wird nach althergebrachter Art nicht entrapptes Lesegut in offene Gärbecken gegeben und zunächst ohne Pressung vergoren. Durch das Eigengewicht der Trauben platzen am Boden Beeren auf, deren Saft aufgrund der eigenen Hefen zu gären beginnt. Das freigesetzte Kohlendioxid legt sich über das Gärbecken, und in Ermangelung des nun fehlenden Sauerstoffes beginnt eine sogenannte interzellulare Gärung, ähnlich wie bei der Bereitung von Primeur-Weinen im Beaujolais. Nach ein paar Tagen wird das Lesegut dann gepresst, die Gärung der Moste ganz normal im Tank zu Ende gebracht. Bekannt ist dieses Verfahren als *maceración carbónica tradicional,* korrekterweise müsste die Übersetzung jedoch Halbkohlensäuremaischung heißen. Die Weine zeigen eine intensive purpurrote Farbe und verfügen über eine extrem ausdrucksstarke Beerenfrucht. Insbesondere in der Rioja Alavesa haben diese Weine eine lange Tradition, und in Dörfern wie Villabuena del Ebro finden sich zahlreiche Winzer, die solche Weine nicht nur für den Eigengebrauch keltern, sondern auch für den Verkauf abfüllen. Ursprünglich ist dieses Mischverfahren zwischen Kohlensäuremaischung und normaler Gärung wohl auf die Römer zurückzuführen, deren in den Fels geschlagene Gärbecken mit ihren Ablaufrinnen noch heute davon Zeugnis ablegen.

Die Rioja und ihre Weinstile

Spricht man von Rioja, meint man gemeinhin Rotwein, denn Rotweine haben weltweit das Bild des Weingebiets geprägt. Soll der Charakter der Weine erklärt werden, muss zunächst einmal zwischen traditionellem und modernem Stil unterschieden werden. Denn eine der wichtigen Eigenheiten der Rioja ist die Tatsache, dass im selben Weinbaugebiet verschiedenste Weintypen eine friedliche Koexistenz führen, ohne dass eine Stilform überhand genommen hätte. Dies dürfte in dieser Form weltweit einzigartig sein. Die D.O.Ca. hat sich Neuem zugewandt, ohne das Alte zu vergessen.

Der klassische Rotwein wird als Cuvée bereitet, in der Tempranillo die Hauptrolle spielt. Weder hochreife Trauben noch ein ausgedehnter Kontakt der Maische mit dem Saft sind üblich, moderne Opulenz, mattschwarze Farbe und ausgeprägte »Muskeln« sind bei diesem Weintyp verpönt. Stattdessen präsentiert sich ein traditioneller Rioja in tiefem, aber transparentem Rubin; das Tannin ist straff, aber nicht zu dicht, überhaupt der Körper nicht wuchtig oder sättigend, die elegante Beerenfrucht verschmolzen mit dem würzigen Tannin des Holzes.

Die hochwertigen Klassiker werden immer noch in den berühmten Qualitätsstufen Reserva und Gran Reserva ausgebaut, bekommen einen längeren Fassausbau in vorwiegend gebrauchten Fässern mit auf ihren Weg und werden wie erst früher am Anfang ihrer Trinkreife vom Erzeuger für den Konsum freigegeben. Es handelt sich trotz oder gerade aufgrund ihrer Hochwertigkeit um wirkliche Trinkweine, die ein Essen im echten Sinn des Wortes begleiten, ohne zu dominant in den Vordergrund zu treten. Wenn man so will, ist traditioneller Rioja einer der gastronomiefreundlichsten Weine, die es gibt.

Die Brücke zu anderen großen Gewächsen der Welt baut sich dieser Klassiker über sein beeindruckendes Reifepotenzial, denn die traditionellen Gran Reservas aus großen Jahren können sich als verblüffend haltbar erweisen. Ein Vierteljahrhundert oder mehr sind kein Problem, wobei diese leichten, feinen, erkennbar gereift wirkenden Weine mit ihrer deutlichen Säure natürlich nicht jedermanns Sache sind. Denn traditioneller Rioja reift bei stabiler eleganter Frucht über die Säure (die sich ausprägt) und nicht über sein Tannin (welches abnimmt).

Die Weinberge der Finca Remelluri befinden sich auf der Nordseite des Ebro und werden aufgrund ihrer Höhe immer sehr spät geerntet.

Wollte man die Reifekurve eines solchen Weins zeichnen, dann müsste sie in Form eines langen flachen Bogens zu Papier gebracht werden. Denn im Unterschied zu den meisten anderen großen Kreszenzen des internationalen Rotweinolymps ist der Traditionalist recht schnell zugänglich und trinkreif, verharrt dann lange auf diesem zarten Reifeniveau, bis er wiederum recht schnell verblasst und stirbt.

Die modernen Riojas geben sich dagegen tiefdunkel, glänzen durch intensive, bisweilen auch exaltierte Beerigkeit, die typischen Noten neuer Eichenbarriques wie Lakritze oder Schokolade und zeigen eine ausgeprägt balsamische Art. Selbstverständlich arbeiten inzwischen viele Weinmacher die Mineralität, also Salzigkeit ihres *terruño* heraus, die gepaart mit dem dichten und oft körnigen Tannin eine edle Basis für die grandiose Frucht der roten Hauptsorte bildet.

VdT Valles de Sadacia: Ein Landweingebiet nur für Weißweine

Innerhalb der aktuellen Grenzen des Qualitätsweingebiets Rioja ist 2003 eine Landweinappellation entstanden, die den wenigen Winzern mit Pflanzungen von Moscatel de grano menudo einen Rahmen für ihre Produkte geben soll. Diese kleinbeerige Spielart des Moscatel ist nicht im Regelwerk D.O.Ca. zugelassen und wird nun über die Landweinbezeichnung VdT Valles de Sadacia geschützt. Nur zwei Bodegas, sechs Weinbauern und 122 ha sind momentan zugelassen. Die Reben befinden sich in den Flusstälern der warmen Rioja Baja mit dem Tal des Cidacos als Zentrum. Inzwischen sind für die Bereitung der trockenen, halbtrockenen und süßen Gewächse auch Viura, Malvasía, Garnacha blanca sowie Moscatel de Alejandría zugelassen.

Weine aus der Traube Moscatel de grano menudo sind untypisch für das Rioja-Gebiet. Für sie wurde eine eigene Landweinappellation geschaffen.

Denn viele moderne Rotweine des Gebiets treten als reinsortige Tempranillos auf, als Premiumgewächse im Übrigen meist nur durch ihren Preis und ihre Ausstattung zu erkennen und nicht durch eine Qualitätsstufe. Vielleicht trägt dieser moderne Weintyp dem Charakter der Rebsorte mehr Rechnung, ihrer beeindruckenden Kirsch-, Waldbeeren- oder Pflaumenfrucht und ihrem weichen, süßen und doch saftig-satten Tannin. Ob der Wein jedoch so altern kann wie sein traditioneller Kollege, muss sich erst noch zeigen.

Mit diesen beiden Weintypen ist das Feld abgesteckt. Dass sich eine Fülle von gemäßigten Spielarten zwischen den Extremen findet, ist offenkundig und muss nicht weiter betont werden. Der Weinliebhaber profitiert zudem noch von einer angenehmen Begleiterscheinung dieses grandiosen Stilfächers. Insbesondere in den großen Jahrgängen – in diesem Jahrzehnt übrigens 2001, 2004, 2005 und 2007 – handhaben die Weingüter je nach Betriebsphilosophie die Vermarktung ihrer Weine zeitlich gesehen sehr unterschiedlich, will heißen, dass Weine ein und desselben Jahrgangs je nach Typ oder Qualitätsstufe über viele Jahre hinweg auf den Markt kommen.

Schon seit geraumer Zeit bieten zahlreiche Erzeuger auch reinsortige Rotweine aus anderen Trauben als Tempranillo an. Zunächst traten die reinen Graciano-Weine auf den Plan – ein hervorragendes Exemplar bietet der Kleinerzeuger Abel Mendoza Monge mit seinem Graciano Grano a Grano an –, dann stießen vereinzelte Gewächse aus der stets etwas rau wirkenden Mazuelo-Traube hinzu. Zu empfehlen wäre der satte Mazuelo de la Quinta Cruz des Familienweinguts Miguel Merino. Garnachas hingegen sind selten, und aus der völlig unbekannten Rioja-Sorte Maturana tinta bereitet bislang nur eine Bodega einen Wein, nämlich Viña Ijalba den Premium Dionisio Ruiz.

Den Weißweinen, kommt weniger Bedeutung zu. In der Regel spielt Viura die Hauptrolle, ergänzt durch die satte Garnacha blanca oder die würzige Malvasía de Rioja. Klasse findet man bei einigen barriquevergorenen Exemplaren der neueren Generation sowie einem grandiosen Unikum, dem über viele Jahre in Holzgebinden gelagerten weißen Viña Tondonia, der mit seiner harzigen Blumigkeit und zarten Säure eine Sonderstellung einnimmt. Bleibt zu guter Letzt der blumig-fruchtige Rosado zu erwähnen, der innerhalb eines Jahres genossen werden sollte.

Die Rioja und ihre traditionellen Betriebe

Rioja ist immer noch eine der Hochburgen für traditionelle Weine in Europa, denn keiner der alteingesessenen Erzeuger ist so stark umgeschwenkt, dass man ihn als wirklich modern bezeichnen könnte. Große Unterschiede gibt es dennoch. Während der konservative oder streng traditionelle Kern wie López de Heredia/Viña Tondonia kaum ein Zugeständnis an moderne Weinstile macht, arbeiten andere aufgeschlossen an beiden Konzepten. Dies bedeutet in der Praxis, dass der typische traditionelle Erzeuger zwar sein Angebot an traditionellen Weinen beibehält, das Portfolio jedoch mit einem Wein aktuellen Stils ergänzt. Dieses Geschäftsmodell haben einige der namhaften Betriebe der alten Garde wie Marqués de Murrieta und Bodegas Riojanas übernommen.

Andere Häuser behalten dagegen zwar ihren konservativen Stil in Rioja bei, bereiten aber in einer anderen D.O. wie Ribera del Duero modernere Weine, um eine klare Trennung anbieten zu können. Die Bodega La Rioja Alta agiert auf diese Weise. Bei anderen Kellereien sind die Grenzen weniger klar gesteckt und erweisen sich eher als fließend. Zu dieser Gruppe müssen Bodegas Muga oder auch Marqués de Cáceres gezählt werden, deren Weine insgesamt mit mehr Frucht und Farbe abgefüllt werden als früher, aber immer noch mehrheitlich eher fein und elegant denn kraftvoll-konzentriert wirken. Aber auch diese Bodegas bieten jeweils ein oder zwei eindeutig modern ausgerichtete Gewächse an. Ingesamt ist es also alles andere als leicht, insbesondere die alteingesessenen Kellereien zu katalogisieren, vor allem wenn es sich um historische Häuser handelt. Das Kellereitandem Franco-Españolas/Federico Paternina arbeitet auf der Basis des leichten, zurückhaltenden Stils, überrascht aber immer wieder mit einem Experiment in Form eines kraftvolleren Weins. Für Faustino gilt Ähnliches, für El Coto ebenfalls.

Als Hort der Tradition hält sich hartnäckig eine Kellerei, der aufgrund des altmodischen Charakters der Weine von vielen Seiten immer wieder das wirtschaftliche Aus prophezeit wurde: R. López de Heredia, besser bekannt als Viña Tondonia. Doch davon lassen sich die drei Erben, María José, Mercedes und Julio, nicht beeindrucken. Die Bereitung der hellfarbigen Rotweine sowie der legendären Weißen findet nach wie vor von der Gärung bis zur Abfüllung im Eichenholz statt. Wert legt man auf leichte Eleganz. Die Lagerung im Holz ist ausgedehnt, dezente oxidative

Die Familie Muga baut in ihrer Kellerei im Bahnhofsviertel von Haro neoklassische Riojas höchster Qualität aus.

Die Imperial-Rotweine des Traditionshauses CVNE stehen für einen zeitlos-eleganten Stil und großes Lagerpotenzial.

Noten bei dem einen oder anderen Wein werden in Kauf genommen. Was zählt, ist die Haltbarkeit der Gran-Reserva-Flagschiffe sowie ihre Harmonie. Man sei gerade im Begriff, wieder modern zu werden, erklären die Geschwister schmunzelnd, denn Leichtigkeit sei ja schließlich die Zukunft.

Wenig Wandel zeigt auch der Klassiker La Rioja Alta in Haro, der weinphilosophisch auf sehr hohem Niveau gewissermaßen in der Vergangenheit verweilt, dem es aber souverän gelingt, mit seinen großen Marken Viña Ardanza Reserva oder der Gran Reserva 904 wirtschaftlich Oberwasser zu behalten. Natürlich verfügt das Haus über modernste Hilfsmittel wie ein sehr gut ausgestattetes Labor, die Weinbereitung basiert aber wie bei Tondonia auf handwerklicher Tradition. Es wird per Hand von Fass zu Fass umgefüllt, der Ausbau geschieht hauptsächlich in gebrauchter Eiche. Was die Weine vor allem auszeichnet, ist das edle Säureniveau sowie ihre Vielschichtigkeit und Eleganz im Körper.

Eine Klasse für sich stellen auch die Gran Reservas der Marke Castillo Ygay des Rioja-Monuments Marqués de Murrieta dar. Abgefüllt wird eine frischere Version sowie ein sehr spät abgefüllter Castillo Ygay, betriebsintern als »late release« bezeichnet. Wie bei fast allen Klassikern handelt es sich um eine Cuvée mit langem Ausbau im Barrique, die dann aber im Anschluss ungewöhnlicherweise ohne nennenswerte Flaschenreife vermarktet wird. Ihr Entwicklungspotenzial auf der Flasche ist in der Regel noch enorm. Auch beim Igay kommt der berühmten feinen Rioja-Säure eine wichtige Rolle zu. Holz und Frucht sind perfekt miteinander verschmolzen, das Tannin fein und geschliffen. Nerv und Energie beschreibt diesen Weinstil wohl am besten.

Ein heute etwas in Vergessenheit geratener, aber in jeder Hinsicht verlässlicher Klassiker sind die Bodegas Riojanas. Zwei Weinlinien – beide sind sie klassisch – machen das Besondere der Kellerei aus. Monte Real gibt sich fester und konzentrierter und altert als Reserva und Gran Reserva hervorragend, Viña Albina Gran Reserva ist fruchtiger und weicher und entwickelt im Alter einen schönen Schmelz.

Amerikanische Eiche, eine eher kurze Maischestandzeit sowie die Bereitung von Cuvées gelten als typisch für die klassische Rotweinproduktion in Rioja. Es geht jedoch auch anders. Niemand wird den Gran Reservas von Bodegas Montecillo ihren Ruf als große Klassiker absprechen wollen, und doch wird bei diesem Erzeuger anders gearbeitet. Chefönologin María Martínez beschränkt sich für ihre großartige Montecillo Gran Reserva Especial allein auf Tempranillo aus den höchsten Lagen des Anbaugebiets, maischt lange und setzt schon seit vielen Jahrzehnten nur in der eigenen Küferei gearbeitete Barriques aus französischer Eiche ein. Bei dieser Spezialität fällt die Lagerzeit auf der Flasche deutlich länger aus als der Barriqueausbau. Das Ergebnis sind fruchtig-würzige und auch hier wieder auf sehr feine Weise säurebetonte Tempranillos.

Ob Muga heute noch als traditioneller Erzeuger zu betrachten ist, mag jeder für sich selbst entscheiden. Hat man die feingliedrige Gran Reserva Prado Enea im Glas, ist man sofort geneigt zuzustimmen. Belegt jedoch der mächtige Torre Muga mit seinem körnigen Tannin die Zunge, weiß man den Stil ob seiner Kraft nicht sofort einzuschätzen. Die Mugas, eine berühmte Weinmacherfamilie aus Haro, lassen die Bezeichnung Neoklassiker geduldig über sich ergehen. Auch dort läuft der gesamte Weinbereitungsprozess im Holz ab, wird das traditionelle Kellerhandwerk noch großgeschrieben. Alles weist auf feingliedrige Tropfen der traditionellen Art hin. Die intensive Farbe der meisten Weine, ihr reifes, aber doch markantes Tannin sprechen hingegen eine andere Sprache. Bei Muga wird die Klassik einer Generalüberholung unterzogen.

Rioja modern

Die Geschichte des modernen Rioja begann im Jahr 1986, als der Erzeuger Herederos del Marqués de Riscal sich auf seine Pionierrolle im Gebiet besann und beschloss, einen neuen Wein zu kreieren, der unter der Marke Barón de Chirel berühmt werden sollte. Auch wenn dieser erste moderne *tinto premium* des Gebiets heute lange nicht mehr so revolutionär wirkt – aus dem jungen Wilden ist ein moderner Klassiker geworden – so läutete er damals doch eine neue Epoche ein. Der von Chefönologe Francisco Hurtado de Amézaga bereitete Barón de Chirel kleidete sich in tiefdunkle Farbe, die Frucht zeigte sich reif und beerig, das Tannin konzentriert, die Primäraromatik des Holzes intensiv. Das Anbaugebiet Rioja wurde mittels dieses einen Weins von der Vergangenheit in die Zukunft befördert, der erste *tinto de alta expresión,* wie man fortan diesen kraftvollen Weintyp erst in der Rioja und dann überall im Lande nennen sollte, war geboren. So geriet der Stein ins Rollen, und die D.O.Ca. nahm zumindest in puncto Prestige Abschied von ihrem traditionellen Stil. Marqués de Riscal hingegen rückte wieder ins Rampenlicht. Der Erzeuger straffte nach diesem Erfolg auch für die anderen Weine das Qualitätskonzept und ist nicht zuletzt auch durch den aufsehenerregenden Frank-Gehry-Bau in direkter Nachbarschaft zu ihrem Stammhaus heute erfolgreicher denn je.

Unter dem Einfluss der *nouvelle vague* aus Bordeaux, die geprägt war von hochkonzentrierten und enorm fruchtigen Weinen, sowie der ähnlich konzipierten Gewächse aus der Neuen Welt orientierten sich schließlich immer mehr Erzeuger neu. Die Rotweine wurden konzentrierter bei dunklerer Farbe. Man

Einer der wichtigen Anziehungspunkte für Weinreisende in der Rioja: der avantgardistische Kellereibau von Bodegas Ysios nahe dem schmucken Städtchen Laguardia.

Miguel Eguren betreibt mit seinen Brüdern Marcos und Guillermo neben den Gütern in der Rioja auch die Landwein-Bodega Dominio de Eguren und das Gut Teso la Monja in der D.O. Toro.

reduzierte die Ausbauzeiten im Fass, setzte aber immer mehr neue Eichenbarriques ein und verstärkte den Anteil an französischer Eiche gegenüber dem traditionellen amerikanischen Holz. Davon profitierten vor allem Frucht und Samtigkeit der Tempranillo enorm; die Traube kam nun konzentrierter und glanzvoller denn je zur Geltung. Selektionen aus Flächen mit alten Reben und geringen Erträgen erbrachten Rotweine von nie gekannter Dichte und Struktur. Selektionsbänder begannen zur Standardausrüstung zu gehören, die Kaltmaischung wurde eingeführt und die Extraktionszeiten insgesamt verlängert. Diese sogenannten *superreservas* oder *vinos de alta expresión* prägten die Neunzigerjahre des vergangenen Jahrhunderts und festigten erneut den Weltklassestatus der Weine aus der Rioja.

Im Rückblick erscheint erstaunlich, wie viele Kellereien mit beeindruckenden neuen Weinen in einer doch recht kurzen Zeitspanne auf den Markt getreten sind. Selbstverständlich kann diese Entwicklung nicht nur an neuen Techniken festgemacht werden. Auch in der Rioja fand eine Rückbesinnung auf die Böden, auf die Qualität des Terroirs statt, und es fällt auf, dass jene Weinmacher, die sich besonders mit diesem Aspekt befasst haben, mit ihren Gewächsen allesamt zu den wichtigsten Erneuerern im Gebiet gezählt werden.

So stammt die erstaunlichste Kollektion an modernen Spitzen-Riojas momentan sicherlich aus den Kellern der Winzerfamilie Eguren, die unter den Kellereinamen Señorio de San Vicente, Sierra Cantabria und Viñedos de Páganos produzieren. Schon vor Jahren haben die Gebrüder auf eine naturschonende Bewirtschaftung ihrer Weinberge umgestellt und ernten nun die Früchte aus einer Anzahl von Spitzenlagen, die großartige Tempranillo-Trauben hervorbringen. San Vicente, Finca El Bosque oder auch Amancio sind der Inbegriff moderner Riojas. Überflieger ist jedoch sicherlich der großartige La Nieta tinto. Allein die Tatsache, dass das gesamte Lesegut für die 5000 Flaschen per Hand entbeert wird, verweist schon darauf, welch große Klasse der Wein hat.

Marqués de Riscal gab für die ersten modernen Riojas den Stil vor. Die ersten Annäherungen an das Konzept Lage oder *terruño* unternahmen kurze Zeit später jedoch die Erzeuger Bodegas Bretón und Artadi. Bei Bretón standen damals Miguel Ángel de Gregorio und Rodolfo Bastida in Lohn und Brot, zwei junge Önologen, die sich später trennten und inzwischen mit anderen Weinen (Calvario beziehnungsweise Mirto) berühmt geworden sind. Man wählte einen Weingarten in einer Ebroschleife aus, der einem Teilhaber der Bodegas Bretón gehörte, und baute ihn genau so aus, wie es der vorhandene Rebsatz aus Tempranillo und Graciano vorgab. Das Ergebnis war der Dominio de Conte, der erste Wein der Rioja, der aus einem relativ kleinen, klar abgegrenzten Rebstück stammte. Er wirkt mit seiner kräftigen Säure und seinem guten Lagerpotenzial heute wie ein Neoklassiker und bietet nach wie vor sehr gute Qualität für verhältnismäßig kleines Geld.

Ungefähr zur gleichen Zeit machte sich auf der baskischen Seite bei Laguardia Juan López de Lacalle Gedanken, wie er den kleinteiligen Rebgärten seiner Vorfahren gerecht werden könnte. In seiner Funktion als Chef einer privatisierten kleinen Genossenschaft fing er zunächst an, einen Selektionswein aus alten Lagen zu keltern – heute bekannt als Artadi Pagos Viejos –, um dann im Schatten der kantabrischen Gebirgskette sein Meisterstück zu schaffen. Der reinsortige Tempranillo Viña El Pisón aus dem gleichnamigen Rebstück vereinte weiche, kristallklare und elegante Rioja-Frucht mit mineralischer Tiefe. Erstmals konnte mit diesem Gewächs ein Rioja mit 100 Parker-Punkten aufwarten. Die Welt horchte auf, und Lacalle avancierte zum Weinmacheridol.

Über modernes Weinmachen zerbrach sich damals auch ein anderer junger Önologe den Kopf. Agustín Santolaya, ein junger Winzersohn aus der Rioja, hatte nach seiner Ausbildung zunächst als Meteorologe gearbeitet und dann eine Beraterfirma für Weinbau gegründet. Er bewunderte die satte Saftigkeit von Château Margaux.

Nicht dass Santolaya einen großen Bordeaux kopieren wollte, beteuert der hochgewachsene Nordspanier heute, es sei ihm vor allem um geschmackliche Tiefe, um eine satte, fruchtgesteuerte Art gegangen. Gleichgewicht in der Natur und ausgewogene Kellertechnik, so definierte er die Philosophie des Weinguts Roda, das ihm schließlich die Gelegenheit bot, seine Vorstellungen umzusetzen. Er wählte 17 Einzellagen aus, deren Qualität er durch nahezu biologische Behandlung optimierte. Im Keller arbeitete er mit biologischem Säureabbau, also der Umwandlung von Apfel- in Milchsäure im großen Holzgebinde oder direkt im Barrique, einer für die damals übliche spanische Kellertechnik ungewöhnliche, arbeitsintensive Weinbereitung. Schon der 92er Roda-Debütjahrgang zeigte, dass Santolaya und sein Team einen komplexen und kraftvollen Rotwein geschaffen hatten. Stilistisch sehr auf der Rioja-Seite aufgrund seiner Zugänglichkeit und mit seinem weichen, geschmeidigen, aber auch saftigen Tannin doch weit entfernt vom klassischen Bordeaux.

Als treibende Kräfte, die zur Öffnung des früher doch recht einseitig wirkenden Stilfächers und einer umfassenden Qualitätsrenaissance geführt haben, wirkten natürlich noch weitere Erzeuger. Schon in den 1980er-Jahren glänzte Granja Remelluri mit farbdichten und sehr fruchtbetonten Weinen. Wie man einen hoffnungslos veralteten Stil erfolgreich überarbeiten kann, hat Rodolfo Bastida bei Ramón Bilbao gezeigt. Sein profunder und fester Spitzen-Tempranillo Mirto schlägt trotz einer recht beträchtlichen Produktion viele kleine Edelgewächse. Eine Klasse für sich – allerdings auch preislich – ist der Lacalle-Schüler Benjamin Romeo. Er schuf aus alten Anlagen auf der Nordseite des Ebro den aufgrund seiner Komplexität als intellektuell zu bezeichnenden Kultwein Contador, wobei der nicht weniger beeindruckende La Viña de Andrés Romeo zugänglicher wirkt.

Als einer der besten Tempranillo-Weine der Welt gilt auch der fabelhafte, ungeheuer ausgewogene und trotzdem markante Calvario, dessen Schöpfer Miguel Ángel de Gregorio einer der wichtigsten Befürworter des *terruño*-Gedankens ist. Der Wein stammt aus dem Kalvarienberg bei Briones in der Rioja Alta und zeigt, dass auf der Südseite des Ebro noch viel unentdecktes Potenzial vorhanden ist.

Vernarrt in technische Kniffe ist dagegen eine der schillerndsten Figuren der neueren Rioja-Geschichte: Fernando Remírez de Ganuza bereitet im baskischen Samaniego seinen berühmten »Ganuza Reserva« nur aus den »Schultern« des Traubenstrunks. Die Trauben werden von einer Selektionsmannschaft in zwei Teile geschnitten; aus dem oberen, tieffarbigeren Teil entsteht die Reserva, die weniger reifen »Spitzen« ergeben seinen »R.« (Erre Punto) Maceración Carbónica. Überaus beeindruckend ist natürlich auch sein machtvoller Superpremiumwein Trasnocho.

Baskenland

Das Meer und die Weinberge verschmelzen an der baskischen Küste in einmaliger Weise miteinander. In den malerischen Hanglagen wächst der Txakolí, ein fruchtiger und säurebetonter Wein, der aus der baskischen Gastronomie nicht mehr wegzudenken ist.

Weinberge an der baskischen Küste bei Donostia (San Sebastián).

Txakolí – der frische Wein des atlantischen Nordens

Das Baskenland ist ein wesentlicher Bestandteil des grünen Spaniens, und von grünem oder besser gesagt, frischem Charakter ist auch der Wein. Nach Jahrzehnten der Krise ist der Txakolí oder Chacolí, wie der frische, knackige und oft leicht moussierende Wein auf Kastilisch geschrieben wird, wieder ein fester Bestandteil des baskischen Lebens geworden.

Dem war nicht immer so. Höhepunkt und Niedergang dieses Weins liegen geschichtlich gesehen eng beieinander. Noch im 19. Jahrhundert produzierten die drei Provinzen des spanischen Baskenlandes beeindruckende Mengen an Txakolí-Weinen und trugen so in Araba (Álava), Bizkaia (Vizcaya) und Gipuzkoa (Guipúzcoa) einen nicht zu unterschätzenden Beitrag zum ländlichen Wohlstand bei. Die eigene Weinproduktion wurde sogar über Jahrhunderte gegen die französische und kastilische Konkurrenz geschützt, indem man die Einfuhr fremder Weine unterband. Erst ab dem Monat Mai, wenn der Txakolí ausgetrunken war, durften bis kurz nach der Ernte gebietsfremde Gewächse frei auf den Marktplätzen der drei baskischen Gebiete zirkulieren.

Doch schon 100 Jahre später, in der zweiten Hälfte des 20. Jahrhunderts, betrug der Rebbestand in Álava, der einzigen Provinz ohne Küste, gerade noch 5 ha. Auch wenn es um den Weinbau in Meeresnähe etwas besser bestellt war, fanden die Weine in diesen Jahren kaum Beachtung und genossen wegen ihrer allgemein vernachlässigten Qualität einen mehr als zweifelhaften Ruf. Nur in den Tavernen der Dörfer oder den Theken der einfachsten Tapas-Kneipen der Städte wurde noch Txakolí ausgeschenkt.

Der Niedergang dieses baskischen Traditionsprodukts schien nicht mehr aufzuhalten – doch dann trat mit den Gebrüdern Txueka eine Familie ins Rampenlicht, die der Txakolí-Kultur neues Leben einhauchen sollte. Sie besaßen eine kleine Kellerei in Getaria, einem kleinen Ferienort westlich von Donostia (San Sebastián), und einige Weinberge, die sich bereits seit Generationen in Familienbesitz befanden. Schon der Vater hatte als einer der ersten Produzenten im Baskenland Txakolí unter eigenem Etikett abgefüllt. Bald sahen die Söhne die Notwendigkeit, ihrem überaus populären Wein der Marke Txomín Etxaníz moderne Technik angedeihen zu lassen. Spätestens nachdem der Erneuerer der baskischen Hochküche, Juan Marí Arzak, in seinem Dreisternerestaurant in San Sebastián diesen Txakolí zu seinem weißen Hauswein gemacht hatte, begann die Renaissance des Txakolí als Qualitätswein.

Heute zählt Txomín Etxaníz mit 40 ha zu den größten Erzeugern überhaupt und muss sicherlich als großer Pionier in Sachen Txakolí betrachtet werden. Ohne das Engagement der Txuekas wäre die Gründung der ersten Txakolí-Appellation Getariako Txakolina sicher noch nicht im Jahr 1989 zustande gekommen. Die Lage der neuen Kellerei hoch oben über der Küstenlinie ist spektakulär, und die überwiegend in der traditionellen Pergolaerziehung angelegten Weinberge gehören mit bis zu 30 % Gefälle und mehr zu den steilsten Spaniens.

Das von Frank Gehry entworfene Guggenheim-Museum in Bilbao, Symbol für die kulturelle Wiedergeburt dieser einst so bedeutenden baskischen Industriestadt.

Massive Steinbauten, die den Unbilden des Biskaya-Wetters trotzen, sind typisch für die Dörfer des Baskenlandes.

Getariako Txakolina ist nicht nur die älteste D.O., sondern mit über 300 ha auch die größte, Arabako Txakolina dagegen der Nachzügler mit gerade einmal 50 ha. Bizkaiko Txakolina wiederum besitzt mit fast 70 die größte Zahl von Erzeugern.

Historisches

Die Geschichte des Txakolí reicht bis ins 9. Jahrhundert zurück. Die frühesten Erwähnungen beziehen sich allerdings auf das innerbaskische Gebiet in der heutigen Provinz Álava und nicht auf die Weine der Küste. Wie die Weine früher tatsächlich geschmeckt haben und welche Rebsortensätze vorherrschten, ist nicht überliefert. Wenn man jedoch die Notizen des großen Naturforschers Alexander von Humboldt in Betracht zieht, der den Basken und ihrer Sprache besondere Aufmerksamkeit geschenkt hat, dann kann zu damaligen Zeiten der Txakolí nicht schlechter als andere Weine Spaniens gewesen sein, vergleicht der aufgeklärte Forschungsreisende den Wein der Basken doch mit gutem Rheinwein. Es ist mehr als wahrscheinlich, dass der heutige Rebsatz mit den früheren Sorten vor der Ankunft der Reblaus wenig zu zun hat. Stattdessen dürften sich die Basken nach den Plagen des 18. und 19. Jahrhunderts nach Frankreich orientiert haben. Die grenznahe Stadt Hondarrabia soll sogar als Namensgeber für die beiden heute als autochthon geltenden Rebsorten Hondarrabi Zuri (weiß) und Hondarrabi Beltza (rot) fungiert haben. In allen drei D.O.-Gebieten ist die weiße Sorte die weitaus wichtigste, während die ohnehin unbedeutende Folle blanche langsam völlig verschwindet. Die einzige rote Traube spielt dagegen nur in der Biskaya-Appellation Bizkaiko Txakolina eine gewisse Rolle, wo sie um die alte Winzergemeinde Bakio wohl die besten Ergebnisse erbringt. Der daher auf dem Markt in absoluter Form dominierende weiße Txakolí darf folglich allgemein als ein reinsortiges Hondarrabi-Zuri-Gewächs verstanden werden, von wenigen Ausnahmen einmal abgesehen.

D.O.s ARABAKO TXAKOLINA, BIZKAIKO TXAKOLINA, GETARIAKO TXAKOLINA

PROVINZEN MIT D.O.-FLÄCHE
Araba/Álava, Bizkaia/Vizcaya, Gipuzkoa/Guipúzcoa

REBFLÄCHE
700 ha

ANZAHL KELLEREIEN
93

PRODUKTION
3 Millionen Liter

GESCHÜTZTE WEINTYPEN
Weißwein, Süßweine (dulce natural bzw. Vendimia tardía), Schaumwein (Vino espumoso), Rosado, Rotwein

ZUGELASSENE REBSORTEN
weiß: Hondarrabi Zuri, Gros Manseng, Folle blanche, Petit Courbu, Petit Manseng
rot: Hondarrabi Beltza

Ein saurer Wein?

Der »baskische Haustrunk« muss nach wie vor gegen das hartnäckige Vorurteil ankämpfen, er sei übertrieben von Säure geprägt. Frisch und knackig muss Txakolí durchaus schmecken, doch ein extrem säuerlicher Charakter findet sich nur noch bei handwerklich unzureichend bereiteten Weinen. Das Säureimage des Txakolí stammt aus früheren Zeiten, als die Trauben oft noch grün gelesen wurden und der Säureausdruck ungebührlich hoch war. Heute zeigen die Weine einen höheren Alkoholgehalt, die Säure ist besser eingebettet. Einige Erzeuger sind dazu übergegangen, in sehr guten Jahren aus hochreifen Trauben eine »Spätlese« zu bereiten, die zwischen 50 und 70 g Restzucker aufweist. Der Ausdruck *vendimia tardía* darf auf dem Etikett geführt werden, das Rückenetikett weist ein andere Farbe auf. Auch Qualitätsschaumwein mit neun Monaten Hefelager wird inzwischen, unter dem Begriff *espumoso,* produziert. Typisch und nach wie vor aktuell ist die moussierende Art vieler Txakolí-Weine, wobei hier je nach D.O. unterschieden werden muss. Während um Getaria in der Provinz Guipúzcoa Kohlensäure typisch ist, findet man weiter westlich in Biskaia nur wenige Gewächse dieser Art. Die Kohlensäure kann als Resultat aus dem Gärungsprozess übrig bleiben, darf aber auch zugesetzt werden. Serviert wird der Txakolí wie ein asturischer Apfelwein, nämlich in hohem Bogen in ein breites Becherglas geschüttet, das nur zu einem Viertel gefüllt wird. Dadurch bekommt er zusätzlich Sauerstoff und schäumt angenehm.

In der Regel sollen Txakolí-Weine innerhalb eines Jahres genossen werden. Dennoch gibt es inzwischen Erzeuger wie Itsasmendi, deren Qualitäten auch im dritten Jahr noch munden.

Neue Tendenzen tauchen – allerdings noch nicht ganz offiziell – in einigen wenigen Weinen auf, und zwar in der Form eines kleinen Anteils an Riesling in den Cuvées. Diese Sorte ist im Rahmen rein «experimenteller» Zwecke in der D.O. Bizkaiko Txakolina inzwischen zugelassen. Vorreiter ist hier der Erzeuger Itsasmendi bei Guernica in der Provinz Biskaia, der in seinem N° 7 stets etwas Riesling verarbeitet.

Hondarrabi Zuri – eine baskische Traube

Die Trauben der Hondarrabi Zuri sind klein und recht kompakt und überschreiten selten die 150 g Gewicht. Auch die Beere präsentiert sich klein und besitzt eine recht dicke Schale, die, wenn sie reif wird, einen gelblich-rötlichen Schimmer annimmt. Aus diesem Grund neigt sie kaum zur Fäulnis, was ihr im feuchten Atlantikklima natürlich zugutekommt. Andererseits neigt sie während der Blüte zur Verrieselung. Man vermutet, dass sie der Familie der Courbu-Trauben aus Béarn und dem Jurançon entstammt. Die legendären Säurewerte sind tatsächlich hoch – vergleichbar mit dem Niveau einer Riesling-Traube an der Mosel. Das Bukett tendiert zu floralen und zitrusfruchtigen Aspekten, insbesondere Noten von reifer Grapefruit sind typisch.

Dass beim Txakolí auch auf Ertragsbegrenzung geachtet werden muss, ist aufgrund der tiefen, fruchtbaren Lehm-Kalk-Böden nachvollziehbar. Aber die Unbilden des Wetters sind nur schwer kalkulierbar. Nicht umsonst gilt der Golf von Biskaia als besonders stürmisch. In manchen Jahren kann die Ernte, wie 2007 geschehen, auch sehr knapp ausfallen. Gelesen wird spät, meist ist erst Ende Oktober das gesamte Lesegut eingeholt. Den letzten Reifeschub erhalten die Trauben Ende September, wenn der Wind dreht und aus dem Süden warme Luft heranträgt. Dieses Phänomen nennen die Einheimischen *veranillo de San Miguel,* »Sommer des hl. Michael«, dessen Namenstag auf den 29. September fällt. Empfehlenswerte Erzeuger sind in Guipúzcoa (Getariako Txakolina) Ameztoi, Gañeta und Txomín Etxaníz; in Vizcaya (Bizkaiko Txakolina) Doniene Gorrondona Txakolina, Itsasmendi und Iturrialde; und in der Provinz Álava der Newcomer Señorío de Astobiza.

Galicien

Eine eigene Sprache, selbstbewusste Gallegos, tief eingeschnittene Buchten und ausgiebige Niederschläge: Im äußersten Nordwesten kann man ein ganz anderes Spanien entdecken.

Der Atlantik prägt das Land: Alte Festungsanlagen am Parador de Baiona südlich von Vigo.

Atlantische Frische aus dem grünen Spanien

In vielerlei Hinsicht bietet Galicien im äußersten Nordwesten dem Besucher ein Kontrastprogramm zu anderen Landschaften der Iberischen Halbinsel. Hohe Bergketten der Cordillera Cantábrica (Peña Trevinca: 2127 m) schotten es vom übrigen Spanien ab. Üppig grün bewachsene Hügel und hohe Berge, tief eingegrabene Flüsse und Bäche, aus massivem Granit gebaute alte Dörfer mit den typischen verglasten Balkons, ausgedehnte Wälder und klein parzellierte Weinbergterrassen an Steilhängen prägen das Landschaftsbild. Auf saftigen Weiden grasen mehr Kühe als irgendwo sonst in Spanien. Die regenreiche, von weit ins Land hineinführenden *Rías* zerstückelte Küste erfüllt zutiefst spanische Träume von nicht zu heißen Sommertagen am Meer, in familiären Restaurants mit hervorragenden, frischen Meeresfrüchten, alles zu vertretbaren Preisen. Fischfang mit Ausgangsbasis in den beiden großen Fischereihäfen Vigo und La Coruña ist eine der Haupterwerbsquellen der Einheimischen.

Die Galicier sind stolz auf ihre Eigenständigkeit. Sie pflegen das mit dem Portugiesischen verwandte Gallego als eigene Sprache und galten lange als konservativ, verschlossen und eigenbrötlerisch. Gern erinnern sie an ihre westgotisch-keltischen Wurzeln und daran, dass ihre Heimat nie wirklich unter arabischem Einfluss stand. Heute erlebt man die Galicier als weltoffen, modern und dynamisch. Besonders spürbar ist der Schwung der kulturellen Entwicklung und Modernisierung in den größeren Städten der Region; auf dem Land dagegen sind Dörfer und Mentalität in weiten Teilen noch der Tradition verhaftet.

Lebendig war und ist die in Galicien fest verankerte katholische Tradition insbesondere in Santiago de Compostela, dem Ziel des seit den 1990er-Jahren wieder sehr in Mode gekommenen Jakobswegs (siehe Seite 125). Zum sehenswerten, als UNESCO-Weltkulturerbe geschützten historischen Kern der belebten Wallfahrts- und Universitätsstadt gehört neben der prächtigen, 1211 geweihten Kathedrale das Hostal de los Reyes Católicos. Der heutige Parador de turismo diente seit 1499 als Königliches Hospiz zur Aufnahme von Reisenden und ist eines der ältesten Hotels der Welt. Auch heute noch hält er einige Zimmer für Pilger bereit.

Köstlichkeiten, nicht nur aus dem Meer

Santiago bietet auch gastronomisch einen guten Querschnitt galicischer Esskultur. Meeresfrüchte wie Entenmuscheln *(percebes)*, Austern, Langusten, Hummer, Krebse, Meerspinnen *(centollo)* und Jakobsmuscheln sind schon in den schaufensterartigen Auslagen mancher Restaurants zu bewundern. Seehecht *(merluza)* oder gesalzener Stockfisch *(bacalao)* sind beliebte Fischgerichte. Deftige Eintöpfe *(caldo gallego)*, Tintenfisch *(pulpo)* oder gefüllte Teigtaschen *(empanadas)* stehen auf fast allen Speisekarten. Die gebratenen grünen Paprika aus der Kleinstadt Padrón *(pimientos de Padrón)* gehören sogar zum spanischen Allgemeingut an Vorspeisen. Kastanien, lange ein Grundnahrungsmittel Galiciens, haben an Bedeutung verloren. Vier Käsearten mit geschützter Herkunft – *Tetilla, San Simón da Costa, Arzúa-Ulloa* und *O Cebreiro* – fermentieren im Gegensatz zu den meisten spanischen Käsen alle aus Kuhmilch – ein weiterer Hinweis auf das saftige Grün des Landes. Zum Kaffee kann man ein Stück des typischen, ausgezeichneten Mandelkuchens *(tarta de Santiago)* probieren. Oft gehört ans Ende des Essens ein *orujo*. Der galicische Tresterschnaps genießt als D.O. Orujo de Galicia Herkunftsschutz und wird von vielen Bodegas produziert.

Dynamische Entwicklung

Bis in die 1980er-Jahre hinein war Galicien eine wirtschaftlich schwache Region, in der die Menschen hauptsächlich von Landwirtschaft und Fischerei lebten. Millionen Gallegos verließen im 19. und 20. Jahrhundert ihre Heimat und emigrierten. In den letzten 30 Jahren setzte dann eine dynamische Entwicklung der Wirtschaft ein, die der Region den Aus-

Die hohe Rebenerziehung in Pergolastil hat Tradition in Galicien, wie hier in der Adega Gerardo Méndez in Meaño, D.O. Rías Baixas.

Nachdem am Ende des 19. Jahrhunderts neue Pilzkrankheiten und die Reblaus auch im Nordwesten Spaniens die Weinberge verwüstet hatten, waren Neupflanzungen vor allem im Hinblick auf Wein als Alltagsgetränk vorgenommen worden. So fanden stark tragende, qualitativ aber zweitklassige Rebsorten weite Verbreitung, etwa die andalusische Palomino oder die aus der Levante stammende Garnacha tintorera. Heute werden sie nach und nach bei Umstrukturierungen durch hochwertige Sorten ersetzt. Galicien verfügt über ausgezeichnetes Terroir mit großem Potenzial, doch leider existieren nur wenige alte Weinberge mit hochwertigen Sorten in guten Lagen, die dieses Potenzial optimal ausdrücken könnten.

Der Siegeszug des Albariño

Vor gut 20 Jahren gelang es dann an der Küste, in Rías Baixas, mit modernen Weißweinen überregionale Aufmerksamkeit zu erregen. Dieser Erfolg veranlasste einige Pioniere etwas später dazu, sich mit dem offenkundig interessanten Terroir aller galicischen D.O.-Regionen und den qualitativ reizvollen einheimischen Rebsorten wie Albariño, Loureira oder Treixadura zu beschäftigen. Die Veränderungen beschränkten sich allerdings auf die fünf D.O.-Regionen, für die von den insgesamt rund 25 000 ha Rebfläche Galiciens nur 9700 ha eingetragen sind. Bemerkenswerte Weine von außerhalb der D.O.-Gebiete sind bislang nicht aufgetaucht. Auch die Bezeichnung Vino de la Tierra wird in Galicien eher selten verwendet. Zugelassen sind die **VdT-Bezeichnungen Betanzos** (Provinz La Coruña), **Valle del Miño-Orense** (Provinz Ourense) und **Barbanza e Iria** (Provinzen Pontevedra, La Coruña).

Klima und Böden

Obwohl alle galicischen D.O.-Regionen von atlantischem Klima geprägt sind, unterscheiden sie sich doch gravierend hinsichtlich Niederschlägen, Luft-

bau der Infrastruktur und die Ansiedlung vieler Industriebetriebe brachte. Auch Modefirmen wie Zara und Adolfo Dominguez haben ihren Sitz in Galicien. Nichtsdestotrotz spielen Landwirtschaft und Fischfang nach wie vor eine große Rolle, und trotz erheblicher Verbesserungen liegt die Kaufkraft immer noch unter dem europäischen Durchschnitt. Viele Dörfer leiden unter Landflucht.

Die Erfolgsgeschichte des galicischen Weins, die ebenfalls in den 1980er-Jahren mit dem Aufstieg des Albariño aus Rías Baixas begann, spielte sich vor dem Hintergrund eines traditionell extrem klein parzellierten Weinbaus ab, der die Größenordnungen Kastiliens oder Andalusiens nicht kennt. Noch bis vor wenigen Jahren standen vorwiegend Nebenerwerbswinzer und Rentner in den Weinbergen und Kellern, doch mit dem Erfolg der D.O.-Regionen schreitet auch die Professionalisierung des galicischen Weinbaus voran.

Santiago de Compostela und der Jakobsweg

Im Jahr 813 wurden angeblich in einem Grab die Gebeine des Apostel Jakobus (spanisch: *Santiago*) gefunden. Am Fundort entstand über zwei Jahrhunderte hinweg, unterbrochen durch Zerstörungen durch die Araber, die Kathedrale der heutigen Stadt Santiago de Compostela. Sie wurde im Mittelalter einer der wichtigsten christlichen Wallfahrtsorte und ist es, neben Jerusalem und Rom, auch heute noch. Der Jakobsweg, die weltberühmte Pilgerstrecke nach Santiago, ist gerade in den letzten Jahrzehnten wieder sehr populär geworden. Gemeint ist vor allem der *camino francés*, eine uralte Hauptverkehrsachse von den Pyrenäen zum Atlantik, die Königsstädte wie Jaca, Pamplona, Estella, Burgos und León verbindet. Das Jakobsbuch, die Hauptquelle der Jakobusverehrung im Hochmittelalter, nennt für den französischen Raum vier Wege, die sich vor den Pyrenäen zu einem Strang vereinigen. Schon im Mittelalter kamen jährlich eine halbe Million Pilger mit Stab, breitkrempigem Filzhut und Jakobsmuscheln als Kennzeichen. Nach der Wiederbelebung der Pilgerreisen seit den 1980er-Jahren wurden die Wege in das UNESCO-Welterbe aufgenommen. Kathedralen,

Die Kathedrale von Santiago de Compostela ist das Ziel der vielen tausend Pilger, die jedes Jahr den Jakobsweg bis zu Ende gehen.

Pilgerherbergen, Hospitäler und Klöster säumen den Weg, der heute durch die Weinbaugebiete Navarra, Rioja und Bierzo führt. Vinologische Legenden um ursprünglich mitteleuropäische Rebsorten (Albariño, Mencía, Tempranillo), die Pilger angeblich auf dem Weg nach Santiago mitgebracht haben sollen, kann die moderne Rebforschung allerdings nicht belegen. Bei den drei genannten Sorten handelt es sich mit großer Sicherheit um autochthon spanische Reben. Aus dem Süden Spaniens folgt ein weniger bekannter Pilgerweg der alten römischen *ruta de la plata*.

feuchtigkeit und Sommertemperaturen. Generell gilt: je größer der Abstand vom Meer, umso wärmer und trockener ist das **Klima**. Deshalb herrscht bei den Weißweinen in der Küstenregion Rías Baixas bei 1500 mm Niederschlägen die früh reifende und gegen Feuchtigkeit relativ robuste Sorte Albariño vor. Etwas weiter im Landesinneren nimmt der Anteil an Treixadura zu, während im sommerheißen Valdeorras mit Niederschlägen um 600 mm der wärmeliebenden Godello-Traube die führende Rolle unter den weißen Sorten zukommt.

Höhenlagen, die in Valdeorras bis auf nahezu 700 m reichen, wirken sich natürlich auf die allgemeinen Durchschnittstemperaturen und die Reifeperiode der Reben aus. Mehr Gemeinsamkeiten bestehen bei den **Böden**. Durchweg dominiert Granit, manchmal ist auch Schiefer und der schieferähnliche *esquiste* anzutreffen sowie ihre Verwitterungsformen bis hin zu Sand. Die traditionellen Weinberglagen an den Hängen sind karg und flachgründig, im 20. Jahrhundert genutzte Schwemmböden in den Talsohlen dagegen tiefgründig und fertil.

Überregional, innerhalb Spaniens ebenso wie im Export, konnten sich die Weißweine Galiciens erheblich besser etablieren als die Roten. Der fruchtbetonte, trockene und feinaromatische Stil der Weißen trifft den modernen Geschmack und muss den Vergleich mit hoch angesehenen Weißweinen aus anderen Ländern, in denen kühles Klima herrscht, nicht scheuen. Dagegen wirken die meisten Rotweine im internationalen Vergleich eher gewöhnungsbedürftig, vor allem wegen ihrer markanten, manchmal etwas grün wirkenden Säure.

Rías Baixas

In den 1990er-Jahren sprach man in Spanien vom galicischen Weißweinwunder, hervorgerufen durch die erste Region der Iberischen Halbinsel, die sich mit modernen, trockenen und fruchtbetonten Weißweinen profilieren konnte. Gemeint waren die Weißen aus der noch jungen, erst 1988 anerkannten D.O. Rías Baixas. Sie wuchsen auf damals kaum 1000 ha im äußersten Nordwesten Spaniens, dicht an der Atlantikküste. Albariño, bis heute mit über 90 % der Rebfläche die dominierende Sorte der Region, wurde in den Bars von Madrid zum Schlüsselwort für kultigen, nicht ganz billigen Weißen. Das Erfolgstempo hat sich in den vergangenen zehn Jahren eher noch beschleunigt. Steigende Hektarzahlen beweisen dies ebenso wie wachsende Verkaufs- und Exportziffern seit 1999. Auch international, beim Export hochwertiger Weißweine aus Spanien, hat die D.O. Rías Baixas echte Pionierarbeit geleistet. Heute werden die Weine der D.O. Rías Baixas in 55 Länder exportiert.

Dabei ging es den Weinbauern vorher an der Küste und entlang dem Miño, dem Grenzfluss zu Portugal, nicht anders als ihren Kollegen im übrigen Galicien: Wenn sie nicht die Trauben aus ihren meist winzigen Parzellen für den Eigenverbrauch vergoren, brachten sie sie in veraltete Genossenschaften, wo plumpe, grasig-oxidative Weine entstanden, die als billige Fassware bei Großabfüllern landeten. Doch gerade die Genossenschaften Condes de Albarei und Vilariño-Cambados (heutiger Name: Martín Códax) gehörten wie die Bodegas Agro de Bazán und Santigo Ruiz zu den Pionieren der Region. Sie absolvierten den Weg von altbackener Bedeutungslosigkeit zu modernem, international anerkanntem Albariño in Rekordzeit. Bald sprach man nicht nur an der galicischen Küste von »einer der besten weißen Sorten Spaniens«. In Verbindung mit modernster, zunächst vor allem an Zuverlässigkeit und Zugänglichkeit orientierter Kellertechnik mutierte Albariño in wenigen Jahren zu einer Art hochwertigem Typenwein: frische, cremige Frucht, oft mit zarten Birnen- und exotischen Aromen, weicher, saftig-harmonischer Geschmack. Der einzige Klassiker der Region, die Bodegas del Palacio de Fefiñanes, wurde im Handumdrehen von einem leuchtenden Vorbild mit großem Entwicklungsvorsprung zum letzten verbliebenen Traditionalisten einer hypermodernen Region.

Umstrukturierung der Rebflächen

Die Modernisierung der Weinberge ging selbstverständlich nicht in diesem Tempo vonstatten. Auf unzähligen kleinen Parzellen standen Reben im traditionellen Pergolastil, der auf etwa zwei Meter Höhe ein dichtes Laubdach bildet, recht hohe Erträge

D.O. RÍAS BAIXAS

PROVINZEN MIT D.O.-FLÄCHE
Pontevedra

REBFLÄCHE
3640 ha

ANZAHL KELLEREIEN
201

PRODUKTION
15 Millionen Liter

GESCHÜTZTE WEINTYPEN
Weißwein, Rotwein

REBSORTEN
weiß: Albariño, Loureira blanca, Treixadura, Caíño blanco (empfohlen); Torrontés, Godello (zugelassen)
rot: Caíño tinto, Espadeiro, Loureira tinta, Sousón (empfohlen); Mencía, Brancellao (zugelassen)

ermöglicht und dem zuweilen darunter wachsenden Gemüse Schatten spendet. Die *parras* behindern jedoch moderne Mechanisierung, optimale Durchlüftung und gute Aromareife. Zwar legten einzelne Bodegas wie Terras Gauda oder Fillaboa schon vor 15 Jahren moderne Drahtrahmen an, doch umfangreiche Restrukturierungsmaßnahmen begannen erst um die Jahrtausendwende: regelrechte Flurbereinigungen, bei denen Parzellen zu größeren Einheiten verbunden, weniger interessante Rebsorten und gemischte Anlagen durch Albariño ersetzt und verstärkt moderne Erziehungsformen eingerichtet wurden. Eine Verdoppelung der eingetragenen Rebfläche seit 1997 bei gleichzeitiger Restrukturierung bestehender Flächen hatte allerdings zur Folge, dass fast die Hälfte der Weinberge weniger als zehn Jahre alt ist.

Kein Zweifel, Klima, Böden und Rebsorten in Rías Baixas bieten ausgezeichnete Voraussetzungen für hochwertige Weißweine. Doch gilt dies auch für andere galicische Anbaugebiete. Grund des Erfolgs waren vor allem schnelleres Umdenken und Erkennen der Marktchancen, weniger ein Terroir, das den Möglichkeiten der viel älteren D.O.-Regionen Ribeiro oder Valdeorras von Natur aus überlegen wäre.

Einer der ersten Pioniere und treibende Kraft in der Qualitätsweinproduktion der D.O. Rías Baixas ist Marisol Bueno, Besitzerin des Weinguts Pazo de Señorans und jahrelange Präsidentin des Kontrollrats der D.O. Rías Baixas.

Mild-feuchtes Klima

Auf den ersten Blick erscheinen die Bedingungen in Rías Baixas sogar eher schwierig. Die jährlichen Niederschlagsmengen erreichen bis zu 1500 mm. In normalen Jahren macht das feuchtwarme Klima zehn bis 14 Spritzungen notwendig, um Pilzkrankheiten in Zaum zu halten. Doch kommt die Albariño-Rebe unverkennbar mit diesem Klima besser zurecht als andere Sorten. Sie reift im ausgleichen atlantischen Klima, das bei verhaltenen Sommertemperaturen in Küstennähe keinen Frost kennt, gut aus. Die Weine entwickeln einen cremig-fülligen Charakter, der manchmal mit Viognier, manchmal auch mit Pinot gris verglichen wird. Dazu trägt bei, dass Albariño zu hohen Säurewerten neigt, insbesondere zu einem hohen Anteil an Apfelsäure, und daher der biologische Säureabbau weit verbreitet ist. Dies verstärkt den körperbetont-reifen Charakter der Weine. Stilistisch war dieser trockene, aber milde Weintyp wie prädestiniert, um Spaniens Konsumenten, die zu Beginn der 1990er-Jahre säurebetonten Wein noch nicht akzeptierten, an modern-fruchtige Weiße heranzuführen.

Manchmal wird den Albariño-Winzern ein »zu technischer Stil« vorgeworfen. Damit will man sagen, die Weine würden durch viel Kellertechnik uniform und bildeten das von sandig-durchlässigen, oft auf Granit fußenden Böden geprägte Terroir zu wenig ab. Andererseits hat aber gerade die geschmackliche Verlässlichkeit vieler Albariños zum Erfolg der D.O. beigetragen. Ein Musterbeispiel dafür ist der stets zuverlässige Erzeuger Martín Códax. Außerdem ist es einer wachsenden Zahl sehr guter Winzer gelungen, charaktervolle Weine zu produzieren, die weit über zugänglichen Mainstream hinausgehen. Seit vielen Jahren gehören Pazo de Señorans und Fillaboa zu den führenden Qualitätserzeugern. Etwas später folgten Lagar de Fornelos, Adegas Galegas oder Adegas Pazos de Lusco. Neuerdings beeindrucken auch Nora und Forjas del Salnés mit geschliffen klaren Weinen. Stilistisch ist insgesamt eine Entwicklung von etwas fülligerer, körperreicher Art zu mehr Frische und Eleganz festzustellen.

Erst gegen Ende der 1990er-Jahre kamen neben den jung zu trinkenden Jahresweinen profundere Qualitäten auf den Markt und lösten die längst überfällige Differenzierung des Weinangebots aus. Pazo de Señorans präsentierte mit dem legendären 97er Selección de Añada erstmals einen herausragenden, lagerfähigen Albariño ohne Holzeinfluss. Seitdem gibt es eine Reihe von Weinen, die durch Traubenselektion, vor allem aber durch Maischestandzeit, Lagerung auf der Feinhefe und schonenderen Ausbau hohe Qualität mit Haltbarkeit verbinden. Auch Palacio de Fefiñanes ist mit seinem hervorragenden III. Año wieder in diese Spitzengruppe vorgestoßen. Im Bereich des Barriqueausbaus haben die Bodegas Nora Maßstäbe gesetzt, die im Übrigen ein Beispiel für das große Interesse von außerhalb sind: Nicht nur Großunternehmen wie Domecq (Pazo de Villarei) oder Freixenet (Vionta), sondern auch Rioja-Kellereien wie die Bodegas Riojanas (Veiga Naúm), Ramón Bilbao (Mar de Frades), La Rioja Alta (Lagar de Cervera) und Marqués de Murrieta (Pazo de Barrantes) ergänzen ihr Portfolio um hochwertige Weiße aus Rías Baixas.

Albariño-Vielfalt

Mit über 90 % dominiert die Albariño-Traube die Rebflächen. Rotwein ist zwar zugelassen, spielt aber praktisch keine Rolle. Erzeuger in verschiedenen Teilgebieten der kleinen D.O. legten allerdings wert darauf, einen regionalen Weißweinstil zu schützen. Deshalb existieren in den fünf definierten **Untergebieten** (Val do Salnés, Condado do Tea, Soutomaior, Ribeira do Ulla, O Rosal) teilweise verschiedene Weintypen mit unterschiedlichen Sortenzusammensetzungen (siehe Kasten). Das größte Teilgebiet ist mit über 50 % der Gesamtfläche das traditionelle Albariño-Gebiet Val do Salnés. Die Wachstumsbedingungen sind weitgehend ähnlich, wobei in den näher zum Miño gelegenen Untergebieten Rosal und Condado ein wärmeres Klima herrscht. Ein weiterer Unterschied ergibt sich mit zunehmendem Abstand zum Meer, weshalb die eher im Landesinneren an den Südhängen des Miño-Tals gewachsenen Weine aus Condado de Tea die geringsten Apfelsäurewerte und oft ein gewisses Kräuteraroma aufweisen.

Ribeiro

Wo der Miño – flussaufwärts gesehen – die portugiesische Grenze verlässt und sich nach Norden wendet, beginnt an seinem Ostufer, bei Ribadavia auch auf das Westufer übergreifend, die D.O. Ribeiro. Das Gelände ist im Vergleich zu Rías Baixas erheblich hügeliger, erreicht jedoch nicht die Höhen der noch weiter im Landesinneren gelegenen Gebiete Ribeira Sacra oder Valdeorras.

Ein Flickenteppich aus kleinen Parzellen und Terrassen sowie mehr als einem Dutzend zugelassener Rebsorten lässt während schöner Herbsttage ein buntes, zauberhaft strukturiertes Farbmuster an den Hängen entstehen. Über die Hügel verstreute Höfe der meist kleinen Familienbetriebe unterbrechen das Naturschauspiel. Weinstraßen und vermehrte Einrichtung von *casas rurales* (meist Privatzimmer in renovierten regionaltypischen Häusern) ermöglichen neuerdings

---

Folgende Weintypen sieht der zuständige Kontrollrat der D.O. Rías Baixas vor:

Weißweine:

Rías Baixas (Minimum 70 % empfohlene Rebsorten)

Rías Baixas Albariño (100 % Albariño)

Rías Baixas Condado de Tea (Minimum 70 % Albariño und Treixadura)

O Rosal (Minimum 70 % Albariño und Loureiro)

Salnés (Minimum 70 % Albariño)

Ribeira do Ulla (Minimum 70 % Albariño)

Rías Baixas barrica (Minimum 3 Monate Barriqueausbau)

Rotwein:

Rías Baixas (aus allen zugelassenen Rebsorten)

auch die touristische Erschließung der alten Kulturlandschaft.

Vergangener Wohlstand

Die Hanglagen entlang der Flüsse Miño, Avia, Arnoia und Barbantiño tragen seit über 2000 Jahren Weinreben, wie römische Funde aus dem 2. Jahrhundert v. Chr. beweisen. Die Römer nutzten auch die heißen Quellen des nahen Ourense. Die heutige Kellerei Coto de Gomariz – einer der qualitativ führenden Erzeuger der Region – ist stolz darauf, Weinberge zu besitzen, die schon im Jahr 925 als erste Gründung des Zisterzienserordens in Spanien angelegt wurden. Im Mittelalter, so schätzt man, waren in Ribeiro an die 30 000 ha mit Weinbergen bedeckt. Die damals wertvollsten Weine Spaniens wurden in alle Welt exportiert. Aus dem Jahr 1733 sind Regelwerke verbrieft, die den Anbau und den Vertrieb von Wein festlegten. Das sehenswerte Zentrum des Städtchens Ribadavia mit seiner aus Granit gehauenen Plaza Mayor und dem Judenviertel zeugt bis heute von vergangenem Wohlstand, der fast ausschließlich auf Weinbau gründete.

Der Rückfall in die Bedeutungslosigkeit zu Beginn des 20. Jahrhunderts begann wie in ganz Galicien mit der Vernichtung der Weinberge durch die Reblaus. Langfristige Auswirkungen hatte die Wiederbepflanzung durch stark tragende Sorten wie die hier Jerez genannte Palomino und die Bepflanzung der tiefgründigen Talsohlen mit Reben. Die schon in den 1920er-Jahren erfolgte Eintragung Ribeiros als eine der ältesten D.O.-Regionen Spaniens brachte den Qualitätsgedanken nicht entscheidend voran.

Erst in den 1980er-Jahren begannen bis heute qualitativ führende Weißweinpioniere – der 16-ha-Betrieb Viña Mein und der in jeder Hinsicht ungewöhnliche Emilio Rojo – das unbestreitbar wertvolle Terroir wieder für anspruchsvolle Weine zu nutzen. Die fruchtbetonten Weine dieser beiden und anderer sehr guter Erzeuger wie Lagar do Merens, Cunqueiro oder Valdavia beindrucken durch Feinheit, Länge und Tiefe gleichermaßen – fast im Stil sehr guter trockener Rieslinge. Die besten in Barriques ausgebauten Cuvées zeigen erst in den letzten Jahren ausgewogene, fruchtbetonte Cremigkeit.

Land der Treixadura

Die Anbaubedingungen in Ribeiro unterscheiden sich erheblich vom bislang viel erfolgreicheren Nachbarn Rías Baixas. Trotz relativ großer Meernähe von nur etwa 60 km Luftlinie nimmt die jährliche Niederschlagsmenge auf weniger als 1000 mm ab, wobei die Niederschläge hauptsächlich im Winter fallen. Alle vier bis fünf Jahre klagen die Winzer gar über zu trockene Sommer. Dabei bleiben die Luftfeuchtigkeit und der Pilzdruck hoch, wenn auch geringer als in Rías Baixas. Die wärmeren Sommertemperaturen lassen auch in den Höhenlagen von bis zu 400 m Albariño-Trauben ausreifen, die hier weniger Apfelsäure behalten als in der Nachbarregion am Meer. An den etwas niedrigeren Hanglagen wächst jedoch vor allem die später reifende Treixadura, die mit Abstand meistgepflanzte Rebe der Region. Mit feiner Struktur, Aroma von weißen Früchten und hohem, zur Eleganz beitragendem Weinsäureanteil an der Gesamtsäure gehört sie ohne Zweifel neben Godello und Albariño

D.O. RIBEIRO

PROVINZEN MIT D.O.-FLÄCHE
Ourense

REBFLÄCHE
2770 ha

ANZAHL KELLEREIEN
115

PRODUKTION
12 Millionen Liter

GESCHÜTZTE WEINTYPEN
Weißwein, Rosado und Rotwein

ZUGELASSENE REBSORTEN
weiß: Treixadura, Torrontés, Godello, Loureira, Albariño, Lado, Palomino, Albilla, Macabeo
rot: Sousón, Brancellao, Caíño, Ferrón, Mencía, Garnacha tintorera, Tempranillo

Auf 70 km Länge bildet der Miño die Grenze zwischen Spanien und Portugal.

zum Dreigestirn der hochwertigen weißen Sorten Galiciens. In Zartheit und Finesse sind die besten Weißen auf Treixadura-Basis den Albariños oft überlegen. Treixadura wird zwar in einigen Fällen sortenrein abgefüllt, meist aber mit kleineren Teilen Godello, Loureira oder Albariño verschnitten.

Bis heute bremsen die Kleinparzellierung, der nach wie vor hohe Anteil von Palomino und der Anbau in stark tragenden Flachlagen die Profilierung der Region. Etwa 60 % der bestehenden Weinberge sind älter als 25 Jahre und gelten als restrukturierungsbedürftig. Viele Anlagen mit hochwertigen Rebsorten pflanzte man erst in den vergangenen zehn bis 15 Jahren. Doch die Zahl guter Erzeuger in Ribeiro steigt Jahr für Jahr. Dabei dienen nicht nur die besten Familienbetriebe als Vorbilder, sondern auch die Cooperative Viña Costeira, die als größter Erzeuger Galiciens allein ein Viertel aller Trauben der D.O. verarbeitet. Schon die Hauptmarke Costeira, mit rund zwei Millionen Flaschen einer der meistverkauften D.O.-Weißweine Spaniens, zeigt, dass hier modern und sorgfältig gearbeitet wird. Die anspruchsvollen Rebsortenweine der Linie Colección Costeira bieten mit sortenreinem Treixadura und Albariño gute Möglichkeiten, die Charakteristik der beiden Sorten zu vergleichen. Was nicht den Genossenschaften angeliefert wird, verteilt sich auf 115 flaschenfüllende Erzeuger, die durchschnittlich den Ertrag von gerade einmal 10 ha verarbeiten. 82 von ihnen dürfen sich *coliteiros* nennen, weil sie nur mit eigenem Lesegut arbeiten und maximal 60 000 Liter Wein erzeugen.

Rotweine gibt es zwar auch in Ribeiro, sie machen aber nur einen kleinen Teil der Produktion aus und erreichen das Niveau der Weißweine nicht. Die relativ weit verbreitete Sorte Garnacha tintorera kam erst im 20. Jahrhundert aus der Levante in die Region. Qualitätsorientierte Erzeuger wie Viña Mein und Coto de Gomariz stützen sich dagegen auf traditionelle Rotweinsorten wie Sousón, Brancellao, Ferrol oder Mencía.

Eine Besonderheit der D.O. Ribeiro ist der *tostada*, ein historischer Süßwein aus getrockneten Trauben. Er war noch im 19. Jahrhundert sehr beliebt. Hersteller wie Viña Costeira oder Campante haben die Tradition wieder aufgegriffen.

Ribeira Sacra

Wie ein lang gezogener Streifen erstreckt sich Ribeira Sacra, erst 1996 als D.O.-Region geschützt, an den Hängen des von Norden kommenden Miño und im sich in Ost-West-Richtung schlängelnden Sil-Tal. Beide Flüsse, bei Os Peares zum Miño vereinigt, haben einige hundert Meter tiefe Schluchten in die Berge geschnitten. An ihren steilen Hängen kleben kleine, uralte Weinbergterrassen, Kastanienbäume und verstreute Winzerhäuser. Die Enge des Tals und die abenteuerliche Steilheit der Hänge verhinderten den Bau größerer Straßen und Ansiedlungen im Tal. Ribeira Sacra bleibt eine unzerstörte, urtümliche Weinlandschaft von atemberaubender Schönheit.

Dass der ausländische Tourismus eine der schönsten Weinregionen der Welt noch nicht entdeckt hat, mag ein Segen für die Erhaltung ihres Reizes sein. Der Grund dafür ist allerdings vor allem, dass die Bedingungen dafür erst langsam geschaffen werden. Von allen Weinregionen Galiciens verharrt Ribeira Sacra noch am meisten in einer Tradition, die über bäuerliche Subsistenzwirtschaft und verhaltenen Wohlstand nicht weit hinausgekommen ist. In einigen der grauen, aus Granit gebauten Dörfern auf den Höhen über dem Tal fühlt man sich um Jahrzehnte zurückversetzt. Im beginnenden Tourismus und in der Modernisierung und Professionalisierung des Weinbaus liegt nun eine Chance, die Landflucht zu stoppen, die seit 1985 die Bevölkerung um ein Viertel vermindert hat.

Dolmen und Wandzeichnungen weisen darauf hin, dass die Region schon in prähistorischer Zeit besiedelt war. Die Römer betrieben bei Montefurado eine der größten Goldminen der damaligen Zeit, für die ein Tunnel von 400 m Länge, 19 m Breite und 17 m Höhe durch den Granit des Berges Pena do Corvo gehauen wurde. Damals entstanden auch die ersten Weinbergterrassen an den Hängen. »Heiliges Ufer«, Ribeira Sacra, heißt dieser Flecken Erde seit 1124. Königin Teresa von Portugal benutzte den Begriff in einem Dokument wegen der besonders großen Zahl von Klöstern und Einsiedeleien an den Flusshängen. Die Mönche dieser Klöster, zunächst Benediktiner, später Zisterzienser, waren es wohl, die den Weinbau zu größter Ausbreitung führten. Klöster wie Santa María de Montederramo, Santa Cristina, Hermanas Clarisas oder San Pedro de Roca gehören bis heute zu den Sehenswürdigkeiten der Region – neben einer Vielzahl von Kirchen, Kapellen, Burgen und alten, herrschaftlichen Landsitzen, den *pazos*. Diese Häuser werden heute in ganz Galicien teilweise als ländlich-luxuriöse Gasthöfe genutzt und bilden neben den *casas rurales* eine weitere regionaltypische Alternative zu klassischen Hotels.

Kleine Parzellen

Die veraltete Weinbaustruktur und die winzige Parzellierung – ein Problem in ganz Galicien – wird hier überdeutlich. In den Grenzen von Ribeira Sacra liegen fast 3000 ha Weinberge, von denen aber nur 1222 ha als D.O.-Fläche eingetragen sind. Die anderen Flächen dienen zum großen Teil der Selbstversorgung der Familien und ihrer Angehörigen, für die eine »geschützte Herkunft« wenig Bedeutung hat. Hier stehen noch häufig für die D.O. nicht zugelassene Sorten wie Palomino. Selbst die Trauben von den eingetragenen Flächen vergären nur zum kleineren Teil zu D.O.-Wein. Interesse an der Erzeugung geprüfter, überregional vermarktbarer Qualität haben nur wenige der oft über 60-jährigen oder im Nebenerwerb tätigen Winzer. Über die Schwierigkeit, sie für die notwendigen Restrukturierungen zu begeistern, klagen Politiker und ambitionierte Kellermeister.

Durchschnittlich rund 3 Millionen Liter Wein eines Jahrgangs verteilen sich auf 102 flaschenfüllende Bodegas. Die größte, Rectoral de Amandi, verarbeitet allein etwa ein Drittel der Ernte. Nicht einmal zwei Dutzend der Bodegas produzierten mehr als 50 000 Flaschen. Die kleinsten kommen auf 2000 Flaschen pro Jahr.

D.O. RIBEIRA SACRA

PROVINZEN MIT D.O.-FLÄCHE
Lugo, Ourense

REBFLÄCHE
1222 ha

ANZAHL KELLEREIEN
102

PRODUKTION
3 Millionen Liter

GESCHÜTZTE WEINTYPEN
Weißwein, Rosado, Rotwein

ZUGELASSENE REBSORTEN
weiß: Godello, Albariño, Treixadura, Torrontés, Doña blanca, Loureira
rot: Mencía, Brancellao, Merenzao (empfohlen); Garnacha tintorera, Sousón, Caiño tinto, Mouratón, Tempranillo (zugelassen)

Die eingetragenen Weinberge verteilen sich auf 2870 Besitzer, deren jeweilige Rebfläche im Durchschnitt nicht einmal ein halbes Hektar erreicht. Die durchschnittliche Parzellengröße liegt bei etwa 500 m². Auf manchen winzigen Terrassen stehen kaum mehr als ein Dutzend Reben. An den meisten Stellen kann aufgrund der Steilheit der Hänge von Mechanisierung nicht die Rede sein. Die damit verbundenen hohen Produktionskosten erklären zumindest teilweise die beachtlichen Preise der angebotenen Weine.

Die Anbautechniken reichen von frei stehenden, manchmal auch kriechenden Einzelstöcken bis zu niedrigen Drahtrahmen und Pergolaerziehung. Weit verbreitet ist die Erziehung an einzelnen Pfählen, nicht unähnlich dem traditionellen System an Mosel, Saar und Ruwer. Stämmchen und Laubhöhe werden jedoch relativ niedrig gehalten. Zeitweilig sieht man auf engstem Raum verschiedenste Erziehungsformen. Landschaftlicher Reiz geht hier wie so oft mit landwirtschaftlicher Rückständigkeit und mangelnder Konkurrenzfähigkeit einher.

Rotweinland

Ribeira Sacra ist die einzige der fünf galicischen D.O.-Regionen, die vor allem Rotweine produziert. In einer Zeit endlich beginnender Erfolge und internationaler Aufmerksamkeit für die Weißweine des Nordwestens macht das die überregionale Vermarktung nicht eben leichter. Zwar sind 14 Rebsorten offiziell zugelassen, aber die traditionelle Mencía – die 100 km östlich in Bierzo Weltklasseweine hervorbringt – machte im Jahr 2008 etwa 90 % der angemeldeten D.O.-Trauben aus. Der meist als Jungwein ausgebaute Weintyp unterscheidet sich mit seinem pikant-säuerlichen Fruchtaroma, dem schlanken Körper und einer recht markanten Säure erheblich von den Weinen auf der Ostseite der Cordillera Cantábrica. Ungeachtet seiner großen Beliebtheit in Galicien wird dieser sehr atlantisch geprägte Weinstil von vielen Konsumenten weniger geschätzt als die warmen, harmonischen Roten aus anderen spanischen Landesteilen. Eine der wenigen Ausnahmen ist der rauchig-dichte Pizarra der Bodegas Algueira, der – gekonnt im Barrique ausgebaut – mit Mineralität und schmelziger Fülle fast an guten Bourgogne erinnert. Eigentümer Fernando González hat mithilfe des in Galicien schier allgegenwärtigen beratenden Önologen Raul Pérez eines der ersten qualitativ orientierten Weingüter aufgebaut. Im eigenen Restaurant neben der Kellerei kann man die Weine zu handfester regionaler Küche genießen. Derselbe Raul Pérez hat auch bei den Bodegas Guimaró mit dem El Pecado einen beachtlichen Roten bereitet.

Prominente Beratung hat sich auch das zweite, international wahrgenommene Projekt Dominio do Bibei mit den katalanischen Önologen Sara Pérez und René Barbier besorgt. 1999 begann die aus der Textilbranche stammende Eigentümergruppe mit der Rekultivierung alter Weinbergterrassen im äußersten Osten der D.O. Vor allem bei den Weißen wird das erhebliche Potenzial des Terroirs bereits deutlich.

Herbstlich verfärbte Reben auf steilen Terrassen oberhalb des Flusses: Das Sil-Tal ist ein Landstrich von unvergleichlicher Schönheit.

Hochwertiges Terroir und landschaftliche Schönheit sind sicher die Stärken der Region, und wenn sie gepflegt werden, kann Ribeira Sacra wieder zu altem Glanz finden. Dabei sind **Klima** und Böden alles andere als homogen und bieten viele Möglichkeiten. Im Sil-Tal erreichen die Niederschläge etwa 700 mm pro Jahr, davon 230 mm zwischen April und September. Die durchschnittliche Jahrestemperatur liegt bei 13,2 °C. Im nördlicher gelegenen Miño-Tal liegen die Niederschläge mit 900 bzw. 270 mm etwas höher, allerdings auch die Temperatur mit 13,9 °C. Freilich verändern sich diese Bedingungen mit Höhenlage (maximal 500 m) und Ausrichtung der Weinberge. Die **Böden** sind wie überall in Galicien relativ sauer, vor allem auf Granit und seinen Verwitterungen. Während im Miño-Tal Granit vorherrscht, variieren die Böden im Sil-Tal von Schiefer über Sandstein bis zu Feldspat.

Ribeira Sacra ist zwar in die fünf **Unterzonen** Amandi, Chantada, Quiroga-Bibei, Ribeiras do Miño und Ribeiras do Sil aufgeteilt, für die Weinherstellung gelten aber überall die gleichen Regeln. Bei den Weinqualitäten wird zwischen Ribeira Sacra Summum (aus mindestens 85 % empfohlenen Rebsorten, 11 % Mindestalkohol) und Ribeira Sacra (mindestens 70 % empfohlene Rebsorten oder herabgestufter Summum, 10 % Mindestalkohol) unterschieden.

Monterrei

Die Weinberge der kleinsten und südlichsten D.O. der autonomen Region Galicien umringen das ehemalige Grenzstädtchen Verín und reichen auf den Hügeln rechts und links des Flusses Tamega bis an die portugiesische Grenze. Hoch über dem Ort thront das Castillo de Monterrei, das der Weinregion den Namen gab und dessen Adelige zeitweise bis ins Gebiet Ribeira Sacra herrschten. Unmittelbar neben dem Castell bietet sich der Parador de Turismo, eingerichtet im schönsten *pazo* der Umgebung, als angenehme Ruhestätte mit hübscher Aussicht an.

Von allen D.O.-Regionen Galiciens erregte Monterrei bisher sicherlich am wenigsten überregionale Auf-

In einem ehemaligen Benediktinerkloster nahe dem Zusammenfluss von Sil und Miño ist heute das prächtige Parador-Hotel Monasterio de Santo Estevo untergebracht.

D.O. MONTERREI

PROVINZEN MIT D.O.-FLÄCHE
Ourense

REBFLÄCHE
720 ha

ANZAHL KELLEREIEN
22

PRODUKTION
1 Millionen Liter

GESCHÜTZTE WEINTYPEN
Weißwein, Rotwein

ZUGELASSENE REBSORTEN
weiß: Doña blanca, Godello, Treixadura
rot: Mencía, Bastardo, Tempranillo (Arauxa)

Granit ist das vorherrschende Gestein Galiciens, das beim Häuserbau ebenso wie für die traditionellen Stützsysteme in den Weinbergen verwendet wird.

Flache, fruchtbare Lagen

Die Rebflächen in Höhenlagen zwischen 400 und 450 m liegen beidseitig des Flusses Tamega sowie seiner Nebenflüsse. Im Tal überwiegt meist fruchtbares Schwemmland aus dem Miozän mit sandigen Ton- und Lehmböden. In den Hanglagen finden sich etwas kargere und steinigere **Böden**. Auf der Westseite des Flusses dominiert als Ursprungsgestein Granit, auf der Ostseite eher *esquisto* und Schiefer, beides häufig in sandig-verwittertem Zustand. Generell jedoch ist das Gelände relativ flach, und die fetten Böden können zu hohen Erträgen verführen. In den Flachlagen sieht man für galicische Verhältnisse schon viele Anlagen mit Drahtrahmenerziehung, Folge von in jüngerer Zeit durchgeführten Restrukturierungen.

Zusammen mit Valdeorras gehört Monterrei zu den beiden D.O.-Gebieten Galiciens mit dem wärmsten **Klima**. Der atlantische Einfluss ist geringer als etwa in Ribeiro oder Ribeira Sacra. Über 1000 m hohe Berge im Norden halten kalte Winde ab. Die Weine fallen cremiger und fülliger aus. Insbesondere fehlt den ambitionierteren Roten die weitverbreitete aggressive Säure vieler galicischer Mencía-Weine. Auch Tempranillo, der hier Arauxa heißt, reift gut aus. Die Bedingungen, Rotwein wie Weißwein in sehr guter Qualität zu erzeugen, sind also durchaus günstig, ausgenommen allerdings die erst nach der Reblauskatastrophe angelegten Lagen in den Talsohlen. In der Produktion überwiegt Weißwein mit etwa zwei Drittel aller erzeugten Trauben. Setzt man die Größe des Gebiets in Relation zur Zahl der Erzeuger, die in jüngeren Jahrgängen überdurchschnittliche Weine auf die Flasche brachten, so könnte die Region als qualitativ weit entwickelt gelten. Allerdings handelt es sich oftmals um Einzelfälle engagierter Önologen oder Investoren. Von einer gemeinsamen Linie ist wenig zu erkennen. Das zeigen auch die recht unterschiedlichen Sortimente, die führende Bodegas auf den Markt bringen.

merksamkeit. Nach ersten, zwischenzeitlich wieder aufgegebenen Versuchen wurde der D.O.-Schutz erst im Jahr 1994 endgültig eingetragen. Früher waren hier weit mehr als die heutigen gut 3000 ha Weinberge mit Reben bestockt, denn die Umgebung von Verín gehörte zu den am dichtesten bepflanzten Landstrichen Galiciens. Heute dagegen ist sogar die autochthone Rebsorte der Region, Monstruosa, fast völlig verschwunden und nicht einmal für die Bereitung von D.O.-Wein zugelassen. Dafür stehen in den Weinbergen nach wie vor die aus dem Süden zugewanderten Palomino und Garnacha tintorera; immerhin hat man sie ebenfalls nicht in den offiziellen Sortenspiegel aufgenommen. Die Beschränkung auf fünf qualitativ ansprechende Rebsorten hat sicher dazu beigetragen, dass nur 720 ha als D.O.-Fläche eingetragen wurden. Darüber hinaus ist ein Teil der Winzerschaft überaltert und nicht bereit, den erfolgreichen Beispielen einiger moderner Erzeuger zu folgen und die alten Bahnen zu verlassen.

Qualitätserzeuger

Pionier bei den guten Qualitäten ist sicher der quirlige, enorm engagierte José Luis Mateo mit seiner kleinen, noch immer in einer Art Schuppen untergebrachten Bodega Quinta da Muradella. Ursprünglich Liebhaber, mittlerweile Önologe, experimentierte er jahrelang, bis er ab 2000 eigene Weine von inzwischen 23 ha Weinbergen abfüllte, wobei er aber nur etwa 30 000 Flaschen Wein erzeugt. Mit tätiger Hilfe des Beraters Raúl Pérez tüftelt er etwa ein Dutzend verschiedener Weine aus, oft in Kleinstmengen. Darunter sind etwa der einzige sortenreine Monstruosa, ein floraler, charaktervoller und säurebetonter Roter, sowie sortenreiner Doña blanca und Bastardo. Seine Topweine A Trabe aus einer 100-jährigen Mischsatzanlage – deshalb ohne D.O.-Status – und Finca Notario gehören sicher zu den besten Roten Galiciens.

Dass seine Leistungen beim Rotwein durchaus nicht ungewöhnlich sein müssten, zeigen allerdings auch die guten Roten zweier weiterer qualitativ führender Betriebe: Terra do Gargalo des Modezaren Roberto Verino und das 600 m hoch gelegene Gut Crego e Monaguillo. Beide Erzeuger sind sonst jedoch mehr auf hochwertige Weißweine spezialisiert und haben bewiesen, dass die Sorten Treixadura, Godello und Doña blanca im Verschnitt sowohl als fruchtbetonter Wein aus dem Stahltank wie auch aus dem Barrique sehr gut harmonieren. Die Verbindung von stilvoller Frische und Körper kommt internationalen Ansprüchen an hochwertigem Weißwein entgegen.

Valdeorras

Valdeorras zeigt in mehrerer Hinsicht zwei Gesichter – nicht nur, weil die östlichste D.O. Galiciens als Eingang oder aber als Ausgang des spanischen Nordwestens gesehen werden kann. Von der Nachbarregion Bierzo, die bereits zu Castilla y León gehört, ist Valdeorras nur durch die Bergkämme der Cordillera Cantábrica getrennt. Zwei recht gegensätzliche Klimaeinflüsse treffen hier zusammen: Einerseits bleibt das Anbaugebiet mit relativ hohen Niederschlägen von etwa 800 mm atlantisch geprägt, andererseits zeigt die Sonne an brütend heißen Sommertagen ihre ganze Kraft, ohne dass kühle Brisen vom Meer die stehende Hitze vertreiben. Die Wachstumsperiode fällt hier kürzer aus als in den anderen D.O-Regionen Galiciens. Weine aus ausgereiften Trauben der wichtigsten Qualitätssorten Godello und Mencía können problemlos 14 Vol.-% erreichen.

Dennoch beeinflussen atlantische Strömungen die Weinberge stärker und die kontinentalen schwächer als in Bierzo. Am deutlichsten zeigen es die Weine: In beiden Regionen gilt Godello als die beste weiße und Mencía als die beste rote Traube. Beide Herkünfte machten in den 1990er-Jahren erstmals international von sich reden. Nur spricht man in Bierzo ausschließlich von den hervorragenden Mencía-Weinen, Valdeorras trat dagegen nur mit beachtlichem Godello ins Rampenlicht. So blieb es bis heute. Obwohl etwa 60 % der verkauften D.O.-Weine in Valdeorras Rotweine sind, hat bisher – von den winzigen Mengen des 2006 erstmals erzeugten Avanthia vielleicht

D.O. VALDEORRAS

PROVINZEN MIT D.O.-FLÄCHE
Ourense

REBFLÄCHE
1342 ha

ANZAHL KELLEREIEN
41

PRODUKTION
3,5 Millionen Liter

GESCHÜTZTE WEINTYPEN
Weißwein, Rosado und Rotwein

ZUGELASSENE REBSORTEN
weiß: Godello, Doña blanca, Moscatel de grano menudo, Palomino
rot: Mencía, Bastardo (Merenzao), Grao negro, Negreda, Albarello, Tempranillo, Souzón, Garnacha tintorera

Mehr oder weniger kunstvolle »horreos«, alte Kornspeicher auf Granitstelzen, stehen fast in allen Dörfern Galiciens.

eindringen können. Neben den beiden wichtigsten Böden verfügt Valdeorras aber bei O Barco und Rubiá auch über Ton- und kalkhaltige Böden.

Qualitätsweine von der Godello-Traube

Von zwei sehr unterschiedlichen Seiten zeigt sich freilich auch der Entwicklungsstand des Anbaugebiets. Oberflächlich betrachtet, gehören die besten Godellos aus Valdeorras vielleicht seit den Anfängen von Guitian und Godeval, spätestens aber seit Rafael Palacios 2004 seinen ersten As Sortes vorstellte, zu den meistbeachteten Weißen Spaniens. Diese auf hohem internationalem Niveau agierenden Godello-Erzeuger, zu denen sich je nach Jahrgang und mit gewissem Abstand auch Somoza, Prada oder Santa Marta gesellen können, stehen aber in deutlichem Gegensatz zum Gros der Winzer. Diese ernten schlichte Weiße und Rote, haben viele Weinberge gar nicht als D.O.-Fläche eingetragen und lassen fast die Hälfte der Ernte von D.O.-Trauben in der Tafelweinerzeugung verschwinden. Auch der Consejo Regulador konnte sich bisher nicht durchringen, wie in anderen Anbaugebieten die zugewanderten Massenträger Palomino und Garnacha tintorera aus der Liste der zugelassenen Sorten zu streichen. Sie wachsen nach wie vor auf 40 % der Flächen. Godello, der unbestrittene Star der D.O. und vor 1900 wichtigste Weißweinsorte im Osten Galiciens, stand 2008 nur auf knapp 250 von insgesamt 1350 ha eingetragener Weinberge.

Mag man sich um die Entwicklung hochwertiger Rotweine vielleicht noch nicht genügend gekümmert haben, das Potenzial der weißen Godello ist mittlerweile unbestritten. Senen Guitian brachte mit Unterstützung der fahrenden Önologin Ana Martín schon 1993 Godellos (einen aus dem Stahltank, einen im Barrique vergoren), die aufhorchen ließen und mittlerweile hervorragende Beispiele für die Ausbaumög-

abgesehen – kein einziger Roter auch nur annähernd die Reputation der besten Weißen erworben.

An der Bodenstruktur kann es nicht liegen, denn wie Bierzo verfügt Valdeorras über abwechslungsreichen, vor allem an den Hängen wertvollen schiefrigen und granithaltigen Untergrund. Hügellagen, in einigen Fällen bis 700 m, weisen nur wenig organisches Material auf, können aber vor allem auf schiefrigem Untergrund ausgezeichnet Wärme speichern. Größere Tag-Nacht-Schwankungen und etwas markantere Säure im Wein bringen die Granitböden. Beide sorgen bei entsprechendem Alter der Reben und geringen Erträgen für ausgezeichnete Mineralität, die bei Granit etwas klarer und geradliniger, bei Schiefer etwas komplizierter, verwobener zum Ausdruck kommt, vielleicht auch, weil hier die Wurzeln tiefer

Horacio Fernández und der Godello

Er ist der Vater des modernen Godello, weil er schon früh erkannte, dass die Weine seiner Heimat ein Gesicht, einen Stil, ein klares Profil brauchten, um bestehen zu können. Horacio Fernández gründete 1974 das für ganz Spanien beispielhafte regionale Förderprogramm »Revival« zur Restrukturierung der Weinberge von Valdeorras. Ziel war, ein fruchtbetontes, modernes Weinprofil zu entwickeln, das mitteleuropäischen Weißen wie dem deutschen Riesling nahekommen sollte. Das war viel verlangt in einer Zeit schwerer, plumper, vorwiegend aus Palomino erzeugter Weißer. Mit Unterstützung des berühmten spanischen Önologen Luis Hidalgo fand man unter den vielen vorhandenen Rebsorten der meist im gemischten Satz stehenden Weinberge die Godello. Sie war vor der Reblauskatastrophe die wichtigste weiße Qualitätsrebe und den trockenwarmen Sommern offenbar gewachsen. Ihre Sensibilität gegenüber Pilzkrankheiten ist während der trockenen Sommer kein großes Problem. 1975 vinifizierte man in einer Genossenschaft den ersten sortenreinen Godello, noch in großen Holzfässern gereift. Obwohl es der teuerste Wein der Gegend war, verkaufte er sich überraschend gut. Man entschloss sich zu Zucht und Vermehrung und gründete eine staatliche Experimentier-Bodega. Die Anschaffung der ersten vier Gärtanks aus rostfreiem Stahl in ganz Galizien erfolgte 1982. Etwa seit 1999 setzt man kloniertes Pflanzmaterial ein. Doch schon 1985 wollte Fernández unabhängig von staatlicher Bürokratie seinen eigenen Wein machen und gründete Godeval. 22 Jahre alt sind die ältesten seiner insgesamt 17 ha Weinberge. Niemand sonst produziert sortentypischeren Godello: im Aroma neben Apfel und exotischen Früchten oft erdig, manchmal an frische Kartoffelschalen erinnernd, mit leichter Lindenblüten-, Fenchel- und Kräuternote, saftigem Körper, ausgewogener, reifer Säure und der typischen Zartbitternote im Finale. Barriqueausbau lehnt Fernández bis heute ab. Sein bester Wein, Cepas Vellas, gewinnt durch drei Monate Lagerung auf der Feinhefe Komplexität und Lagerfähigkeit.

lichkeiten der Sorte sind. Godeval verzichtet für seine auf Schiefer wachsenden Weine auf Barriqueausbau. Niemand bringt den erdig-warmen Charakter der Godello-Traube klarer auf die Flasche. Rafael Palacios, Bruder des berühmten Álvaro, hat den Ausbau von Weißwein im Barrique mithilfe ausgesuchter alter Godello-Anlagen von granitgeprägten Höhenlagen auf ein bisher unbekanntes Niveau gehoben. Die Verbindung von Rasse und Stringenz mit Volumen und Länge bei seinem ohne Milchsäuregärung ausgebauten As Sortes hat Weltklasse. Es ist einer der wenigen großen Terroirweißweine Spaniens.

Die zwei Hochebenen

Von Gebirgen umgeben und von einer Bergkette in zwei Teile geteilt, bildet Kastilien das Herz Spaniens. Durch die Höhe der Lagen entstehen trotz der sommerlichen Hitze komplexe, strukturierte Weine.

Kastilien, das Land der Burgen, beherrscht die Mitte Spaniens – sowohl im geografischen als auch im übertragenen Sinn. Das Land ist hoch gelegen, aber flach, weswegen man es die Meseta nennt – von spanisch *mesa,* Tisch. Das kastilische Scheidegebirge (*Sistema Central*) teilt es in eine nördliche und eine südliche Hälfte, weitere Gebirgszüge schirmen es fast vollständig von den umgebenden Meeren ab, sodass das Klima trocken und kontinental ist.

Der nördliche Teil, Kastilien-León, auch Altkastilien genannt, war einst Ausgangspunkt der Reconquista, die Rückeroberung der Iberischen Halbinsel von den Mauren, und die Keimzelle des späteren spanischen Weltreichs. Als Weinbaugebiet hat hier vor allem Ribera del Duero mit enorm konzentrierten Rotweinen Weltruf erlangt, während die ebenfalls vom Duero durchflossene D.O. Rueda eine Sonderstellung einnimmt: Sie ist das einzige auf hochklassige Verdejo-Weißweine spezialisierte Anbaugebiet Kastiliens.

Südlich des Gebirges liegt Neukastilien – die autonome Region Castilla-La Mancha. In der weiten, im Sommer heißen und im Winter bitterkalten, leicht welligen Ebene erstreckt sich die flächenmäßig größte Qualitätsweinregion nicht nur Spaniens, sondern der ganzen Welt: die D.O. La Mancha. Dass dieses Gebiet zu mehr in der Lage ist, als billige Massenweine aus der weißen Airén-Traube zu produzieren, beweisen vier Güter, die als Vinos de Pago klassifiziert sind und jeweils eine eigene D.O.-Bezeichnung tragen. Andere D.O.s, etwa Valdepeñas in Süden, können ebenfalls hohe Qualität hervorbringen.

Auch Spaniens Hauptstadt ist als Weinbaugebiet nicht zu verachten: Die D.O. Vinos de Madrid südlich der Metropole verfügt über einige Erzeuger mit hohen Ansprüchen.

- D.O. Ribera del Duero
- D.O. Rueda
- D.O. Toro
- D.O. Tierra del Vino de Zamora
- D.O. Arribes del Duero
- D.O. Bierzo
- D.O. Tierra de León
- D.O. Cigales
- D.O. Arlanza
- D.O. La Mancha
- D.O. Manchuela
- D.O. Almansa
- D.O. Méntrida
- D.O. Mondéjar
- D.O. Uclés
- D.O. Ribera del Júcar
- D.O. Valdepeñas
- D.O. Vinos de Madrid
- ❹ Dominio de Valdepusa
- ❺ Dehesa del Carrizal
- ❻ El Guijoso
- ❼ Finca Élez

Kastilien-León

In Altkastilien stand die Wiege des spanischen Königreichs. Zahlreiche Burgen und befestigte mittelalterliche Städte zeugen von einer kriegerischen Vergangenheit. Das weite, dünn besiedelte Hochland umfasst etwa ein Fünftel Spaniens.

Rebzeilen bei Peñafiel auf den typischen hellen
Kalkböden in Ribera del Duero.

Qualitätsweinbau auf der nördlichen Meseta

Eine Reise durch Kastilien ist immer auch eine Reise zu den Wurzeln Spaniens. Hier liegt die spanische Seele offen. Wer durch die oft extremen Landschaften des iberischen Kerngebiets fährt, versteht, dass dieses Land einst herrschen konnte: die endlosen Hochebenen, die befremdende, aber auch wieder anziehende Leere, das betörend klare Licht, die nüchternen, ja oft abweisend wirkenden Dörfer. Man fühlt sich dem Himmel nahe und man versteht auf einmal, warum das spanische Großreich unerschütterlich und bis zuletzt mit unerbittlicher Härte die Werte des katholischen Glaubens im Namen des päpstlichen Stuhls verteidigte.

Kastilien und León waren einst zwei eigenständige Königreiche; das eine ist benannt nach einer heute nicht mehr existierenden Burganlage in Burgos, dem Zentrum der Macht der ersten kastilischen Könige, das zweite nach einem Heerlager der römischen Legion im Nordwesten des Landes. Ihr Zusammenschluss bildet heute die größte regionale Regierungseinheit Europas mit neun Provinzen. Castilla y León steht wie keine andere Region Spaniens im Guten wie im Bösen für das kulturelle Erbe der hispanischen Welt.

Die ganze Region ist lebendige Geschichte – allein vier der neun historischen Stadtkerne der Provinzhauptstädte stehen unter dem Schutz der UNESCO; zählt man die Kathedrale in Burgos und ihr unmittelbares urbanes Umfeld mit, sind es gar fünf.

Die Keimzelle des spanischen Weltreichs

In Kastilien wurde Weltgeschichte geschrieben. Von hier stammt Isabella von Kastilien (1451–1504), die zusammen mit ihrem Mann Ferdinand von Aragón (1452–1516) die Grundlagen für eine Einigung des Landes und das spätere spanische Weltreich legte. Die »Katholischen Könige«, wie das Paar genannt wurde, vollendeten die Reconquista, die Rückeroberung ganz Spaniens von den Mauren, und finanzierten die erste Reise Christoph Kolumbus' über den Atlantik.

Kastilien hat Jahrhunderte in großem Wohlstand durchlebt, aber auch lange Phasen in großer Armut. Vormals große Handelsplätze wie Medina del Campo, wo angeblich der erste Wechsel der Geschichte ausgestellt wurde, zeugen von der einstigen Dynamik der Region. Nirgendwo aber manifestierte sich auch der Zerfall des spanischen Großreichs so stark wie hier, als Universitäten verkamen, Kirchen und Kathedralen verwahrlosten und unzählige Klöster verlassen wurden. Kastilien-León zählt zweifellos zu den faszinierendsten Regionen Europas. Ihre Vielfalt, die scheinbare Verschlossenheit ihrer Bewohner, die sich abrupt in herzlichste Gastfreundschaft verwandeln kann, und natürlich ihre weiten Dimensionen vermitteln dem Besucher nur allzu oft den Eindruck,

Der berühmte Arco de Santa María gewährt den Zugang von der Flussseite zur malerischen Altstadt von Burgos.

Die kargen Böden und großen Temperaturschwankungen in Kastilien-León bieten gute Voraussetzungen für Qualitätsweinbau.

dass hier die Landschaft den Menschen weitaus mehr prägt als umgekehrt.

Weinbau im Schatten klimatischer Extreme

Die Region gilt landesweit als eines der großen Zentren für die Produktion von Qualitätsweinen. Nahezu ein Drittel aller großen Weine Spaniens entfallen auf die nördliche Meseta, die Hochebene zwischen Madrid im Süden, Rioja im Norden, Galicien im Nordwesten und Aragón im Osten. Das kommt nicht von ungefähr. Die Höhe, die kargen Böden und das raue Klima erlauben in der Regel keine Massenproduktion. Nicht selten muss die Rebe leiden und bringt wenig Menge, aber hervorragende Traubengüte hervor. Das Hochland sorgt für kühle Nächte, die üppige Sonneneinstrahlung für reife, kraftvolle und tieffarbige Weine. Nirgendwo in der Weinwelt Europas findet sich eine solche Anzahl an Höhenlagen wie in Kastilien-León. Dies mag gut für den Wein sein, für den Winzer bedeutet es nicht selten Ungemach, wenn die rauen Wetterbedingungen in schwierigen Jahren der Pflanze und ihrer Frucht in verheerender Weise zusetzen. Insgesamt stehen in Kastilien-León 75 000 ha unter Reben, davon etwa 60 % in den neun Qualitätsweingebieten. Die Region produziert selbstredend auch Tafel- und Landweine von gehobener Qualität. Mit **Valles de Benavente** und **Valtiendas** liegen hier die einzigen Anbaugebiete der Kategorie Vino de Calidad con Indicación Geográfica, eine Übergangsstufe vom Landwein zur D.O. (siehe auch Seite 19).

Ribera del Duero

Geduckt scheinen sie dazuliegen, die typischen Dörfer in Ribera del Duero. Die niedrigen, aus einer Mixtur von Kalkbruchstein, arabischen Ziegelsteinen und Lehmziegeln errichteten Häuser scharen sich um ihre Kirche wie furchtsame Schafe um ihren Hirten. Nur wer genau hinsieht, unterscheidet alte Häuser von weniger alten, reicher ausgestattete von bescheidenen Bauten. Dazwischen stehen immer wieder Ruinen, vom Wetter angenagte Wände aus sich auflösenden Lehmziegeln, die wieder eins werden mit der Erde, auf der sie erbaut wurden. Überdimensional wirken meist die Gotteshäuser, deren Türme wie mahnende Finger in den Himmel zeigen.

Hier, mitten im Hochland von Altkastilien, erstreckt sich das Weingebiet Ribera del Duero, das wahrscheinlich mehr zum spanischen Weinboom der 1980er- und 1990er-Jahre beigetragen hat als jede andere Appellation des Landes. Und trotzdem sieht man es den Dörfern nicht an. Allein die luxuriösen Kellereien auf beiden Seiten der Nationalstraße 122, die das Gebiet von Ost nach West durchschneidet, weisen auf den Umfang der Investitionen hin, die in den letzten 20 Jahren nach Ribera del Duero geflossen sind. Die hiesigen Dörfer und Kleinstädte tragen immer noch die untrüglichen Spuren einstiger Verarmung und der damit verbundenen Landflucht. Wenn nicht gerade der Dorfheilige gefeiert oder der Wein gelesen wird, liegen die Weiler meist da wie erstarrt, als hätte sich das Leben ob der rauen Lebensumstände längst verflüchtigt. Man mag kaum glauben, dass dieser Landschaft so viel guter Wein abgerungen wird und dass die Gewächse dieses berühmtesten Flussufers Spaniens Weltruf genießen.

Ein kurzer Ausflug in die Geschichte

Noch vor 30 Jahren war Ribera del Duero in der Weinwelt kein Begriff, ja der Gebietsname existierte nicht einmal. Die Bewohner der Flusslandschaft zwischen Tudela de Duero und Aranda sprachen einfach von *la Ribera,* ohne direkten Bezug auf ihren Fluss zu nehmen. Objektiv betrachtet ist der Duero-Fluss hier am Oberlauf auch nicht besonders eindrucksvoll. Kaum zehn Meter breit ist er, und wenn er nicht weiter in Richtung Portugal gestaut würde, dann hätte der Fluss die meiste Zeit des Jahres auch kaum einen nennenswerten Wasserstand.

Die Namensfindung für die D.O. entstammt, wie so oft in solchen Fällen, einem Zufall: Schon lange vor der D.O.-Gründung hatte der Erzeuger Protos seinen einfachen, aber durchaus populären Jungwein unter der Marke Ribera del Duero vermarktet und stellte die Bezeichnung schließlich zur Verfügung. Bereits vor der Ratifizierung im Jahr 1982 fungierte das Gebiet kurze Zeit als provisorische D.O. In den Anfängen tat sich die Winzerschaft an den Ufern des berühmtesten iberischen Weinflusses allerdings mehr als schwer. Mehrmals drohte die Schaffung der Denominación de Origen gar zu scheitern. Spaniens berühmteste Weinikone, Vega Sicilia, zierte sich beispielsweise und rang sich erst im letzten Moment zur Teilnahme am Projekt Ribera del Duero durch. Probleme schuf auch die Entscheidung, wo die Grenzen im Osten und Westen gezogen werden sollten, und noch heute herrscht böses Blut zwischen den Dörfern am Westende innerhalb und außerhalb der Grenzlinie. Ebenfalls wurde die extreme Ostausdehnung kritisiert. Zu kalt sei es in den Gemeinden von Langa und Gormaz, die Qualität aufgrund der schwierigen Reifbedingungen zu unsicher, unkten die Winzer im Westen. Im Nachhinein stellte sich aber heraus, dass vor allem im Hinterland von Langa einige der besten Rebanlagen von Ribera del Duero zu finden sind. Angesichts des Klimawandels mag der Zuschlag für die hoch liegenden östlichsten Dörfer alles in allem nicht die schlechteste Entscheidung gewesen sein. Tatsächlich haben dann auch einige Weingüter die Herausforderung angenommen und gezeigt, dass im kalten Osten der D.O. durchaus herausragende Weine erzeugt werden können. Schon seit Jahren mit Höchstnoten belegt wird die Kellerei Dominio de Atauta, deren Weine unter der Regie des Franzosen Bertrand Sourdais im Atauta-Tal entstehen. Die Gewächse zeigen durchweg Nerv, aber auch viel Kraft und beeindrucken – bis auf ein manchmal etwas überzogenes Holzgerüst – durch ihr makelloses Frucht- und Mineralspiel. Die grandiosen Lagenweine, etwa Llanos de Almendro oder La Mala, zählen zweifellos zum Besten, was Spanien zu bieten hat.

D.O. RIBERA DEL DUERO

PROVINZEN MIT D.O.-FLÄCHE
Soria, Burgos, Valladolid, Segovia
REBFLÄCHE
21 000 ha
ANZAHL KELLEREIEN
270
PRODUKTION
50–70 Millionen Liter
GESCHÜTZTE WEINTYPEN
Rosado, Rotwein
ZUGELASSENE REBSORTEN
weiß: Albillo
rot: Tempranillo (Tinto fino, Tinta del País), Garnacha tinta, Cabernet Sauvignon, Merlot, Malbec

Zur Stunde null im Jahr 1982 wies die eingetragene Fläche noch nicht einmal 8000 ha auf. Ein Großteil befand sich in der Hand der Kooperativen, die wenig oder überhaupt keinen Ehrgeiz zeigten, die Qualität ihrer gesichtslosen Fassware zu verbessern. Auch was die Weinproduktion betraf, war das Gebiet schon aus historischen Gründen gespalten. Peñafiel, dessen von weit her sichtbares Kastell zum Wahrzeichen der Appellation avancierte, war vor allem Rotweingegend. Der Osten mit dem Verkehrsknotenpunkt Aranda galt als reines Rosado-Gebiet. Ja, man mag es kaum glauben, das heute tiefrote Herz der D.O. vermarktete damals meist traurige, weil oxidierte Rosado-Weine.

Die Anfänge des Weinbaus am Duero tauchen nur schemenhaft aus dem Dunkel der Geschichte auf. Auf jeden Fall kelterten die Römer Wein im Gebiet, denn sie folgten als erste den Flussläufen ins Landesinnere der Iberischen Halbinsel. Unter der maurischen Herrschaft brach der Weinbau am Duero zusammen – wohl weniger aus religiösen Gründen, sondern weil die Bevölkerung in diesem Frontgebiet zu sehr unter ständigen Übergriffen der Krieg führenden Parteien litt. Der Neuanfang im 11. Jahrhundert ging einher mit der Entstehung der ersten Klöster am Duero. Der burgundische Zisterzienserorden spielte dabei eine wesentliche Rolle, ebenso wie die Jesuiten viele Jahrhunderte später. Danach entwickelte sich der Weinbau auf der nördlichen Meseta rasant. Im 15. und 16. Jahrhundert muss es am Duero so viel Wein gegeben haben, dass die Kastilier ihre eigene Produktion mithilfe strenger Dekrete gegen die Einfuhr auswärtiger Weine schützten.

Hochland-Eldorado

Der Erfolg der Ribera-Rotweine liegt vornehmlich in ihrem Stil begründet, beruht vielleicht aber auch ein wenig auf der Tatsache, dass die Weine im rechten Moment die spanische Weinbühne betraten. Solch tieffarbene, konzentrierte, aber auch betont fruchtige Rotweine kannte Spanien zu Beginn der 1980er-Jahre nicht. Und die Spanier – wie auch die Klientel im Ausland – reagierten auf diesen damals umwerfend modernen, weniger von altem oder überhaupt von Eichenholz geprägten Rotweinstil, als hätten sie schon jahrelang auf so etwas gewartet. Die Rioja wurde von diesem Stil geradezu überrollt, und so mancher Erzeuger dort musste eingestehen, dass er die internationalen Trends schlicht verschlafen hatte und mit ausgezehrten und oftmals oxidierten Weinen heillos ins Hintertreffen geraten war. Der Duero verwandelte sich zwischen 1985 und 1995 für ein Jahrzehnt in den Nabel des spanischen Weinbaus, bis Gebiete wie das Priorat und eine wiedererstarkte Rioja qualitativ gleichzogen.

Der Anteil an holzausgebauten, das heißt barriquegereiften *tintos* an der Produktion in Ribera del Duero ist recht hoch, und damit ist es auch die Wertigkeit des gesamten Gebiets. Echte Billigproduzenten sind am Duero noch nicht am Werk. Man erinnert sich auch an keine Skandale, Ribera del Duero gilt als seriös und integer.

In früheren Jahren wurden noch große Mengen echter Jungweine ohne jeglichen Barriqueausbau vermarktet. Heute gilt der sogenannte *roble* als Wasserträger. Das Wort bedeutet »Eiche« und steht hier für einen Weintyp zwischen Joven und Crianza, mit nur wenigen Monaten Ausbau im kleinen Eichenfass. Der Terminus ist offiziell von der Weinbaubehörde in Roa zugelassen und darf also auf dem Etikett als solcher ausgewiesen werden. Bei der Regelung für die Crianzas sind 12 Monate Barriqueausbau vorgeschrieben; bei der Gran Reserva die doppelte Zeit. Damit hat man für die Königsklasse am ursprünglichen Modell festgehalten, statt sie mit den neuerdings für »normale« D.O.s vorgeschriebenen 18 Monaten aufzuweichen. Doch ist Gran Reserva hier kein so gewichtiges Thema – kaum ein Dutzend Erzeuger bieten Weine in dieser Klasse an.

Lage und Landschaft

Nach zwei Stunden Autofahrt erreicht man von Madrid aus in nördlicher Richtung das Weingebiet, das sich auf etwa 120 km entlang des nach Westen fließenden Duero erstreckt. Heute verzeichnet es über 20 000 ha Rebfläche, Tendenz immer noch langsam steigend. Man mag sich das Gebiet natürlich am

Der Mann aus Pesquera

Ohne ihn hätte die Renaissance der spanischen Rotweinkultur einen anderen Lauf genommen und das Gebiet Ribera del Duero nicht diese Dynamik entwickelt, die es letztendlich zu einer der prestigeträchtigsten Herkunftsbezeichnungen Südeuropas gemacht hat. Alejandro Fernández steht mit seinem Tinto Pesquera für eine der wenigen echten Marken im spanischen Premiumbereich, die Weltruf besitzen.

Der Mann aus Pesquera del Duero war schon früh unzufrieden mit der Verwendung der Weine, die seine Familie seit Generationen kelterte. Denn die tieffarbigen *tintos* dienten traditionell als Fassware dazu, Weinen aus anderen Anbaugebieten Spaniens farblich auf die Beine zu helfen. Kurz gesagt, sein geliebtes Dorf Pesquera produzierte Deckweine für den Norden und Süden Spaniens. Als geschickter Handwerker zu etwas Geld gekommen – Don Alejandro konstruierte beispielsweise Gerätschaften für die Zuckerrübenernte –, beschloss er, in der alten Kelter der Familie Wein für die Selbstvermarktung zu produzieren. Ein revolutionärer Schritt in einem Gebiet, das mit Vega Sicilia, Protos und Torremilanos in den 1970er-Jahren gerade einmal drei Abfüllbetriebe aufwies.

Die ersten Pesquera-Weine füllte Fernández in Sprudelflaschen ab, die er, völlig überzeugt von seinem Produkt, Händlern und Gastronomen anbot. Seine ersten »regulären« Weine in der klassischen Bordeaux-Flasche und mit einer Frühform des heutigen Etiketts ausgestattet, erlangten zwar keine echte Popularität, gerieten aber bald in die richtigen Hände. Ärzte, Rechtsanwälte und Unternehmer aus der regionalen Kapitale Valladolid freundeten sich mit diesem wahrlich ungewöhnlichen Wein an, der so anders auftrat, als man es in Kastilien, ja in ganz Spanien gewohnt war. Mit intensiver Beerenfrucht, dichtem, aber reifem und süßem Tannin, und trotz seiner Konzentration mit Feinheit gesegnet, fegte der Pesquera in puncto Intensität fast alles vom Tisch, was man an spanischen Roten damals kannte. Als der Weinkritiker Robert Parker jr. dann den legendären 1982er als »Pétrus from Spain« bezeichnete, gab es kein Halten mehr. Alejandro Fernández avancierte zum Star, und der Tinto Pesquera wurde zum Vorbild für die kommende Generation an Weinmachern, die Spaniens Weinwelt für immer verändern sollten.

Als sein wohl berühmtester Wein gilt der Janus, benannt nach der Gottheit aus der altrömischen Mythologie, der gleichzeitig in die Zukunft und die Vergangenheit blickt. Und so tat es auch sein erster Janus: Zur einen Hälfte war er zeitgemäß entrappt, zur anderen Hälfte mit den Stielen vergoren, wie man es in früheren Zeiten zu tun pflegte. Die Weine des Stammhauses – Don Alejandro besitzt zwei weitere Güter in Kastilien sowie eines im Zentrum von La Mancha – werden nur in amerikanischem Holz ausgebaut. Die Reservas und Gran Reservas aus guten Jahrgängen bereiten auch nach 20 Jahren noch Vergnügen.

Als Pionier in Ribera del Duero hat Alejandro Fernández die Entwicklung der Weinerzeugung in ganz Spanien entscheidend mitbeeinflusst.

Vega Sicilia: Ein Wein für die Ewigkeit

Das Landgut Vega Sicilia entstammt den Pfründen der Kirche und gelangte im Zuge der Enteignungswellen des 19. Jahrhunderts in die Hände des Edelmannes Eloy Lecanda. Die ersten Rebstöcke wurden 1864 gepflanzt, aber bis die ersten Weine entstanden, verging noch einmal ein halbes Jahrhundert. Die heutige Kellerei besteht noch aus Gebäuden der Gründerjahre sowie einer herrschaftlichen Villa, die von der Nationalstraße aus zu sehen ist.

Das Gut ist Legende und produziert nach wie vor den berühmtesten Rotwein Spaniens. Vega Sicilia – übersetzt Cäcilien-Heide – liegt im westlichen Teil von Ribera del Duero am Südufer des Flusses; die Reben, hauptsächlich Tempranillo sowie etwas Merlot und Malbec, wachsen in Hanglagen mit nördlicher Ausrichtung. Dies ist für Weinmacher Xavier Ausás kein Handicap, ganz im Gegenteil, denn er bevorzugt kühle, aber geschützte Lagen.

Das Haus produziert drei Weine. Der »einfachste« Cru ist ein Reserva-Typ, der im fünften Jahr auf den Markt kommt und unter der Marke Valbuena 5° Año ein völlig eigenständiger Wein geworden ist; nicht ganz so fein wie sein großer Bruder, dafür aber markant und sehr fruchtbetont. Der unbestrittene Protagonist ist natürlich der weltberühmte Vega Sicilia Único Gran Reserva. Unter den ganz großen Rotweinen der Welt gehört er zu den feinsten und elegantesten. Dies liegt nicht nur an seiner langen Ausbauzeit von mindestens zehn Jahren, ausschlaggebend sind auch das hervorragende Lesegut, das nie überreif geerntet wird, sowie eine schonende Vinifizierung, die auf lange Maischestandzeiten eher verzichtet. Während seiner Reifezeit ist der Wein lange in Kontakt mit verschiedenen Holzgebinden: große Eichen-*cuves,* neue französische und amerikanische sowie in der Endphase auch gebrauchte Barriques. Die Erziehung, wie der Chefönologe die Reifezeit im Holz nennt, dauert fünf Jahre, dann muss der Único in der Flasche zu sich selbst finden. Die Cuvée setzt sich in der Regel aus 80 % Tempranillo und 20 % Cabernet Sauvignon zusammen, zuweilen kommt auch etwas Malbec hinzu. Unter dem Gespann Don Pablo Álvarez und Xavier Ausás hat der Único an Klarheit gewonnen, und vielleicht ist die Frucht etwas mehr in den Vordergrund getreten. Die legendäre lange Haltbarkeit ist dennoch weiterhin gewährleistet.

Als Krönung erzeugt das Haus in unregelmäßigen Abständen eine Vega Sicilia Único Gran Reserva Especial, die aus einer Assemblage dreier Spitzenjahrgänge besteht. Dieser spezielle Wein wirkt meist ein klein wenig fülliger und opulenter. Wenn schon die Menge des Único begrenzt ist – etwa 70 000 bis 90 000 Flaschen werden weltweit an die Kunden ausgeliefert, dann muss der Único Especial mit 15 000 Flaschen als extreme Rarität bezeichnet werden.

einfachsten als Tal vorstellen, was auf der Höhe von Peñafiel und weiter im Westen auch der Fall ist. Hier ziehen sich tatsächlich auf beiden Seiten des Flusses fast vegetationslose Hänge bis zum Ödland hinauf. Etwa 15 km östlich von Peñafiel aber öffnet sich das Tal des dahinmäandernden Duero, und das Gebiet wirkt auf einmal großflächiger. Mit einer Nord-Süd-Ausdehnung von 40 km ist die Appellation in diesem mittleren Teil, zu der etwa 10 000 ha gehören, am breitesten. Er entfällt auf die Provinz Burgos, die im Osten von der Provinz Soria mit 6000 ha sowie im Westen von der Provinz Valladolid mit etwas mehr als 4000 ha eingerahmt wird.

Obwohl es keine offiziellen Unterzonen gibt wie in anderen Anbaugebieten, spricht man doch von der Ost-Ribera, dem eben angesprochenen Zentrum und dem westlichen Teilstück, das aufgrund der prominenten und prachtvollen Kellereien auch »die Goldmeile« genannt wird. Der Osten des Gebiets liegt über 900 m hoch. Dort stoßen die Reben an ihre klimatische Wachstumsgrenze. Das mittlere Ribera-Gebiet liegt im Schnitt 100 m niedriger, und bei Peñafiel gehen die Pflanzungen in den Talniederungen bis auf 650 m hinab. Welches der drei inoffiziellen Teilgebiete die besten Trauben hervorbringt, lässt sich nicht so einfach sagen, eine Lagenklassifizierung existiert nicht. Als gesichert gilt allein, dass im Umkreis von Aranda de Duero, genauer gesagt westlich und nördlich der Kleinstadt, die größte Anzahl von alten Rebanlagen zu verzeichnen ist. Dörfer wie La Horra, Sotillo, Roa oder Pedrosa gelten als Quellen besten Leseguts und befinden sich alle im zentralen Teil der *denominación*. Aranda selbst ist unter der Oberfläche von Stollenkellern geradezu unterhöhlt. Im Dunstkreis der Stadt mit ihrem bescheidenen Industriegebiet – immerhin, der internationale Pharmakonzern Glaxo und Kastiliens Milchriese Leche Pascual betreiben dort Werke – befinden sich auch fast alle Genossenschaften der Ribera. Sie sind, wenn man so will, die eigentlichen Klassiker von Ribera del Duero, denn alteingesessene Privatbetriebe gibt es kaum.

Eine Genossenschaft als Wegbereiter

Einer der Pioniere im Gebiet war die Exgenossenschaft Protos in Peñafiel. Spektakulär sind die in den Burgberg getriebenen Stollenkeller mit ihren als »Kamine« bezeichneten Luftschächten. Sie wirken wie Hauben, welche die Hänge des steilen und kahlen Kalkbergs mit seiner imposanten mittelalterlichen Feste zieren. Protos gilt zwar als traditioneller Betrieb, hat aber in den letzten Jahren einen sanften Schwenk in Richtung Moderne vollzogen. Die Crianzas und Reservas wirken konzentrierter und farbintensiver als früher. Exzellent und klassisch ist immer noch die Gran Reserva mit ihrem eleganten, disziplinierten Tanningerüst. Das Preis-Leistungs-Verhältnis ist exzellent, da der Betrieb über die früheren Genossenschaftler Lesegut zu stabilen Preisen erwerben kann. Der finanzielle Erfolg der Kellerei ist nun auch visualisiert worden: Stararchitekt Richard Rogers, Kopf des Entwurfs für den Terminal 4 des Madrider Flughafens, hat eine einfache, aber durchaus beeindru-

Der Direktor von Vega Sicilia, Pablo Álvarez (rechts), mit dem Önologen und technischen Leiter, Xavier Ausás López de Castro.

ckende Struktur aus großen Bögen über den neuen Gärkeller von Protos gespannt, der im Herbst 2008 die Produktion aufgenommen hat. Damit knüpft Ribera del Duero an den internationalen Trend an, den Weintourismus über spektakuläre Designkellereien zu forcieren.

Ribera del Duero kommt von der Erzeugerstruktur einem zentraleuropäischen Anbaugebiet sehr nahe. Großkellereien, wie sie in der Rioja oder in Valdepeñas üblich sind, gibt es am Duero bislang nicht. Auch der Zuzug großer Erzeugerfirmen hat das Gebiet nicht aus dem Gleichgewicht gebracht. Dass der eine oder andere Großkonzern seine Duero-Weine zu

Der dänische Weinmacher Peter Sissek produziert auf den hellen Kalkböden von Ribera del Duero tiefgängige und reife Tempranillo-Weine der Extraklasse.

niedrigeren Preisen verkauft als die Familienbetriebe, muss hingenommen werden, auch wenn es schmerzt.

Klimatische Herausforderung

Will man Ribera del Duero verstehen, ist ein Blick auf die klimatische Situation unerlässlich. Das Klima des Hochlands wird gern als »atlantisch-kontinental« beschrieben – aber der kontinentale Charakter überwiegt eindeutig, der Einfluss des Ozeans ist sekundär. Immerhin ist der westlichen Seite des Anbaugebiets die Provinz Zamora vorgeschoben, ganz abgesehen vom 250 km breiten Nachbarn Portugal. Im Norden lassen die weiten Ebenen von Palencia und León die feuchten Strömungen des Atlantiks verebben. Zudem riegeln die Picos de Europa und die Ausläufer des Kantabrischen Gebirges das Inland von der Küste wirkungsvoll ab. Insofern erfreut sich die Appellation einer hohen Sonneneinstrahlung und relativer Trockenheit, dafür bedrohen Fröste im Frühjahr wie im Herbst den Rebstock. Hinzu kommen starke Winde, die aufgrund der spärlichen Vegetation ungehindert über die Hochebene peitschen. Die Niederschläge fallen unregelmäßig. Heftige Regengüsse, die von den Böden mit ihrer begrenzten Speicherkapazität nicht sofort aufgenommen werden können, sind die Regel. Eine weitere Bedrohung stellt Hagel dar. Weinbau in Altkastilien ist also alles andere als einfach und stellt weinbaulich wie kellertechnisch hohe Ansprüche an das Können der Winzer und Weinmacher. Die D.O. verliert im Schnitt alle drei bis vier Jahre einen nicht unwesentlichen Teil ihrer Ernte.

Dennoch weist das Gebiet ein ungebrochenes Wachstum auf. Hört man auf die international relevanten Kritiker, so steht die hohe Qualität vieler Erzeuger außer Frage. Diese Akkumulation an hohen Bewertungen scheint immer mehr Weinunternehmer anzuziehen. Positiv zu sehen ist sicherlich auch das Engagement der einheimischen Winzer. Zahlreiche Familien haben in eigene Kellereien investiert und formen qualitativ einen sehr stabilen und vor allem individuellen Mittelbau, der in diesem Maß früher nicht existiert hat.

Ein gutes Beispiel ist der Erzeuger Vizcarra Ramos. Juan Carlos Vizcarra, Winzer und Kellermeister in einer Person, leistete sich mit seiner Frau Alejandra eine neue, perfekt ausgerüstete Bodega mit durchdachter, aber dennoch einfacher Technik. Die Maische wird per Kran und ohne Pumpen bewegt. Seine Weine sind fruchtbetont, kraftvoll und gleichwohl geschliffen. Ihre imposante Fruchtigkeit, die durchaus kommerziell wirkt, überzeugt dennoch Profis wie normale Kunden. Betriebe wie diese geben einem Gebiet Anspruch und gleichzeitig Profil.

Tempranillo, ergänzt durch Cabernet & Co.

Ribera del Duero ist mit einem Anteil von fast 90 % eine der Tempranillo-Hochburgen des Landes. Zwar liebäugelten viele Winzer der D.O. Ende der 1980er-

Jahre mit den damals modischen Trauben von Cabernet & Co., doch ist heute keine stärkere Internationalisierung des Rebsortenspiegels mehr zu befürchten. Die zuständige Weinbaubehörde mit Sitz in Roa de Duero hatte der Überfremdung schon zu Anfang einen Riegel vorgeschoben – ein Wein mit dem Gütesiegel Ribera del Duero muss 75 % Tempranillo aufweisen. Darüber hinaus hat aber die überwältigende Mehrheit der Weinunternehmer, die sich mit neuen Kellereien in der D.O. die Ehre gaben, ohnehin auf die Sorten des nördlichen Nachbarn Frankreich verzichtet und konzentriert sich auf Tempranillo, der hier wie in anderen Gebieten Altkastiliens Tinto fino oder Tinta del País genannt wird.

Paradebeispiel eines erfolgreichen Tempranillo-Weins ist der großartige Pingus des Önologenstars Peter Sissek. Der gebürtige Däne gehört zu den wenigen wirklich stilbildenden Weinmachern in Ribera del Duero, wenn nicht ganz Spaniens. Als er Mitte der 1990er-Jahre zum ersten Mal den Pingus bereitete, kannte man hochkonzentrierte, sehr reife und mächtige Weine dieser Art nicht – auch nicht in der Rioja oder in Toro. Gekeltert wird dieses Monument aus alten Weinbergen in der Provinz Burgos. Sissek arbeitet seit einigen Jahren biodynamisch und produziert neben seiner Ikone noch einen zweiten Wein, der unter der Marke Flor de Pingus vermarktet wird.

Warum aber haben sich insbesondere Cabernet Sauvignon und Malbec in Ribera del Duero nicht durchsetzen können? Die Antwort liegt in ihrem langen Vegetationszyklus begründet. In einem Gebiet mit wenig mehr als 100 frostfreien Tagen reift die Cabernet-Traube in vielen Jahren nicht aus und muss zu früh eingeholt werden, sodass sich die gefürchteten Noten von grüner Paprika in den Weinen zu stark durchsetzen. Unausgewogene, ja harte Gewächse sind die Folge. Voll ausgereifte Cabernet-Sauvignon-Trauben jedoch können durchaus als Bereicherung dienen. Die Sorte verfügt über mehr und kräftigeres Tannin als Tempranillo und brilliert vor allem mit ihrer Säure. Dies hilft einen der klaren Schwachpunkte der Tempranillo auszugleichen, nämlich ihren klaren Säuremangel, der sich selbst im Hochland von Kastilien bemerkbar macht. (Tatsächlich werden reinsortige Tempranillo-Weine vor dem ersten Gärvorgang durch Zugabe von Weinsäure oft aufgesäuert, um diesem Manko abzuhelfen.)

Cabernet Sauvignon und auch Malbec, von der nicht einmal 100 ha existieren, benötigen also geschützte Lagen mit guter Sonneneinstrahlung, um verlässliche Qualität bieten zu können. Natürlich besitzen auch einige Betriebe gute Cabernet-Pflanzungen und können damit hochinteressante Gewächse kreieren. Carmelo Rodero aus Roa gehört dazu, selbstredend Vega Sicilia, aber auch Hacienda Monasterio auf dem Nordufer besticht mit kraftvollen Cuvées aus Tempranillo, Cabernet und Merlot.

Der wohl erfolgreichste Önologe im Hinblick auf die kontinuierliche Qualität seiner Cabernet-Weine ist indes Tomás Postigo, bis 2008 die Seele des renommierten Hauses Pago de Carraovejas bei Peñafiel. Der Weinberg, eine weit aufgefächerte und geschützte Hanglage mit Südwestausrichtung, Ende der 1980er-Jahre gepflanzt, ging schon im dritten Lebensjahr in Produktion und bringt inzwischen konzentrierte Cabernet-Sauvignon-Moste der Extraklasse hervor. Postigo pflegte vier Grundweine zu keltern, je zwei Tempranillo- und zwei Cabernet-Partien, die später je nach Typ miteinander vermählt wurden. Vor allem bei der späteren Verarbeitung des Cabernet-Leseguts kam es sehr zupass, dass er ungepresste und gepresste Moste getrennt vergor. War in schwierigen Jahren der Presswein aufgrund härterer Tannine zu ungehobelt oder grün, benutzte er nur die Qualität aus dem nach der Maischegärung abgestochenen Wein. Bei der Bereitung seiner Cuvée ging er immer an die zugelassene Höchstgrenze von 25 % Cabernet Sauvignon gegenüber 75 % Tempranillo, vielleicht auch mal ein paar Prozent darüber. Seine treue Kundschaft dankte es ihm, denn Pago de Carraovejas ist die wohl gelungenste Zusammenführung dieser beiden so gegensätzlichen Trauben, die das Land kennt. Es bleibt zu hoffen, dass sein Nachfolger sein Werk mit Würde fortführen wird. Wer übrigens den saftig frischen Pago de Carraovejas Joven mit diskretem Barriqueeinsatz verkosten möchte, sollte sich diesen zu Tisch oder an der Bartheke des quirligen Restaurants José María in Segovia zu Gemüte führen. Der Wirt ist Hauptaktionär der Kellerei und besitzt das Exklusivrecht an diesem Wein.

Überraschend unterschiedliche Bodenformationen

Die Bodenstruktur von Ribera del Duero fällt wie in jedem relativ flachen Flusstal sehr unterschiedlich aus. An den Hängen der nördlichen wie der südlichen Hügelkette, an den Tafelbergen, die immer wieder an abgeflachte, breitfüßige Kegel erinnern, aber auch oben auf dem Ödland, wo einige Erzeuger ebenfalls Reben angepflanzt haben, tritt der helle Kalkgrund deutlich zutage. An manchen Stellen sind die Böden fast weiß und der Kalkanteil so hoch, dass sogar der genügsamen Rebe das Überleben schwerfällt. Selbst bei neueren Pflanzungen, etwa den Rebgärten der am nördlichen Hügelrand residierenden Kellerei Hacienda Monasterio, deren Weinproduktion der Verantwortlichkeit des dänischen Kellermeisters Peter Sissek untersteht, weisen die Pflanzungsreihen in den reinen Kalklagen Lücken auf.

Im Tal werden die Böden tiefer, je mehr der Anteil an Schwemmland steigt. Dort vermischt sich Lehm mit den Sedimenten der Hügel, Sand und grobem Flussgestein. In den breiteren Abschnitten des Anbaugebiets, die nicht von einer markanten Hügelkette abgegrenzt sind, finden sich die typischen Kalk-Lehm-Böden, wie man sie überall im Zentrum Spaniens antrifft. Nur in direkter Flussnähe ist das Land flach, um dann plötzlich über steile Böschungen zum erstaunlich tief liegenden Flussbett abzufallen. Eigentlich sollte man meinen, die tieferen und fruchtbareren Böden in unmittelbarer Flussnähe seien für die Bereitung von Qualitätsweinen weniger geeignet. Dass dies aber nicht der Fall ist, kann man an der Präsenz so wichtiger Erzeuger wie Arzuaga, den verschiedenen Bodegas der Matarromera-Gruppe (besonders Matarromera und Renacimiento) oder gar Vega Sicilia ablesen. Sie alle verfügen über Reben in der Nachbarschaft des Duero. Aufsehenerregende Weine aus 40 ha Rebland direkt am Fluss erzeugt die Finca Villacreces, die vor einigen Jahren für eine beeindruckende Eurosumme von Bodegas Izadi aus der Rioja übernommen wurde. Die Gewächse könnte man durchaus als echte Lagenweine bezeichnen, sie sind ein treuer Spiegel dieser Böden: tief, satt, voluminös und reif. Trotz sehr moderater Säure wirken sie nicht mostig, eine wohltuende Wärme können sie dennoch nicht verhehlen. Mit seinen – um es diplomatisch zu sagen – nur sehr moderaten Ecken und Kanten kann man den Villacreces mit Fug und Recht als sehr internationalen *tinto* bezeichnen.

Bodegas mit ausgeprägtem Profil

In den sanft gewellten, nur hin und wieder durch kleine Tafelberge unterbrochenen Landschaften der Provinzen Burgos und Soria sind einige der interessantesten Erzeuger von Ribera del Duero zu Hause. Man denke nur an Aalto, ein Kind des ehemaligen Vega-Sicilia-Weinmachers Mariano Gracía, oder die Gewächse des dynamischen Weinunternehmers José Manuel Ortega Fournier. Letzterer entwickelt auf seinen Schwemmlandböden nahe Roa de Duero einen ganz eigenen Stil. Kaum ein anderer Wein verbindet wie sein Premiumrotwein Alfa Spiga die Opulenz des eher lehmlastigen Terroirs mit der Kühle des Hochlands der *ribera burgalesa*.

In Sotillo, weit vom Fluss am Nordrand des Gebiets, keltern die Geschwister Arroyo der Bodega Ismael Arroyo schon seit den 1980er-Jahren grandiose reinsortige Tempranillo-Weine klassischen Zuschnitts. Ohne zunächst auf eigene Reben zurückgreifen zu können, kauften Marisa, Miguel Ángel und Ramón nur in ihrer Gemeinde Lesegut und produzieren bis heute sozusagen einen »Village«-Wein. Ihr Stil ist, mit Ausnahme des Valsotillo, ein Zugeständnis an einen moderneren, saftigeren Typus, geradlinig, würzig, mit guter Säure gesegnet, dezent animalisch und trotz des langen Ausbaus in überwiegend amerikanischer Eiche doch angenehm fruchtbetont. Großartig sind die in den imposanten Stollenkellern gereiften Gran Reservas, die sich auch nach 20 Jahren noch quicklebendig zeigen.

Noch weiter oben im fast schon unwirtlichen Ödland, auf über 850 m Höhe, produziert ein weiterer

Erzeuger der ersten Stunde exzellente Gewächse. Die Gebrüder Pérez Pascuas, Herren in gesetztem Alter, haben schon sehr früh auf die technischen Fähigkeiten ihres Neffen José Manuel Pérez Ovejas vertraut, der eine unbeirrbare und erstaunlich internationale Fangemeinde mit Weinen beglückt, die man vorsichtig als zeitlose Riberas beschreiben kann. Und doch hat der Weinmacher seinen Stil in den letzten Jahren sachte, aber konsequent modifiziert, um schließlich bei Weinen anzulangen, die Tiefe, Saftigkeit, in der Jugend körniges Tannin und immer Kühle aufweisen. Viña Pedrosa, aber auch der Selektionswein Peréz Pascuas sind anspruchsvoll, ohne intellektuell zu wirken und können lange lagern. Die Brüder haben übrigens ähnlich wie die Arroyos viel Geld in ein attraktives Äußeres ihrer Güter investiert und können somit auch dem Anspruch eines weit gereisten Weintouristen genügen.

Rueda – eine sichere Bank

Rueda ist ein Phänomen. Heute muss die Appellation als eines der rentabelsten Weingebiete der Iberischen Halbinsel bezeichnet werden – und den bemerkenswerten Erfolg verantwortet eine weiße und nicht etwa eine rote Sorte.

Rueda ist zum Magnet für Investoren geworden, und das Wachstum des Gebiets gibt ihnen recht. Nicht nur der Erfolg im eigenen Land ist verblüffend, auch auf einigen Exportmärkten feiert das Gebiet große Erfolge. Rueda bedeutet auch schnelles Geld, denn anders als hochwertige *tintos* müssen die Weine nicht gereift werden.

Kastilisches Weißweinland

Der Name der 1980 aus der Taufe gehobenen Appellation ist zwar keine Neuschöpfung, erlaubt aber auch keine Rückschlüsse auf die große Vergangenheit des Gebiets. Rueda ist ganz einfach der Name eines kleinen Städtchens an der Autobahn A 6, die von Madrid in Richtung Galicien die kastilische Hochebene durchschneidet. Geschichtlich gesehen ist eigentlich die alte Handelsstadt, Medina del Campo, das Zentrum des Gebiets. Medina galt einmal als einer der wichtigsten Marktplätze der Welt, und das Sprichwort *cuando la Banca de Medina tiembla, tiembla la Banca del Mundo* (»wenn die Banken von Medina zittern, zittern die Banken der ganzen Welt«), vermittelt uns eine Vorstellung, welche Position dieses heute unscheinbare Städtchen im 15. und 16. Jahrhundert einnahm. Andererseits zählt die Gemeinde Rueda inzwischen neben dem Weindörfchen La Seca die meisten Weinberge des Gebiets und kann auf zahlreiche Gebäude mit alten Stollenkellern verweisen, die die Weinvergangenheit des Städtchens belegen. Das Weingebiet ist kastilisch bis ins Mark, wobei die für das Zentrum der Meseta so typischen Pinienwäldchen das strenge Antlitz der Hochebene mildern.

Nach einer Blütezeit während der Renaissance kam es Ende des 16. Jahrhunderts zum Niedergang der Weine aus der *tierra de Medina,* da die Reben überaltert waren und kaum noch Ertrag brachten. Eine kuriose Phase durchlief das Gebiet im 19. Jahrhundert, als man versuchte, im Kielwasser des Sherrys sein Heil zu finden und gespritete Weißweine produzierte. Dieser Weintyp lebt bis heute als Pálido und Dorado Rueda fort – Relikte ohne wirtschaftliche Bedeutung.

D.O. RUEDA

PROVINZEN MIT D.O.-FLÄCHE
Valladolid, Segovia, Ávila

REBFLÄCHE
10 000 ha

ANZAHL KELLEREIEN
55

PRODUKTION
40 Millionen Liter

GESCHÜTZTE WEINTYPEN
Weißwein, Rosado, Rotwein, Schaumwein, gespriteter Wein *(vino generoso)*

ZUGELASSENE REBSORTEN
weiß: Verdejo, Viura, Sauvignon blanc, Palomino
rot: Tempranillo, Garnacha, Merlot, Cabernet Sauvignon

Protagonist der neuen Ära war ohne Zweifel der Rioja-Produzent Marqués de Riscal, der auf der Suche nach einem Gebiet mit Weißweinpotenzial abseits des Ebro durch Zufall auf die Weinberge der Gemarkung des Kleinstädtchens Rueda stieß. Riscal war es auch, der die Einführung der französischen Sauvignon-blanc-Traube forcierte.

Land und Klima

Die Pflanzungen der Appellation befinden sich zum großen Teil in der Provinz Valladolid, Ausläufer reichen aber auch nach Segovia und Ávila. Sie bilden das Herz Altkastiliens und befinden sich überall auf mindestens 650 m Höhe – an einigen Orten wachsen Reben sogar noch auf 900 m und darüber.

Zwei der interessantesten Erzeuger arbeiten im äußersten Süden in der Gemeinde Nieva in Segovia. Viñedos de Nieva produziert aus einer alten Anlage aus der Zeit vor der Reblaus den famosen Pie Franco mit schöner Fruchtkonzentration. Im selben Ort engagiert sich auch Javier Zaccagnini. Er ist einer der renommiertesten Weinunternehmer der Region, bekannt geworden durch sein Ribera-Projekt Aalto in Zusammenarbeit mit Mariano García. Sein teilweise im Barrique ausgebauter Rueda trägt den Namen Ossian und hat mit seiner komplexen und mineralischen Art schon für großes Aufsehen gesorgt.

Die Höhe sorgt selbst während der Hitzeperioden für ein starkes Temperaturgefälle von Tag zu Nacht. Säure und Frucht können sich daher optimal herausbilden und verleihen den Weinen der wichtigsten Weißweinappellation Spaniens ein überaus attraktives Profil. Überreife oder formlose Gewächse sind glücklicherweise kein Thema in Rueda. Es entstehen Weine, die trotz ihrer südlichen Herkunft mit entsprechend hoher Sonneneinstrahlung einige wichtige Eigenschaften kühl gewachsener Qualitäten aufweisen.

Bodenverhältnisse

Die Böden sind wie fast überall auf den spanischen Hochebenen karg, die Humusdecken nicht sehr stark. Je weiter sich die Lagen vom Duero entfernen, der das Gebiet an seiner Nordwestflanke durchfließt, desto dünner wird die Erdschicht. Überall tritt grober Kies an die Oberfläche, die Böden wirken steinig und mit Schwemmsand und Lehm durchsetzt, wobei im Untergrund an vielen Stellen der Kalk dominiert.

Siegeszug einer Sorte

In Spanien hat die in Rueda heimische Weißweinsorte Verdejo schon fast Kultstatus erreicht. Sie gilt als vielseitig und macht als fruchtiger Aperitif eine ebenso gute Figur wie als Begleiter von Fisch oder hellem Fleisch. Da die meisten Ruedas einen vollen und weichen Eindruck am Gaumen vermitteln, eignen sie sich auch als Begleiter von leichten Saucen sehr gut. Die Frische und Fruchtigkeit, kombiniert mit sattem Mundgefühl und einer attraktiven Säure, machen wohl das Geheimnis aus. Ruedas sind zugänglich, nicht zu komplex und passen fast zu jeder Gelegenheit.

Mariano García mit seinen Söhnen Alberto und Eduardo. Nachdem er bis 1998 verantwortlicher Kellermeister bei Vega Sicilia war, erzeugt er nun seine eigenen Weine mit großem Erfolg.

In den ersten Jahren der Appellation galt die Verdejo-Traube zwar schon als Qualitätsträger, dominierte das Gebiet aber nicht in dem Maß wie heute. Inzwischen nimmt die Sorte bereits 70 % der gesamten Rebfläche von fast 10 000 ha ein, Tendenz weiterhin steigend. Ampelografisch gesehen besteht keine Verwandtschaft mit der portugiesischen Verdelho, obwohl ein gemeinsamer Ursprung wahrscheinlich ist. Verdejo gilt als edle Sorte; die Trauben haben kleine Beeren und eine recht dicke Schale. Sie verfügt über eine kräftige Säure und weist hohe Trockenextraktwerte auf. Zudem gilt sie als genügsam und kommt bei reduzierten Erträgen mit wenig Wasser aus. Typisch sind Noten von Zitrusfrüchten, grünem Apfel, Stachelbeere, Gewürzkräutern, Fenchel und Anis. Aufgrund der hohen Extraktwerte wirkt sie kräftig am Gaumen; der Kalkuntergrund vieler Lagen trägt zusätzlich zum weichen, intensiven Mundgefühl bei. Obwohl die Weine so gut wie immer durchgegoren sind, weisen viele einen dezenten Eindruck von Fruchtsüße im Finale auf. Neben der ausgeprägten Frische und Fruchtigkeit können Verdejo-Gewächse aus alten Anlagen zudem bemerkenswert mineralisch wirken.

Auch in Cuvées aus beispielsweise 75 % Verdejo und 25 % Viura geben sich Rueda-Weine oft mindestens genauso attraktiv wie ihre reinsortigen Kollegen und sind in der Regel mit etwas mehr Blumigkeit und frischer Zitrusnote ausgestattet.

Über die Alterungsfähigkeit der Verdejo wird mehr denn je diskutiert. Früher wollten Ruedas im Jahr nach der Ernte getrunken sein, heute können die besten Gewächse, vornehmlich aus alten Anlagen, die nicht bewässert werden, auch im zweiten oder dritten Jahr nach der Ernte noch viel Genuss bereiten. Hier und da zeigt in Eiche vergorener Verdejo sogar mehr als drei Jahre Potenzial.

Seit 2008 dürfen nun auch wieder Rotweine das Gütesiegel der D.O. tragen, doch haben sie dadurch nicht an Profil gewonnen. Sicher, es gibt einige interessante Weine, im Vergleich zu den Weißen fallen sie jedoch nicht ins Gewicht.

Kastiliens umtriebigster Weinmacher

Große Verdienste um Rueda hat sich die Familie Sanz erworben. Vater Antonio gründete den Erzeugerbetrieb Bodegas de Crianza de Castilla La Vieja, der mit seinem Palacio de Bornos seit jeher einen der klarsten und zuverlässigsten Verdejo-Weine produziert. Zum wichtigsten Vertreter der Familie hat sich aber Sohn Ricardo entwickelt, der zusammen mit seinen Geschwistern Alejandra und Marco ein kompliziertes Geflecht an Boutiqueweinen erarbeitet hat. Großartig beispielsweise präsentiert sich der Menade Verdejo, der erste zertifizierte Biowein der D.O. Rueda. Hinzu kommt der V3, den Kenner zu den ganz wenigen bemerkenswerten Verdejo-Weinen mit Barriqueausbau zählen. Engagiert ist der hyperaktive Individualist aber auch in Ribera del Duero mit VdV (Vino de Verdad), in Toro mit Morfeo, in der uralten Weingegend Cebreros im Süden von Ávila mit einem Landwein namens Eterna Selección Garnacha und – immer auf der Höhe der Zeit, wie es seinem Charakter entspricht – mit einem Prieto Picudo aus León, der ebenfalls unter der Dachmarke Eterna Selección läuft. Seine Handschrift sind charaktervolle Weine – nicht immer gerade einfach zu trinken, aber stets mit Tiefgang. Fremdgegangen ist er im Übrigen mit seinen Bierzo-Weinen Ambos und DeDos, die er mit der Tochter eines bekannten Winzers aus León bereitet.

QUALITÄTSSTUFEN IN RUEDA

Blanco Rueda Mindestens 50 % Verdejo, dazu Viura und/oder Sauvignon blanc.
Blanco Rueda Verdejo Mindestens 85 % Verdejo, meist reinsortig.
Blanco Rueda Sauvignon Mindestens 85 % Sauvignon blanc.
Blanco Rueda fermentado en barrica Im Barrique vergorener und insgesamt vier Monate in Holz ausgebauter Weißwein.
Rueda Espumoso Qualitätsschaumwein mit Flaschengärung und mindestens neun Monaten Hefelager. Als Seco oder Semiseco mindestens 50 % Verdejo, als Brut oder Brut Nature mindestens 85 % Verdejo.
Rueda Dorado Gespriteter und oxidativ gereifter Weißwein.
Für Rotweine gelten bei der Klassifizierung (Joven, Crianza, Reserva, Gran Reserva) die Richtlinien des spanischen Weingesetzes.

Die großen Rotweine aus Toro

Die kleine D.O. Toro, ganz im Westen der nördlichen Meseta gelegen, ist in gewisser Weise ein Spätentwickler. Trotz einer Weinbautradition, die wie in vielen anderen Gebieten bis auf die Römer zurückgeht, rückte Toro nach vielen Höhen und Tiefen erst wieder in den späten 1990er-Jahren ins Rampenlicht, wobei die Arbeit des lokalen Pioniers Manuel Fariña, der schon ein Jahrzehnt früher mit der Zähmung der Toros begann, nicht übergangen werden soll.

Toro galt immer schon als der tannin- und alkoholbetonte Rotwein der Hochebene, vornehmlich gewachsen in der Provinz Zamora, deren Städte Benavente und Zamora als Heimat schwertgewaltiger Ritterfiguren schlechthin gelten. Zamora mit seiner herrlichen Altstadt, die stolz über dem träge dahinfließenden Duero thront, brüstet sich zudem, Bühne für mehrere Episoden im Leben des spanischen Nationalhelds El Cid gewesen zu sein. Man sieht und fühlt gleichermaßen, in diesem abgelegenen Teil der Region ist man am Puls altkastilischer Geschichte.

D.O. TORO

PROVINZEN MIT D.O.-FLÄCHE
Zamora, Valladolid

REBFLÄCHE
6000 ha

ANZAHL KELLEREIEN
47

PRODUKTION
11 Millionen Liter

GESCHÜTZTE WEINTYPEN
Weißwein, Rosado, Rotwein

ZUGELASSENEN REBSORTEN
weiß: Malvasía, Verdejo
rot: Tempranillo (Tinta de Toro), Garnacha

Landschaftlich ist dieser Abschnitt Westspaniens nicht sehr reizvoll. Sicherlich, die Arribes del Duero und der wunderbare Lago de Sanabria, ein See, der wohl auf einen Gletscher zurückgeht, sind nicht weit. Aber große Teile der Provinz Zamora und auch die angrenzenden Gemarkungen der Provinz Valladolid könnten nicht typischer sein für die kahlen Hochebenen des Nordens. Das gleißende Licht der offenen Landschaft und die tiefen Schatten der engen Altstadtgassen der Städte verleihen dem Westen dennoch einen spröden Reiz.

Als strukturschwach gilt die Provinz immer noch, und hätte der Wein in den Gemeinden um das schmucke Städtchen Toro nicht einen bescheidenen Wirtschaftsaufschwung gebracht, würde kaum jemand, von einigen beflissenen und bildungshungrigen Touristen einmal abgesehen, die Provinz Zamora auf seinen Reiseplan setzen. Reputation besitzt neben dem Wein freilich auch der handwerklich hergestellte Schafskäse, der in seiner reinen, würzigen Kraft selbst den kraftvollen *tintos* aus Toro jederzeit Paroli bieten kann.

Rustikale Vergangenheit

Bis vor etwa 15 Jahren galt die heimische Hauptsorte Tinta de Toro als eigenständig und nur entfernt verwandt mit der Tempranillo, die in den östlicheren Anbaugebieten Ribera del Duero und Cigales den Rebsortenspiegel anführt. Kaum jemand nahm Notiz von der Traube, wie auch vom gesamten Gebiet nicht. Toro-Weine galten als rückständig und alkoholisch. In den Provinzhauptstädten von Zamora und Salamanca wurden sie in den Studentenkneipen ausgeschenkt, und die humorvoll-despektierliche Bezeichnung der Kastilier für diese Art von Wein – *vino de batalla,* Schlachtenwein – traf wohl auf nichts besser zu als auf den tiefroten, groben und enorm voluminösen Toro. Die Bestimmung der meisten Toro-Jungweine war damals in der Regel, den Weinen aus dem Norden Farbe und Kraft zu geben.

Spanienreisende, die vor 20 Jahren in Zamora Station machten, mögen sich noch an die berühmten Kellerrestaurants vor der Stadt erinnern, die 15 m unter der

Erde heimische Fleisch- und Wurstwaren servierten und dazu Toro-Fassware für eine Handvoll Peseten in rauen Mengen ausschenkten.

Noch heute existieren übrigens Bodega-Restaurants auf der anderen Seite des Flusses, darunter auch die eine oder andere von inzwischen bemerkenswerter Qualität. Und dank guter Toro-Weine und besserer Belüftung ist es heute ein außerordentliches Vergnügen, dort einzukehren.

Tinta de Toro – Tempranillo-Spielart mit Charakter

Die schwarzbeerige *(tinta)* Traube aus Toro ist mehr als eine nahe Verwandte der Tempranillo, genealogisch gesehen ist sie mit ihr identisch. Allerdings hat sich in der langen Anpassungsphase an die ganz eigenen Klima- und Bodenbedingungen in Toro ein spezifisches Klonmaterial entwickelt, das sich deutlich von der Tempranillo am Oberlauf des Duero unterscheidet. Die Tinta de Toro verfügt über ein beeindruckendes Tanningerüst, was sich natürlich in den Weinen niederschlägt. Leider schmeckt man nicht mehr in allen D.O-Rotweinen die Typizität der Traube heraus, da einige Neueinsteiger auch Klone aus anderen Tempranillo-Gebieten gepflanzt haben. Hält man sich jedoch an die hoch bewerteten kleineren Betriebe oder auch an die Exgenossenschaft Viña Bajoz, kann man der ganzen Fülle an Eindrücken eines echten Tinta-de-Toro-Weins auf den Grund gehen. Ein sortentypischer Wein aus einer guten Lage duftet nach Rosen oder Veilchen, zeigt eine üppige, aber weniger duftige Beerigkeit als ein Ribera-Tempranillo, wirkt durch das viele Tannin satter, aber weniger straff und kann eine gewisse Erdigkeit, oft gepaart mit mineralischen Noten von Schießpulver und einem Hauch von Salzigkeit, nicht verleugnen. Gute Toros wirken mächtig und profund, aber nicht plump, obwohl 14 Vol.-% oder mehr die Regel sind. Ob Weine aus der Tinta de Toro langlebig sind, wird zwar diskutiert, die meisten Weinmacher messen dem Thema jedoch wenig Bedeutung zu. Einen mittelfristig haltbaren *tinto* mit Potenzial für acht oder zehn Jahre zu machen genügt, viel wichtiger sind Charakter und Authentizität.

Der heiße Fleck Kastilien-Leóns

Toro besitzt alle Voraussetzungen, um als völlig eigenständiges Anbaugebiet bestehen zu können: eine heimische Rebsorte, wenn auch direkt verwandt mit der Tempranillo, eine gebietstypische Bodenstruktur sowie ein recht spezifisches Regionalklima.

Die D.O. wird zu den Duero-Anbaugebieten gezählt, obwohl der Fluss, ähnlich wie in Rueda, das Gebiet nur tangiert. Viel wichtiger für den Weinbau sind die vom Duero geschaffenen geologischen Strukturen, etwa die breite Wanne unterhalb der Kleinstadt Toro und die mit Geröll durchsetzten Böden. Wo sich keine mit Flussgestein durchsetzten Bänke finden, dominieren sehr karge Sandböden mit Lehm und aufgebrochenen Kalkschichten im Untergrund. Der Anteil alter Rebflächen ist hoch, und sogar Weinbergrelikte aus der Vorreblauszeit sind in Toro häufiger vorhanden als anderswo, ausgenommen die neue Appellation Tierra del Vino de Zamora weiter südwestlich. Für die ambitionierten Weinmacher von heute bedeutet das einen Glücksfall, wurzeln doch die alten Pflanzungen sehr profund und können sich daher in der Tiefe mit Feuchtigkeit und Mineralien versorgen.

Über der Altstadt am Duero thront die Kathedrale von Zamora.

Die Landschaften westlich von Tordesillas, sprich die D.O. Toro mit der Kapitale Zamora bis hin zum nördlichen Teil der Arribes del Duero, gelten als *punto caliente,* als heißer Fleck der Region. Weist die nördliche Hochebene ohnehin keine hohen Niederschläge auf, so reduziert sich die Regenmenge in diesem Abschnitt des ehemaligen Königreichs von León in der Regel auf unter 400 Liter pro Quadratmeter und Jahr. Ein Übriges zur Toro-spezifischen Beschaffenheit des *terruño,* wie die Spanier den französischen Terminus Terroir übersetzen, tragen die sandigen Böden bei, die mit ihrer sehr eingeschränkten Fruchtbarkeit an zahlreichen Punkten Ende des 19. Jahrhunderts selbst dem Vormarsch der Reblaus Einhalt geboten. Die Stöcke der alten Anlagen stehen im typischen Gobelet-Schnitt gehalten weit auseinander. Die Erträge liegen oft unter einem Kilogramm pro Pflanze, die Trauben bringen tanninbetonte, äußerst dichte Gewächse hervor.

Kraft und Mineralität

Zweifellos sind aufgrund dieser speziellen Situation einige der ganz großen Weine der D.O. geboren worden. Man denke nur an die famosen Gewächse der Marken Numanthia und Termanthia, Letztere aus einer kleinen Parzelle über 100-jähriger Stöcke gewonnen und mit ungeheurer Konzentration und vielschichtiger Mineralität gesegnet. Das gleichnamige Weingut, dem Genius der Brüder Eguren aus dem Rioja-Gebiet entsprungen, hatte für derartige Furore gesorgt, dass es für einen Rekordpreis von einem weltbekannten Konzern für Luxusgüter übernommen wurde. Weinmacher Marcos Eguren wird indes die Anhänger dieser Kultweine mit ebenso persönlichen wie charaktervollen Gewächsen aus der neuen Kellerei der Familie Teso la Monja entschädigen. Victorino und Alabaster werden die Kreationen heißen, natürlich ebenfalls aus sehr alten Rebgärten stammend.

Gänzlich unbekannt – und dies völlig zu Unrecht – ist das Weingut von Gérard Depardieu, dessen Partner, ein Winzeroriginal aus dem Gebiet, den Weinmacher des französischen Starschauspielers mit Lesegut aus ähnlich alten Rebstücken versorgt. Der mächtige, profunde Paciencia ist eine Rarität und nur in den besten Restaurants der Provinz zu bekommen.

Zwei Pioniere

Wie in so vielen Gebieten steht vor der Wiedergeburt ein Visionär, und in Toro heißt er Manuel Fariña. Schon Ende der 1970er-Jahre bemühte er sich um die Entschärfung der alkoholischen Rotweine, deren störrisches Tannin anspruchsvolle Gaumen systematisch abzuschrecken pflegte. Er zog den Erntebeginn vor und verbannte die Pressen aus dem Teil des Kellers, der für die Bereitung seines anspruchsvollen roten Toro bestimmt war. Und siehe da! Der Toro ward

Direkt am Fluss liegt das moderne Hotel Fuente de la Aceña mit innovativer Küche.

gezähmt. Weiche Frucht, sanfteres, wenn auch immer noch mächtiges Tannin, Struktur und Tiefe wiesen seine neuen Weine nun aus, die fürderhin das Modell für trinkbare Toro-Weine abgaben.

Es sollten jedoch noch einmal über zwei Jahrzehnte vergehen, bis sich ein Erzeuger von Weltruf der immer noch weitgehend unbeachteten Herkunftsbezeichnung annahm. Kein Geringerer als Vega Sicilia beauftragte seinen damaligen Chefönologen Mariano García, die Möglichkeiten des Gebiets zu sondieren und schließlich alte Rebflächen zu erwerben. Die Operationen eines so prominenten Erzeugers in einem unbekannten Gebiet konnten nicht lange unbemerkt bleiben, und ein Wettrennen um die Zuschläge für die besten Rebflächen begann, wie es der spanische Weinsektor weder zuvor noch danach je erlebt hat. Ein kometenhafter Aufstieg folgte – binnen fünf Jahren war die D.O. Toro als Produzent von Spitzenweinen berühmt.

Warum gerade Toro? Die Antwort ist sozusagen im Glas zu schmecken. Tempranillo hatte sich längst als wichtigste spanische Rebsorte etabliert und galt mit seiner höchst attraktiven Frucht und dem schnell zugänglichen Tanningerüst als Absatzgarant. Doch woher nehmen, wenn man wachsen wollte? In Rioja und Ribera del Duero waren die Hektarpreise für Rebland in schwindelerregende Höhen gestiegen. Als sich bestätigte, dass sich ein Betrieb wie Vega Sicilia für das unscheinbare Anbaugebiet Toro interessierte, gab es kein Halten mehr. Der Rest ist neuere spanische Weingeschichte. Heute zählt diese kleine Appellation eine beeindruckende Anzahl von hervorragenden Bodegas, aus denen, wie zu erwarten, die Kellerei des legendären Ribera-del-Duero-Erzeugers Vega Sicilia heraussticht. Bodegas Pintia ist nicht nur eines der architektonisch interessantesten Projekte, der Wein gehört auch zu den geschliffensten Gewächsen der D.O. Die schnell gewachsene Erzeugerstruktur bietet darüber hinaus viele Perlen. Kleine Weingüter mit Klasse, die Tempranillo-Weine von satter und reifer Art bieten, sind etwa Bienvenida de Vinos, Maurodos, Quinta de la Quietud, Matarredonda und Bodegas Vega Sauco des Veteranen Wenceslao Gil.

Tierra del Vino de Zamora

Zusammen mit Arlanza, Tierra de León und Arribes del Duero avancierte auch das kleine Anbaugebiet Tierra del Vino de Zamora erst 2007 zur Denominación de Origen. Die Kontrollbehörde befindet sich in Villanueva de Campean, einem Dorf der Provinz Zamora, das mit Corrales del Vino und Cabanas auf die größten Rebbestände der Appellation verweisen kann. Zur Orientierung mag der Hinweis dienen, dass sich die Tierra del Vino grob gesagt zwischen den Städten Zamora und Salamanca befindet, wobei die salmantinische Seite mit zehn eingetragenen Winzergemeinden der Provinz Zamora mit 46 Gemeinden an Bedeutung klar unterlegen ist.

Die Landschaften sind typisch für den kastilisch-leonesischen Westen. Ein sanft geschwungenes Hügelland, jedoch karg und ohne Liebreiz. Das Licht der Hochebene zeichnet harte Konturen, die den ärmlichen Dörfern jeden Charme nehmen. Am schönsten zeigt sich dieser Westen, bevor das Korn

D.O. TIERRA DEL VINO DE ZAMORA

PROVINZEN MIT D.O.-FLÄCHE
Zamora, Salamanca

REBFLÄCHE
800 ha

ANZAHL KELLEREIEN
10

PRODUKTION
170 000 Liter

GESCHÜTZTE WEINTYPEN
Weißwein, Clarete, Rosado, Rotwein

ZUGELASSENE REBSORTEN
weiß: Verdejo, Malvasía, Moscatel de grano menudo
rot: Tempranillo, Garnacha tinta, Cabernet Sauvignon

Weinbau an den Hängen des Duero auf Granit- und Schieferböden. Gegenüber, in Portugal, liegt das berühmte Douro-Gebiet.

eingebracht wird, wenn die im stetigen Wind Kastiliens wogenden Felder den weiten Horizonten eine unwirkliche Weichheit verleihen.

Der Name der Appellation geht angeblich auf eine Einteilung der Katholischen Könige zurück. Der Norden der Provinz Zamora sowie Teile von Palencia waren zur Kornkammer – *tierra del pan* – auserkoren worden, der Süden, die *tierra del vino,* lieferte Wein für die aufstrebenden Städte des Reiches. Ortsnamen wie Cubo del Vino ließen keine Zweifel an deren Bestimmung aufkommen. Angeblich standen in den mit niedrigen Tafelbergen durchsetzten Landschaften zwischen den beiden historischen Provinzhauptstädten einmal über 50 000 ha Reben.

Wie fast überall im Westen fallen die **Böden** karg aus. Sandböden mit kompaktem Lehmuntergrund, der die spärlichen Niederschläge speichert, dominieren das Terrain. An den Rändern der Anhöhen finden sich Ablagerungen von Flussgestein. Die tief wurzelnden alten Reben erbringen wenig Ertrag, die Moste können je nach Arbeit im Weinberg vor Kraft und Mineralität geradezu strotzen.

Wichtige Erzeuger

Die Wiederentdeckung dieser in Vergessenheit geratenen Rebflächen ist einem Erzeuger zu verdanken, der gerade einmal drei Jahrgänge präsentieren musste, um zur regionalen Qualitätsspitze vorstoßen zu können. Die Kellerei Viñas del Cenit verstand es, den größten Trumpf des unscheinbaren Weingebiets zu nutzen, die alten Tempranillo-Weinberge. Die Pflanzungen im Gebiet sind durchschnittlich rund 60 Jahre alt, einige Anlagen wurden sogar schon vor der Reblausplage gepflanzt. Nachdem zunächst eine Neuseeländerin in dieser neuen Bodega den Weg bereitet hatte, übernahm eine junge Spanierin das Ruder. Sie nimmt die alkoholische Gärung für die beiden Kraftpakete Cenit und VD im offenen Stahltank vor. Die zweite Gärung findet im Barrique statt.

Ein weiterer Hoffnungsträger ist die Kellerei Alter Ego Bodega de Crianza, die aus 150-jährigen Reben Wein in einem ganz anderen Stil erzeugt. Die *tintos* Domino de Sexmil sowie der Premium Edición Summa kokettieren mehr mit der Überreife. Eingelegte schwarze Beeren, Praliné und Zartbitterschokolade geben den Ton dieser Weine an.

Arribes del Duero

Ganz im Westen der Region Castilla-León gelegen, bildet die D.O. Arribes del Duero einen schmalen Streifen entlang der portugiesischen Grenze und begleitet den Duero, der als Grenzfluss die beiden iberischen Nationen trennt, auf etwa 80 km Länge. Es muss als das landschaftlich spektakulärste Herkunftsgebiet in Kastilien-Leon bezeichnet werden, als Denominación de Origen ist es jedoch nur wenigen Weingenießern ein Begriff.

Im 16. Jahrhundert hatte das Gebiet einmal eine Epoche bedeutender Weinproduktion erlebt. Damals brachte eine blühende Landwirtschaft solche Mengen an Wein hervor, dass die Festungsstadt Zamora Maßnahmen ergriff, um die eigenen Gewächse aus dem nahe gelegenen Toro zu schützen. Selbst zu Beginn des 20. Jahrhunderts, als der Handel mit Portugal noch funktionierte – man versorgte Portweinproduzenten am Douro mit Weinbrand zum Aufspriten – konnte das Gebiet noch mit wirtschaftlichen Perspektiven aufwarten. Dann begann der strukturelle wie demografische Abstieg. Heute setzen die Gemeinden der Arribes schüchtern auf einen selektiven Tourismus, der nach der Ernennung des Gebiets zum *parque natural* nun kommen soll.

Urwüchsige Landschaft, von Licht durchdrungen

Geografisch unterteilt sich das Weingebiet in zwei verschiedene Landschaftstypen. Von Salamanca oder Zamora kommend, gehen die Landschaften des flachen Hochlands zunächst in ein hügeliges Gelände über, welches man als das Schluchtenvorland bezeichnen könnte. Dort befindet sich das Gros des fruchtbaren Ackerlandes und damit natürlich auch der Löwenanteil des noch vorhandenen Rebbestands. Diese zunächst noch weite und von Licht durchdrungene Landschaft dominiert alles. Hier und dort erheben sich unter dem unruhigen Himmel Westiberiens Granitbrocken, die wie riesige kauernde Tiere auf der Weide wirken. Aber selbst diese urwüchsige Landschaft bereitet den Reisenden nicht darauf vor, was auf ihn zukommt, wenn das Gelände abrupt in die Tiefe stürzt, dem Duero oder einem seiner winzigen, aber zahlreichen Zuflüsse entgegen. Diese Abhänge und die schroffen Täler bilden den zweiten Landschaftstyp: zuweilen steil abfallend, zuweilen sanft über alte Terrassenanlagen hinabführend in die majestätische Duero-Schlucht, die wild wirkt, aber im selben Maß die Spuren der formenden Hand des Menschen aufweist.

Verwaltungstechnisch gesehen verteilt sich die Appellation auf den Südwesten der Provinz Zamora sowie den Nordwesten des Nachbarn Salamanca. Obwohl die D.O. rund 120 km lang ist – am südlichen sowie nördlichen Ende ist sie auch am breitesten –, konzentriert sich die Rebfläche im Grunde auf die sechs Gemeinden von Fermoselle, Masueco, Mieza, Villarino, Pereña und Aldeadávila. Sie bilden das Herz und das Zentrum der kleinen Appellation, die erst 2007 die höheren Weihen der D.O.-Anerkennung erlangen konnte.

Während an einem anderen Platz die Grenzsituation ein Vorteil für die Winzerdörfer sein könnte, stellt sie für Arribes ein Hindernis dar. Ein wirtschaftlicher oder zumindest kultureller Austausch mit der portugiesischen Region Tras os Montes auf der anderen Seite der Grenze existiert nicht. Eine Orientierung findet nur zurück nach Osten, ins spanische Kernland statt.

Sehr bedauerlich ist auch, dass die Terrassenbewirtschaftung fast vor dem Aus steht. Die Arbeit in den heißen Hängen der Dueroschlucht ist mühsam, die Wiederherstellung der schon seit vielen Jahren vernachlässigten *bancales,* wie man die Hanganlagen am Duero nennt, denkbar aufwendig. Nur in den Gemeinden Fermoselle und Villarino gibt es noch

D.O. ARRIBES DEL DUERO

PROVINZEN MIT D.O.-FLÄCHE
Zamora, Salamanca

REBFLÄCHE
ca. 750 ha

ANZAHL KELLEREIEN
14

PRODUKTION
500 000 Liter

GESCHÜTZTE WEINTYPEN
Weißwein, Rosado, Rotwein

ZUGELASSENEN REBSORTEN
weiß: Malvasía, Verdejo, Albillo
rot: Juan García, Tempranillo, Rufete, Garnacha, Mencía

Lichtspiele auf einem neuen Barrique.

Heimat der Juan-García-Traube

Eigentlich bietet das Gebiet Rahmenbedingungen, die einem unternehmungslustigen Weinmacher verlockend erscheinen müssten. Schiefer auf den Terrassen sowie Granitverwitterungsböden und Lehm auf der Höhe im Zusammenspiel mit moderaten Niederschlägen und einer hohen Sonneneinstrahlung ergeben ein mehr als interessantes Terroir. Rebland st günstig zu erwerben, die Böden und die Luft verschont von Umweltbelastungen.

Arribes ist das Land der Juan García, einer roten Sorte, die den Rebspiegel fast völlig dominiert. Etwa 85 % der roten Pflanzungen sind mit dieser heimischen Traube bestockt. In der Vergangenheit als Basis für ansprechende Rosados eingesetzt, erlebt sie eine Wiedergeburt für die Bereitung seriöser *tintos*. Vom Charakter her erscheint sie mediterran und wird so auch von den Weinmachern interpretiert; angesichts ihres lockeren Tanningerüsts traut man ihr aber kein besonderes Lagerpotenzial zu. Typisch ist die warm wirkende Frucht, das deutlich Würzige, dann als Kontrapunkt ein dezenter Bitterton, der die fehlende Säure ausgleicht. Einen gelungenen, sortentypischen Juan García produziert etwa die kleine Kellerei La Setera.

Weinbauern, die diese einmaligen Lagen pflegen. Es käme einer Katastrophe gleich, verschwänden diese Weingärten, denn sie stellen das eigentliche Potenzial des Gebiets dar.

Doch es gibt auch Lichtblicke. Eine der großen Weingruppierungen Spaniens, Arco Bodegas Unidas, hat sich im Zuge ihres Projekts Haciendas de España bei Fermoselle angesiedelt. Die Hacienda Unamuno, eine Kellerei mit angeschlossenem Hotel, nimmt sich inmitten dieser stillen, in sich versunkenen Landschaft wie ein Ausbund an Aktivität aus. Die vor Ort verantwortliche Weinmacherin keltert respektable Rotweine unterschiedlichen Zuschnitts von Tempranillo, Merlot und Syrah, die auf 70 ha wachsen. Die Krönung ist zweifellos der konservative, aber sehr gelungene Tempranillo Durius Magister mit deutlichem Barriqueeinfluss und warmer, mit viel Würze unterlegter Frucht.

Noch spannender sind die ersten Gewächse des momentan besten Betriebs, Terrazgo Bodegas de Crianza, der auf eine Cuvée aus Juan García mit zwei anderen gebietstypischen Trauben setzt: Rufete und Bruñal. Es liegt auf der Hand, dass die Nähe zu Portugal früher einen regen Sortenverkehr zur Folge gehabt haben muss. Schließlich beginnt auf der gegenüberliegenden Flussseite schon das Teilgebiet Douro Superior der weltberühmten portugiesischen DOC Douro. So beanspruchen beide Seiten die Herkunft der feinen Rufete für sich, während der tiefarbige und recht säurereiche Exot Bruñal wohl von der portugiesischen Alfrocheiro Preto abstammt. Beide roten Trauben zeigen viel Profil, und die zuständige Weinbaubehörde täte gut daran, beide Sorten zu fördern. Ein Schritt in die richtige Richtung wäre auch, der Syrah die Pforten der D.O. zu öffnen. Sie könnte auf den Schieferterrassen spektakuläre Weine liefern.

Auch wenn rote Trauben 80 % der Rebfläche stellen, kann das Gebiet mit der Malvasía auf eine heimische weiße Sorte zählen. Die ersten Resultate moderner Weinbereitung sind ermutigend. Eine der Genossenschaften hat sich auf diesem Feld besonders hervorgetan und einen blitzsauberen, nach Zitrusschalen duftenden Malvasía unter der Marke Arribes de Vettonia vorgestellt. Nicht nur die Güte erstaunt, der geradezu lächerlich niedrige Preis tut es auch.

Immer noch werden über drei Viertel der Trauben von den Genossenschaften eingebracht, auch wenn ihr Anteil bei abgefüllten Weinen deutlich geringer ausfällt. Will das Gebiet überleben, müssen vor allem die Kooperativen Farbe bekennen und qualitativ Initiative zeigen. Insgesamt gesehen steht die Zukunft der Appellation tatsächlich auf wackeligen Füßen. Es bleibt zu hoffen, dass sich Region und Provinzen einen Gefallen tun, indem sie die mutigen Winzer und Weinmacher von Arribes del Duero auf das Tatkräftigste unterstützen.

Bierzo

Bierzo ist nicht mehr wirklich Kastilien, sicherlich aber auch noch nicht Galicien. Aus einem weiten, eher den kastilischen Landschaften verbundenen Tal heraus zieht sich das Anbaugebiet über Cacabelos in Richtung Westen Villafranca del Bierzo entgegen, dem alten Pilgerzentrum mit seinen Hospitälern, der Festung und den schmucken Gotteshäusern. In beiden Kleinstädten führt der Jakobsweg mitten durch die Ortskerne. In Cacabelos kann man bei Martín Códax unterwegs einen schönen Mencía verkosten.

Schon vor Villafranca verjüngt sich das Tal. Niedere und lang gezogene Bergrücken bauen sich hintereinander in Richtung der näher rückenden Sierras auf. Schlanke Pinien und Tannen bedecken die Flanken. In den kleineren Flusstälern weist das grüne Durcheinander mitunter südwestdeutsches Gepräge

auf, dann blitzen die typischen hellgrauen Schieferdächer im Sonnenlicht auf, und man ist wieder in Bierzo, dem Land des Schiefers, der Kohle und des üppigen Grüns, das auf die vom grellen Licht Kastiliens überanstrengten Sinne wie Balsam wirkt.

Klima

Klimatisch gesehen ist Bierzo unterschiedlichsten Einflüssen ausgesetzt. Im Frühjahr und Sommer sind die Wetterverhältnisse fast mediterran, im Herbst überwiegen dagegen allzu oft kühl-feuchte atlantische Strömungen, und im Winter hat eine kalte kontinentale Witterung das Gebiet im Griff. Diese ungewöhnlichen Bedingungen haben auch zur Folge, dass die Güte der Jahrgänge nicht immer gleich liegt mit dem Rest von Kastilien oder Rioja und Navarra. 2006, aber auch 2007 konnte Bierzo im Gegensatz zu vielen anderen Appellationen sehr gute Jahre verbuchen.

Land der Mencía

Bierzo ist die Heimat der roten Mencía-Traube, deren Herkunft bis heute ungeklärt ist. Vom Tisch sind Theorien über eine mögliche Verwandtschaft mit Cabernet franc, die im Rucksack der Pilger Spa-

D.O. BIERZO

PROVINZEN MIT D.O.-FLÄCHE
León

REBFLÄCHE
4000 ha

ANZAHL KELLEREIEN
51

PRODUKTION
10 Millionen Liter

GESCHÜTZTE WEINTYPEN
Weißwein, Rosado, Rotwein

ZUGELASSENE REBSORTEN
weiß: Doña blanca, Malvasía, Godello
rot: Mencía, Garnacha tintorera, Merlot, Cabernet Sauvignon, Tempranillo,

Der junge Weinmacher Ricardo Palacios hat mit seinen Lagenweinen qualitative Maßstäbe im Anbaugebiet Bierzo gesetzt.

niens Westen erreicht haben soll. Heimisch ist die Mencía am Rande Kastilien-Leóns vermutlich schon viele Jahrhunderte, aber ihre kühle Art und ihr feines Tannin weisen dennoch nach Nordosten, in kühle zentraleuropäische Gefilde.

Die Traube gilt als die große rote Entdeckung des Landes in jüngster Zeit, und eine stattliche Anzahl hochwertiger Weine beweist dies. Sie ist sonnenempfindlich, reift früh, weist eine kräftige hohe Farbe auf und zeigt eine moderate Säure, die aber im Zuge des nicht überbetonten Tanninausdrucks durchaus prononciert wirkt. Dunkles Steinobst und schwarze Beeren bestimmen das frische, oft auch angenehm balsamische Bukett. Gute Mencía-Weine müssen Saft, Eleganz, Kühle und Mineralität aufweisen. In den flachen östlicheren Tallagen neigt die Sorte zu hohen Erträgen und wirkt dann recht ausdruckslos an Gaumen und Nase. Allein die intensive Farbe des jungen Weins erklärt, warum Bierzo in früheren Jahren rote Fassware mit großem Erfolg in Galicien absetzen konnte. Die alten Weinberge in den höher gelegenen Abschnitten des Anbaugebiets machen dann auch das Potenzial von Bierzo aus.

Spitzenqualität von Schieferlagen

Eine Pionierfunktion beansprucht mehr als ein Erzeuger, doch gebührt die Vorreiterrolle vor allem einem Betrieb, der nach wie vor mit seinen Premiumgewächsen unangefochten an der Spitze steht. Descendientes de J. Palacios nennt sich die Kellerei, und Önologe Ricardo Pérez Palacios entstammt der Familie Palacios, die im Priorat, in der Rioja und neuerdings im galicischen Valdeorras Hervorragendes leistet. Gearbeitet wird schon seit Jahren biodynamisch, die wertvolleren Weine wie die Lagengewächse vergären in großen Holz-*cuves.* Basisqualität ist der feinfruchtige Pétalos. Villa de Corullón, die nächsthöhere Qualität, ist als »Villafranca-Village«-Wein konzipiert, denn das gesamte Lesegut stammt aus Weinbergen der Gemeinde. Schon hier zeigt sich die außergewöhnliche Schiefermineralität, die den Weinen aus den Hanglagen ihren markanten Stempel aufdrückt. Bierzo ist bekannt für seine schieferhaltigen Böden, sie machen aber gerade einmal 20 % der Rebfläche aus. Eine weitere wichtige Rolle spielen Böden mit Granituntergrund.

Vier Lagen *(parages)* mit mehreren Parzellen hat die Kellerei daher im benachbarten Corullón-Gebirge nach geoklimatischen Gesichtspunkten ausgewählt. Aus ihnen stammen die Spitzengewächse San Martín, Las Lamas, Moncerbal und Fontela. Gekrönt wird diese Auswahl an auf großer Höhe gewachsenen reinsortigen Mencía-Weinen durch den La Faraona aus der noch steileren und höher gelegenen gleichnamigen Einzellage, die jedoch so exponiert ist, dass sie nur in besten Jahren etwa zweieinhalb Barriques Wein ergibt. Fruchtintensität, feine Konzentration, komplexe Mineralität und ein spannungsgeladenes Tanningerüst machen diese Handvoll Crus zu etwas Besonderem.

Weitere Kellereien und Lagen

Erzeuger, die nur auf Schieferterroir arbeiten, sind indes sehr selten. Neben Palacios kann nur noch der exzellent beleumundete Kleinerzeuger Paixar von sich behaupten, ausschließlich Lesegut aus Schieferlagen zu verarbeiten. Pionierarbeit leistete aber auch Dominio de Tares, wo man ebenfalls schnell die Bedeutung alter Lagen für die Qualitätsweinerzeugung in Bierzo erkannte. Die hervorragenden reinsortigen Mencía-*tintos* Bembibre und P 3, eine Assemblage aus Weinen dreier Einzellagen, legen davon Zeugnis ab.

Als besonders geeignet für die Produktion von großen Bierzo-Weinen gelten die Flusstäler Cúa mit kühlerem Klima und lehmig-sandigeren Böden sowie Burbia mit der Gemeinde Valtuille. Das Dorf, einstmals eine römische Siedlung, von der die Überreste eines Römerkastells geblieben sind, weist gleich mehrere interessante Erzeuger auf. Castro Ventosa mit seinen reifen, aber mit viel Nerv gesegneten Weinen der Marke Valtuille, wird von Raúl Pérez geleitet, der mit seinem extrem komplexen Boutiquewein Saint Jacques auch nebenher kleine, individuelle Projekte verwirklicht. Ein weiteres Aushängeschild des modernen Bierzo ist Bodegas Peique. In einem höchst einfach ausgestatteten Keller entsteht mit dem Peique Selección Familiar ein saftiger, finessenreicher Mencía. Bei der Wahl der Sorten fällt immer wieder auf, dass kaum eine der Neugründungen auf eine andere Traube zurückgreift als auf die Hauptsorte.

An dieser Stelle sollte auf die einheimische weiße Godello zumindest hingewiesen werden, die bislang in Bierzo nur wenig Größe gezeigt hat. Sie triumphiert im nicht weit entfernten galicischen Valdeorras, wo – Gerechtigkeit muss sein – die Mencía-Weine wiederum nicht die Klasse des Bierzo zeigen.

Zwei Geschwindigkeiten

Mehr als in anderen Aufsteigergebieten gewinnt man den Eindruck, dass Bierzo auf zwei Gleisen läuft. Einmal sind da die neuen Kellereien, geführt von jungen Weinmachertalenten, die ihre Bemühungen auf die besten Lagen konzentrieren, Erträge begrenzen und den Ausbau im Barrique den Bedürfnissen der sensiblen Hauptsorte Mencía anpassen. Auf der anderen Seite stehen einige der alteingesessenen Betriebe sowie die Mehrheit der Genossenschaften mit eher unscheinbaren Weinen, denen es an Kontur und Konzentration fehlt.

Dabei sind Schieferböden nicht unabdingbar für die Produktion eines hochwertigen Weins. Ein hervorragendes Beispiel dafür gibt Bodegas y Viñedos Gancedo ab, ein Erzeuger, dessen alte Pflanzungen in Einzelstockerziehung, die durch einen speziellen Schnitt wie kleine Bäumchen im Weinberg stehen, auf recht tiefen Lehmböden wurzeln. Dementsprechend opulent fallen seine Gewächse Xestal und Ucedo aus; aufgrund der in der Tiefe aufgebrochenen Granitschichten mangelt es ihnen dennoch nicht an Mineralität.

Tierra de León – Potenzial für die Zukunft

Tierra de León könnte sich als einer der großen Hoffnungsträger Spaniens entpuppen. Denn das Anbaugebiet im Süden der Provinz León verfügt mit seiner autochthonen roten Prieto Picudo über eine Sorte,

D.O. TIERRA DE LEÓN

PROVINZEN MIT D.O.-FLÄCHE
León, Valladolid

REBFLÄCHE
1800 ha

ANZAHL KELLEREIEN
36

PRODUKTION
1,2 Millionen Liter

GESCHÜTZTE WEINTYPEN
Weißwein, Rosado, Rotwein

ZUGELASSENE REBSORTEN
weiß: Verdejo, Albarín blanco, Godello, Palomino, Malvasía
rot: Prieto Picudo, Mencía, Tempranillo, Garnacha tinta

Eine kühle Traube gegen den Klimawandel

Prieto Picudo ist wohl der große Hoffnungsträger unter den wiederentdeckten Rotweinsorten Spaniens. Die sehr kompakten, spät reifenden Trauben mit kleinen, ovalen Beeren bringen Weine von ausgeprägter Farbe, ausdrucksstarker Kirschfrucht sowie blumigen Akzenten hervor, die im Alter einen feinen medizinalen Charakter annehmen können. Typisch sind ihr süßes, aber fest strukturiertes Tannin und die überraschend präsente und stabile Säure. Es sind sehr vielschichtige Weine, die aus dieser Sorte entstehen – nur wenige südeuropäische Rotweintrauben sind wie die Prieto Picudo in der Lage, wirklich strukturierte Gewächse hervorzubringen. Ihre kühle, frische Art, kombiniert mit dem eleganten Säureband, ermöglicht elegante, finessenreiche Rotweine, wie man sie eigentlich nur aus Zentraleuropa kennt. Im Falle einer weiteren Erwärmung des Klimas würde die dadurch bedingte Verkürzung des Vegetationszyklus die Qualität der ohnehin spät reifenden Traube sicherlich nicht beeinträchtigen.

die sich andere spanische Appellationen sehnlichst wünschen: eine Traube mit kühlem atlantischem Charakter, die im Falle einer fortschreitenden Erwärmung die großen Rotweine der Zukunft liefern könnte.

Prieto Picudo macht gut die Hälfte der Rebfläche aus, ergänzt durch immerhin 15 % Mencía. Der Grund für die zögerliche Anerkennung der Vorzüge dieser ungewöhnlichen Sorte liegt in ihrer Eigenschaft begründet, nicht aufrecht zu wachsen, sondern sich am Boden zu bewegen. Da in früheren Zeiten die Reben nicht hochgebunden wurden, fristete sie als Kriechrebe ihr Dasein, mit entsprechenden Auswirkungen auf die Frucht, die sehr nahe am Boden hing und somit allerlei Krankheiten und Feuchtigkeit ausgesetzt war. Vermutlich als Schutz gegen das extreme Kontinentalklima wurden die Fruchtruten sogar mit Erde zugedeckt. Kein Wunder also, dass bis vor kurzem keine bemerkenswerten Prieto-Picudo-Qualitäten existierten. Allein der Veteran Bodegas Vinos de León (VILE) machte die rühmliche Ausnahme, fand aber als Tafel- beziehungsweise Landweinerzeuger mit seiner Marke Don Suero kaum Beachtung. Kurioserweise ist es bis heute so, dass die besten Vertreter der Prieto Picudo ebenfalls als Landweine vermarktet werden. Die Rede ist vom E Terna Selección Prieto Picudo des aus Rueda stammenden Ricardo Sanz (Terna Bodegas) sowie dem wegweisenden Cumal, einer Schöpfung des Bierzo-Stars Dominio de Tares von beispielhafter Dichte und Mineralität.

Das Problem der jungen *denominación* war die späte, erst 2007 erfolgte Anerkennung als geschützte Herkunftsbezeichnung. Viele entmutigte Jungwinzer machten gar nicht erst den Versuch, die Tradition ihrer Väter fortzuführen. Zudem fielen viele Prieto-Picudo-Pflanzungen aufgrund ihrer geringen Erträge einer Flurbereinigung zum Opfer. Dennoch gibt es in dem weitläufigen Anbaugebiet immer noch Bestände sehr alter Anlagen. Dass man indes auch mit jungen Reben respektable Weine keltern kann, zeigt seit einigen Jahren der Erzeuger Pardevalles. Der rote Carroleón sowie die Cuvée aus Verdejo und der autochthonen Albarín, die für gute Säure und tropische Fruchtanklänge steht, verdienen Aufmerksamkeit.

Landschaftlich muss Tierra de León als eine recht monotone Weingegend bezeichnet werden. Die **Böden** weisen meist kompakte Kalkschollen im Untergrund auf, Lehm und Flussabraum finden sich direkt an der Oberfläche. Entschädigt wird man als Besucher durch Dörfer wie Valdevimbre, das angeblich 400 Stollenkeller besitzen soll. Einige sind zu Restaurants umgebaut worden und bieten dem Weinreisenden eine ungekünstelte kastilisch-leonesische Atmosphäre und lokale Spezialitäten.

Cigales

Cigales galt stets als der eigentliche Hauptstadtwein Kastiliens, gewachsen in unmittelbarer Nähe der geschichtsträchtigen Kapitale Valladolid. Heute ragen ihre schnell wachsenden Neubausiedlungen gar in einige der Gemeinden der Appellation hinein. Die Dörfer des zentralkastilischen Anbaugebiets wirken gedrungen, die Architektur dem rauen Klima ergeben, wobei die aus früheren Jahrhunderten erhaltenen typischen Kalk- und Backsteingebäude durchaus ihren nüchternen Reiz besitzen. Imposant dagegen sind die vielen Festungen, denn Cigales gilt auch als Gebiet der Kastelle.

Die Landschaft ist kastilisch karg, kahle Tafelberge, an deren nackten Hängen der grau-weiße Kalk hervorschimmert, ausgetrocknete Täler, abrupt abfallende Senkungen, dann wieder wie zufällig dahingeworfene Pinienwäldchen, eine grüne Erlösung inmitten einer dünn besiedelten Einöde. Reben sind über weite Strecken kaum auszumachen, lichte Getreidefelder und Brachland bestimmen den Horizont.

Spitzenterroir im Herzen von Kastilien

Und doch ist Cigales ureigenstes Weinland, bekannt schon zur Zeit der Habsburger für ausgezeichnete *claretes*. Die heutige Version dieser Weine, die modern vinifizierten Rosados, sind immer noch fast so etwas wie ein Synonym für das Anbaugebiet. Bis vor kurzem wurden sie noch Cigales Nuevo genannt, da sie im Gegensatz zur klassischen Variante schon nach wenigen Monaten freigegeben wurden. Inzwischen wird auch weingesetzlich nicht mehr unterschieden, der Klassiker mit oxidativer Note und einer verblichenen Farbe hat wohl endgültig ausgedient.

Einfach ist es dennoch nicht, erstklassige Rosados zu bekommen. Avelino Vegas, Farrán Diez, Lezcano Lacalle und Pilcar halten die Fahne des strahlend fruchtigen und erfrischend saftigen Cigales gegen die Masse des nichtssagenden Durchschnitts hoch. Denn wenn ein Rosado aus Cigales gut ist, dann jubilieren die Sinne.

Typische in den weichen Kalkfels gegrabene Keller im Cigales-Gebiet, in denen die Winzerfamilien einst ihre Weine kelterten.

D.O. CIGALES

PROVINZEN MIT D.O.-FLÄCHE
Valladolid, Palencia

REBFLÄCHE
2600 ha

ANZAHL KELLEREIEN
37

PRODUKTION
7 Millionen Liter

GESCHÜTZTE WEINTYPEN
Rosado, Rotwein

ZUGELASSENE REBSORTEN
weiß: Verdejo, Albillo
rot: Tempranillo, Garnacha tinta, Garnacha gris

Weinmacher Félix Lezcano zählt im Anbaugebiet Cigales zu den Erneuerern der ersten Stunde.

Anlagen wurde in früheren Zeiten kaum Qualität abverlangt.

Erzeuger und ihr Terroir

Doch die Zeiten haben sich geändert. Pionier Félix Lezcano investierte schon zu Beginn der 1990er-Jahre in einen restaurierten Weinberg auf einem Tafelberg, der ihm heute mit dem Dú Pago de Valdeátima einen der schönsten Premiumweine der D.O. erbringt. Hochinteressant und gleichzeitig eine Herausforderung für die Weinmacher sind die uneinheitlichen Bodenstrukturen des Gebiets, die natürlich ebenso rasch wechselnde Wachstumsbedingungen mit sich bringen. Während der Erzeuger La Legua einen reinen Finca-Wein auf Böden mit viel Flussgestein erzeugt, entsteht die mit Nerv und Eleganz glänzende Vendimia Seleccionada von Valdelosfrailes eher auf armem Kalk-Lehm-Grund. Ebenfalls mit viel grobem Flusskiesel durchsetzt sind die drei Parzellen Parada, Majada und Negral, auf denen uralte Tempranillo-Pflanzungen stehen. Sie bilden die Basis für den César Príncipe, den kraftvollsten und profundesten Cigales, kreiert vom Weinunternehmer-Tandem César Muñoz und Ignacio Príncipe.

Der Name Cigales wurde im Übrigen dem gleichnamigen Ort entlehnt, Sitz einer der großen Genossenschaften, welche die Tavernen von Valladolid über viele Jahrzehnte versorgte.

Vom Rosado zum seriösen Rotwein

Heute ringt das Gebiet um Anerkennung als Rotweingebiet, und einige namhafte Weinmacher und Erzeugergruppen haben sich in die D.O. eingekauft, um seriöse Tempranillos zu keltern. Die Entwicklung zum Rotweingebiet verlief zunächst zögerlich. Mehr als ein renommierter Weinmacher attestierte dem Gebiet mit seinen kargen Böden erstklassiges Terroir, mit Skepsis wurde hingegen die Qualität des vorhandenen Tempranillo-Klonmaterials beäugt, denn den

Einen Prototyp Cigales *tinto* gibt es nicht, doch kann man sagen, dass die Roten dieser D.O. weniger fleischig, aber auch weniger süß im Tannin ausfallen als die Gewächse der benachbarten Ribera del Duero. Traslanzas, das Werk des Önologentrios Ana Martín, María Pinacho und José Hidalgo und ohne Zweifel einer der ganz großen Tempranillo-Weine der Appellation, gibt sich ausgesprochen strukturiert, vielleicht etwas sehr diszipliniert, gleichwohl muskulös und ein wenig asketisch.

Die große Ausnahme existiert natürlich auch und trägt den Namen Museum. Für das Projekt der Rioja-Gruppe Barón de Ley verpflichtete man vor einigen Jahren einen Weinmacher, der für sehr reife und damit weiche Gewächse bekannt ist. Unter der Regie von Gonzalo Rodríguez ist nun auch ein weiniger, opulenter und warmer Tempranillo entstanden. Ein Fingerzeig für die Zukunft vielleicht?

Arlanza – eine unbekannte Tempranillo-Appellation

Auch die neue, 2007 eingerichtete Appellation Arlanza, benannt nach dem gleichnamigen Flüsschen, zählt zu den klassischen Hochlandanbaugebieten der Region. Der Weinbau ging wie fast überall von den Klöstern aus und lässt sich bis ins 7. Jahrhundert zurückverfolgen. Das Gebiet ist weniger bekannt für seinen Wein als für seine Baudenkmäler und Landschaften. Die Städte Lerma und Covarrubias, das legendäre Benediktinerkloster Santo Domingo de Silos mit seinen singenden Mönchen und Santa María del Campo sind Pflicht im Programm jeder Reise durch Kastilien. Der Wein hat erst im letzten Jahrzehnt wieder an Bedeutung gewonnen, seit die Familie Arzuaga, berühmt für ihre Ribera-del-Duero-Weine, die Kugel sozusagen wieder ins Rollen brachte. Die Durchschnittshöhe der Anbauflächen liegt deutlich über 800 m und steigt im Osten der D.O. gar über 1000 m. Entsprechend extrem sind die klimatischen Bedingungen.

Hauptsorte ist die Tempranillo, für die in der Regel das Synonym Tinta del País verwendet wird. Über 95 % der gesamten Anbaufläche entfällt auf diese wichtigste rote Sorte Spaniens. Die Rosados sowie die *tintos* müssen mindestens zur Hälfte aus der roten Hauptsorte gekeltert werden. Immerhin beträgt der Anteil der frucht- und säurebetonten autochthonen weißen Traube Albillo 1 %, sodass Hoffnung besteht, eines Tages einen wirklich interessanten reinsortigen Albillo verkosten zu können. Die Rotweine zeigen von Jahr zu Jahr mehr Qualität und neigen eher zu einer schlanken Art als zu viel Volumen. Monte Amán und Buezo Vendimia Seleccionada y Vinos de Guarda produzieren momentan die besten Rotweine dieser unscheinbaren, aber durchaus entwicklungsfähigen Herkunftsbezeichnung.

Land- und Tafelweine Altkastiliens

Auch wenn die hochwertigen Weine aus den geschützten Herkunftsbezeichnungen den Tafel- und Landweinen Kastilien-Leóns in der Regel weit überlegen sind, gibt es doch ein gutes Dutzend außergewöhnlicher Bodegas außerhalb der Qualitätsweingebiete, die mehr als nur eine interessante Bereicherung darstellen und teils großartige Weine produzieren. Einfachen Vino de Mesa vermarktet indes kaum noch eine Kellerei, fast alle produzieren Landwein, **Vino de la Tierra Castilla y León**.

International Notiz genommen hat man erstmals von Weinen, die nicht von einem Kontrollrat geschützt wurden, durch die Arbeit der Bodegas Mauro. Der Gründer und Miteigentümer Mariano García war damals noch in Amt und Würden als Chefweinmacher von Vega Sicilia. Aufgrund seiner Kenntnisse des Duero-Beckens sah er zu Beginn der 1980er-Jahre die Zeit reif für ein eigenes Abenteuer und gründete im Dorf Tudela de Duero, nur wenige Kilometer öst-

D.O. ARLANZA

PROVINZEN MIT D.O.-FLÄCHE
Burgos, Palencia

REBFLÄCHE
420 ha

ANZAHL KELLEREIEN
15

PRODUKTION
650 000 Liter

GESCHÜTZTE WEINTYPEN
Weißwein, Rosado, Rotwein

ZUGELASSENE REBSORTEN
weiß: Verdejo, Viura
rot: Tempranillo (Tinta del País), Garnacha tinta, Mencía, Cabernet Sauvignon, Merlot, Petit Verdot

In einem leonesischen Weinberg stehen die geernteten Trauben zum Weitertransport in die Kellerei bereit.

Provinzen der Region verteilt waren. Auch wenn der Yllera heute etwas ins Abseits geraten ist, kann seine geschichtliche Bedeutung als einer der ersten modernen Rotweine Kastiliens gar nicht hoch genug eingeschätzt werden. Heute ist übrigens Marcos, einer der Curros-Söhne, in mehreren Appellationen aktiv.

Die Strategie, sich mit bestem Lesegut aus verschiedenen Landstrichen zu versorgen, betreibt auch ein Erzeuger der letzten Generation, der auf die Initiative eines großen Weinhändlers sowie den Önologen César Muñoz und die Gebrüder García zurückgeht. Der Leda *tinto* ist ein saftiges, konzentriertes und vollfruchtiges Trinkerlebnis; mit seiner Tiefe und mineralischen Prägung nimmt er eine Sonderstellung unter den Tempranillos Kastiliens ein. Er ist der beste Beweis dafür, dass Tempranillo-Verschnitte aus Zamora und Valladolid hervorragend funktionieren können und dass das ureigene spanische Modell jenseits einer sturen Lagenpolitik beste Resultate erbringen kann.

Terroir neu entdecken

Sehr terroirbezogen arbeitet wiederum der in Kastilien bzw. in Madrid lebende Zweig der navarresischen Magaña-Familie, die auch die renommierte Fachzeitschrift Vino y Gastronomía verlegt. Tochter Nelly hat nach der Ausbildung in Madrid und Bordeaux die Leitung der familieneigenen Kellerei Ribera del Duratón übernommen. Im kalten und steinigen Hochland von Segovia keltert sie elegante und dennoch konzentrierte *tintos* und hat vor allem mit einem charaktervollen, komplexen, aber nicht sehr leicht zugänglichen Syrah für Aufsehen gesorgt.

Ein nicht ganz so unwirtliches, aber ebenso hoch gelegenes Gelände hat sich Fernando Maillo für sein Boutiqueweingut Cámbrico ausgesucht. Die alten Terrassenlagen mit Granit- und Schieferböden der malerischen Sierra de Francia im Süden der Provinz Salamanca liefern ihm erstklassiges Rufete-Lesegut.

lich der Kapitale Valladolid, ein kleines Gut, das er mit vollen, ausgereiften und weichen Tempranillo-Weinen zum Erfolg führen sollte. Mauro wurde zum Musterbeispiel eines erfolgreichen Weinunternehmers im kleinen Rahmen und produziert heute mit der Vendimia Seleccionada und dem fantastischen Terreus zwei kastilische Weinikonen.

Abseits der Denominaciones

Dass ein D.O.-Gütesiegel nicht unabdingbar für kommerziellen Erfolg ist, hatte allerdings schon ein anderer Erzeuger einige Jahre zuvor gezeigt. Bereits zu Beginn der 1980er-Jahre hatte ein roter Tafelwein aus der Kleinstadt Rueda Kultstaus erreicht. Yllera hieß das Gewächs, kreiert von zwei Brüdern, die gemeinhin nur als Los Curros bekannt waren. Die Trauben entstammten alten Weingärten, die über mehrere

Die Traube, die eigentlich am portugiesischen Douro in Port- und Rotweincuvées eingeht, erzeugt feinste und delikate Rotweine von strahlend roter Frucht. Maillo produziert in neuem französischem Holz den einzigen ernst zu nehmenden reinsortigen Rufete der Welt und steht mit diesem Gewächs für alles, was Weinmachen jenseits einer D.O.-Grenze ausmachen kann, nämlich Individualität, Profil und Wagemut.

Das kostspieligste Landweinprojekt der Region ist indes direkt am Duero zu finden und grenzt an den westlichsten Ausläufer der D.O. Ribera del Duero. Abadía Retuerta, seit geraumer Zeit im Besitz des Baseler Pharmakonzerns Novartis, erfreut sich bei Kritikern und Genießern eines soliden Rufs. Das Gut war während der Säkularisierung der Obhut der Kirche entrissen worden, fand seine jetzige Bestimmung als Weingut aber erst in den Neunzigerjahren des vergangenen Jahrhunderts. Neben der modernen Kellerei kann auf Anfrage auch das liebevoll restaurierte Abteigebäude besichtigt werden. Auf der weitläufigen Finca, die von der N 122 zweigeteilt wird und mit den D.O.-Nachbarn Arzuaga, Vega Sicilia, Viña Mayor und Villacreces zur sogenannten Goldmeile am Duero gehört, hat man französische Sorten wie die immer noch seltene Petit Verdot angebaut, aber auch Tempranillo steht in den nach neuesten Erkenntnissen angelegten Rebgärten. Sogar Propeller, die in Nächten mit Frostgefahr die in der Senke sitzende Kaltluft bewegen und umwälzen, wurden installiert. Weinmacher Ángel Anocíbar setzt auf die Eigenschaften seiner Parzellen und keltert beispielsweise den Ertrag aus dem Petit-Verdot-Weinberg stets separat. Auch der Premium-Tempranillo Pago Negralada entsteht aus einem einzelnen Rebgarten. Aus Syrah und Cabernet Sauvignon entsteht auch jeweils ein Einzellagenwein.

Als die Anlage entstand, waren die Erwartungen hoch, doch zunächst blieb bei aller gebotenen Qualität der echte Kultwein aus. Doch wie so oft zeigt sich echte Qualität erst mit der Zeit, und die letzten Jahrgänge haben ein hervorragendes Niveau erreicht. Satte Frucht, stoffiges, reifes Tannin, hervorragend eingearbeitetes Holz und eine feine Mineralität zeichnen die Gewächse aus. Sobald die regionale Legislative so weit ist, könnte eine Anerkennung als Vino-de-Pago-Produzent ins Haus stehen.

Castilla y León mit seinen vielfältigen Böden und Klima-Nischen ist geradezu prädestiniert, eine Produzentenstruktur von großartiger Vielfalt hervorzubringen. So ist nicht weiter verwunderlich, dass immer mehr überzeugende Weine durch unternehmungslustige und durchsetzungsfreudige Freigeister entstehen. Beispiele dafür aus den letzten Jahren gibt es zuhauf: Quinta Sardonia aus Sardón am Duero zählt sicherlich dazu, der fein-fruchtige Prieto-Picudo-Rosado Otero (der im Gebiet Valles de Benavente als Vino de Calidad con Indicación Geográfica produziert wird) und der immer noch fast unbekannte Alonso Toribio mit seinem bombastischen Tempranillo Facus.

Der Duero – Lebensader der nördlichen Meseta und Bindeglied zum Nachbarn Portugal.

Kastilien-La Mancha – Vinos de Madrid

Die Region Castilla-La Mancha mit ihren acht D.O.s ist das mengenmäßig bedeutendste Weinbaugebiet Spaniens, aber auch das am meisten unterschätzte – doch es hat, wie auch die Region um Madrid, eine starke Zukunft vor sich.

Windmühlen sind das Wahrzeichen von La Mancha, der größten Weinregion der Welt.

Ein weites Land

Südlich von Madrid, im Herzen Spaniens, erstreckt sich die weite Hochebene von Castilla-La Mancha mit einem Durchmesser von etwa 250 km. Schon seit Jahrhunderten ist die Meseta durch agrarische Strukturen geprägt. Scheinbar endlos ziehen sich Olivenhaine und Getreidefelder auf ebener Fläche bis zum Horizont. Aber immer wieder kann man zwischendurch auch große, grüne Tupfen oder rechteckige grüne Flecken auf rotbrauner Erde sehen. Sie gehören zu den insgesamt 450 000 ha, die in diesem Gebiet mit Reben bestockt sind.

Auf einigen tausend Hektar dieser enormen Fläche, Tendenz steigend, ist seit einiger Zeit eine Qualitätsrevolution im Gange, die das Gebiet immer mehr in den Fokus der internationalen Weinwelt rücken wird. Hier entstehen zunehmend hochkarätige Weine, und in den Kellern etlicher Winzer reifen derzeit noch herausragende Vertreter der Jahrgänge 2007 und 2008 – das gilt ebenfalls für die Region um Madrid. Es wird demnächst also viel zu entdecken geben, was man diesen Regionen bis vor kurzem in diesem Umfang nicht zugetraut hätte. Allerdings wird ein Großteil der besten Weine nicht unter der jeweiligen D.O., sondern als Landwein, als Vino de la Tierra de Castilla, angeboten.

Ausflug in die Geschichte

Schon zur Römerzeit gab es im Gebiet Weinbau, allerdings nur in bescheidenem Umfang rund um die römischen Siedlungen der Region. Nach Ansicht einiger Historiker standen die ersten Rebstöcke um die Siedlung Acinippo (*acinus*, Kern der Weintraube), im Gebiet des heutigen Valdepeñas. Selbst während der maurischen Besetzung wurde hier Wein angebaut. Als die Kreuzritter vom Templerorden unter Alphons VII. im Jahr 1150 weite Teile der Mancha von den Mauren zurückeroberten, fanden sie zumindest in Valdepeñas einen intakten Weinbau vor. Zu einem wirtschaftlich bedeutenden Faktor in der Region wurde er jedoch erst viel später.

Das goldene Zeitalter der Mancha-Weine begann im 15. Jahrhundert. Am Hof Philipps II. genossen die Weine hohe Wertschätzung, und unter Karl III. hatte der Absatz in der Hauptstadt solche Ausmaße angenommen, dass der König aus den Einnahmen der Weinsteuern Bauwerke wie das Alcalá-Tor oder das Toledo-Tor in der alten Stadtmauer finanzieren konnte. Aus dem 15. bis 17. Jahrhundert finden sich auch viele literarische Quellen, in denen die Qualität der Weine gelobt wird, etwa bei Cervantes, der zum Mancha-Wein in seinem »Don Quijote« bemerkt: »Er lobte den Wein so sehr, dass er ihn fast in den Himmel hob. Er geriet jedoch keinen Moment in die Gefahr, ihn so lange dort oben zu lassen, dass er als Wasser hätte herunterregnen können.«

Im 16. und 17. Jahrhundert stieg die Produktion, und der Wein wurde auch zum Getränk der kleinen

In Ciudad Real, der »königlichen Stadt«, gibt es nicht nur gute Weinläden, sondern auch viele historische Gebäude.

Rund um das alte Zentrum der Stadt Villanueva werden in Bars und Restaurants einige der besten Weine der Region angeboten.

Leute. In zahllosen Tavernen Madrids floss der preiswerte »Vino de Ciudad Real« (nach der größten Stadt im Zentrum der Mancha) in Strömen. Madrid und seine Gastronomie blieben bis ins 20. Jahrhundert hinein ein bedeutender Markt für die Mancha-Weine, obwohl seit Beginn des 19. Jahrhunderts die Konkurrenz aus Rioja oder Jerez immer größer wurde.

Im Jahr 1857 betrug die bebaute Rebfläche in der Region von Ciudad Real bereits 67 302 ha, und die Entwicklung setzte sich rasant fort. Noch nicht einmal die Reblaus, die erstmals im Jahr 1900 in der Mancha auftrat, konnte die rasante Ausdehnung des Weinbaus aufhalten. Die befallenen Areale wurden meist umgehend gerodet und neu bepflanzt. Im Jahr 1913 wurden schon auf 132 381 ha Wein angebaut. Eine weitere starke Expansion fand in den 1920er- und 1930er-Jahren statt, als im großen Maßstab mit dem Anbau der Sorte Airén begonnen wurde.

Mancha-Weine zählten in jener Zeit, nicht zuletzt aufgrund ihrer günstigen Preise, zu den beliebtesten Konsumweinen in ganz Spanien. Diese Entwicklung setzte sich auch nach dem Spanischen Bürgerkrieg fort und führte schließlich dazu, dass die Mancha heute das größte zusammenhängende Weinbaugebiet der Welt darstellt.

Ab den 1960er-Jahren hatte der Mancha-Wein durch die fast schon ungezügelte Expansion plötzlich mit Absatz- und Imageproblemen zu kämpfen. Die Krise dauerte eine Weile, denn in einem so großen Gebiet lässt sich eine Trendwende zum Positiven nicht bei jedem Erzeuger und erst recht nicht von heute auf morgen realisieren. Aber mittlerweile ist der Koloss auf einem guten Weg. In der Mancha werden heute mehr Qualitätsreben denn je gepflanzt, und der Anteil von konkurrenzfähigen Rotweinen, speziell aus der Sorte Cencibel (Tempranillo), wächst beständig.

Airén – eine Weißweinsorte dominiert die Meseta

Der größte Teil der Rebfläche in Castilla-La Mancha ist indes nach wie vor mit der weißen Sorte Airén bepflanzt – und das ist gleichzeitig das größte Problem des Gebiets. Zwar werden daraus weltweit die meisten sortenreinen Weißweine gekeltert, aber in der Regel sind diese Weine bestenfalls zartfruchtig, mild und ohne besonderen Charakter. Der Großteil geht als Fasswein in andere Landesteile oder wird als Grundwein exportiert, und so werden die meisten Wein- oder Schaumweintrinker mit Airén schon einmal, meist unwissentlich, in Kontakt gekommen sein.

Dabei kann diese Rebe durchaus animierend frische, feinfruchtige Weine hervorbringen, mitunter mit

Anklängen von tropischen Früchten, vor allem wenn die Trauben noch nicht vollreif geerntet wurden und somit noch ausreichend Säure aufweisen.

Gute Airén-Erzeuger

Positive Beispiele sind etwa Bodegas Ayuso mit ihrem Armiño, Bodega Flores Alcázar mit dem One for One Varietal Airén und dem Arcaduz, Bodegas Lahoz mit dem Vega Córcoles Airén, der Clavelito Airén von Bodegas Entremontes sowie Bodegas Naranjo mit dem Viña Cuerva Airén. Ebenfalls überdurchschnittliche, süffige Airén-Weine sind der Los Galanes von Santa Catalina, der Santa Elena Blanco von Domecq Bodegas und der Cervantino Blanco von Cervantino. Würdige Vertreter dieser Sorten bieten auch die Bodegas Enomar mit der Linie Benengeli und die Cooperativa Nuestra Senora del Pilar mit dem Don Grumier Blanco an.

Mit dem wohl überzeugendsten Airén-Wein können die Bodegas Cristo de la Vega aufwarten: Der leicht prickelnde, zartherbe Marqués de Castilla präsentiert sich mit feinen Aromen von Blumen und Trauben.

Außerdem kann die Sorte auch als Cuvéepartner überzeugen, wenn man ihr einen geschmacklich ausdrucksstärkeren Partner zur Seite stellt. Auch da sind Bodegas Cristo de la Vega ein gutes Beispiel, der Yugo Blanco aus etwa 80 % Airén und 20 % Chardonnay bringt einen feinfruchtigen, etwas fülligen Geschmack. Sogar im Segment Schaumwein kann Airén punkten, vor allem im Verschnitt mit Macabeo, wie es beim Cuevas Santoyo Brut und Brut Nature der Kellerei Viñedos y Reservas praktiziert wird.

Neupflanzungsaktionen

Dennoch gilt Airén mittlerweile als Problemsorte. Zwar ist sie an das Klima der Region besonders gut angepasst, entspricht aber nach Ansicht der Behörden der D.O. La Mancha in vielen Fällen nicht mehr den Erwartungen des Marktes. Einerseits haben sich die Nachfrage und die Ansprüche der internationalen Weinkonsumenten geändert, andererseits lassen sich eine maschinelle Weinbergbearbeitung sowie eine effektive Bewässerung mit der traditionellen Einzelstockerziehung nicht vereinbaren. Daher machten sich die Region und speziell ihre Genossenschaften auf 75 000 ha Rebfläche an die umfangreichsten Restrukturierungsmaßnahmen des europäischen Weinbaus. Zum einen wurden die Weinberge auf moderne Erziehungsmethoden am Drahtrahmen umgestellt und mit Vorrichtungen zur Tropfbewässerung versehen, was auch die Mechanisierung ermöglichte. Zum anderen wurde ein großer Teil der Airén-Flächen durch Sorten wie Sauvignon blanc, Macabeo und Moscatel oder rote Sorten wie Tempranillo, Cabernet Sauvignon und Syrah ersetzt. Das war nicht immer ganz einfach, schließlich mussten die Genossenschaften ihre Mitglieder, immerhin über 15 000 Winzer, von der nachhaltigen Wirtschaftlichkeit dieser Maßnahmen überzeugen.

Traditionelle Erziehung

Mittlerweile sind große Fortschritte gemacht worden. Dennoch bleiben allein in der D.O. La Mancha noch rund 110 000 ha Airén im Anbau, und der traditionelle extensive Anbau wird weiterhin auf weiten Flächen betrieben.

Dabei stehen die Rebstöcke im sogenannten *marco real*, im »königlichen Rahmen«, mit einem Abstand von je 2,5 m, sowohl in der Zeile als auch von Reihe zu Reihe. Der Rebschnitt erfolgt im typischen La-Mancha-Stil, *a la manchega*. Es ist eine Form des Kurzschnitts, die auf die speziellen klimatischen Verhältnisse und die Bodenbeschaffenheit der Mancha abgestimmt ist. Auf jeweils fünf bis sieben Fruchtruten werden jeweils nicht mehr als zwei Augen angeschnitten, eine Variante, die auf relativ geringe Erträge und starke Laubbildung ausgerichtet ist. Damit wird der Effekt erzielt, dass das Laub rund um den Stock herum den Boden bedeckt und somit die heranwachsenden Trauben vor Hitze und den Boden vor zu starker Verdunstung schützt.

Teils extremes Klima

Die Mancha ist durch ein extremes Kontinentalklima mit kalten Wintern und heißen Sommern geprägt. Die früher stark bewaldete Region wurde im Lauf der Jahrhunderte fast völlig abgeholzt. Trockenheit und

La Mancha – Land der Windmühlen und des allgegenwärtigen Don Quijote.

det die Mancha unter lang anhaltenden Trockenperioden. Aus diesem Grunde ist vorsichtige Tropfbewässerung nahezu essenziell für hohe Qualitäten.

Gute Bodenverhältnisse

Castilla-La Mancha ist aus geologischer Sicht ein flaches Hochplateau, das nach Süden zur Sierra Morena hin in ein welliges Hügelland übergeht. Die rotbraunen, krumigen Böden stammen aus dem Miozän. Sie sind arm an organischer Materie und stark kalkhaltig. Gelegentlich stößt man bei der Bodenbearbeitung auf regelrechte Kalkkrusten, die durchbrochen werden müssen, damit die Wurzeln der Rebstöcke tiefer in den Boden vordringen können. Das trockene, semiaride Terrain mit seinen mageren Böden, die oft mit Steinen und Kies durchsetzt sind, ist für den Weinbau geradezu ideal.

Der typische rötlich braune, karge Boden der Mancha weist sandige, kalkige oder tonhaltige Zusammensetzungen auf. Durch seine Fähigkeit, das wenige Wasser zu speichern, macht er den Weinanbau überhaupt erst möglich.

Die D.O. La Mancha

La Mancha ist mit rund 190 000 ha nicht nur die größte D.O. Spaniens, sondern auch das größte zusammenhängende Weinbaugebiet der Welt. Es umfasst insgesamt 182 Gemeinden, 12 davon in der Provinz Albacete, 58 in der Provinz Ciudad Real, 66 in der Provinz Cuenca und 46 in Toledo. In Albacete sind 20 198 ha oder 11 % der Gesamtfläche angepflanzt, in Cuenca sind es 36 660 ha oder 19 %, in Toledo 40 881 ha oder 21 % und in Ciudad Real 93 241 ha oder 49 %.

Das Anbaugebiet ist vor allem für junge Rotweine und frische, leichte Weißweine bekannt. In Deutschland sind bislang überwiegend preiswerte Weine der Sorte Tempranillo, auch Cencibel genannt, auf dem

Waldarmut bewirken von Zeit zu Zeit eine starke elektrische Aufladung der Atmosphäre mit teilweise extremen Gewittern, Hagel und Sturm. Bei insgesamt rund 200 Sonnentagen erstreckt sich die aktive Vegetationsperiode in der Mancha über 230 bis 255 Tage. Die jährliche Durchschnittstemperatur liegt bei 14,6 °C. Pro Jahr fallen in der Mancha etwa 400 mm Niederschlag, der Anteil während der aktiven Vegetationsperiode beträgt rund 240 mm.

Das Gebiet ist geprägt von extremen Temperaturgegensätzen mit bis zu 45 °C heißen Sommern und kalten Wintern, in denen das Thermometer auf −15 °C sinken kann. Obwohl die Region flach ist, können feuchte Strömungen vom Küstenbereich kaum bis hierher vordringen, da sie auf allen Seiten von Gebirgszügen abgeschirmt werden. Oftmals lei-

Vormarsch. Daher haftet der D.O. allerdings entweder das Image eines Billigweingebiets an – oder sie wird gar nicht als Weinbauregion wahrgenommen, denn obwohl die Mehrzahl der Weine sich wegen ihres guten Preis-Genuss-Verhältnisses großer Beliebtheit erfreuen, spielt ihre Herkunft beim Durchschnittsverbraucher bislang noch keine große Rolle. Bei profunderen Liebhabern spanischer Weine hat sich das bereits geändert, und auch im größeren Maßstab ist der Durchbruch in der nächsten Zukunft zu erwarten.

Auf Schritt und Tritt begegnet einem in der Mancha ein ganz bestimmtes Bild: Ein magerer, aber stolzer Ritter mit Lanze ist darauf zu sehen, der ein klappriges Pferd reitet. Restaurants und Herbergen sind nach Ritter und Pferd benannt, ebenso die Touristenroute für die steigende Zahl von Besuchern, und selbst auf dem Herkunfts- und Qualitätszeichen der D.O. La Mancha sind sie abgebildet. Die Rede ist natürlich von Don Quijote auf seinem Pferd Rosinante, dem edlen Ritter von der traurigen Gestalt, den der Schriftsteller Miguel de Cervantes vor 400 Jahren erschaffen hat. Als Mann, der mit seinem edlen Ansinnen und seinen unbeirrbaren Idealen auf dieser Welt letztlich scheiterte, ist Don Quijote in die Weltliteratur eingegangen.

Betrachtet man den Ruf, den die Winzer der Mancha bis heute beim durchschnittlichen Konsumenten im deutschsprachigen Raum genießen, ist man zunächst unwillkürlich geneigt, die Bemühungen der Produzenten mit denen des Ritters gleichzusetzen. Und tatsächlich mag das auf einen guten Teil der Betriebe zutreffen, die den neuen Trend zu einem wirklichen Qualitätswein bislang verschlafen haben und statt auf Klasse lieber auf anonyme Masse setzen. Den engagierten Winzern und Genossenschaften in der Mancha – und von ihnen gibt es keineswegs nur eine Handvoll – würde man mit einem solchen Vergleich aber sicherlich Unrecht tun. Denn im Gegensatz zu Don Quijote kämpfen sie nicht eine aussichtslose Schlacht gegen Windmühlen, sondern setzen alles daran, ihrer Weinregion auch international den guten Ruf zu verschaffen, den sie sehr wohl verdient.

Qualitätserzeuger

Zu den besseren Erzeugern kann man Bodegas Volver zählen mit dem Paso a Paso Blanco (Verdejo) und vor allem dem Paso a Paso Tinto – ein reinrassiger, nach roten Früchten und Röstaromen duftender Tempranillo mit reifen Tanninen und starker Länge. Überzeugen können außerdem die 1991 gegründeten Bodegas Centro Españolas, die unter der Linie Allozo je einen sehr ansprechenden Tempranillo und Syrah anbieten. Die Stärke von Vinícola de Castilla wiederum sind die gut strukturierten, fruchtig-würzigen Syrah- und Cabernet-Sauvignon-Weine der Linie Señorío de Guadianeja. Mit einem erstklassigen fruchtig-kraftvollen Petit Verdot mit Noten von Kakao und Gewürzen begeistert die Finca Coronado, während Merlot die besondere Stärke des 1997 gegründeten Pago de la Jaraba ist. Glänzen kann auch die nach Kirschen, Brombeeren, Kakao und Kaffee duftende Reserva der Linie Azagador aus Tempranillo, Cabernet Sauvignon und Merlot.

Gelegentlich konnte man in den letzten Jahren bei der Lektüre einschlägiger Literatur den Eindruck

D.O. LA MANCHA

PROVINZEN MIT D.O.-FLÄCHE
Albacete, Ciudad Real, Cuenca, Toledo

REBFLÄCHE
190 980 ha

ANZAHL KELLEREIEN
304

PRODUKTION
10.4 Millionen Hektoliter

GESCHÜTZTE WEINTYPEN
Weißwein, Rosado, Rotwein, Schaumwein

ZUGELASSENE REBSORTEN
weiß: Airén, Macabeo (Viura), Chardonnay, Sauvignon blanc, Verdejo, Moscatel de grano menudo
rot: Tempranillo (Cencibel), Garnacha, Moravia, Cabernet Sauvignon, Merlot, Syrah, Petit Verdot

El Vínculo: Die Entdeckung vom Altmeister

Der Name Alejandro Fernández taucht in diesem Buch mehrmals auf. Zu Recht, schließlich besitzt der Gründer der »Grupo Pesquera« mittlerweile vier berühmte Weingüter in drei Regionen: Pesquera und Condado de Haza in Ribera del Duero, Dehesa la Granja in Zamora und, seit 1999, auch El Vínculo in La Mancha. Dabei war der letzte Erwerb eher ein Zufall. Denn für sein Weingut Dehesa La Granja benötigte er Pflanzrechte, die er aus dem Weinbaugebiet La Mancha beziehen wollte. Bei seiner ersten Reise 1998 entdeckte er in Campo de Criptana alte Tempranillo-Anlagen, und als ausgewiesener Spezialist für diese Sorte war er überzeugt, dass diese Rebstöcke über ein immenses Qualitätspotenzial verfügen. Anfang 1999 kaufte und renovierte er daher ein altes Kellergebäude in der Nähe des Bahnhofs von Campo de Criptana und erwarb 1300 Barriques.

Den ersten Jahrgang 1999 füllte er Anfang 2001 ab und nannte den Wein als Reminiszenz an seine Kindheit El Vínculo – »die Verbindung«. Denn Alejandro durfte von frühester Kindheit an seine Familie und deren Freunde in die mittelalterlichen unterirdischen Keller seines Vaters begleiten, wo man miteinander zu Abend aß, Wein probierte und Volkslieder sang.

Nun hat, bei aller Nostalgie, der El Vínculo mit den Weinen vergangener Tage kaum etwas zu tun. Schon die Crianza aus 100 % Tempranillo wird je nach Jahrgang bis zu 18 Monate lang in Barriques ausgebaut und weder filtriert noch geklärt. Sie duftet verführerisch nach Beeren, Tabak und Zedernholz und zeigt sich im Mund mit Aromen von dunkler Schokolade, Leder und Toast, eingerahmt mit präsenten, aber weichen Tanninen.

Noch um einiges dichter zeigt sich der große Bruder, El Vínculo Reserva, der bis zu 24 Monate in Barriques aus amerikanischer Eiche reift. Seine Aromatik umfasst dunkle Beeren mit Anklängen an Leder und Kräuter, am Gaumen präsentiert er sich mit dichter, fast süßer Beerenfrucht, feinen Barriquenoten, einer cremigen Textur und einem sehr lange anhaltenden Abgang. Zwei höchst eindrucksvolle Beweise, welch große Weine in La Mancha entstehen können. Dazu passt auch der Kommentar des »Mr. Tempranillo« Alejandro Fernández: »El Vínculo ist die Erfüllung eines alten Traumes von mir, nämlich einen großen Wein in der Mancha zu erzeugen.« Das ist ihm zusammen mit seiner Tochter Eva, sozusagen seine Co-Regisseurin in Campo de Criptana, sehr überzeugend gelungen.

Dabei sollte nicht übersehen werden, dass die Grundlagen für solche Topweine im Prinzip bereits an Ort und Stelle vorhanden waren. Nur hatten das die früheren Besitzer nicht erkannt. Wie auch einige andere Beispiele belegen, schlummert offensichtlich ein noch nicht ausgeschöpftes Potenzial auch in anderen alten Weinberglagen der Region La Mancha.

gewinnen, der önologische Fortschritt der Region liege ausschließlich in den Händen von Zugereisten. Sicher haben diese, nimmt man etwa das Beispiel von Alejandro Fernández oder der aus der Rioja stammenden Familie Martinez Bujanda, einen erheblichen Anteil am Erwachen des Gebiets. Die Mancha entdeckt haben aber nicht nur auswärtige Starönologen und Luxusweinmacher, wie der 2003 gegründete Vorzeigebetrieb Mano a Mano mit dem gleichnamigen Tempranillo oder der herausragenden Cuvée Venta la Ossa aus Tempranillo und 15 % Merlot. Die große Welle der Neuerungen hat auch Winzer erfasst, die in der Mancha schon lange zu Hause sind. Die Bodegas Fontana etwa haben schon frühzeitig erkannt, dass eine sichere Zukunft nicht auf den alten Wegen erreicht werden kann. Das Gut verarbeitet rund 6,5 Millionen kg Trauben, füllt aber nur das beste Drittel mit eigenen Marken wie den Fontal-Weinen, die ein sehr gutes Preis-Leistungs-Verhältnis bieten. Auch Landweine und Weine der D.O. Uclés werden produziert (siehe auch Seite 191).

Auch bei den 1940 gegründeten Viñedos y Bodegas Muñoz, die zuvor nur Fassweine produzierten, setzt die neue Generation auf eigenständige Weine aus den 80 ha eigenen Rebanlagen und produziert u. a. überzeugende Tempranillos unter den Namen Finca Muñoz und Cepas Viejas. Stark sind auch auch der fruchtintensive, mit reifen Tanninen ausgestatte Artero Crianza (Merlot/Tempranillo) und der fruchtig würzige körperreiche Blas Muñoz Chardonnay.

Die besten und ehrgeizigsten Betriebe sehen vor allem in Höhenlagen über 800 m und bei Rebsorten wie Tempranillo, Syrah, Cabernet Sauvignon, Viognier oder Chardonnay ein enormes Potenzial. Die bisherigen Resultate sind vor allem Rotweine im modernen Stil. Es sind Persönlichkeiten mit viel Charakter und dichter Frucht darunter, die auch bei den internationalen Kritikern bestens ankommen.

Vinos de Pago

Es gibt aber noch eine weitere Erfolgsgeschichte aus der Mancha, über die bereits im Einleitungsteil dieses Buches (siehe Seite 20) ausführlich zu lesen ist: die Vinos de Pago. Bemerkenswerterweise wurden in Castilla-La Mancha gleich vier Weingüter mit diesem seltenen Qualitätsstatus ausgezeichnet und damit jeweils zu einer eigenen *denominación* erhoben worden: D.O. Pago Guijoso, D.O. Finca Élez, D.O. Dehesa del Carrizal und D.O. Dominio de Valdepusa. Letztere befindet sich im Besitz von Carlos Falcó, der mit seinem Gut Marqués de Griñon als einer der großen Wegbereiter für hochwertige Qualitätsweine aus diesem Gebiet gilt. Es sorgte mit anfangs teils ungewöhnlichen, teils regionsuntypischen Ideen und Rebsorten für Furore, musste aber dafür auch so manchen Ärger, Spott und Neid in Kauf nehmen.

Die häufig anzutreffenden alten runden Steinhäuser in der südlichen Meseta bieten Winzern und Erntehelfern vor allem Schutz gegen die Mittagshitze.

Die Rolle der Genossenschaften

Genossenschaften gelten in manchen Regionen oft als »Bremser« in Bezug auf ein allgemein höheres Image der Weine. Das war auch in La Mancha lange Zeit der Fall. Mittlerweile aber haben die Genossenschaften bei der Anpassung an die moderne Kellertechnik und Weinbergbewirtschaftung eine positive Rolle eingenommen. So wurde in den vergangenen 15 Jahren erheblich in moderne Pressen, Stahltanks, Gärkühlung, temperierte Lagerhallen, Barriquelager und Fülltechnik investiert. In vielen Weinbergen wurden neue Sorten gepflanzt und die Rebenerziehungssysteme umgestellt.

Wie wichtig die Genossenschaften für das Gebiet sind, lässt sich schon daraus ablesen, dass es zwar über 21 000 Winzer, aber nur 304 Abfüllbetriebe gibt. Insgesamt sind in der ganzen Region über 220 Kooperativen tätig, die sich oft auch mit der Verarbeitung anderer Agrarprodukte wie Olivenöl befassen.

Einige von ihnen gehören gleichzeitig zu den größten Genossenschaften der Welt. Die größte überhaupt ist die Cooperativa Vinícola Virgen de las Viñas, die eine Gesamtfläche von 22 000 ha besitzt und jährlich etwa 200 Millionen Liter Wein produziert. Zwar werden davon etwa 95 bis 98 % als Fasswein vermarktet, doch die restliche Menge, immer noch einige Millionen Liter, wird unter Markennamen wie Tomillar selbst abgefüllt. Nach Firmenangaben geht nur das Beste aus den eigenen Weinbergen in diese Qualitätsweinproduktion. Herausragend ist der komplexe, fruchtige und gehaltvolle Tomillar Chardonnay.

Die Plätze zwei und drei der größten Kooperativen Spaniens belegen Cristo de la Vega und El Progreso, die ebenso wie Virgen de las Viñas in der Provinz Ciudad Real produzieren. Allein diese drei Betriebe sind zusammen für 10 % der gesamten Produktion von Castilla-La Mancha verantwortlich. Die herausragende Rolle in Bezug auf Qualität nimmt dabei Cristo de la Vega ein. Die Genossenschaft hat sich auf dem Gebiet der modernen Cuvées einen Namen gemacht, was der kraftvolle, ausgewogene Yugo Syrah-Tempranillo-Merlot belegt. Weit überdurchschnittlich ist auch der fruchtig-blumige Marqués de Castilla Tinto aus Tempranillo und je 15 % Merlot und Syrah.

Auch zahlreiche andere Genossenschaften fahren zweigleisig und produzieren einerseits Fassweine und einfache Weine, die auf schnellen Konsum angelegt sind, andererseits eine Linie von Premiumprodukten. Eine der Pionierkellereien in dieser Hinsicht ist Nuestra Señora de la Cabeza mit ihrer berühmten Marke Casa Gualda, unter der vor allem die nach roten Früchten und Cassis duftende Crianza aus je 50 % Tempranillo und Cabernet Sauvignon herausragt. Lobenswertes findet man auch bei Nuestra Señora del Rosario, die als Bodegas Campo Reales firmiert und unter den Marken Campo Reales und Canforrales hervorragende fruchtige, ausdrucksvolle Tempranillos – an der Spitze der kraftvolle, konzentrierte Cánfora Pie Franco Reserva Especial – und einen beachtlichen, dichten Canforrales Syrah Roble anbietet. Bei El Progreso Sociedad Coop. CL Mancha überzeugt der Ojos del Guadiana Tempranillo Reserva mit Aromen von eingekochten roten Früchten, und der Coop. del Campo Santa Catalina gelingt mit dem Los Galanes Tinto ein nach roten Früchten und Wildkräutern duftender Tempranillo.

Weit Überdurchschnittliches kann man auch bei Vinícola de Tomelloso finden. Hier sind vor allem die Cuvée Finca Cerrada Crianza (Tempranillo und je nach Jahrgang 20 bis 50 % Cabernet Sauvignon und Syrah) sowie ein fruchtig-mineralischer Chardonnay der Linie Gazate zu erwähnen. Bei Tomelloso hofft man nun auf weitere positive Schlagzeilen, denn man hat auch hier mit einer Restrukturierung der Weinberge begonnen und setzt nun auf Macabeo und Sauvignon blanc anstelle von Airén. Darüber hinaus tritt man inzwischen dem bisherigen großen Defizit an Rotweinsorten entgegen und pflanzt Cencibel (Tempranillo), Cabernet Sauvignon, Merlot Syrah und noch ein paar weitere rote Sorten an.

Eine Fülle ordentlicher Weine lässt sich zudem bei den Linien Entremontes und Claveloito der Cooperativa Nuestra Señora de la Piedad probieren, die im Durchschnitt 40 Millionen Liter Wein abfüllt.

Mangelnde Experimentierfreude kann man diesen und noch ein paar weiteren Genossenschaften also nicht nachsagen, und so manche Weine machen bereits jetzt den Gewächsen bekannter Winzer Konkurrenz. Das kann dem Image der D.O. La Mancha nur guttun.

Alte und neue Weinbereitung

Traditionell typisch für die Weinbereitung und Lagerung in La Mancha waren die Tinajas, Tonkrüge, die mit Strohmatten abgedeckt waren. Die Weine wurden in den Krügen nicht nur gelagert, sondern bereits darin vergoren. Die bis zu 6 m hohen Tinajas ermöglichten auch eine kühle Aufbewahrung des Weins, was bei oft üblichen Temperaturen im Herbst um die

Finca Antigua:
Topweine aus der Hochlage

Die renommierte, aus der Rioja stammende Familie Martínez Bujanda begann 1998 ihre Suche nach einem weiteren Betätigungsfeld im Weinbau. Nach mehreren Reisen durch potenziell interessante Regionen wurde man schließlich an der Grenze zwischen den Provinzen Cuenca und Toledo fündig. Die Weinmacher stießen dort auf ein knapp 1000 ha umfassendes Areal in einer Höhe von 800 bis 950 m, auf dem bereits ein paar alte Rebanlagen standen, und nannten das Gebiet daher Finca Antigua.

2003 wurde auf einem Hügelkamm inmitten der Weinberge die neue Kellerei eröffnet, architektonisch wie technologisch ein Monument der modernen Weinkultur Spaniens. Der Keller beherbergt über 4000 Barriques, dazu gibt es ein Flaschenlager mit einer Kapazität von 1,5 Millionen Flaschen. Bereits mit den ersten Jahrgängen katapultierte sich die Familie Bujanda ins Spitzenfeld der gesamten Region.

Die Bedingungen auf den mittlerweile 421 ha Rebflächen, auf denen vorwiegend Tempranillo, Cabernet Sauvignon, Merlot und Syrah stehen, sind nahezu ideal. Die Höhenlage garantiert auch in den heißen Sommermonaten Abkühlung bei Nacht und verhindert somit ein zu schnelles Ausreifen der Trauben.

Der wohl beste Wein des Hauses ist der Clavis Viñedo Pico Garbanzo Reserva, eine nach reifen Früchten, Kräutern, Kakao und süßlichen Gewürzen duftende

Carlos Martínez Bujanda setzt vor allem auf Cuvées und internationale Sorten.

Cuvée aus 40 % Cabernet Sauvignon, 30 % Garnacha, 10 % Mazuelo und noch ein paar weiteren Sorten in wechselnden Anteilen. Ebenfalls herausragend ist die Cuvée aus Merlot, Cabernet Sauvignon und Syrah, Finca Antigua Reserva, die sich mit ausdrucksstarken Beerenaromen und im Mund würzig, kraftvoll und anhaltend präsentiert. Mit zum Besten der Region zählt außerdem der Finca Antigua Syrah mit voller Frucht und würzigen Aktzenten sowie feinen reifen Tanninen. Im Prinzip liegt man bei diesem Erzeuger nie verkehrt, sei es bei den Cuvées oder bei den Rebsortenweinen wie dem Tempranillo oder dem Petit Verdot.

30 °C nötig war. Heute gibt es zwar immer noch Tinajas, und zwar nicht nur in Museen, sie werden jedoch nicht mehr aus Tonerde, sondern aus armiertem Zement hergestellt und weisen ein Fassungsvermögen von bis zu 16 000 Litern auf. Häufig werden die Krüge mit ihrem unteren Teil rund 2 m tief in der Erde installiert, um eine Kühlung zu gewährleisten. Aber in der Regel trifft man die Tinajas nur noch in sehr traditionellen Bodegas an, denn auch die meisten Genossenschaften haben in den letzten 30 Jahren ihre Weinproduktion modernisiert und setzen auf Edelstahltanks.

Damit hat sich auch der **Stil der Weißweine** gewandelt. Vor der Zeit der kontrollierten Gärung waren schwere Weine aus der Sorte Airén an der Tagesordnung; heute sind sie frischen, fruchtigen, gelegentlich nach Honigmelone, Ananas und Banane duftenden Weißweinen gewichen. Auch die Macabeo-Weine haben dadurch gewonnen und zeigen sich harmonisch, fruchtig und mit ansprechendem Körper. Bemerkenswert sind zudem die jüngsten Resultate mit Sauvignon blanc, Chardonnay oder der Verdejo-Traube aus Rueda. Diese Sorten werden in den kommenden Jahren der Palette der Weißweine aus La Mancha nicht nur neue Geschmacksrichtungen hinzufügen, sondern der Weißweinbereitung der Region insgesamt neue Qualitätsimpulse.

Auch in der **Rotweinbereitung** wurden enorme Fortschritte erzielt. Früher war es ratsam, die in Tinajas gelagerten Rotweine zum überwiegenden Teil ganz jung zu konsumieren. Junge Rotweine sind zwar weiterhin beliebt, aber sie sind heute im Allgemeinen weitaus fruchtiger und frischer als die Vertreter der alten Ausbauart. Stark im Kommen sind außerdem in Barriques gereifte Crianzas mit schöner Frucht und kräftigem Körper. Dabei handelt es sich in erster Linie um Weine aus der Sorte Tempranillo (Cencibel), die gelegentlich Beigaben von Cabernet Sauvignon, Merlot oder Syrah enthalten. Allerdings werden auch die drei letzteren Sorten sortenrein angeboten. Einige Winzer verwenden für ihre roten Gewächse auch Graciano, Monastrell, Petit Verdot oder Cabernet franc, allerdings nur sehr selten als Rebsortenwein. Derzeit fehlt es in La Mancha noch an ausreichender Erfahrung mit der Entwicklung dieser Sorten.

Eher selten sind Reserva- und Gran-Reserva-Qualitäten in der D.O. La Mancha anzutreffen – und wenn, liegen sie in der Regel stilistisch ganz auf der Linie der traditionellen Rioja-Gewächse. Aber seitdem vor allem Spitzenwinzer und bekannte Önologen aus anderen spanischen Regionen zunehmend die Reize und das mancherorts vorhandene enorme Potenzial des Gebiets entdecken, werden auch Reservas im modernen Stil angeboten.

Nach wie vor aber ist La Mancha eben für die Produktion einfacher, junger Weiß-, Rosé- und Rotweine bekannt, die im Großen und Ganzen ein akzeptables bis gutes Preis-Geschmacks-Verhältnis aufweisen.

La-Mancha-Schaumweine

Seit 1996 ist außerdem die Schaumweinproduktion in der D.O. erlaubt, und zwar in den Stilen *dulce* (süß), *semi-seco* (halbtrocken), *seco* (trocken), *extra-seco* (extra trocken) und *extra-brut* (extra herb). Da die Airén-Traube gute Grundweine für die Schaumweinproduktion ergeben kann, könnte sich hier im Prinzip ein interessanter Zukunftsmarkt entwickeln. Meist werden die fruchtigen, leichten Vinos Espumosos de Calidad, die eine neunmonatige Flaschengärung vorweisen müssen, noch mit einem Anteil Macabeo versehen; die D.O.-Vorschriften erlauben allerdings auch reine Macabeo-Schaumweine. Seit

In den großen Tonamphoren, Tinajas genannt, werden traditionell die Weine aus La Mancha vergoren und aufbewahrt – wie zum Beispiel hier bei Casa de la Viña.

Bodegas Parra Jiménez: Erfolgreiche Biowinzer

Dieser Betrieb in Las Mesas ist ein Musterbeispiel für die dynamische Entwicklung in La Mancha. Seit 1993 betreiben die Brüder Francisco und Javier Parra ihr Weingut nach ökologischen Richtlinien und hatten zuerst großteils eher rustikale Fassweine produziert. Nachdem der Inhalt einiger dieser Fässer aber immer wieder ein starkes Potenzial aufwies, begannen Importeure aus Deutschland und Frankreich, auf die beiden jungen Winzer aufmerksam zu werden. Man modernisierte den Keller, legte Neuanpflanzungen heimischer und internationaler Sorten an und suchte Unterstützung bei einem französischen Önologen, und im Lauf der Zeit entstand eine Zusammenarbeit, die den Betrieb ins Spitzenfeld der spanischen Bioszene katapultierte.

Heute stehen auf den 150 ha Weinbergen vorwiegend rote Sorten, vor allem Tempranillo, aber auch Graciano, Monastrell, Garnacha, Merlot, Syrah, Cabernet Sauvignon, Cabernet franc und Petit Verdot. Anstelle von Airén pflanzten die Brüder aromatischere Sorten wie Verdejo, Chardonnay, Moscatel und Viognier.

Die Stärke des Betriebs sind zuverlässige Qualitäten bei den Rotweinen im Preisbereich bis etwa acht Euro, so der kraftvolle Parra Graciano, der sich mit Aromen von dunklen Kirschen, Blaubeeren und Gewürzkräutern zeigt oder der Parra Syrah Irjimpa, der mit einem Bukett aus Sauerkirschen, Kräutern und Blumen aufwartet.

Zu den Glanzlichtern zählt der Parra Celsius Crianza im fruchtbetonten modernen Stil, meist aus Tempranillo bereitet, der mit einem Aromenmix aus Pflaumenmarmelade, Zimt, Pfeffer und Nelken gefällt und sich am Gaumen als fruchtiges, würziges Gewächs mit dezenten Rauchnoten, reifen Tanninen und starker Länge entpuppt.

Der Clou allerdings ist der Wein namens Manuel de la Osa Vino de Autor. Manuel, Freund und Schüler von Ferran Adrià, dem legendären Koch des Restaurants El Bulli in Roses, betreibt das vielleicht spannendste und feinste Restaurant der Region La Mancha, Las Rejas in Las Pedroñeras. Diesen in französischen Barriques gereiften Spitzenwein aus Tempranillo, ergänzt mit etwas Syrah, Graciano, Cabernet franc und Merlot, hat er gemeinsam mit den Parras und den Önologen Jean Natoli und Diego Fernandez kreiert und anfangs nur in seinem Restaurant angeboten. Nun gibt es ihn auch mit seinem Etikett im Handel zu einem maßvollen Preis von rund 15 Euro. Er präsentiert sich mit komplexen Aromen von Lakritz, Pflaumen und getrockneten Aprikosen, mineralischen Noten und Anklängen von Vanille und Röstaromen. Im Mund zeigt er sich fruchtig, vollmundig und kräftig mit präsenten, aber weichen Tanninen und einem langen Nachhall. Ein überzeugender Beweis für die gelungenen Qualitätsbemühungen in der dynamischen Region.

kurzem wird auch mit Chardonnay und Verdejo bei der Schaumweinerzeugung experimentiert.

Landweine

Vor allem die D.O. La Mancha genösse international sicher einen weitaus besseren Ruf, wenn jeder potenzielle Käufer spanischer Weine wüsste, dass auch hinter der Bezeichnung **Vino de la Tierra de Castilla** Weine von Erzeugern aus dieser D.O. stecken können. Viele der besten Gewächse werden nämlich als Landweine angeboten. Zur regionalen Spitze zählen beispielsweise der fruchtig-würzige Selectus (eine Cuvée aus Cabernet Sauvignon, Merlot und Syrah) und der Aljibes (Merlot und Cabernet Sauvignon bzw. Cabernet franc) der Bodega Los

Bodegas Ercavio:
Starkes Dreiergespann

Margarita Madrigal, Alexandra Schmedes und Gonzalo Rodriguez lernten sich 1998 in Rioja kennen und gründeten danach ein Weinberatungsteam, das sie durch etliche Weinregionen führte. In Dosbarrios, rund 60 km von Toledo entfernt, entdeckten sie ein bereits 1851 gegründetes Weingut mit Rebflächen auf Kalk-Lehm-Böden auf bis zu 780 m Höhe und erwarben es 1999. Heute sind 20 ha Flächen angelegt und mit 90 % autochthonen Sorten wie Tempranillo, Garnacha und Airén bestockt, dazu kommt etwas Cabernet Sauvignon, Merlot und Syrah.

Der erste Wein des Teams, der nach einer nahe gelegenen alten römischen Siedlung benannte Ercavio Roble Tempranillo, wurde mit seinen Aromen von reifen Früchten, süßlichen Gewürznoten und feiner Säure auf Anhieb ein Renner. Für den biologischen Säureabbau wird der Wein in Tinajas gelegt, die noch von den früheren Besitzern stammen.

Zu den Spitzenweinen zählen der Ercavio Limited Reserve aus Tempranillo und 15 % Merlot, der einen Aromenstrauß aus Beeren, würzigen Noten und Anklängen von Holz aufweist und sich am Gaumen fruchtig, kraftvoll, mit reifen Tanninen und stattlicher Länge präsentiert. Der Hit des Hauses, der auch international mit dem ersten Jahrgang 2001 für Furore sorgte, nennt sich La Plazuela und stammt aus teils bis zu 50 Jahre alten Tempranillo- und Garnacha-Anlagen. Das Resultat ist ein fruchtintensiver,

Die glorreichen Drei: Alexandra Schmedes, Gonzalo Rodríguez und Margarita Madrigal (von links).

kraftstrotzender Wein mit feinen mineralischen Noten und einem enormen Nachhall.

Überzeugen kann auch der Weißwein des Hauses, ein Airén mit einem Hauch Sauvignon blanc, der Aromen von Früchten, Nüssen und dezenten Rauchnoten zeigt und mit einer feinen Säure ausgestattet ist.

Um die wachsende Nachfrage zu befriedigen, kauft man seit ein paar Jahren selektierte Trauben von Vertragswinzern zu und baute 2008 einen neuen Keller. Dennoch ist das starke Dreiergespann nach wie vor in beratender Funktion unterwegs und hat seit kurzem auch einen Schaumwein im Angebot.

Aljibes. Überhaupt sind es meist relativ junge Betriebe wie die ebenfalls 2003 gegründete Bodega Tikalo, die neuen Schwung in die Fraktion der Landweine bringen. Bei Tikalo überzeugt vor allem der kraftvolle, komplexe Kios Tempranillo, während die im selben Jahr gegründete Kellerei Casa Quemada mit dem fruchtig-blumigen Alba de Casaquemada Syrah begeistert. Hochkarätig ist zudem der fruchtintensive Pago del Ama Syrah von Viñedos Cigarral Santa María. Syrah zählt auch zu den großen Stärken von Mont Reaga (überzeugend: Clásico und La Esencia) und der Bodegas Finca la Estacada, deren Aushängeschilder der Secua Cabernet-Syrah und der La Estacada Syrah-Merlot sind.

Ebenfalls zu den **Cuvée-Spezialisten** kann sich das erst 2004 gegründete Gut Casalobos zählen, dessen geschmacksintensiver Tinto aus Syrah sowie 35 % Cabernet Sauvignon und 15 % Tempranillo besteht. Im Vergleich dazu sind der 1999 gegründete Pago de Vallegarcía (sehr guter Cabernet Sauvignon y Merlot) und die 1996 entstandene Finca Coronado fast schon arrivierte Oldies – der Coronado Tinto aus Cabernet Sauvignon, Tempranillo, Syrah, Petit Verdot, Merlot und Graciano zählt konstant zu den absoluten Tops, ebenso wie der reinsortige, beachtlich fruchtig-mineralische Graciano. Großartig ist zudem der Opta Calzadilla aus Tempranillo, Syrah und Garnacha von Uribes Madero, wo man zudem einen herrlichen Calzadilla bereithält, der auch noch etwas Cabernet Sauvignon enthält.

Tempranillo, unter dem Namen Cencibel traditionell in der Region stark vertreten, kann ebenfalls glänzende Landweine liefern. Zu den überdurchschnittlichen Spezialisten zählen etwa die Bodegas Moralia, deren fruchtbetonter, komplexer Troncal Roble auf der Hitliste ganz weit oben steht, ebenso wie der Torre de Barreda Pañofino von Bodegas y Viñedos Barreda. Außerdem überzeugen die Bodegas Hacienda Albae mit dem Selección Barrica und die Bodegas López Panach, die mit der Selección und dem Barrica gleich zwei Trümpfe auf der Flasche haben. Ausgezeichnet ist auch der 12 Meses en Barrica der Viñedos Pinuaga.

Aber es sind natürlich nicht nur die »jungen Wilden«, die Überzeugendes hervorbringen. Den wohl besten Tempranillo erzeugt derzeit Viñedos y Bodegas Muñoz in Gestalt des Finca Muñoz Cepas Viejas Barrica, der mit starker Frucht und großer Eleganz aufwartet. Enormes Trinkvergnügen bereitet auch die Edición Limitada aus Tempranillo mit etwas Syrah und Cabernet Sauvignon der 1857 gegründeten Bodegas Casa de la Viña (Domecq Wines España).

Auch mit **Garnacha** lässt sich punkten: Bei dem Ziries von Bodegas Lobecasope handelt es sich um einen ausgesprochen eleganten Garnacha, und bei Pago del Vicario ist der komplexe, aus Garnacha

Im architektonisch beeindruckenden Keller von Pago del Vicario reifen Topweine, darunter Raritäten wie der Rosado aus Petit Verdot.

und Tempranillo verschnittene Agios mit seinem wunderbar langen Nachhall mehr als lobenswert.

Bei der Suche nach einem **Cabernet Sauvignon** kommt man am herausragenden Pago del Ama Barrica von Viñedos Cigarral Santa María ebenso wenig vorbei wie am Cabernet de Familia von Montalvo Wilmot oder der Vendimia Seleccionada von Osborne Malpica.

Den besten **Weißwein** hält Pago de Vallegarcía bereit. Der im Barrique fermentierte Viognier duftet verführerisch nach exotischen Früchten, Gewürzen und harmonischen Holznoten. Mit zu den schönsten Weißweinen zählen ebenfalls der Viognier von Finca Los Nevados und der im Barrique fermentierte, wuchtige Recato Sauvignon blanc von Bodegas Lahoz sowie der Verdejo von Bodegas Moralia. Die besten Chardonnays kommen von den Bodegas Martúe, die mit einem Chardonnay Barrique überzeugen können, und von Viñedos y Bodegas Muñoz, deren weißer

Moderne Edelstahltanks gehören zur Grundausstattung moderner Weißweinbereitung.

Manchuela

Das Gebiet umfasst 44 Gemeinden in der Provinz Cuenca und 26 in der Provinz Albacete. Es liegt ganz im Osten der Region Castilla-La Mancha zwischen den Flüssen Júcar und Cabriel. Im Westen grenzt es an die D.O. La Mancha, im Nordosten an die D.O. Utiel-Requena und im Süden an die D.O. Jumilla; die beiden letzteren Gebiete werden schon zur Levante gezählt. Die Weinbergflächen umfassen insgesamt zwar 75 000 ha, davon wurden im Jahr 2001 aber nur 4000 ha als D.O. klassifiziert, und zwar ebenjene Lagen zwischen den Flusstälern von Júcar und Cabriel. Die Reben der D.O. wachsen auf Höhen zwischen 600 und 700 m, und unter der tonhaltigen Oberfläche aus Sand und Kies ist oft eine kalkhaltige Schicht anzutreffen. Das Klima ist kontinental, aber durch die Winde vom Mittelmeer sind die Nächte kühler als in vielen anderen Gebieten.

Generell kann man feststellen, dass sich die D.O.-Gründung in qualitativer Hinsicht gelohnt hat. Durch die Zulassung neuer Rebsorten und die hoch gelegenen Weinberge fallen gerade die Weißweine angenehm frisch und fruchtig aus. Die Rosados weisen durch die Verwendung der Sorte Bobal vor allem frische Himbeernoten auf, gelegentlich gesellen sich noch Anklänge von Kräutern hinzu, und im Mund zeigen sie sich zartwürzig und frisch. Die Rotweine wiederum präsentieren sich mit einer Aromatik aus dunklen Waldfrüchten, wobei speziell Bobal einen schönen Brombeerton beisteuert, sowie würzigen und erdigen Anklängen. Am Gaumen sind sie fruchtig-würzig und relativ mild.

Erzeuger der D.O. Manchuela

Neben dem Vorzeigegut Finca Sandoval hat sich Altolandon mittlerweile auf Platz 2 festsetzen können. Dahinter folgen etwa auf gleicher Höhe Erzeuger wie Bodega el Monegrillo und Vitivinos Anunciacíon, die

Stolz der nach Zitrusfrüchten und Kräutern duftende Legado Muñoz ist. Einen überraschend hochkarätigen, fruchtigen Gewürztraminer kann man bei Cosecheros y Criadores erhalten. Bei den Cuvées überzeugt in erster Linie die Finca Constancia mit dem bemerkenswert fruchtigen, komplexen Altozano Verdejo-Sauvignon.

Bei den **Rosados** hat vor allem der aus Syrah, Petit Verdot und Merlot verschnittene fruchtige Finca de Malpica von Osborne Malpica die Nase vorn. Kaum weniger hervorragend präsentieren sich außerdem der 9 Cotas aus Garnacha und Syrah von Finca Los Alijares und der nach Beeren und Kirschen duftende, sehr elegante Petit Verdot von Pago del Vicario.

Finca Sandoval:
Traumhafte Weine

Auch ein Weinjournalist hat Träume: Jahrelang recherchierte Victor de la Serna über ideales Terroir für Spitzenweine – und wurde schließlich fündig. Er entdeckte in der damals noch so gut wie unbekannten Region Manchuela extrem karge, tiefgründige, mit Kalksedimenten durchsetzte lehmhaltige Parzellen mit sehr guter Wasserspeicherfähigkeit. 1998 gründete er hier sein eigenes Weingut. Die Weinberge liegen auf knapp 800 m Höhe, und die sehr kühlen Nachttemperaturen fördern eine ausgezeichnete Aromenbildung der Trauben.

Berühmt wurde das Weingut zuerst durch die Sorte Syrah, deren Rebstöcke Victor de la Serna aus der Rebschule des Weinguts Beaucastel in Châteauneuf-du-Pape bezog. Dazu engagierte er die renommierten Önologen Rafael Orozco und José Manuel Lázaro sowie den über 70-jährigen Jerónimo Romero, der die Region Manchuela wie seine Westentasche kennt. Mit diesem Team begann er Weine zu erzeugen, bald auch aus sehr alten Monastrell-, Bobal- und Garnacha-Anlagen. Jede Sorte und jede Parzelle wird separat in teils neuen französischen Barriques vinifiziert, um daraus anschließend eine möglichst ideale Cuvée zu kreieren. Die Zusammensetzungen mögen manchmal ungewöhnlich sein, die Resultate jedoch sprechen für sich.

Das lässt sich nicht nur beim hochkonzentrierten, fruchtig-würzigen Finca Sandoval auf Syrah-Basis feststellen, mit dem das Weingut berühmt wurde, sondern auch bei der Cuvée TNS aus Touriga Nacional und Bobal, deren enorme Frucht von harmonisch integrierten Holznoten begleitet wird. Auch der Signo aus Bobal mit einem kleinen Anteil Syrah und die Cuvée Cecilia aus Syrah und Moscatel zählen zu den besten Weinen von Castilla-La Mancha, und selbst der »Zweitwein«, der elegante Salia aus überwiegend Syrah und Garnacha mit Aromen von roten und dunklen Früchten präsentiert sich geschmacklich besser als viele »Erstweine« des ganzen Landes.

vor allem mit Weißweinen glänzen, sowie Bodegas y Viñedos Vega Tolosa, bei dem vor allem der Vega Tolosa Finca los Halcones Cabernet Sauvignon herausragt. Auch die Rotweine von Bodegas Roble Alto, Señorío del Júcar, Bodegas y Viñedos Ponce und des Tempranillo-Spezialisten Bodegas Villavid zählen zum gehobenen Standard.

Selbst die **Genossenschaften** in der Region haben einen Aufschwung verzeichnet. So überrascht etwa Nuestra Señora de la Cabeza mit einem fruchtig-würzigen Macabeo aus der Linie Viaril. Ähnlich ausdrucksvoll ist der Macabeo aus der Linie Monte de las Mozas der Cooperativa Agraria San Isidro geraten, und die Cooperativa Unión Campesina Iniestense wartet mit einem fruchtig-frischen Viura der Marke Realce auf. Anscheinend ist der Weißweinbereich die Domäne der Genossenschaften, während bei den Roten die Weingüter an der Spitze liegen.

D.O. MANCHUELA

PROVINZEN MIT D.O.-FLÄCHE
Cuenca, Albacete

REBFLÄCHE
4000 ha

ANZAHL KELLEREIEN
28

PRODUKTION
1 Million Liter

GESCHÜTZTE WEINTYPEN
Weißwein, Rosado, Rotwein

ZUGELASSENE REBSORTEN
weiß: Macabeo, Albillo, Chardonnay, Sauvignon blanc, Verdejo
rot: Bobal, Tempranillo (Cencibel), Garnacha, Cabernet Sauvignon, Merlot, Monastrell, Syrah, Moravia dulce

Rosalía Molina ist die talentierte Kellermeisterin des jungen Weinguts Altolandon, das bereits jetzt zu den Spitzengütern von Kastilien-La Mancha zählt.

Almansa

Die Weinregion liegt östlich der Stadt Albacete und ist nach dem gleichnamigen Ort benannt, dessen Name sich vom maurischen Al-Amankha, trockener Ort, herleitet. Entsprechend rar sind die Niederschläge, die höchstens 350 mm betragen. Das **Klima** ist kontinental mit Tagestemperaturen im Sommer bis zu gut 40 °C. Die Mehrzahl der Rebflächen befindet sich in etwa 700 m Höhe, dazu gibt es aber auch einige höher gelegene Hanglagen. Die **Böden** sind überwiegend kalkhaltig, gelegentlich auch tonhaltig.

Vorherrschend bei den weißen Sorten, die etwa 15 % der Anbaufläche umfassen, ist die Sorte Airén, die leichte und fruchtige Weine hervorbringt. Die Rosados sind angenehm leicht und gut zu trinken, während bei den fruchtig-würzigen Rotweinen häufig eine etwas kräftigere Säure zu finden ist.

Erzeuger der D.O. Almansa

Der regionale Platzhirsch ist die erst 2003 gegründete Kellerei Bodegas Almanseñas, deren Önologenteam unter der Leitung von Jorge Ordoñez mit Vorliebe Weine aus der Sorte Garnacha tintorera erzeugt. Einer der besten Weine der D.O., der Adaras Tinto, ist denn auch ein reinsortiger, komplexer Typ aus dieser Traube, der mit präsenter Frucht, blumigen Noten und einer guten Säurestruktur überzeugt. Gelungen sind auch Weine wie der La Vega de Adaras aus Garnacha tintorera und rund einem Drittel Monastrell, der sich mit typischer Frucht, würzig und mineralisch zeigt, sowie der La Huella de Adaras, der neben den beiden Sorten auch etwas Syrah enthält.

Der bekannteste Betrieb sind aber die 1915 gegründeten Bodegas Piqueras, die mit einigen gut gemachten Rotweinen wie Terra Grande, Marius Reserva oder Castillo de Almansa aufwarten. Überdurchschnitt-

D.O. ALMANSA

PROVINZEN MIT D.O.-FLÄCHE
Albacete

REBFLÄCHE
7600 ha

ANZAHL KELLEREIEN
13

PRODUKTION
19 Millionen Liter

GESCHÜTZTE WEINTYPEN
Weißwein, Rosado, Rotwein

ZUGELASSENE REBSORTEN
weiß: Airén, Sauvignon blanc, Verdejo
rot: Garnacha tintorera, Monastrell, Tempranillo (Cencibel), Syrah

Altolandon: Von der Höhe verwöhnt

Seit dem Jahrgang 2003 hat die D.O. Manchuela mit den Weinen von Altolandon einen heißen Anwärter auf Platz 2 hinter jenen der Finca Sandoval. Der Altolandon Tinto, eine Cuvée, die zur Hälfte aus Syrah und zur Hälfte aus Merlot, Cabernet Sauvignon und Garnacha besteht, besticht mit ihrer feinen Aromatik aus Pflaumen, Cassis, würzigen Anklängen und angenehmen Röstnoten. Im Mund zeigt sie sich mit konzentrierter Fülle, guter Frucht, etwa Pflaumenmus, reifen Tanninen und guter Länge.

Die Trauben für diesen Wein wachsen auf teils bis zu 60 Jahre alten Weinbergen in der Gegend von Landete in bis zu 1050 m Höhe, was sogar für diese Region ungewöhnlich ist. Auf den insgesamt 55 ha umfassenden Rebflächen stehen außerdem noch andere Sorten wie Malbec, Tempranillo, Cabernet franc und Chardonnay oder Moscatel. Inmitten dieser Anlagen befindet sich die Kellerei, von der aus man einen wunderbaren Ausblick auf die Umgebung genießen kann. Nicht zuletzt durch die positiven Auswirkungen des manchmal recht heftigen Windes bedingt, wird bei Altolandon auf den Einsatz diverser Pflanzenschutzmittel verzichtet und der Boden mit umweltschonenden Mitteln behandelt.

Die Weine des Hauses werden in derzeit insgesamt 180 Fässern aus französischer und amerikanischer Eiche ausgebaut, darunter auch der Chardonnay, der sich mit Aromen von Aprikose und Ananas sowie buttrigen Noten zeigt und im Mund eine gute Aromenfülle mit einem langen Nachhall bietet. Ein anderes Topgewächs, allerdings als Landwein deklariert, nennt sich L'Ame de Altolandon, hinter dem sich ein reinsortiger Malbec verbirgt, der verführerisch nach roten Früchten und Pflaumen duftet und ebenfalls zu den absoluten Spitzengewächsen des Gebiets zählt. Von diesem im Jahr 2000 gegründeten Weingut wird man in den nächsten Jahren sicher noch viel Positives hören und schmecken.

liche Weine gibt es zudem von Bodegas el Tanino, die mit je einem 1752 Syrah und Cabernet Sauvignon überzeugen, von Hacienda el Espino, die neben einer roten Cuvée aus Monastrell und internationalen Sorten vor allem ordentliche Chardonnays produziert, und von der Cooperativa Agraria Santa Quiteria, die mit einem Garnacha namens Higueruela glänzt, der nach roten Früchten und würzigen Noten duftet.

Méntrida

Benannt ist diese Region, in der nur Rosados und Rotweine ausgebaut werden dürfen, nach der gleichnamigen Stadt zwischen Madrid und Toledo. Im Süden grenzt das Gebiet an den Tajo, im Norden an Ávila und Madrid und im Westen an die Sierra de San Vicente. Das trockene **Kontinentalklima** sorgt für heiße, trockene Sommer und lange, kalte Winter;

D.O. MÉNTRIDA

PROVINZEN MIT D.O.-FLÄCHE
Toledo

REBFLÄCHE
9050 ha

ANZAHL KELLEREIEN
19

PRODUKTION
52 Millionen Liter

GESCHÜTZTE WEINTYPEN
Rosado, Rotwein

ZUGELASSENE REBSORTEN
rot: Garnacha, Monastrell, Tempranillo (Cencibel), Cabernet Sauvignon, Merlot, Syrah, Petit Verdot

An Drähten erzogene Rebstöcke in Winterruhe, aufgenommen in der zu Bodegas Real gehörenden Finca Marisánchez.

die Niederschläge von 300 bis 450 mm verteilen sich über das gesamte Jahr. Die Rebflächen liegen meist auf einer Höhe von 400 bis 600 m, aber in ein paar Gebieten wird Wein auch auf 800 m angebaut. Die **Böden** sind in der Regel sand- und tonhaltig. Vor allem aus Tempranillo und Garnacha werden Weine erzeugt, die in erster Linie für den regionalen Markt bestimmt sind. Während die Rosados sich beerenfruchtig und relativ körperreich präsentieren, sind die Rotweine meist weich, aber doch kräftig und mit Noten von ausgereiften Früchten ausgestattet.

Erzeuger der D.O. Méntrida

Die Nummer 1 der Region ist die 1999 gegründete Bodega Arrayán, die vor allem mit ihren Rebsortenweinen auftrumpfen kann. Zu den Hits zählen der fruchtig-würzige und nach Kräutern duftende Petit Verdot und der Syrah, der sich mit Aromen von roten Früchten und Kräutern präsentiert. Aber auch der Arrayán Premium, eine Cuvée auf Syrah-Basis, kann mit seiner reichen Fruchtfülle und blumig-würzigen Noten überzeugen. Sogar der Rosado schmeckt hier ausgesprochen lecker.

Den zweiten Platz verteidigt die seit 1950 bestehende Kellerei Jiménez-Landi mit einem fulminanten, nach Fruchtkompott, würzigen Noten und Kakao duftenden Syrah namens Sotorrondero und dem Piélago aus Garnacha und Syrah, der mit reifen Tanninen und kandierten Früchten glänzt. Knapp dahinter folgen die 2004 gegründeten Bodegas Canopy; ihre Stärken sind ein Syrah namens Malpaso und eine Cuvée aus Garnacha und Syrah, Tres Patas genannt.

Mondéjar

Die Stadt Mondéjar liegt im Osten von Madrid in der Provinz Guadalajara, und die D.O. teilt sich in zwei 10 km voneinander entfernte Subzonen auf. Hauptsächlich werden hier Weißweine produziert,

D.O. MONDÉJAR

PROVINZEN MIT D.O.-FLÄCHE
Guadalajara

REBFLÄCHE
1100 ha

ANZAHL KELLEREIEN
5

PRODUKTION
ca. 3 Millionen Liter

GESCHÜTZTE WEINTYPEN
Weißwein, Rosado, Rotwein

ZUGELASSENE REBSORTEN
weiß: Malvar, Macabeo, Torrontés
rot: Tempranillo (Cencibel), Cabernet Sauvignon

wobei die Sorte Malvar mit rund 80 % klar dominiert. Die Weine sind meist fruchtbetont, frisch und leicht, manchmal aber mit etwas überreifen Noten versehen. Die Rosados sind in der Regel fruchtig-frisch und leicht, während die von Cencibel (Tempranillo) gekelterten Roten im Allgemeinen mit Aromen von roten Früchten und würzigen Anklängen aufwarten. Das **Klima** ist gemäßigt mediterran, mit einer Niederschlagsmenge von etwa 500 mm. Die **Böden** sind im Norden kalkhaltig, im Süden gibt es vor allem rote Böden auf Tonschlammsedimenten mit Kies. Die Qualität der Weine, die zum allergrößten Teil in Spanien konsumiert werden, ist ordentlicher Durchschnitt, wobei die Rotweine als die besseren Vertreter gelten. Qualitativ geben die 1913 gegründeten Bodegas Mariscal den Ton an.

Uclés

In der erst 2005 klassifizierten D.O. durften bislang nur Rotweine erzeugt werden, inzwischen sind auch Weiß- und Schaumweine zugelassen. Von den einst acht Bodegas, die ihre Weine unter der D.O. Uclés vermarkten wollten, halten derzeit nur sechs die Fahne der Region hoch. Das **Klima** ist gemäßigt mediterran, die Niederschlagsmenge gering. Meist herrschen sandige **Böden** vor, in den Flusstälern von Riansares und Bendija sind sie tonhaltig. Die Rotweine werden meist aus Tempranillo erzeugt und weisen eine höhere Mineralität bei schönen Fruchtnoten und harmonischer Struktur auf.

Erzeuger der D.O. Uclés

Die klare Nummer eins der Region sind die Bodegas Fontana (siehe auch Seite 191), die mit dem Misterio de Fontana Roble, einer Cuvée aus Tempranillo und 15 % Syrah, den besten Wein der Gebiets erzeugen. Er weist eine feine Aromatik aus roten Früchten, würzigen Noten und gut integriertem Holz bei einer runden Tanninstruktur auf. Ebenfalls empfehlenswert ist der Misterio de Fontana Joven, der neben Tempranillo etwa 10 % Cabernet Sauvignon enthält.

Um einiges dahinter sind die Bodegas Palomar Sánchez und die Cooperativa Vid y Espiga platziert.

Vorfrühling in den Weinbergen der Gemeinde Arenas de San Juan, Provinz Ciudad Real. Hier kommen vor allem aus alten Anlagen erstklassige Weine.

D.O. UCLÉS

PROVINZEN MIT D.O.-FLÄCHE
Cuenca, Toledo

REBFLÄCHE
1500 ha

ANZAHL KELLEREIEN
6

PRODUKTION
0,8 Millionen Liter

GESCHÜTZTE WEINTYPEN
Weißwein, Rotwein, Schaumwein

ZUGELASSENE REBSORTEN
weiß: Airén, Sauvignon blanc, Verdejo
rot: Tempranillo, Garnacha, Cabernet Sauvignon, Merlot, Syrah

Im Süden der Region Castilla-La Mancha, in der D.O. Valdepeñas, wird das Gelände hügeliger und das Landschaftsbild abwechslungsreicher.

Ribera del Júcar

Die im Jahr 2003 klassifizierte D.O. liegt zu beiden Seiten des Júcar in 650 bis 750 m Höhe östlich von La Mancha. Hier herrscht vorwiegend trockenes kontinentales **Klima**, das für extrem heiße Sommer und sehr kalte Winter sorgt. Die **Böden** bestehen aus kiesigem Geröll mit einer darunterliegenden Tonschicht sowie Schwemmlandböden. Die selten anzutreffenden Weißweine bestehen meist aus einer Cuvée der Sorten Moscatel de grano menudo und Sauvignon blanc und sind überwiegend fruchtbetont, mit blumigen und würzigen Noten. Die Rotweine, in der Regel auf Tempranillo-Basis, weisen feine Noten von roten Früchten mit etwas erdig-würzigen Tönen sowie eine gute Tanninstruktur und eine feine Säure auf.

Erzeuger der D.O. Ribera del Júcar

Die besten Erzeuger sind die jeweils erst 2003 gegründeten Bodegas y Viñedos Illana und Elviwines. Bei Illana überzeugt vor allem der Casa de Illana Selección aus Cabernet Sauvignon und rund 20% Merlot, der nach Cassis, roten Früchten und gut integrierten Holznoten duftet; bei den Weißweinen präsentiert sich der fruchtig-würzige, blumige Casa de Illana Carmen aus Sauvignon blanc und etwas Moscatel de grano menudo überdurchschnittlich gut. Zu den Stärken von Elviwines dagegen zählen der nach eingelegten Früchten und feinen Kräutern duftende Adar sowie der Furia de Elviwines, der eine feine Aromatik aus roten Früchten, würzigen und rauchigen Noten sowie Leder aufweist und im Mund reife Tannine und einen langen, fruchtigen Nachhall zeigt.

Aber auch ältere Betriebe liegen auf der Qualitätsskala im oberen Viertel von Castilla-La-Mancha. Dazu gehören etwa Nuestra Señora de la Cabeza mit ihrem dichten Casa Gualda Syrah, die Sociedad Cooperativa San Ginés mit einem kraftvollen, fruchtig-blumigen Cinco Almudes Tempranillo und einem

D.O. RIBERA DEL JÚCAR

PROVINZEN MIT D.O.-FLÄCHE
Cuenca

REBFLÄCHE
10 000 ha

ANZAHL KELLEREIEN
9

PRODUKTION
0,8 Millionen Liter

GESCHÜTZTE WEINTYPEN
Weißwein, Rosado, Rotwein

ZUGELASSENE REBSORTEN
weiß: Moscatel de grano menudo, Sauvignon blanc
rot: Tempranillo (Cencibel), Cabernet Sauvignon, Syrah, Merlot, Bobal

Bodegas Fontana: Spitzenvielfalt

Die 1997 gegründeten Bodegas Fontana der Familie Cantarero Morales zählen nicht nur zu den Spitzenerzeugern der D.O Uclés, sondern auch zu den besten Landweinproduzenten Spaniens. Zum Erfolg trägt auch die Tatsache bei, dass der Betrieb mittlerweile über 500 ha eigene Rebflächen verfügt, die vor allem mit Tempranillo, Merlot, Cabernet Sauvignon und Syrah bestockt sind. Die Entfernung der Weinberge zueinander beträgt im Höchstfall rund 30 km; das Kellereigebäude liegt zentral in der Gemeinde Fuente de Pedro Naharro nahe Tarancón am Westrand der Provinz Cuenca.

Seit 2003 ist der Önologe Rodrigo Espinosa, der zuvor u.a. schon bei Robert Mondavi glänzte, für den 2500 Barriques fassenden Keller verantwortlich – das mag auch mitentscheidend für den guten Erfolg in Übersee sein. Aber dass nicht nur Ausländer die Erzeugnisse mögen, zeigt der Anteil der im Lande verkauften Weine, der immerhin 60% beträgt.

Der Star der Bodega nennt sich Quercus und ist ein reinsortiger Tempranillo aus sehr alten Anlagen, der mit einer Aromatik aus roten Beeren, Waldfrüchten, Kakao, Karamell sowie harmonisch integrierten Holznoten, mineralischen Anklängen und einem starken Abgang überzeugt. Ähnlich in Bukett, Intensität und Qualität ist der Gran Fontal Vendimia Seleccionada, dessen Trauben ebenfalls von alten Tempranillo-Reben stammen. Überdurchschnittlich ist auch der komplexe Mesta Tempranillo – aber dass Rodrigo sich nicht nur mit dieser Sorte auskennt, beweist der Dueto de Fontana, eine Cuvée aus je 50% Cabernet Sauvignon und Merlot, die mit Cassis, roten Früchten, mineralischen und würzigen Noten sowie reifen Tanninen begeistern kann.

Tempranillo Crianza sowie die Cooperativa Purísima Concepción mit ihrem Teatinos Syrah und der Selección 40 Barricas Tempranillo.

Valdepeñas

Die Stadt Valdepeñas, das Zentrum der gleichnamigen D.O.-Region, entstand Mitte des 13. Jahrhunderts aus mehreren kleinen Dörfern im Valle de las Peñas, dem »Tal der Felsen«. Das 487 km² große Gebiet liegt gewissermaßen als Enklave am südlichen Rand der Mancha, zwischen den Bergen Toledos im Norden, den Ausläufern der Sierra de Cuenca im Osten und der Sierra Morena im Süden. Hier beginnt sich das Landschaftsbild der meist eintönig ebenen Meseta zu verändern. Auf beiden Seiten erheben sich kleine Hügelketten, die Abwechslung in die Landschaft bringen. Die Stadt selbst liegt im Zentrum eines weiten, flachen Tals, direkt an der Autobahn von Madrid nach Andalusien.

D.O. VALDEPEÑAS

PROVINZEN MIT D.O.-FLÄCHE
Ciudad Real

REBFLÄCHE
28 308 ha

ANZAHL KELLEREIEN
47

PRODUKTION
ca. 50 Millionen Liter

GESCHÜTZTE WEINTYPEN
Weißwein, Rosado, Rotwein

ZUGELASSENE REBSORTEN
weiß: Airén, Macabeo
rot: Tempranillo, Garnacha, Cabernet Sauvignon

Bereits 1932 wurde eine Art Herkunftsbezeichnung für Weine aus Valdepeñas geschaffen, die sowohl die Bezeichnung der Weine als auch ihre Herkunft schützen sollte. Aber erst in den 1960er-Jahren entstand der komplette Gesetzesrahmen für die D.O., der aufgrund einer Gebietserweiterung zunächst 1976, dann nochmals 1994 geändert wurde, um die bis dahin nicht zulässigen Sorten Garnacha, Cabernet Sauvignon und Macabeo aufzunehmen.

Rebsorten und Weine

Noch Anfang der 1990er-Jahre betrug der Anteil der Airén-Traube rund 80 %, seitdem hat er sich zugunsten der Rotweinsorten Tempranillo, Garnacha und Cabernet Sauvignon auf etwa 50 % verringert. Der Weißweinstil ist frisch und fruchtig, oft mit Aromen von Ananas oder Banane, und in der Regel mit eher geringer Säure. Die Rosados sind meist angenehm fruchtig und unkompliziert zu trinken.

Die jungen Rotweine, fast ausschließlich aus Tempranillo bereitet, präsentieren sich meist mit trinkfreudig angenehmer Struktur, ohne aggressive Tannine oder dominante Säure. Sie sind frisch und fruchtbetont, während die fassgereiften Weine sich ausdrucksvoll, fruchtig-aromatisch zeigen und eine angenehme Eleganz aufweisen. Das gilt vor allem, seitdem sich die Erzeuger mehr auf Crianzas konzentrieren und die Weine nicht mehr jahrelang im Barrique lagern lassen. Aber auch die Reserva-Weine, die derzeit auf dem Markt erhältlich sind, präsentieren sich in beachtlicher Form. Um die Typizität der Rotweine der Region zu gewährleisten, hat der Kontrollrat festgelegt, dass mindestens 80 % der Rotweinflächen mit Tempranillo bestockt sein müssen.

Mittlerweile zählen auch Merlot und Syrah zu den zugelassenen Sorten, ebenso wie Verdejo und Sauvignon blanc im Weißweinbereich. Erste Versuche mit diesen Trauben verlaufen positiv, und man wird wohl in nächster Zeit auch sortenreine Weine aus den bisherigen »Fremdsorten« produzieren. Wer schon früher mit ihnen arbeitete, musste seine Erzeugnisse als Vino de la Tierra de Castilla vermarkten, aber dem Kontrollrat ist heute sehr daran gelegen, dass auch diese Weine das D.O.-Siegel tragen. Es könnte das Image der Region weiter aufwerten.

Extremes Klima

Die D.O. Valdepeñas ist durch ein extremes Kontinentalklima mit kalten Wintern und langen, heißen Sommern geprägt. Bei rund 2800 Sonnenstunden erstreckt sich die aktive Vegetationsperiode über 240 bis 255 Tage. Die Jahresdurchschnittstemperatur liegt bei 16 °C, im Sommer klettert das Thermometer bis auf 45 °C Grad, und über 80 % aller Tage sind wolkenfrei. Die Niederschlagsmenge beträgt zwischen 250 und 400 mm, wobei knapp die Hälfte während der aktiven Vegetationsperiode fällt.

Die Bodenverhältnisse

Valdepeñas ist geologisch gesehen das südliche Ende des Hochplateaus, der sogenannten Submeseta. Die südliche Meseta geht in ein weites Tal mit welligem Gelände über, das von kleinen Gebirgsketten mit einer Durchschnittshöhe von 1000 m flankiert wird.

Die Böden bestehen aus Kalk, Sand und Ton. Der Großteil der Weinberge weist einen mehr oder weniger lehmigen Sandboden von rötlich gelber Farbe auf, oftmals durchsetzt mit roten Tonbänken. Der östliche Teil und große Abschnitte des Nordens von Valdepeñas liegen auf Quarzitgeröll mit Anteilen von kalkhaltigem Dolomit sowie auf roter Tonerde. Die restlichen Rebflächen liegen auf braunen und roten Böden silurischer Formationen. Der Kalkgehalt und die Wasserdurchlässigkeit sind im Allgemeinen hoch, während der Humusgehalt niedrig ist.

Geschichte

Die Gegend um Valdepeñas gilt als die Wiege des Weinbaus in Zentralspanien. Ausgrabungen lassen darauf schließen, dass sehr wahrscheinlich schon die iberischen Stämme Wein gekeltert haben. Aus römischer Zeit dagegen stammen die großen Tonamphoren, als deren Nachfolger die heute als Tinajas bekannten Tonkrüge anzusehen sind.

Die Region nimmt eine Sonderstellung innerhalb der spanischen Weingeschichte ein, da hier selbst unter

Félix Solís Bodegas: Weingigant mit Anspruch

Wer auf den Charme kleiner Weingüter fixiert ist, sollte um Félix Solís in Valdepeñas lieber einen großen Bogen machen. Wer sich allerdings auf der Suche nach Topqualitäten aus der Region befindet, kommt an diesem Betrieb nur schwer vorbei. Félix Solís vermarktet über zwei Drittel aller Weine, die unter dem Siegel der D.O. Valdepeñas auf den internationalen Markt kommen, und einige davon zählen zum Besten, was man in der *denominación* bekommen kann.

Bei den Weißweinen überzeugt besonders die kraftvolle Cuvée Viña Albali aus Verdejo und Viura, die neben schönen Fruchtnoten auch eine stimmige Säure aufweist. Mit dem nach roten Früchten und Blumen duftenden Albali Tempranillo Rosado kann Solís auch mit einem der besten Rosés aufwarten. Unter den roten Gewächsen ragen mehrere heraus, etwa der kraftvoll-würzige Albali Arium Tempranillo mit Aromen von roten Beeren und Veilchen oder der Diego de Almagro Reserva Tempranillo mit üppiger Frucht, Kakao, Gewürzen und feinen Röstaromen. Noch etwas dichter präsentiert sich der Albali Arium Gran Reserva Tempranillo mit gut eingebundenen Holznoten, roten Früchten, Vanille und würzigen Aromen. Getoppt wird diese Qualität höchstens noch vom Diego de Almagro Gran Reserva de Familia oder dem Viña Albali Selección Privada Gran Reserva, ebenfalls jeweils reinsortige Tempranillos.

Größe muss im Weinbereich eben nicht immer gleichbedeutend mit mäßigen Weinen sein. Die moderne Unternehmensgeschichte der Félix Solís S. A. begann bereits 1952, als Félix Solís Fernández, dessen Vorfahren schon seit Ende des 19. Jahrhunderts Erfahrungen im Weingeschäft gesammelt hatten, seine Heimatstadt Villanueva de Los Infantes verließ, um Weine in Valdepeñas zu prodizieren. Er erwarb das damals berühmte Gut Casa del Huerto del Cura, heute unter dem Namen Viña Albali bekannt, und begründete damit seinen Aufstieg. Die Kellerei wurde nach und nach zur Firmenzentrale der Félix Solís S. A. ausgebaut, und an diesem Standort befinden sich bis heute die Lager für die regionstypischen Tinajas und die alten unterirdischen Gewölbe, in denen einige der besten Weine Spaniens lagern.

Heute verfügt der Betrieb über 40 000 Barriques aus französischer und amerikanischer Eiche und kann in den topmodernen Anlagen bis zu 200 Millionen Liter Wein pro Jahr verarbeiten. In der D.O. besitzt Solis 500 ha eigene Rebflächen, die mit Tempranillo, Garnacha, Syrah, Cabernet Sauvignon, Airén und Macabeo bestockt sind. Natürlich werden bei dieser Dimension auch Trauben anderer Winzer zugekauft.

Demnächst wird Félix Solís, der unter anderem noch Güter in Ribera del Duero, Rioja und Rueda besitzt, auch Weine aus der D.O. La Mancha anbieten und dafür rund 12 Millionen Euro investieren. Das aber wird sicherlich nicht das letzte Kapitel in der Firmengeschichte bleiben.

Félix Solís Ramos, Sohn des Inhabers und zukünftiger Chef der Félix Solís Firmengruppe, in der Bodega der D.O. Valdepeñas.

Bodegas Real:
Château mit Niveau

Bodegas Real gilt als ein eher untypisches Weingut in der Region Valdepeñas. Die Besitzer, die Familie Barroso del Real, haben sich vorgenommen, aus ihrem 1989 gegründeten Betrieb eine Art Château nach französischem Vorbild zu machen, und befinden sich auf dem besten Weg dazu. Die moderne Außen- und Innenarchitektur, angefangen vom angeschlossenen Restaurant mit anspruchsvoller regionaler Küche über die Kellerei bis hin zum Weinladen, integriert sich bestens in die Landschaft und harmoniert ebenso mit dem direkt angrenzenden jahrhundertealten Anwesen, das behutsam renoviert wurde.

Auf der Finca Marisánchez, die zu den Bodegas Real gehört.

Doch nicht nur auf die Gestaltung der Räumlichkeiten legt die Familie großen Wert, eine gute Portion Ehrgeiz hat sie auch in Bezug auf ihre Weine entwickelt – schließlich gilt man als Chardonnay-Pionier in der D.O. Valdepeñas. Die Anlagen umfassen rund 300 ha auf einer Fläche, die nach dem alten Gut Finca Marisánchez benannt wurde. Für diese Lage strebt die Familie die Anerkennung als Vino de Pago an.

Tempranillo nimmt rund 70 % der bis 700 m hoch gelegenen Weinberge ein; einige dieser Anlagen sind über 40 Jahre alt. Die Rebstöcke finden nahezu optimale klimatische Bedingungen vor, denn durch das Gut fließt der Jabalón, der an der Ostseite zum Speichersee Cabezuela aufgestaut wird. Dadurch ist ausreichend Wasser für die Reben vorhanden, zum anderen ist das Klima relativ gemäßigt.

Im Keller arbeitet ein junges Team mit hohem Anspruch, das einen neuen Stil von Valdepeñas-Weinen kreiert hat: dichter, kraftvoller, von kräftigerer Farbe und mit meist sehr gut eingebundenen Holznoten. Das Resultat sind Weine, die großes Trinkvergnügen versprechen. Dabei fährt die Bodega bisher zweigleisig und bietet Weine sowohl unter dem D.O.-Siegel wie auch als Vinos de la Tierra an. Zu den besten D.O.-Weinen zählt der Bonal Macabeo, der sich mit sortentypischer Aromatik mit exotischen Anklängen präsentiert und sich im Mund fruchtig, körperreich und mit schöner Säurestruktur zeigt. Empfehlenswert sind außerdem der Bonal Tempranillo mit seinem Duft nach roten Früchten und würzig-erdigen Anklängen sowie der Palacio de Ibor Reserva aus Tempranillo und 20 % Cabernet Sauvignon.

Bei den Landweinen ragen vor allem zwei Rote heraus. Der Finca Marisánchez Roble aus 85 % Tempranillo, ergänzt durch Merlot und Syrah, überzeugt mit feinen Beeren- und würzigen Aromen und einem dichten Geschmacksbild. Der Vega Ibor Tempranillo Barrica duftet nach Beeren, dezent süßen Gewürzen und zeigt sich im Mund ausgewogen und fruchtig, mit reifen Tanninen und einem langen Abgang.

Bislang erzeugen die Bodegas Real rund 1 Millionen Flaschen jährlich, von denen die Hälfte in den Export gelangt – angestrebt werden insgesamt 3 Millionen Flaschen. Was den Besitzern bisher nicht gut genug für die eigenen Weine erscheint, wird erfreulicherweise als Fasswein verkauft.

maurischer Herrschaft der Weinbau ohne nennenswerte zeitliche Unterbrechung fortgesetzt werden konnte. Aber erst viel später, nach der Entstehung des spanischen Königreiches und dem Entschluss Philipps II., den Sitz der spanischen Krone nach Madrid zu verlegen, beginnt die erste Blütezeit der Region. Der Reichtum der Stadt als Weinzentrum der südlichen Mancha muss beachtlich gewesen sein. 1585 verkaufte Philipp das Gut Señorío de Valdepeñas an den Marquis von Santa Cruz, um seinen maroden Staatshaushalt zu stützen.

Ab dem 17. Jahrhundert erfuhr die Weinproduktion der Gegend einen enormen Aufschwung, um 1790 wurden in Valdepeñas jährlich rund 37 000 hl gekeltert. Der wirtschaftliche Höhepunkt wurde Mitte des 19. Jahrhunderts erreicht. Der Weinkonsum in Madrid hatte damals derart an Bedeutung gewonnen, dass man 1861 eine Bahnlinie von Valdepeñas in die Hauptstadt baute, die täglich 2500 Weinschläuche transportierte. Hinzu kam das Exportgeschäft über den Hafen von Valencia.

Der Renner zu dieser Zeit war ein frischer, leichter Rotwein mit der Bezeichnung Clarete, der aus rund 80 % Weißwein und 20 % Rotwein bereitet wurde und in Südamerika ebenso begehrt war wie auf den Philippinen. Die Reblaus, die erst um 1911 mit großer Verspätung Valdepeñas heimsuchte, sorgte zwar für die üblichen Zerstörungen, aber die Stadt selbst verfügte über so enorme Reserven in ihren Kellern, dass der Handel vorläufig ohne Einschränkung weitergeführt werden konnte.

Ungewöhnliche Erzeugerstruktur

Die Betriebstrukturen der D.O. Valdepeñas sind nicht unbedingt typisch für das Gefüge der Weinwirtschaft in Zentralspanien. Die Weinvermarktung liegt mehrheitlich nicht in der Hand großer Genossenschaften, sondern wird, von ein paar kleineren Erzeugern abgesehen, von rund 30 mittelständischen Abfüllkellereien bestimmt, die zum Teil seit Generationen in der Hand derselben Familien sind. Diese Betriebe besitzen etwa die Hälfte der gesamten Tempranillo-Anlagen der D.O. Ansonsten decken sich die Kellereien mit dem Lesegut der rund 3800 Weinbauern der Region ein.

Es gibt neun Genossenschaften, die allerdings kaum als Erzeuger auftreten. Die große Ausnahme ist die Cooperativa La Invencible, die heute 75 % ihrer Produktion exportiert. Hier arbeitet man mit Traubenauslese für die Spitzenweine und analysiert die Böden zur Klassifizierung der Parzellen. Der beste Wein von La Invencible kommt aus der Linie Valdeazor. Als Reserva zeigt der Tempranillo schöne Himbeernoten, Röstaromen und würzige Akzente, als Crianza überzeugt er mit süßer Frucht, würzigen Noten und einer guten Länge. Außerdem bietet die Cooperativa auch Bioweine unter der Marke Viña Lastra Ecológico an.

Mit einem halben Dutzend guter Weine können die Bodegas Navarro López aufwarten, wobei der Don Aurelio Tempranillo Reserva mit seinem Duft von roten Früchten, weißen Blumen und feinen Röst-

Tradition und Moderne: Tinajas im Hof der Finca Marisánchez (Bodegas Real).

Bodegas Arúspide:
Modernes Flaggschiff

Seit seiner Gründung im Jahr 1999 hat das mitten in der Stadt Valdepeñas gelegene Weingut für positive Schlagzeilen gesorgt. Die Initiatoren waren 18 Weinliebhaber aus den unterschiedlichsten Berufszweigen, und sie haben, nicht zuletzt dank der Mitarbeit zweier erfahrener Önologen, José Sánchez-Barba Caminero und Jesús Lucendo Alonos, neuen Schwung in die Weinlandschaft der Region gebracht. Neben der Hauptsorte Tempranillo sind vor allem internationale Sorten wie Cabernet Sauvignon, Merlot und Syrah angepflanzt, dazu ein paar Hektar Petit Verdot. In der topmodernen Kellerei werden diverse Weinlinien ausgebaut; zu den wichtigsten zählen Ágora, Landó de Arúspide, Ardales, Museo und Autor de Arúspide.

Als Landó de Arúspide werden bisher zwei leichte, fruchtige Weine in Weiß und Rot erzeugt mit einem Alkoholgehalt von 8 Vol.-%, die vor allem das jüngere Publikum ansprechen.

Aus der Ágora-Linie, der einzigen mit dem Label der D.O. Valdepeñas, überzeugt vor allem der Roble, ein reinsortiger Tempranillo, der mit angenehmen beerigen und würzigen Noten aufwarten kann. Bodegas Arúspide ist zudem einer der wenigen Betriebe, die auch die *maceración carbónica* (Kohlensäuremaischung) beherrschen, wie der 2007er Tempranillo mit seinen ausdrucksvollen Noten von roten Früchten und blumigen Anklängen zeigt. Er schmeckt

Von Künstlern gestaltete Etiketten stehen bei vielen spanischen Weingütern hoch im Kurs – auch bei Bodegas Arúspide.

nicht so vordergründig wie viele andere Weine dieser Art, sondern überzeugt im Gesamteindruck.

Hinter der Marke Ardales, die wie die folgenden Weine als Vino de la Tierra de Castilla vermarktet werden, stehen Gewächse aus ökologischem Anbau. Hier kann der Airén ebenso überzeugen wie der in französischem Holz gereifte Tempranillo. Museo heißt die Linie für sortenreine Weine, aus der neben einem sehr guten Syrah vor allem der Tempranillo mit seinen Aromen von roten Früchten und Kräutern herausragt.

Der Höhepunkt im Programm aber ist der Autor de Arúspide, ein Tempranillo mit sehr gut eingebundenem Holz, würzigen Noten, reifer Frucht, integrierter Tanninstruktur und fruchtig-würzigem Abgang.

noten herausragt. Bei den Bodegas Los Marcos überzeugt vor allem der Montecruz Tempranillo Selección, der sich mit zart süßen, würzigen Noten, sortentypischer Frucht, reifen Tanninen und einer fruchtig-würzigen Länge präsentiert.

Die 1914 gegründeten Bodegas Juan Ramírez sind vor allem wegen ihres reinsortigen Tempranillo Alba de los Infantes Reserva bekannt. Er überzeugt mit feiner, eleganter Struktur und einer guten Aromatik aus roten Früchten, Kakao und balsamischen Noten.

Zu den bekanntesten Erzeugern der D.O. zählen Felíx Solís Bodegas (siehe Seite 193), Bodegas Real (Seite 194) und Bodegas Arùspide (oben) sowie der Biopionier Bodegas Dionisos.

Vinos de Madrid

Die Region besteht aus drei unterschiedlichen Anbaugebieten im Süden der Provinz Madrid. Das knapp 2300 ha Rebflächen umfassende Gebiet **San Martín de Valdeiglesias** ist die westlichste Zone. Hier stehen die Reben oft am Fuß der Sierra, gelegentlich aber sind auch Hanglagen bis zu 800 m Höhe bepflanzt. Die Böden sind braun und sandig auf Granituntergrund, in den Flachlagen durchsetzt mit Erosionsmaterial der Sierra. Das kontinentale Klima bringt immerhin 670 mm Niederschlag, doch die meist kurzen Regenphasen gehen abrupt in lange Trockenperioden über. Traditionell wird hier neben der weißen Albillo-Rebe vor allem Garnacha angebaut – 60 Jahre alte Rebstöcke sind keine Seltenheit.

In **Navalcarnero**, mit etwa 1200 ha die kleinste und wärmste der drei Zonen mit 530 mm jährlichem Niederschlag, herrschen neben den typischen Schwemmlandböden entlang des Río Guadarrama hauptsächlich Ton-Sand-Böden vor. Darauf wachsen neben weißen Sorten vor allem Garnacha-Reben, deren Weine oft hohe Alkoholgrade aufweisen.

Das größte und mit 450 mm Niederschlag trockenste Anbaugebiet ist **Arganda** mit rund 4000 ha. Hier fühlt sich vor allem die Tempranillo-Rebe wohl, die im östlichen Teil des Gebiets auf kalkhaltigen und hellen Böden steht und relativ säurearme Weine hervorbringt. Ein Teil dieser Region besitzt aber auch rote Böden, die weiter südwestlich fast an das Anbaugebiet La Mancha grenzen.

Geschichtlicher Abriss

Ob schon Karthager oder Römer hier Weinbau betrieben, ist unklar, da es bisher keine Funde gibt. Fest steht aber, dass auch während der Maurenherrschaft keine Unterbrechung eintrat und nach der Rückeroberung im Jahr 1083 durch Alfonso VI. sich viele Zuwanderer aus Altkastilien mit Erfahrung im Weinbau in der Umgebung von Madrid niederließen. Vom 13. bis zum Ende des 16. Jahrhunderts hatte die Weinerzeugung in Madrid große Bedeutung. Im 17. Jahrhundert jedoch brachten Hungersnot und Seuchen einen drastischen Bevölkerungsrückgang mit sich, und auch die ab 1914 einsetzende Reblausplage traf den Weinbau schwer. Erst ab den 1950er-Jahren nahm die Rebfläche wieder zu.

Im Jahr 1984 schließlich wurde die Herkunftsbezeichnung Vinos de Madrid anerkannt und 1990 offiziell genehmigt.

Starke Erzeuger

Die Weine aus der Region wurden früher vornehmlich in Madrid selbst konsumiert, und die Qualität war zwischen dem 17. und der Mitte des 20. Jahrhunderts nicht gerade überzeugend. Seit ein paar Jahren nun genießen die Weine wieder einen besseren Ruf, was sich auch daran erkennen lässt, dass beispielsweise Enate, der Topbetrieb aus der D.O. Somontano (Region Aragón), vor kurzem hier ein kleines Weingut erwarb. Derzeit aber sorgt gut ein halbes Dutzend Betriebe dafür, dass die Weine der D.O. national wie international Aufsehen erregen. Das ist zum einen ein Verdienst von Pagos de Familia Marqués de Griñón, der mit seinen in La Mancha

D.O. VINOS DE MADRID

PROVINZEN MIT D.O.-FLÄCHE
Madrid

REBFLÄCHE
7462 ha

ANZAHL KELLEREIEN
44

PRODUKTION
ca. 21 Millionen Liter

GESCHÜTZTE WEINTYPEN
Weißwein, Rosado, Rotwein

ZUGELASSENE REBSORTEN
weiß: Malvar, Airén, Albillo, Macabeo, Parellada, Torrontés, Moscatel de grano menudo
rot: Garnacha, Tinto fino (Tempranillo), Cabernet Sauvignon, Merlot, Syrah

erzeugten Spitzenweinen schon lange einen guten Ruf in der Hauptstadt genießt und mit seinem fruchtintensiven, komplexen El Rincón aus Syrah und Garnacha dafür sorgt, dass auch sein Madrider Wein ernst genommen wird.

Zu den Stars der Region gehört auch Viñas de El Regajal, 1998 gegründet von Daniel García Pita. Pita ist auch Anteilseigner der Quinta Sardonia in Sardón del Duero, wo Peter Sissek und Jérôme Bougnaud für den Wein verantwortlich sind. Jérôme berät auch das Madrider Gut, das mit dem El Regajal Selección Especial aus Tempranillo, Cabernet Sauvignon, Syrah und Merlot einen der drei besten Rotweine der Region hervorbringt.

Dagegen sind die Bodegas y Viñedos Gosálbez Orti mehr auf die Sorte Tempranillo spezialisiert. Herausragend sind der Qubel Nature und der Qubel Paciencia Reserva, je aus 70 % Tempranillo und jeweils 10 % Cabernet Sauvignon, Garnacha und Syrah, die sich durch eine Fülle roter Fruchtnoten, würzige Akzente, harmonische Komplexität und weiche Tannine auszeichnen. Auf reinsortigen Tempranillo ist man bei Ricardo Benito besonders stolz. Vor allem der Divo Gran Vino de Guarda mit seiner Aromatik aus roten Früchten, würzigen Noten, blumigen Nuancen und feinen Holztönen ist ein Musterbeispiel für die Möglichkeiten der Traube in diesem Gebiet.

Bei der Bodega Ecológica Luis Saavedra, zweifellos einem der besten Bioweinproduzenten Spaniens, ragen wiederum Weine auf Garnacha-Basis heraus. Hier ist vor allem der fruchtig-würzige, kraftvolle und sehr lange anhaltende Garnacha Cepas Viejas Crianza mit einem Anteil von 10 % Tinto fino überzeugend.

Vinos Jeromín: Erfolg mit Familienweinen

Der Familienbetrieb im Dorf Villarejo de Salvanés wurde 1956 von Félix Martínez gegründet, der auch als Erster im Gebiet Sorten wie Cabernet Sauvignon anpflanzte. Allerdings wurden bis Ende der 1980er-Jahre nur Fassweine vermarktet. Mittlerweile wird das Gut von den beiden Söhnen Gregorio und dem für den Ausbau verantwortlichen Manuel geführt, die für einen enormen Aufschwung und einen modernen Stil sorgten. Die Brüder verfügen über 50 ha eigene Rebflächen und erhalten zusätzlich das Achtfache der Traubenmenge von langjährigen Vertragswinzern. Mit dem 2001 erstmals vorgestellten, nach Beeren und würzigen Noten duftenden, sehr gut ausbalancierten und enorm lange nachklingenden Manu Vino de Autor Crianza, benannt nach dem Önologen, aus den Sorten Syrah, Tempranillo und kleinen Anteilen von Garnacha, Cabernet Sauvignon und Merlot, machte der Betrieb sofort auf sich aufmerksam. Der zweite Premiumwein, Grego Crianza, nach dem Rufnamen von Gregorio, katapultierte das Gut schließlich ins Spitzenfeld der D.O. Vinos de Madrid. Er besteht aus Tempranillo, Syrah und etwas Merlot und überzeugt – wie übrigens auch der »kleine Bruder« Grego Roble – mit ausdrucksvoller roter Frucht, blumigen Noten, Eleganz und Ausgewogenheit.

Neben diesen beiden Topqualitäten wird unter dem Label Félix Martínez Cepas Viejas Reserva ein am Stil des Vaters orientierter traditioneller Spitzenwein ausgebaut. Diese Cuvée aus alten Tempranillo-Anlagen mit 10 % Syrah präsentiert sich mit klassischer Eleganz, einer Aromatik aus Beerenmarmelade und Gewürznoten und mit animierender Säure und starker Länge. Als beeindruckend erweisen sich zudem die Weine Puerta de Alcalá Crianza und Reserva, beide auf Tempranillo-Basis. Gregorio ist überzeugt, dass es in der D.O. in den nächsten Jahren auch eine Reihe überzeugender Weißweine geben wird: »Wir haben die richtigen Sorten und lernen derzeit viel durch den Stil ausländischer Weine hinzu.«

Bodegas Tagonius:
Primus inter pares

Die im Jahr 2000 gegründete Kellerei Bodegas Tagonius im Örtchen Tielmes gilt als eine der vielversprechendsten Neugründungen des spanischen Zentralgebiets. Die Madrider Unternehmensgruppe Foxá finanzierte eine topmoderne Kellerei nach den Vorstellungen des prominenten Önologen Ignacio de Miguel, der in den letzten Jahren bereits einigen der interessantesten Weinbauprojekte des Landes zum Erfolg verholfen hat. Der Betrieb besitzt mehr als 1000 Barriques, die vornehmlich von den besten Fassproduzenten Europas geliefert wurden. Das weiß der junge Weinmacher Luis Güemes, der seit drei Jahren hier arbeitet und sein Handwerk unter anderem in Chile lernte, genial zu nutzen. Er legt viel Wert auf klare Frucht und perfekt integrierte Holznoten.

Mit der 12 Monate im Barrique gereiften 2007er Crianza aus je rund einem Drittel Syrah, Merlot und Cabernet Sauvignon sowie etwas Tempranillo ist ihm ein grandioses Gewächs gelungen. Herausragend sind zudem der fruchtintensive, nach Gewürzen und Kakao duftende, sehr lang anhaltende Tagonius Gran Vino Selección Reserva aus Cabernet Sauvignon, Syrah und etwas Tempranillo sowie der Centenario Gran Via Reserva aus Tempranillo, Merlot und etwas Syrah, der mit üppiger Frucht, süßen Gewürzen und kraftvoller Komplexität überzeugt. Nahezu auf gleicher Qualitätslinie liegt der Varietal Syrah mit seiner Aromatik von roten Früchten, Kräutern und sehr gut integrierten Holznoten sowie die Mariage Reserva aus je 50 % Tempranillo und Merlot, die nach roter Marmelade, Kräutern und angenehmen Holznoten duftet.

Im Keller reifen derzeit noch ein sehr intensiver 2006er Tempranillo, ein »barrel eater«, wie Luis Güemes meint, sowie zwei außergewöhnliche Rebsortenweine aus Syrah und Merlot des 2008er-Jahrgangs. Auch diese Weine werden das Gut weiter in Richtung der Spitzenplätze der besten spanischen Bodegas befördern. Nur schade, dass von den 35 ha eigenen Rebflächen plus Zukäufen derzeit maximal 500 000 Flaschen produziert werden.

Eine Besonderheit im Angebot der Bodegas Tagonius sind koschere Weine.

Francisco Casas, gegründet 1965, zählt zu den größten und ältesten Kellereien in der Region: Sie setzt allein 15 Millionen Liter offene Weine auf dem heimischen Markt ab. Von den rund 1,5 l Flaschen abgefüllter Weine landen rund 80 % im Export, unter anderem in Deutschland. Die beiden wichtigsten Marken heißen Caminillos und Tochuelo. Der beste Wein von einer Genossenschaft schließlich ist der Tempranillo Peruco Reserva von Vinícola de Arganda Sociedad Cooperativa Madrileña, der zum gehobenen Mittelfeld gezählt werden kann.

Die breiteste Palette an Spitzenweinen ist aber zweifellos bei Bodegas Tagonius und Vinos Jeromín zu finden. Noch sind die Weine aus der D.O. zu einem sehr guten Preis-Geschmacks-Verhältnis zu bekommen – Topweine aus Rioja oder Ribera del Duero beispielsweise kosten rund das Doppelte.

Rundreise durch den Süden

Andalusien, die Levante und die Extremadura könnte man auch »das warme Spanien« nennen. Nirgendwo im Land ist es im Winter milder als entlang der Küsten und in der relativ tief gelegenen Region im äußersten Südwesten.

- D.O. Alicante
- D.O. Utiel-Requena
- D.O. Valencia
- D.O. Bullas
- D.O. Jumilla
- D.O. Yecla
- D.O. Jerez-Xérès Sherry y Manzanilla Sanlúcar de Barrameda
- D.O. Condado de Huelva
- D.O. Málaga y Sierras de Málaga
- D.O. Montilla-Moriles
- D.O. Ribera del Guadiana
- D.O. Cava

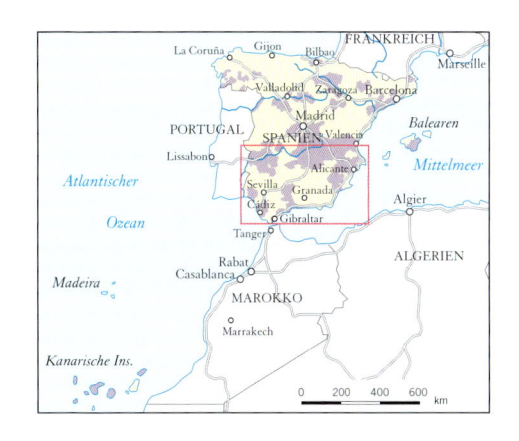

Andalusien ist uraltes Kulturland, das mit der Costa de la Luz und der Costa del Sol sowohl an den Atlantik als auch ans Mittelmeer grenzt. Unter der langen maurischen Herrschaft ein Garten Eden und nach der Reconquista verödet, erlebte das Gebiet im 20. Jahrhundert durch den Tourismus eine neue wirtschaftliche Blüte. Sherry, der gespritete Wein aus Jerez de la Frontera, ist seit Jahrhunderten ein spanischer Klassiker, der alle Krisen überlebt hat und sich neuer Beliebtheit erfreut. Für Tischweine hat sich ganz im Südwesten die D.O. Condado de Huelva etabliert. Dem einst berühmten Wein von Málaga, der Ende des 20. Jahrhunderts nur noch ein bescheidenes Dasein fristete, haben neue D.O.-Bestimmungen wieder Leben eingehaucht.

Die Extremadura war für den Qualitätswein lange Zeit Niemandsland, doch repräsentiert die 1997 eingerichtete D.O. Ribera del Guadiana auf eindrucksvolle Weise die gewachsene Bedeutung dieses Landstrichs für den Weinbau.

Die beiden *autonomías* der Levante, Murcía und Valencia, unterscheiden sich vor allem hinsichtlich der Sprache: Während in Murcía kastilianisches Spanisch gesprochen wird, gehörte Valencia lange zum katalanisch dominierten Königreich Aragón, weshalb hier ein katalanischer Dialekt vorherrscht. Das ganze Gebiet ist vor allem durch seinen Orangenanbau bekannt, doch können sich auch die Weine der Levante durchaus sehen lassen. In der Region Valencia liegen die D.O.s Valencia, Utiel-Requena und Alicante, in Murcía die D.O.s Yecla, Jumilla und Bullas.

Valencia

*Das flächenmäßig zweitgrößte Weinbaugebiet des Landes umfasst die drei
D.O.-Gebiete Alicante, Utiel Requena und Valencia sowie ein paar interessante
Landweinregionen. Ähnlich wie in der Region Castilla-La Mancha ist seit
ein paar Jahren eine erstaunliche Qualitätsentwicklung im Gang.*

Das barocke Rathaus von Valencia, Hauptstadt der gleichnamigen Provinz und autonomen Region.

Die Levante – ein Garten Eden

Die Region Valencia ist eines der fruchtbarsten und abwechslungsreichsten Gebiete Spaniens. Von den Gebirgsregionen im Norden und Süden über das hügelige Hinterland der Stadt Valencia bis zur Küstenebene findet man eine beeindruckende landschaftliche Vielfalt. Wein gehört seit jeher zu den wichtigsten Produkten der Region mit ihren drei Provinzen Castellón im Norden, Valencia im Zentrum und Alicante im Süden. Nach Castilla-La Mancha ist sie das zweitgrößte Weinbaugebiet Spaniens mit etwa 8 % der Anbaufläche. Neben derzeit drei D.O.s gibt es zwei weitere größere Weinbaugebiete, San Mateo in der Provinz Castellón und Beniarré in Alicante.

So unterschiedlich die landschaftlichen Strukturen der Region Valencia sind, so verschieden sind auch die **klimatischen Bedingungen**. Während in der Küstenregion feuchtheißes Mittelmeerklima vorherrscht, ist es in den Bergregionen trockener und weniger heiß. In Alto Turia, dem höchstgelegenen Teilgebiet der D.O. Valencia, beträgt die Durchschnittstemperatur 12,5 °C, die jährlichen Niederschläge liegen bei etwa 450 mm. In Valentino und Clariano, also zur Küstenebene hin, liegt die mittlere Temperatur zwischen 14 und 15 °C, hier fallen dagegen bis zu 550 mm Regen pro Jahr. In der D.O. Utiel-Requena, die sich zum Landesinneren hin an die D.O. Valencia anschließt, herrscht bereits ein kontinentales Klima mit mediterranen Einflüssen bei einer durchschnittlichen Temperatur von 13 °C und knapp 400 mm Niederschlag.

Trotz der sehr unterschiedlichen regionalen Strukturen sind die **Böden** in den drei Teilgebieten der D.O. Valencia recht ähnlich: Es handelt sich um braune, kalkhaltige Böden, die eine dünne Auflage auf dem felsigen Untergrund bilden. Eine Ausnahme stellt die Region Valentino dar, in der man lockerere, tiefere Böden findet. Auch in der D.O. Utiel-Requena überwiegen die braunen Böden mit hohem Kalkgehalt, die eine gute Durchlässigkeit besitzen.

Ausflug in die Geschichte

Seit Menschengedenken hat der Wein die Landschaft und die Wirtschaft Valencias geprägt. Archäologische Funde belegen, dass es hier bereits in prähistorischer Zeit Reben gegeben haben muss. Um 300 v. Chr. verschifften griechische Kaufleute Weine aus der Gegend von Denia, Javea und dem heutigen Alicante nach Griechenland. Zur Römerzeit wurde der Wein dann zu einem wichtigen Wirtschaftsfaktor, was Prägestempel und Banderolen von Weinamphoren sowie Funde von Bacchusskulpturen und Weinkelchen zeigen. Später duldeten die Araber die Weindestillation in Valencia, deren Ergebnisse hervorragend gewesen sein sollen – in überlieferten Texten werden die Weinbrände von Sagunt, Denia und Valencia gelobt. Nach der Reconquista brauchte der Weinbau in der Region aber viel Zeit, um wieder zu alter Blüte zu gelangen. Erst Mitte des 15. Jahrhunderts dehnten sich die Rebflächen wieder aus. Damals waren die Valencianos Vorreiter bei der Schaffung vorbildlicher Weingesetze. Aus dem Jahr 1626 stammt eines der ältesten Weingesetzbücher überhaupt, das alle damals aktuellen weinrechtlichen Fragen regelte und eine Einteilung der Weine in drei Qualitätsstufen vornahm.

Als im 19. Jahrhundert die Pilzkrankheit Oidium, der Echte Mehltau, große Teile Europas heimsuchte und noch keine wirksamen Gegenmittel bekannt waren, blieb die Region Valencia wegen ihrer geografischen und klimatischen Bedingungen weitgehend verschont. Die Anbaufläche wuchs innerhalb weniger Jahre auf über 150 000 ha. Vor allem die Franzosen kauften damals unglaubliche Mengen Wein. In jene Zeit fällt auch die Gründungsphase international geführter Großbetriebe wie Egli, heute als Haecky Drink & Wine AG bekannt, Schenk, heute Bodegas Murviedro, und Teschendorf, heute Bodegas y Bebidas, die als große internationale Exporteure noch immer zu den Branchenführern in Valencia zählen.

Nachdem aber 1900 die Reblaus über Alicante auch in das Gebiet von Valencia vordrang, verlegten sich

Eine Besonderheit: der Fondillón

Fondillón ist eine spezielle Kategorie der D.O. Alicante und wurde von der Europäischen Union in die Liste der sogenannten Luxusweine wie Sherry, Port oder Champagner aufgenommen. Diese Rarität, die seit dem 15. Jahrhundert auf den besten Tischen der Welt zu Hause war und lange Zeit teurer bewertet wurde als selbst der beste Tokajer, Sherry oder Port, wird heute beinahe nicht mehr erzeugt.

Fondillón ist ein Wein aus Monastrell-Trauben, die erst gelesen werden dürfen, wenn sie am Stock eingetrocknet sind. Die Trauben können es in Alicante auf so viel Zucker bringen, dass der Wein nicht nur einen hohen natürlichen Alkoholgehalt von 16 bis 18 Vol.-% aufweist, sondern noch immer mehr oder weniger deutlichen Restzucker bis 38 g enthält. Für die Gärung werden ausschließlich heimische Hefen eingesetzt. Der Wein wird meistens acht, manchmal auch 20 Jahre lang nach dem Solera-Verfahren in Eichenfässern ausgebaut. Das Resultat ist je nach Reifezeit ein mahagoni- bis altgoldfarbener Wein mit rötlichen Nuancen und matten ziegelroten Tönen. Er besitzt ein kräftiges Aroma mit Röst- und Holznoten sowie balsamischen Anklängen und präsentiert sich am Gaumen mit einem leicht süßen, weichen Geschmack und gutem Nachhall.

Weinberg mit alten Moscatel-Rebstöcken in der D.O. Alicante.

die Einheimischen auf den Anbau von Orangen, Oliven und Mandeln. Der Weinbau zog sich ein Stück ins höher gelegene, weniger fruchtbare Inland zurück. Nur im Gebiet der heutigen D.O. Utiel-Requena erreichte die Rebfläche schließlich wieder ihre ursprüngliche Ausdehnung. Geändert haben sich in den drei D.O.s der Region Valencia auch die Absatzkanäle. War das Gebiet noch bis in die 1990er-Jahre einer der Hauptlieferanten für spanische Fassweine, setzen die Betriebe seitdem mehr und mehr auf Flaschenweinvermarktung.

Welches enorme Potenzial in der Region steckt, teilweise aber noch schlummert, lässt sich am besten daran ablesen, dass sich immer mehr neue Betriebe hier ansiedeln, darunter auch Hochkaräter aus anderen Regionen.

Alicante

Der Weinbau in diesem Gebiet ist wahrscheinlich auf die Phönizier im 5. Jahrhundert v. Chr. zurückzuführen. Erste schriftliche Erwähnungen existieren ausgerechnet von den Arabern, die in Versen die Weine einiger Dörfer besangen. Im 16. Jahrhundert wurden Weine aus Alicante bis nach England und dem heutigen Belgien exportiert, darunter auch der Fondillón. Ende des 19. Jahrhunderts erstreckte sich die Anbaufläche, nicht zuletzt wegen der Reblausplage in Frankreich, auf 93 000 ha. Heute konzentriert sich der Anbau in der D.O. auf zwei Gebiete: auf die Umgebung der Hauptstadt Alicante inklusive des Ober- und Mittellaufs des Vinalopó sowie weiter nördlich auf die Halbinsel Denia mit der Subzone La Marina. Die auf Moscatel-Trauben und den Fondillón spezialisierte Unterregion zählt seit 1985 zur D.O., die zuvor nur aus dem Hinterland von Alicante um Monovar und Villena bestand.

Die Reben wachsen auf dunklen **Böden** mit einem hohen Kalksteingehalt, gelegentlich mit etwas Tonanreicherung, und einem hohen Gehalt an Mineralien. An der Küste dominiert ein feuchtes mediterranes **Klima**, im Binnenland macht sich die kontinentale Einwirkung bemerkbar und sorgt für geringere Niederschläge um die 300 mm. Die Durchschnittstemperatur liegt bei 13 bis 18 °C.

Bei den Weißweinen sind Gewächse aus nationalen Sorten fruchtig und meist unkompliziert zu trinken, während Weine aus den internationalen Sorten oft von reifen Fruchtaromen geprägt sind. Die süßen Moscatel-Weine dagegen duften sortentypisch nach Trauben und Honig. Die Rosados zeigen sich im Allgemeinen frisch und fruchtig; es sind angenehme Sommerweine. Die Rotweine haben meist eine warme, würzige Art mit vollem Körper.

Nach einer längeren Durststrecke haben die Weine aus der D.O. vor allem seit den ersten Jahren des neuen Jahrtausends wieder ein deutlich höheres Niveau erreicht; einige Rotweine zählen mittlerweile sogar zur nationalen Spitze.

Die besten Erzeuger

Der Qualitätsschub ist in erster Linie – wenn auch nicht ausschließlich – den Toperzeugern Sierra Salinas, Bernabé Navarro, Bodegas E. Mendoza und Bodegas y Vinedos El Seque zu verdanken. Auch ein paar weitere Betriebe bieten heute Topqualitäten an, darunter Vins del Comtat, deren Aushängeschild eine ungewöhnliche Cuvée aus Pinot noir, Monastrell und Petit Verdot ist, die mit ihrer Frucht, würzigen Art und cremigen Struktur zu überzeugen weiß. Gelungen ist zudem der Weißwein Verdeval aus Moscatel, Macabeo und Chardonnay, der nach feiner Frucht, Blumen und Kräutern duftet, sowie, für Liebhaber süßer Weine, der Cristal-lí Dulce Moscatel. Bei Bodega Francisco Gómez führt der fruchtige, mineralische, mit einer feinen Säure ausgestatte Serrata Crianza aus Monastrell, Merlot, Cabernet franc und Petit Verdot die Hitliste an. Eine breite Palette sehr guter Weine führen die Bodegas Bocopa vor allem unter der Marke Laudum, wobei der kraftvolle, mineralische Garnacha Syrah Barrica am stärksten auftritt. Zu den Stärken der 1932 gegründeten Genossenschaft La Bodega de Pinoso zählen neben dem Pontos 1932 und dem Pontos Cepa 50, jeweils Monastrell-Weine aus alten Anlagen, auch der Biowein Vaermador Ecológico Barrica aus Monastrell und etwas Syrah. Auf einem guten Niveau bewegt sich zudem der Almuvedre, ein Monastrell aus alten Reben des umtriebigen Starwinzers Telmo Rodríguez.

D.O. ALICANTE

PROVINZEN MIT D.O.-FLÄCHE
Alicante

REBFLÄCHE
13 200 ha

ANZAHL KELLEREIEN
51

PRODUKTION
12,7 Millionen Liter

GESCHÜTZTE WEINTYPEN
Weißwein, Rosado, Rotwein, Dessertwein

ZUGELASSENE REBSORTEN
weiß: Macabeo, Merseguera, Moscatel de Alejandría, Airén, Chardonnay, Sauvignon blanc, Planta fina, Verdil
rot: Monastrell, Tempranillo, Garnacha, Garnacha tintorera, Bobal, Cabernet Sauvignon, Merlot, Pinot noir, Syrah

Das Weingut Gutiérrez de la Vega bietet Angenehmes fürs Auge, und die Weinqualität lässt nichts zu wünschen übrig.

Herausragend bei Bodegas Gutiérrez de la Vega ist der kraftvolle, nach Früchten, Nüssen und Gewürzen duftende Casta Diva Fondillón. Daneben kann der 1978 gegründete Betrieb noch eine stattliche Reihe süßer Moscatel-Weine anbieten, wie die nach Honig, Blumen und eingelegten Früchten duftende Casta Diva Reserva Real.

Ein experimentierfreudiges Paar

Ein echter Glücksfall für die Region war es, als sich Olga Navarro und Rafael Bernabé entschlossen, die Bodegas Bernabé Navarro zu gründen. Nachdem sie längere Zeit verschiedene Gebiete, Böden und Klimaverhältnisse studiert hatten, kauften sie das Weingut Casa Balaguer, dessen Weinbautradition bis ins 19. Jahrhundert zurückreicht. Es liegt auf 550 bis 600 m Höhe im Tal zwischen Villena und La Cañada und ist nach Norden durch die Bergkette Sierra del Morrón y su Solana und im Süden durch die Sierra de la Villa geschützt. Auf 40 ha steht vorwiegend Monastrell mit teils 50 Jahre alten Rebstöcken, dazu sind diverse Klone der Sorten Tempranillo, Cabernet Sauvignon, Merlot und Syrah gepflanzt. Darüber hinaus testet das Paar den Anbau weiterer Sorten wie Graciano oder Malbec, um deren Tauglichkeit für dieses Gebiet zu prüfen. Vor allem zwei Weine haben sich an der Spitze etabliert: Schon fast als Kultwein wird der Beryna (ca. 60 % Monastrell mit Anteilen von Tempranillo, Cabernet Sauvignon, Merlot und Syrah) gehandelt, der sich mit intensiver Frucht, mineralischen Akzenten und gut integrierten Holznoten zeigt und am Gaumen eine starke Kombination aus Eleganz, Frische und guter Säurestruktur entfaltet. Grandios ist ebenfalls der neue Topwein des Hauses, Beryna Selección, aus Monastrell, Tempranillo und Cabernet Sauvignon, der sich durch noch etwas mehr Fülle und Länge auszeichnet. Zur Regionsspitze zählen zudem der weit günstigere Casa Balaguer mit Aromen von roten Früchten, Kräutern, feinen Röstnoten und einer fruchtig-eleganten Präsenz im Mund

Wer reinsortige Weine aus internationalen Sorten bevorzugt, ist bei Salvador Poveda bestens aufgehoben. Topwein ist der komplexe, nach dunklen Früchten, Kräutern und gut integrierten Holznoten duftende Toscar Cabernet Sauvignon Crianza. Außerdem gibt es noch einen hervorragend ausgewogenen Fondillón 1980 Gran Reserva.

Großartige Fondillón-Weine

Bei den Fondillón-Weinen gibt darüber hinaus noch weitere Schätze zu entdecken. Der Fondillón Gran Reserva Solera 1948 von der 1780 gegründeten Kellerei Primitivo Quiles, die heute einer der ältesten Erzeuger dieser Weine ist, beeindruckt beispielsweise mit seinen Aromen von getrockneten Früchten und balsamischen Noten, verbunden mit einem schönen Süße-Säure-Spiel.

Bodegas Sierra Salinas: Altbekannter Aufsteiger

Zusammen mit der Schweizer Familie Niehus erwarb die Familie Castaño, deren Bodegas Castaño zu den Toperzeugern der D.O. Yecla zählt, Weinberge an den Berghängen der Sierra Salinas am Rande der Gemeinde Villena. Auf den über 650 m hohen Lagen standen vor allem bereits über 30 Jahre alte Monastrell- und Garnacha-tintorera-Rebstöcke, die durch Cabernet Sauvignon, Petit Verdot und Syrah ergänzt wurden. Die ersten Weine aus diesem neuen Projekt wurden noch zusammen mit Trauben aus den Weinbergen in Yecla hergestellt und entsprechend auch als Weine aus der D.O. Yecla verkauft. Nachdem 2003 der Bau der neuen, gut in die Landschaft integrierten Bodega mit dem unterirdischen, klimatisierten, dreigeschossigen Weinkeller fertig war, konnten nun auch die Weine unter der D.O. Alicante vorgestellt werden. Das Projekt war von Anfang an ein enormer Erfolg.

Das Spitzengewächs Sierra Salinas 1237 aus je 35 % Garnacha tintorera und Cabernet Sauvignon, 20 % Petit Verdot und 10 % Monastrell zählt bereits zu den Topweinen des Landes und zeigt sich mit einer dichten Aromatik aus Beeren, dunklen Kirschen, Anklänge von Kaffee und Kakao sowie feinen Röstnoten. Am Gaumen präsentiert er sich mit dichter

Zwei Generationen von Weinmachern: Ramón Castaño mit seinem jüngsten Sohn Daniel.

Frucht, herrlicher Komplexität und einem enormen Nachhall. Kaum weniger eindrucksvoll tritt der mineralische, nach dunklen Beeren und Kirschen duftende Mira Salinas mit 66 % Monastrell, 22 % Cabernet Sauvignon und 12 % Garnacha auf. Herausragend ist zudem der Puerta Salinas, zu drei Vierteln aus Monastrell, ergänzt durch Cabernet Sauvignon und Garnacha tintorera, der mit dichter Frucht, mineralischen Akzenten, Kräuternoten und gut integriertem Holz aufwartet. Selbst der Einstiegswein des Hauses namens MO, aus denselben Sorten, liegt noch deutlich über dem Durchschnitt.

sowie der zitrusfruchtige, blumige Moscatel-Tafelwein Parque Natural Dulce.

Überzeugende Pionierarbeit

Maßgeblich zum Aufschwung der Region beigetragen hat Enrique Mendoza, Gründer von Bodegas E. Mendoza und Besitzer einiger Supermärkte. Vier Jahre lang dauerte seine Suche nach geeigneten Rebflächen in der Levante, bis er schließlich im Hochland von Alicante nahe dem Ort Villena die Finca El Chaconera entdeckte. Dort gab es auf rund 650 m Höhe neben einem Bestand von alten Rebstöcken auch einen Brunnen, der genug Wasser für die Anlage von neuen Weinflächen liefern konnte. Aus bescheidenen Anfängen hat sich nach und nach ein Vorzeigebetrieb entwickelt. Mit der Gründung einer weiteren Bodega im Urlaubsort Alfás de Pi besitzt die Familie nun rund 100 ha Rebflächen.

Bobal mit Potenzial

Die Hauptsorte der D.O. Utiel-Requena war lange unterschätzt – dabei hat sie einiges zu bieten. Hervorstechendes Merkmal sind neben hohen Phenolwerten die Aromen von reifen roten Früchten, insbesondere Kirsche und Beeren, gepaart mit kräuterwürzigen Komponenten und erdigen Nuancen. Dazu gesellen sich eine prägnante fruchtige Säure, die nur bei zu hohen Erträgen störend wirkt, sowie ein gutes Tanningerüst. Der Alkoholgehalt liegt durchschnittlich bei 12,5 Vol.-%, wobei gehaltvollere Weine den Ausbau vor allem in französischen Barriques gut vertragen. Bemerkenswert ist auch das Alter vieler Anlagen, über 10% der Bobal-Flächen sind mit etwa 50 bis 100 Jahre alten Rebstöcken bepflanzt. Gut eignet sich die Sorte auch als Cuvéepartner, speziell durch die Zugabe von Tempranillo oder Garnacha wird die urwüchsige Art des Bobal abgerundet. Andererseits vermittelt die Bobal den gelegentlich etwas derben Monastrell-Weinen eine gute Frucht. Auch gute Rosados werden aus ihr bereitet.

Von der Sorte Bobal wird man in den kommenden Jahren noch viel hören.

Davon profitieren mittlerweile Enriques Söhne Pepe und Julian, die heute den Betrieb leiten. Pepe, der für den Ausbau der Weine verantwortlich zeichnet, kann auf teils jahrzehntealte Anlagen der Sorten Cabernet Sauvignon, Merlot, Syrah, Pinot noir, Chardonnay und Moscatel zurückgreifen. Er setzt auf Vergärung mit natürlichen Hefen; die Rotweine werden außerdem ohne Filtration abgefüllt. Diese sorgfältige Vorgehensweise zahlt sich aus, wie die regelmäßig hohen Bewertungen etwa für die Reserva Enrique Mendoza (Cabernet Sauvignon/Syrah) zeigen, die sich mit starker Beerenfrucht, würzigen Akzenten, eleganter komplexer Art und harmonischen Tanninen präsentiert. Herausragend ist auch der Paradewein des Hauses, die nach Enriques Mutter benannte fruchtige und elegante Reserva Santa Rosa (Cabernet Sauvignon/Merlot/Syrah) mit ausgewogener Struktur und beachtlicher Länge.

Kaum weniger beeindruckend ist zudem der Enrique Mendoza Petit Verdot Crianza mit seinen feinen Aromen von roten Beeren, würzigen und rauchigen Noten und einer konzentrierten Frucht im Mund. Mit dem Monastrell Estrecho Crianza schließlich zeigt Pepe, dass er auch mit dieser Sorte bestens umgehen kann. Der Wein aus sehr alten Anlagen überzeugt mit einer Aromatik aus dunklen Beeren, mineralischen Noten und erdigen Anklängen und weist am Gaumen eine beachtliche Eleganz und reife, kraftvolle Tannine auf.

Auf fremden Pfaden

Wenn renommierte Winzer aus ebensolchen Regionen auch in anderen, international eher weniger bekannten Anbaugebieten aktiv werden, zeigt das meist, dass sie von deren Potenzial überzeugt sind. Ein gutes Beispiel hierfür ist das Weingut Bodegas y Viñedos El

Sequé, das 1999 von Juan Carlos López de Lacalle, Geschäftsführer von Bodegas Artadi in Rioja, und Agapito Rico Martinez von El Carche aus der D.O. Jumilla gegründet wurde. Zum Gut gehörten fast 100-jährige Monastrell-Stöcke, die es den beiden angetan hatten.

Bereits der Laderas de El Sequé Joven aus Monastrell, Syrah und Cabernet Sauvignon überzeugt mit dichter Frucht von dunklen Beeren, würzigen Noten, Anklängen an Karamell und weichen Tanninen mit einem guten, fruchtigen Nachhall. Er gilt üblicherweise als einer der besten jungen Rotweine Spaniens. Der große Bruder El Sequé Roble, aus denselben Sorten, zählt mit seiner intensiven Frucht, gepaart mit mineralischen Akzenten, Kräuternoten und würzigen Anklängen denn auch zu den besten Roten, und das nicht nur in Alicante.

Utiel-Requena

Die D.O. im hügeligen Hochland hinter Valencia wurde nach den zwei größten Orten der Region, Utiel und Requena, benannt. Die Weinberge liegen in der Regel zwischen 600 und 900 m hoch und erstrecken sich in Richtung Meseta, dem zentralen Hochplateau. Im Norden, im Tal des Flusses Magro, herrscht Schwemmland vor. Im Süden besteht die oberste Erdschicht der **Böden** aus Mergel und Lehm, mit Sandstein als Untergrund. Auch Tonschiefer und Kalziumkarbonat finden sich gelegentlich. Obwohl das Gebiet nur etwa 100 km von der Küste entfernt liegt, herrscht eher ein kontinentales **Klima**. Im Winter können die Temperaturen bis unter –10 °C absinken, selbst im Frühjahr muss man noch mit Frösten rechnen, während in den trockenen Sommermonaten die Quecksilbersäule nicht selten auf über 40 °C steigt. Gegen Abend bläst dann oft ein kräftiger Levante-Wind, der bewirkt, dass die Temperatur drastisch absinkt. Die Tag-Nacht-Schwankungen können bis zu 30 °C betragen.

Bei den Weißweinen sind vor allem Chardonnay und Macabeo interessant. Letztere präsentieren sich fruchtig-aromatisch und zugleich leicht und frisch, während Weine von der Merseguera-Traube eher nach Kräutern duften. Eine Spezialität der Region sind die Rosados. Hier spielt Bobal eine starke Rolle. Diese kraftvollen Weine, gelegentlich mit Garnacha oder Tempranillo verschnitten, sind sehr fruchtbetont und weisen vorwiegend Aromen von roten Beeren und würzige Noten auf. Die Rotweine präsentieren sich mitunter etwas rustikal, sofern sie reinsortig aus Bobal bereitet sind. Am überzeugendsten sind Cuvées, oft mit internationalen Sorten.

Neue Qualitätsoffensive

Galt Utiel-Requena bis Mitte der 1990er-Jahre in puncto Qualität noch als eine Art Aschenputtel, so hat sich seitdem Enormes getan. Millionen wurden investiert, vor allem in die Modernisierung der Kellereien, was sich zunehmend auszahlt. So haben die 1927 gegründeten Bodegas Utielanas als Glanzlicht eine Cuvée aus Bobal und Tempranillo im Sortiment. Der Vega Infante Madurado en Barrica zeigt sich mit einer starken Aromatik aus roten Früchten, Kakao, würzigen Noten und einem eleganten, kraftvollen Auftritt am Gaumen. Auch bei der Cooperativa Viní-

D.O. UTIEL-REQUENA

PROVINZEN MIT D.O.-FLÄCHE
Valencia

REBFLÄCHE
41 148 ha

ANZAHL KELLEREIEN
115

PRODUKTION
166 Millionen Liter

GESCHÜTZTE WEINTYPEN
Weißwein, Rosado, Rotwein, Schaumwein

ZUGELASSENE REBSORTEN
weiß: Merseguera, Macabeo, Planta nova, Chardonnay, Sauvignon blanc
rot: Bobal, Tempranillo, Garnacha, Cabernet Sauvignon, Merlot, Syrah

cola Coviñas gibt es Hervorragendes zu entdecken. Der Aula Merlot Crianza etwa begeistert durch seine sortentypische Frucht mit gut integrierten Holzaromen und einem komplexen, sehr eleganten Geschmack mit überzeugender fruchtiger Länge. Dazu gibt es hier einen der besten Rosados, den Aula Bobal de Lágrima, der sich mit feinen Himbeernoten und einer schönen Frische sowie gutem Körper präsentiert. Etwa ebenbürtig ist der himbeerduftige, dezent süßliche Vega Libre Rosado aus Bobal der Bodegas Murviedro. Mit einem ausgezeichneten reinsortigen Bobal Tinto können dagegen die Bodegas Torroja aufwarten. Der Sybarus Crianza zeigt sich mit feinen Aromen aus Beeren und Kirsche, Kaffee, Kakao sowie blumigen Anklängen und schöner Frucht am Gaumen.

Eine Palette sehr guter Weine ziert das Sortiment der 1885 gegründeten Bodega Vicente Gandia. Am besten ist die Cuvée aus Bobal und je 15 % Syrah und Cabernet Sauvignon namens Generacíon 1 mit einer eleganten, fruchtig-würzigen Präsenz. Bobal spielt auch die Hauptrolle beim Topwein von Dominio de Aranleón, El Arbol Crianza, der daneben noch Tempranillo und internationale Sorten beinhaltet und sich mit konzentrierter Kraft, neuem Holz und feiner Fruchtaromatik zeigt. Außerdem beeindruckend ist der fruchtige, komplexe Cueva Barrica Selección von Cultivo Uvas Ecológicas Vinos y Afines, ein Biowein aus Bobal, Garnacha und Tempranillo. Ein Drittel Bobal ist zudem im Pasiego de Autor Crianza der Criadores Artesanos enthalten, der durch Cabernet Sauvignon und Tempranillo eine breitere Frucht- und Gewürzaromatik erhält.

Die »jungen Wilden«

Bei den jüngeren Weingütern gibt es ebenfalls ein paar Glanzlichter. Neben Bodegas Palmera und Viñedos y Bodegas Vegalfaro ragen vor allem Bodegas Sierra Norte mit dem Cerro Bercial Parcela Ladera los Cantos heraus, einer Cuvée aus Bobal und etwa einem Drittel Cabernet Sauvignon. Der Wein zeigt eine stattliche rote Frucht, Cassis und feine Röstaromen sowie eine reife Tanninstruktur und eine stolze fruchtig-würzige Länge. Bei den Weißweinen sticht die intensive, fruchtige und elegant-ausgewogene Cuvée aus Macabeo, Chardonnay und Sauvignon blanc, Cerro Bercial Selección, heraus. Auch der Cerro Bercial Rosado aus Bobal ist überdurchschnittlich. Ebenfalls 1999 gegründet wurde die Bodegas y Viñedos de Utiel, die mit einem ausgezeichneten Rotwein aus Merlot, Cabernet Sauvignon sowie etwas Syrah und Bobal aufwarten kann, der sich mit Komplexität, Kraft und reifen Fruchtnoten zeigt.

Der beste Wein der 80 ha große Finca San Blas, im Jahr 2000 eröffnet, ist dagegen sozusagen ein gemischtes Doppel. Der Labor del Almadeque Reserva de la Familia aus Cabernet Sauvignon und Tempranillo präsentiert sich mit guter Säurestruktur, reifen Fruchtnoten, Cassis und komplexem Auftreten. Aus denselben Sorten bereitet Vinícola del Oeste einen starken Viña Castaro Reserva sowie eine kaum weniger ausdrucksvolle Crianza.

Zu den interessantesten neuen Betrieben zählt außerdem Álvarez Nölting. Die 2002 gegründete Bodega

Antonio Sarrión Martínez von Bodega Mustiguillo zählt zu den Stars der Region Valencia.

Bodegas Palmera: Außergewöhnliche Engel

Heiner Sauer betreibt seit 1987 ein Bioweingut in der Pfalz und ist seit 1998 auch Teilhaber der Bodegas Palmera. Um mehr Spielraum zu haben, wurden damals zu den vorhandenen, teils sehr alten Tempranillo- und Bobal-Anlagen auf einer Höhe von 780 m Cabernet Sauvignon und Merlot neu angepflanzt.

Zu den Topgewächsen der Region zählen L'Angelet, »das Engelchen«, und L'Angelet d'Or, »das goldene Engelchen«. Der L'Angelet d'Or ist ein Schwerkaliber aus Tempranillo von über 35-jährigen Rebstöcken und 10 % Cabernet Sauvignon. Der Wein wird nur in den besten Jahren erzeugt und präsentiert sich nach 20 Monaten in Barriques mit starken Aromen von eingekochten Früchten, Koriander, Zimt und Schokolade. Im Mund ist er sehr dicht und konzentriert, mit toller Frucht und sehr langem Nachhall. Aber auch das Engelchen bereitet viel Vergnügen. Die Cuvée aus Tempranillo und Cabernet Sauvignon zeigt eine gelungene Mischung aus schwarzen Früchten, Schokolade und Vanille. Am Gaumen überzeugt sie mit intensiver, etwas süßer Frucht und opulenten, dabei geschmeidigen Tanninen. Gelungen ist auch die Cuvée Cabriel aus Tempranillo und je 10 % Cabernet und Merlot, die nach Schwarzen Johannisbeeren, roten Beeren und Vanille duftet und sich im Mund mit klarer Frucht und mineralischen Noten zeigt. Aus Bobal und Tempranillo besteht schließlich der Basiswein Palmera, der mit schönen Aromen von Kirschen und Mandeln überzeugt und sich im Mund kraftvoll und fruchtig präsentiert.

überzeugt vor allem mit einem im Barrique fermentierten Chardonnay, der mit seiner fruchtig-würzigen Aromatik und einem langen Nachhall zu den besten Weißweinen der Region zählt.

Mit Weinen dieses Kalibers, ob nun sortenrein oder nicht, dürfte es nur noch eine Frage der Zeit sein, bis sich die Herkunftsbezeichnung Utiel-Requena und der Name ihrer wichtigsten Sorte Bobal im Gedächtnis der internationalen Weinwelt verankern wird.

Erfolg mit internationalen Sorten

Im Jahr 1999 gründeten Andres und Rodolfo Valiente ihre Bodegas Vegalfaro und spielen seitdem in der ersten Liga der Region mit. Die Valientes besitzen 55 ha, die auf drei kleine Fincas verteilt sind. Dort stehen neben Bobal vor allem Tempranillo, Syrah, Cabernet Sauvignon und Merlot, die aufgrund der strengen Ertragsreduktion rund 30 bis 35 hl/ha liefern. Ein Teil der Weine wird in amerikanischen und französischen Barriques ausgebaut. Derzeit beträgt die Jahresproduktion rund 300 000 Flaschen.

Zu den zuverlässigsten Weinen zählt die Crianza aus Tempranillo, Merlot und Syrah, die sich mit Aromen von roten und dunklen Früchten mit Kräutern und würzigen Noten präsentiert und am Gaumen mit einer reifen Tanninstruktur aufwartet. Überragend aber ist der Pago de los Balagueses Crianza aus 100 % Syrah, der eine feine Aromatik aus roten Früchten, würzigen Akzenten und sehr gut eingebundenen Holznoten zeigt. Ein kraftvoller, fruchtig-würziger Wein, der zu den wenigen Spitzenweinen der Region zählt. Wer es lieber weiß mag, sollte den Vegalfaro Blanco aus Chardonnay und Sauvignon blanc probieren, der sich feinfruchtig, mit blumigen Anklängen und schöner Frische zeigt.

Valencia

Das Gebiet im Hinterland der Stadt Valencia ist in vier **Unterregionen** aufgeteilt, in denen teilweise ganz unterschiedliche geografische und klimatische Bedingungen herrschen. Am bergigsten ist **Alto Turia** im Nordosten der Provinz; hier steigen die Rebflächen

In Frühling überzieht frisches Grün die
Landschaft der Region Valencia.

auf bis zu 800 m Höhe an. Von der Ausdehnung her ist **Valentino** das größte Teilgebiet der D.O. mit etwa 60 % der Anbaufläche, verteilt auf 23 Gemeinden und in Höhenlagen zwischen 250 und 600 m gelegen. Eingegliedert in die Subzone Valentino ist ein weiterer Anbaubereich mit der Bezeichnung **Moscatel de Valencia**, in dem ausschließlich Dessert- und Likörweine erzeugt werden. Das Teilgebiet **Clariano** mit seinen 33 Gemeinden liegt ganz im Süden der Provinz Valencia an der Grenze zu Alicante und hat Höhenlagen zwischen 400 und 650 m.

Die Moscatel-Weine sind sehr aromatisch und leicht, die Weißen auf der Basis der Sorte Merseguera zeigen sich frisch mit Kräuternoten. Die Rosados sind fruchtig, aromatisch und leicht. Aus Monastrell und Garnacha bereitete Rotweine zeigen sich fruchtbetont. Sie bekommen zunehmend Konkurrenz von Tempranillo und den internationalen Sorten, die meist geschmacksintensivere, weiche Weine ergeben. Die besten Gewächse kommen meist aus der höher gelegenen Zone Clariano oder aus dem Zentrum der Region.

Spürbare Aufbruchstimmung

Während sich in manchen Regionen die alteingesessenen Erzeuger oft schwertun, mit den Toperzeugern mitzuhalten, zeigen in Valencia vor allem zwei ältere Betriebe, dass Tradition und Moderne sich nicht ausschließen müssen. So hält die 1944 gegründete Genossenschaft Vinos de la Viña mit den beiden komplexen, fruchtbetonten Spitzenweinen Venta del Puerto Nº 12 und Venta del Puerto Nº 18 Vendimia Seleccionada – jeweils Cuvées aus Cabernet Sauvignon, Tempranillo, Merlot und Syrah – die Qualitätsfahne hoch und hat dazu noch ein halbes Dutzend weiterer sehr guter Weine im Programm. Mit zwei hervorragenden Gewächsen, die ebenfalls zur regionalen Spitzenklasse zählen, warten außerdem die mittlerweile biodynamisch arbeitenden Bodegas los Frailes auf. Das 1771 entstandene Weingut konzentriert sich, wie beim fruchtig-würzigen, blumigen Bilogía aus Monastrell und Tempranillo, mehr auf heimische Sorten, wenn auch der noch etwas feinere, kraftvollere und nachhaltigere Wein Trilogía zusätzlich Cabernet Sauvignon enthält.

Zu den noch relativ jungen Stars der Region zählen neben Rafael Cambra und Bodegas Celler del Roure vor allem die Bodegas Enguera, die mit dem nach roten und eingekochten Früchten, würzigen Anklängen und feinen Holznoten duftenden Megala aus je 50 % Monastrell und Syrah sowie dem würzigen, feinfruchtigen Sueño de Megala aus Monastrell, Tempranillo und Merlot zwei rote Topweine präsentieren. Auch einer der besten Weißweine, der nach Blumen und kandierten Früchten duftende, mit einer animierenden Säure ausgestattete Verdil de Gel Barrica aus der Sorte Verdil, stammt von hier. Mit einem Weißwein glänzen auch die Bodegas el Angosto. Ihre Cuvée aus Moscatel, Verdejo, Chardonnay und Sauvignon blanc duftet verführerisch nach reifen Früchten und Kräutern und tritt am Gaumen mit eleganter Frucht und mineralischen Akzenten auf. Dass man sich hier besonders auf vielsortige Cuvées versteht, zeigt der neue hervorragende, fruchtintensive, nach Veilchen duftende Angosto aus Syrah, Graciano, Petit Verdot, Garnacha tintorera und Malbec.

Ähnliches kann man auch über den erst 2005 gegründeten Betrieb La Casa de las Vides Bodegues i Vinyes sagen. Das Aushängeschild des Hauses, ACVLIVS (ausgesprochen: Aculius), wird meist aus Tempranillo, Garnacha tintorera, Syrah, Merlot und Monastrell komponiert und glänzt mit würzigen, vielfruchtigen Akzenten und einer harmonischen Tanninstruktur.

Dagegen setzt das Weingut Andrés Valiente e Hijos mit dem Pasamonte mehr auf spanische Akzente. Dieser Wein besteht aus 85 % Garnacha tintorera, dazu etwas Merlot und Syrah, und präsentiert sich mit kraftvoller Struktur und aromatischer Kraft. Ganz aus heimischen Sorten ist der Falcata Casa Gran Arenal von Pago Casa Gran. Die Cuvée von über 40-jährigen Monastrell- und Garnacha-tintorera-Reben besticht mit feiner herber Beerenfrucht, würzigen Akzenten und gut eingebundenen Holznoten. Etwas aus dem Rahmen des Rebsortenspiegels fällt schließlich der Topwein von Heretat de Taverners. Der Graciano Reserva zeigt dichte Frucht, feine Gewürze und gut eingebundene Holznoten. Auch für Freunde süßer, kraftvoller Gewächse bietet die D.O. einiges. Den wohl schönsten Likörwein des Gebiets produzieren die Bodegas Vidal mit dem enorm fruchtigen, komplexen und lange anhaltenden Uva d'or Moscatel.

Bei dieser Anzahl von kreativen, teils noch sehr jungen Toperzeugern braucht man sich um die Zukunft der D.O. Valencia keine Sorgen zu machen.

Großes aus der Minikellerei

Eines der vielversprechendsten Talente des modernen spanischen Weinbaus ist Rafael Cambra. Er machte als Rebenzüchter Karriere und arbeitete nach dem Önologiestudium in Montpellier für bekannte Rioja-Güter wie CVNE oder López de Heredia. 2001 kaufte er in Valencia ein paar Hektar Rebflächen, die er mit Cabernet Sauvignon und Cabernet franc bepflanzte. Außerdem erwarb er noch einige mit alten Monastrell-Reben bestockte Parzellen. Was er letztlich in seiner kleinen Kellerei daraus macht, zählt mit zum Besten, was die Region zu bieten hat: Der Rafael Cambra Uno ist ein reinsortiger Monastrell mit einer feinen Aromatik aus reifen Früchten, Rauchnoten, Lakritze und sehr gut integriertem Holz, der sich im Mund kraftvoll, komplex und fruchtig mit starkem Nachhall präsentiert. Sein zweiter Wein, schlicht Rafael Cambra Dos, ist eine Cuvée im modernen Stil aus je zur Hälfte Cabernet Sauvignon und Cabernet franc. Er duftet verführerisch nach dunklen Beeren und Pflaumen, erdigen Noten, Kaffee und Kakao und tritt am Gaumen mit kraftvoller Frucht und Holznoten sowie kompakten Tanninen und guter Säurestruktur auf. Ebenso einprägsam wie die Namen seiner Weine ist der Farbton des Etiketts: ein auffallendes Orange, die Leitfarbe der Region Valencia.

D.O. VALENCIA

PROVINZEN MIT D.O.-FLÄCHE
Valencia

REBFLÄCHE
15 023 ha

ANZAHL KELLEREIEN
87

PRODUKTION
77 Millionen Liter

GESCHÜTZTE WEINTYPEN
Weißwein, Rosado, Rotwein sowie Dessert- und Likörweine

ZUGELASSENE REBSORTEN
weiß: Merseguera, Moscatel, Malvasía, Macabeo, Tortosí, Pedro Ximénez, Planta fina, Planta nova, Verdil, Chardonnay
rot: Monastrell, Tempranillo, Garnacha, Bobal, Garnacha tintorera, Forcayat, Cabernet Sauvignon, Merlot, Syrah, Pinot noir

Bodegas Celler del Roure: Was lange währt …

Die Gemeinde Moixent galt bis vor wenigen Jahren nicht gerade als eine Hochburg spanischer Weinkultur. Das hat sich seit dem Engagement des 1995 gegründeten Familienunternehmens Bodegas Celler del Roure gewaltig geändert. Die Kellerei erwarb 25 ha Rebflächen in drei verschiedenen Lagen, wo mittlerweile eine beachtliche Sortenvielfalt in Ertrag steht. Für die Einrichtung der Kellerei ließ man sich von Sara Pérez von dem berühmten Priorat-Weingut Mas Martinet beraten und arbeitete außerdem mit der Universität von Valencia zusammen.

Nach einer jahrelangen Anlaufzeit, in der intensiv nach den besten Cuvées für die späteren Weine geforscht wurde, kam schließlich 2002 der erste Wein des Hauses auf den Markt.

Dieses lange Warten hat sich ausgezahlt, denn mittlerweile zählt der Betrieb zu den Stars der gesamten Provinz. So ist schon der Les Alcusses aus 65 % Monastrell, 20 % Tempranillo sowie je 5 % Cabernet Sauvignon, Syrah und Merlot ein herrlicher, herausragender Wein mit einer beachtlichen Fruchtfülle von reifen Beeren, würzigen Noten und feinen Holzaromen, der sich im Mund kraftvoll, komplex mit fruchtig-würzigen Noten und einer feinen Tanninstruktur zeigt. Es geht aber sogar noch besser. Der Maduresa aus Syrah, Mandó, Cabernet Sauvignon, Merlot, Monastrell und Petit Verdot zählt zu den absoluten Spitzenweinen der ganzen Provinz und präsentiert sich mit einer Vielfalt von dunklen Früchten wie Brombeeren und Heidelbeeren, blumigen Anklängen, mineralischer Eleganz und feinen Holznoten. Am Gaumen überzeugt er mit dichter Struktur, cremiger Art, weichen Tanninen und enormer Länge.

Pablo Calatayud, einer der humorvollsten Winzer der Region, mit zwei seiner besten Weine.

Land- und Tafelweine

Neben den herausragenden Landweinen mit der Bezeichnung Vino de la Tierra El Terrerazo, die bei der Bodega Mustiguillo erzeugt werden (siehe Seite 215), werden in der Region Valencia auch einige ausgezeichnete Tafelweine produziert.

Eine beachtliche Palette bietet etwa Bodega y Viñedos Heretat de Cesilia mit der kraftvoll-aromatischen Selección de Barricas aus Cabernet Sauvignon, Syrah und Petit Verdot. Noch besser ist der nach einer Schüssel eingekochter Früchte duftende, konzentrierte Cardenal Álvarez Dulce aus Monsastrell, Cabernet Sauvignon und Petit Verdot.

Mit einem reinsortigen Cabernet Sauvignon glänzt Vins del Comtat. Der Wein namens Montcabrer weist Aromen von dunklen Früchten, dazu würzige und erdige Noten auf und zeigt am Gaumen kraftvolle Präsenz.

In Utiel kann man bei Vera de Estenas sogar einen reinsortigen Malbec finden, der sich mit feinen intensiven Holznoten und guter Struktur präsentiert. Einen hervorragenden sortentypischen, mit enormer Frucht ausgestatteten Merlot, versehen mit einem kleinen Teil Cabernet franc, erzeugt die Kellerei Pago de Tharsys. Hier gibt es dazu einen ausgezeichneten, bemerkenswert eleganten, fruchtig-frischen Weißwein namens Vendimia Nocturna, der aus Albariño und Godello gekeltert wird.

Einen weiteren hochkarätigen Weißwein bietet Viñedos y Bodegas Mayo Casanova an. Der Magnanimvs Vino de Autor enthält Macabeo und Chardonnay und überzeugt mit feinen Frucht- und Nussaromen. Ebenfalls gelungen ist das rote Pendant aus vorwiegend internationalen Sorten.

Bei Pagos del Molino hält man dagegen mit dem kraftvollen, mineralischen Arras de Bobal die Fahne der regionalen Sorte hoch, und der Celler la Muntanya bietet ebenfalls Heimisches an: Der Almoroig aus Monastrell, Giró und Garnacha tintorera zählt mit seiner komplexen Struktur und fruchtig-würzigen Präsenz zu den allerbesten Tafelweinen der Provinz.

Der Star der Landweine

Die beste Landweinregion in der Provinz Valencia liegt innerhalb der Gemeinde von Utiel. Es ist im Prinzip nur ein kleines Gebiet im Besitz der Familie Sarrión, die 1999 die Bodega Mustiguillo gründete. Deren Weine tragen als Einzige die Bezeichnung **Vino de la Tierra El Terrerazo**, und sie zählen regelmäßig zu den Besten der gesamten Provinz. Die Lieblingssorte des noch jungen Besitzers Antonio Sarrión Martínez, der zuvor Erfahrungen in Chile und Argentinien sammelte, ist Bobal, die er zusammen mit der renommierten Önologin Sara Pérez zu enormen Höhen führt. Welches Potenzial diese Sorte hat, beweisen die beiden mit dem Quincha Corral, der je nach Jahrgang bis zu 96 % Bobal enthält. Er weist eine herrliche Aromatik aus roten Früchten, Kakao, Minze und feinen Holznoten auf und zeigt sich im Mund mit weicher Struktur und kraftvollen Tanninen. Exzellent ist zudem der Finca Terrerazo aus Bobal mit 30 % Tempranillo und Cabernet Sauvignon, der sich mit Noten von dunklen und roten Früchten und sehr feiner harmonischer Holzaromatik präsentiert. Auch der Mestizaje ist in erstklassiger Form. Neben Bobal enthält er noch Tempranillo, Syrah, Cabernet Sauvignon, Merlot und Garnacha und duftet verführerisch nach dunklen Beeren und Kirsche, dazu kommen würzige Anklänge und gut integrierte Holznoten. Im Mund hinterlässt er einen lang anhaltenden würzig-fruchtigen Nachhall.

Die Herstellung von Wein- und Likörspezialitäten wie Mistela oder Doble Pasta hat in Valencia eine lange Tradition.

Mistela: Süßweine, die aus filtriertem Süßmost hergestellt werden und durch die Zugabe von Weinalkohol einen Alkoholgehalt von etwa 15 Vol.-% erreichen.

Likörwein: Zur Herstellung werden meist Garnacha, Malvasía, Pedro Ximénez oder Moscatel verwendet. Dem Grundwein setzt man Weinalkohol und Süßmost oder Mistela zu. Bevor die Likörweine auf den Markt kommen, lagern sie in der Regel zwei Jahre im Holzfass.

Rancio: Weiß- oder Rotwein mit hohem natürlichem Alkoholgehalt, der in der Regel bei 14 % liegt. Diese Weine lässt man in Eichen- bzw. Kastanienholzfässern oder auch in großen Glas- oder Korbflaschen zum Teil sogar unter freiem Himmel reifen. Die Sonneneinwirkung und die extremen Temperaturschwankungen lassen den Wein auf natürliche Weise stark oxidieren und schnell altern.

Doble Pasta: Die Doble Pasta ist ein tiefdunkler, fast schwarzer Rotwein mit ungewöhnlich hohem Gerbsäuregehalt. Zur Herstellung der Doble Pasta lässt man den Vorlaufmost aus der ersten Pressung der Rotweintrauben ablaufen und vergärt den Rest des Mosts auf der Maische. Endergebnis ist der wohl dunkelste aller Weine mit einem enormen Tanningehalt.

Murcia

In der Region im Südosten Spaniens mit den drei D.O.-Gebieten Jumilla, Yecla und Bullas zeigt die Sorte Monastrell, dass sie mehr zu bieten hat als nur süffige Alltagsweine.

Umgeben von Bergen liegt die Weinregion Yecla auf einer weiten, einsamen Hochebene.

Hochburg der Monastrell

Die Rebfläche in der Provinz Murcia mit ihrer gleichnamigen Hauptstadt beträgt insgesamt lediglich rund 40 000 ha. Etwa zwei Drittel davon stehen in der D.O. Jumilla, die auch in puncto Qualität den Ton angibt. Doch auch in den beiden anderen Regionen Yecla und Bullas gibt es eine ganze Reihe weit überdurchschnittlicher Weine zu entdecken.

Vor allem reinsortige Monastrell-Weine zeigen sich in der Provinz von ihrer besten Seite. Weitaus seltener sind reinsortige Weine aus internationalen Reben, aber auch hier gibt es einige herausragende Vertreter, etwa den Syrah Valtosca von Julia Roch e Hijos oder den Heredad Candela Petit Verdot der Bodegas Señorío de Barahonda. Dazu präsentieren sich Cuvées, meist auf Basis von Monastrell, in bemerkenswerter Form, wobei der überragende Vertreter, der El Nido der gleichnamigen Bodega aus Jumilla, von Cabernet Sauvignon dominiert ist.

Bullas

Bullas ist die jüngste D.O. der Region, kann aber auf eine lange Weinbautradition zurückblicken. Vor allem nach der Wiedereroberung von den Mauren konzentrierte sich die regionale Wirtschaft auf den Weinbau. Laut einer Urkunde aus dem Jahr 1849 begann die Weinlese in Bullas niemals vor den Fiestas de Octubre, dann erst hatten die Trauben genügend Zuckergehalt, um den örtlichen Weinen die notwendige Alkoholstärke verleihen zu können. Am Lesezeitpunkt hat sich bis heute nicht viel geändert, vor Oktober sind die Trauben normalerweise nicht reif.

Die D.O. erstreckt sich rund um das Städtchen Bullas südwestlich der Provinzhauptstadt Murcia in hügelig-bergigem Terrain an den östlichen Ausläufern der andalusischen Kordilleren, mit Höhenlagen zwischen 400 und, im Westen und Nordwesten, 810 m. Überall findet man vorwiegend bräunliche **Kalkböden** mit einer Kalkoberschicht aus Schwemmland, die eine gute Drainage aufweisen. Das **Klima** ist mediterran, mit trockenen, heißen Sommern und milden Wintern. Der Jahresniederschlag liegt bei 300 mm, die Sonne scheint im Jahresdurchschnitt 2900 Stunden und sorgt für eine durchschnittliche Temperatur von 15,6 °C.

Die Weißweine sind in der Regel angenehm fruchtig, während sich die Rosados von einer fruchtigen und leichten Seite zeigen und vor allem durch Garnacha auch geschmackliche Fülle aufweisen können.

Bei den Rotweinen bietet sich ein umfangreicheres Bild. Weine aus Monastrell oder Tempranillo duften nach reifen, manchmal überreifen sonnenwarmen Früchten und legen geschmacklich auch eine gute Frucht an den Tag. Jedoch gewinnen sie in diesem Gebiet bei Cuvées mit internationalen Sorten an Körper und Ausdruck. Am besten sind in der Regel Weine aus höheren Lagen, da sie vor allem beim Monastrell eine höhere Säure aufweisen.

D.O. BULLAS

PROVINZEN MIT D.O.-FLÄCHE
Murcia

REBFLÄCHE
2258 ha

ANZAHL KELLEREIEN
14

PRODUKTION
4,5 Millionen Liter

GESCHÜTZTE WEINTYPEN
Weißwein, Rosado, Rotwein

ZUGELASSENE REBSORTEN
weiß: Macabeo, Airén
rot: Monastrell, Tempranillo, Garnacha, Cabernet Sauvignon, Merlot, Syrah

In Jumilla wird nicht nur der Gaumen verwöhnt, diverse moderne Kunstobjekte inmitten der Landschaft bieten auch etwas fürs Auge.

In puncto Qualität ist jedoch Molino y Lagares de Bullas der Spitzenreiter der D.O. Der erst 2004 gegründete Betrieb verfügt über 8 ha Flächen mit teils bis zu 40 Jahre alten Rebstöcken in rund 800 m Höhe, vorwiegend Monastrell und Syrah. Sicherlich zu den besten Weinen der Region zählt der Lavia+, ein reinsortiger komplexer Monastrell mit feiner Frucht, schönen Kräuter- und Holznoten sowie langem, fruchtigem Nachhall. Die Lavia Crianza aus Monastrell und 30 % Syrah präsentiert sich ähnlich komplex, elegant und mit guter Säure.

Mit einem Topwein kann auch Bodega Monastrell aufwarten. Der Valche Crianza weist feine marmeladige Noten und gut integrierte Holzaromen auf und zeigt sich im Mund mit einer feinen Säure- und Tanninstruktur. Überzeugend ist zudem der gut strukturierte, fruchtige Chaveo Monastrell. Mit zur Regionsspitze zählen außerdem die Bodegas Madroñal, die mit dem nach Gewürzen und Kräutern duftenden Siscar einen sortentypischen Monastrell produzieren. Mindestens ebenso gelungen ist auch die Madroñal Crianza, die neben Monastrell etwa ein Fünftel Syrah enthält und sich etwas körperreicher und fruchtiger zeigt. Eine aufstrebende Tendenz zeigen schließlich noch die Bodegas Balcona, die auch über bis zu 50 Jahre alte Monastrell-Stöcke verfügen und von José Luis Pérez von Mas Martinet im Priorat beraten werden. Die Selección 37 Barricas aus Monastrell, Tempranillo und Cabernet Sauvignon duftet nach reifen Früchten, Kakao und Röstnoten und weist eine süße Tanninstruktur und eine gute Länge auf. Etwa gleich gut ist der Partal Vino de Autor, der dieselben Rebsorten sowie etwas Syrah und Merlot enthält, und sich mit guter Frucht und würzigen Akzenten zeigt.

Klare Erzeugerstrukturen

Zwei Genossenschaften dominieren die Weinerzeugung in Bullas, die Cooperativa Agro-Vinícola Nuestra Señora del Rosario und die Cooperativa Vinícola Agraria San Isidro. Letztere hat einige sehr gute Weine im Programm; vor allem die Cuvée aus Monastrell, Tempranillo und etwas Syrah namens Cepas del Zorro Barrica überzeugt mit guter Säurestruktur und angenehmer Frucht. Gelungen ist zudem der fruchtig-elegante, körperreiche Cepas del Zorro Rosado aus Monastrell und 20 % Garnacha. Eine breitere Palette an sehr guten bis ausgezeichneten Gewächsen weist dagegen Nuestra Señora del Rosario auf. Die 1950 von 1200 Mitgliedern gegründete Genossenschaft erzeugt aber auch rund 85 % der Weine in diesem Gebiet. An der Spitze liegt Las Reñas Selección aus Monastrell und 20 % Syrah mit einer Aromatik aus Marmelade, feiner Würze und mineralischen Noten sowie guter Komplexität, reifen Tanninen und einem langen, fruchtigen Abgang. Auch hier gibt es einen sehr guten Rosado, den Las Reñas Monastrell, der sich fruchtig, blumig und mit erfrischender Säure zeigt.

Da sich das Gros der Winzer erst seit kurzer Zeit mit Cuvées unter Beigabe internationaler Sorten befasst, wird es in den kommenden Jahren sicher noch einige weitere positive Überraschungen aus der D.O. Bullas geben.

Jumilla

Die Weinregion Jumilla liegt in den Provinzen Murcia und Albacete (Region Castilla-La Mancha) auf 300 bis 700 m Höhe. Das **Klima** hier ist kontinental mit leichten Einflüssen vom Mittelmeer. Durchschnittlich fallen in Jumilla nur 270 mm Regen, vor allem im Frühjahr und im Herbst. Die Sommer sind heiß und trocken. Braune **Böden**, teilweise kalkhaltig, mit großer Wasserspeicherfähigkeit dominieren.

Die wenigen Weißweine weisen einen leicht fruchtigen, würzigen Charakter auf. Die Rosados sind in der Regel von aromatischer Frucht und würzigem Geschmack, wobei der beste ausgerechnet ein Syrah mit Barriquenoten der Bodegas Guardiola ist, gefolgt vom Monastrell der Bodegas Torrecastillo. Einen hervorragenden Ruf dagegen genießen mittlerweile die Rotweine. Sie sind fruchtig, würzig und körperreich mit einer guten Tanninstruktur und vertragen teilweise auch einen längeren Barriqueausbau.

Neben den beiden führenden Erzeugern Bodegas El Nido und Julia Roch e Hijos haben sich noch einige weitere Betriebe an der Spitze etabliert. Dazu zählen die Bodegas Juan Gil, die mit ihrem fruchtigen, komplexen Juan Gil Monastrell einen der besten Weine aus dieser Sorte produzieren. Auch der Monastrell de Cepas Viejas lässt mit seiner kraftvollen Art und den Aromen dunkler Früchte kaum zu wünschen übrig, während der Monastrell 12 Meses en barrica mit einem starken Preis-Geschmacks-Verhältnis brilliert.

Daneben können noch vier weitere Betriebe mit reinsortigen Monastrell-Toperzeugnissen aufwarten. Zum einen der kraftvolle, harmonische Calzás Pie Franco Barrica von Viñedos y Bodegas Martínez Verdú, zum anderen der fruchtige, tanninbetonte Vegardal Cuco del Ardal der Viña Campanero. Der Dritte im Bunde ist der Taja Excelencia des renommierten Bordelaiser Weinhändlers Franck Mähler-Besse, der in Jumilla einen Außenposten unterhält. Kaum weniger überzeugend präsentiert sich der Gémina Premium Reserva der Bodegas San Isidro.

Die Hauptrolle spielt Monastrell auch bei einigen Spitzencuvées. Dazu gehört der Alma de Luzón der Bodegas Luzón, der noch 20 % Cabernet Sauvignon und 10 % Syrah aufweist und mit kraftvoller Würze und feiner Frucht begeistert. Ausgezeichnet ist auch der körperreiche, nach dunklen Früchten duftende Altos de Luzón aus je 50 % Tempranillo und Cabernet Sauvignon, ebenso die elegante, lang anhaltende Reserva von Casa de la Ermita aus denselben Sorten wie der Alma de Luzón. Noch etwas besser ist jedoch der fruchtige, mineralische und komplexe Casa de la Ermita Petit Verdot. Zu den weiteren Toperzeugern von Cuvées mit Monastrell zählen noch Altos del Cuadrado mit dem VVV, der etwas Petit Verdot enthält, Bodegas Bleda mit dem Divus (mit Merlot), Finca Omblancas mit dem komplexen Selección Especial (15 % Cabernet Sauvignon) sowie die Bodegas Olivares, die ihrem Finca la Hoya de Santa Ana untypischerweise etwas Garnacha zugeben. Lediglich 15 % Monastrell dagegen enthält der beste Wein, der Alceño Syrah, des 1870 gegründeten Hauses Pedro

D.O. JUMILLA

PROVINZEN MIT D.O.-FLÄCHE
Murcia, Albacete

REBFLÄCHE
30 000 ha

ANZAHL KELLEREIEN
44

PRODUKTION
26 Millionen Liter

GESCHÜTZTE WEINTYPEN
Weißwein, Rosado, Rotwein

ZUGELASSENE REBSORTEN
weiß: Airén, Macabeo, Malvasía, Pedro Ximénez
rot: Monastrell, Garnacha tintorera, Garnacha, Tempranillo (Cencibel), Cabernet Sauvignon, Merlot, Syrah

Die Finca Omblancas zählt zu den Toperzeugern von Cuvées mit Monastrell und internationalen Sorten.

Luis Martínez, der sich mit ausdrucksvollen sortentypischen Fruchtnoten und stattlicher Länge präsentiert.

Insgesamt ist das Niveau der Rotweine aus der D.O. beeindruckend und wird auf breiter Front wohl noch besser werden. Das hat sich mittlerweile international herumgesprochen; mancher Kritiker sieht Jumilla auf ähnlichem Wege wie das Priorat in Katalonien.

Herausragendes Duo

Das erst 2002 gegründete Weingut Bodegas El Nido hat sich schon kurz nach seinem Start in die spanische Elite katapultiert. Die beiden Weine El Nido und Clio zählen bereits zu den besten Rotweinen des Landes. Verantwortlich dafür ist ein Trio, das in der spanischen Weinszene nicht unbekannt ist: Das Zusammenspiel von Jorge Ordóñez mit dem Besitzer der ebenfalls in Jumilla ansässigen Bodegas Juan Gil, D. Miguel Gil, und dem einst in Barossa, Australien, zu Ruhm gekommenen Önologen Christopher Ringland hat sich jedenfalls schon bewährt.

Die Trauben stammen aus 44 ha eigenen Weinbergen im Dörfchen Paraje de la Aragona, die mit bis zu 60 Jahre alten Monastrell- und 25-jährigen Cabernet-Sauvignon-Reben bestockt sind. Schon der in französischen und amerikanischen Barriques ausgebaute Clio aus 70 % Monastrell und 30 % Cabernet Sauvignon überzeugt mit seiner Aromatik von dunklen Beeren, erdigen Noten, Veilchen und sehr gut eingebundenem Holz. Im Mund zeigt er sich enorm fruchtig, würzig und mit starkem Finale. Noch etwas besser ist der El Nido, bei dem die Rebsortenmischung genau umgekehrt ist. Er glänzt mit einer Kombination aus Kraft und Eleganz, Aromen von dunklen Beeren, Kaffee- und Kakaonoten, mineralischen Akzenten und feinen floralen Anklängen.

Yecla

Yecla ist die einzige Weinregion Spaniens mit nur einer Gemeinde. In der weiten Hochebene, in der sie liegt, gibt es keine weiteren Ortschaften. Abgegrenzt wird sie von gebirgigen Erhebungen im Norden, Westen und Süden. Überwiegend sind auf den 400 bis 800 m hohen Weinbergen kalkhaltige, tiefe Böden anzutreffen. Im wärmeren südlichen Teil, Yecla Campo Arriba, sind lehmige, schwere Böden vorherrschend, während im Norden, Yecla Campo Abajo, der Boden lockerer, mit hohem Steinanteil und wenig Lehm ist. Das Klima ist kontinental mit etwas mediterranem Einfluss, vor allem im Frühjahr und im Herbst ist mit heftigen Platzregen zu rechnen. Dennoch beträgt die jährliche Niederschlagsmenge meist nur 300 mm.

Yecla galt einst als Hochburg des Fassweinmarkts und erreichte seinen Höhepunkt 1985 mit einem Export

Julia Roch e Hijos:
Grandioser Auftritt

Das ursprünglich 1870 von Franzosen gegründete Weingut Casa Castillo wurde 1941 von José Sanchez-Cerezo übernommen, um darauf Rosmarin zu pflanzen. 1985 entschieden sich die nächsten Generationen, Nemesio und sein Sohn José María Vicente, dann für den neuerlichen Weinanbau und rekultivierten die Anlagen. Eine gute Entscheidung, sechs Jahre später war auch der alte, behutsam renovierte Weinkeller in Betrieb, und 1993 schließlich kam der erste Wein auf den Markt, der Casa Castillo Crianza 1991.

Mittlerweile ist José Herr über 174 ha Rebflächen im Hochplateau von Jumilla, die sich auf vier verschiedene Flächen verteilen. Vier Weine sind es auch, die zu den herausragenden Gewächsen des Gebiets zählen. Besonders beeindruckend sind der Monastrell-Wein Céron, der sich mit enormer Frucht, feinen würzigen Noten, Holzakzenten, komplexer Struktur und einem starken Finale zeigt, sowie der Las Gravas aus Monastrell, Cabernet Sauvignon und Syrah, der sich mit einer intensiven Aromatik aus Konfitüre, Datteln, Kaffee und Kakao präsentiert und im Mund mit elegantem Körper und einer stattlichen Tanninstruktur auftritt. Nur Nuancen dahinter folgen schon der Casa Castillo Pie Franco, ein nach Kirschen, Pflaumen und gut eingebundenem Holz duftender Wein aus 65 Jahre alten Monastrell-Stöcken mit enormer Länge, und der nach dunklen Beeren, Pfeffer, Kakao und Gewürzen duftende Valtosca, ein reinsortiger Syrah mit prächtiger Struktur und Länge. Doch sogar der fruchtige, blumig-würzige Casa Castillo Monastrell braucht sich innerhalb der Region nicht zu verstecken, auch wenn er seinen vier Konkurrenten aus dem Hause noch nicht ganz gewachsen ist.

Ein großes Fass als Symbol für große Weine steht am Eingang des Weinguts Casa Castillo.

von knapp 12 Millionen Litern. Ab 1989 sanken die Ausfuhren drastisch auf höchstens 700 000 Liter, und als Konsequenz wurden die einst 20 000 ha Rebflächen reduziert.

Welches Potenzial aber in der D.O. steckt, lässt sich an einem Beispiel gut nachvollziehen. Mitte der 1990er-Jahre etwa gab es nur fünf Wein produzierende Bodegas, von denen nur zwei eigene Flaschenweine abfüllten. Heute ist die Zahl auf elf gestiegen, und die Qualitätsbreite nimmt von Jahr zu Jahr zu. Eine Nebenrolle spielen dabei die Weißweine, die meist fruchtig schmecken, aber oft nur wenig Säure besitzen, sowie die Rosados, die sich angenehm fruchtig und frisch zeigen. Von anderer Qualität sind die Rotweine, meist auf Monastrell-Basis, die sich mit einer schönen Fruchtigkeit, Kraft und Wärme zeigen.

Pionier mit Weitsicht

Ramón Castaño hatte 1970 als einer der Ersten das Potenzial der auf 800 m gelegenen Hochebene um Yecla erkannt. Als er sein Weingut gründete, war die

Region noch weitgehend unbekannt. Mittlerweile besitzen er und seine drei Söhne rund 400 ha in den vier Parzellen Las Gruesas, El Espinal, Pozuelo und Arabi, wobei in der letzten Lage nur 18 ha bestockt sind, dafür aber mit besonders alten Monastrell-Reben. Diese Sorte ist nach wie vor der Liebling der Familie, denn die Castaños sind überzeugt, dass Weinbaugebiete ihre angestammten Rebsorten und die Typizität ihrer Weine pflegen sollten, allerdings mit modernen Ausbaumethoden. Mit dieser Philosophie haben sie im Prinzip die Weine von Yecla neu erfunden. Statt auf die bislang typischen würzigen, rustikalen Weine setzen sie auf komplexe, elegante Rotweine, die aber ihre Herkunft nicht verleugnen.

So zum Beispiel beim bekanntesten Wein des Hauses, Hécula, der ein reinsortiger Monastrell ist und seit Jahren als einer der Exportschlager Südspaniens gilt. Er duftet vor allem nach Brombeere, Himbeere und Lakritze und zeigt sich am Gaumen mit intensiven Noten von schwarzen Früchten und guter Länge. Gelungen ist zudem der Castaño Rosado Monastrell mit seinem Duft von kandierten Früchten und blumigen Noten.

Daneben aber stehen längst auch internationale Sorten im Ertrag, die zum Teil eigenständig ausgebaut werden. Das beste Produkt ist der Detrás de la Casa Syrah mit einer feinen Aromatik aus roten Früchten, Gewürzen und Holznoten, der sich im Mund mit Intensität und reifen Tanninen zeigt. Herausragend ist ebenfalls der Detrás de la Casa Cabernet Sauvignon/Garnacha tintorera mit seiner dichten Frucht und komplexen Struktur.

Doch auch bei den von Monastrell dominierten Cuvées gibt es ausgezeichnete Weine, etwa den fruchtig-würzigen, leicht erdigen Viña al Lado de la Casa, der neben Monastrell auch 25 % Cabernet Sauvignon, Garnacha tintorera und Syrah enthält, oder die Castaño Colección mit 20 % Cabernet Sauvignon, die sich mit Aromen von dunklen Früchten, würzigen Noten und mineralischen Anklängen sowie einem eleganten Mundgefühl und starker Länge präsentiert.

Weitere Qualitätserzeuger

Neben den Bodegas Castaño und Bodegas Señorío de Barahonda gibt es noch ein paar überzeugende Weingüter wie etwa die 1954 gegründete Bodegas La Purísima, deren Glanzlicht der Trapío, ein reinsortiger, kraftvoller, würzig-erdiger Monastrell ist. Auch die 2003 gegründeten Bodegas y Viñedos Evine haben mit dem hervorragenden fruchtigen und körperreichen Kyathos einen reinen Monastrell zu bieten, ebenso wie Wrongo Dongo, ein neues Projekt des umtriebigen Weinmachers Jorge Ordóñez, der mit seinem Wrongo Dongo Joven einen intensiv fruchtigen, sortentypischen, ausdrucksstarken Wein bietet. Bei Bodegas y Viñedos de Murcia dagegen ist der beste Wein, Casa del Canto Barrica, eine elegante, harmonische Cuvée aus Monastrell und Syrah. Auch die dänische Firma Vinnico Export setzt auf Cuvées wie den exzellenten Trenza aus rund 50 % Monastrell sowie Cabernet Sauvignon, Syrah und etwas Garnacha tintorera, der sich mit schöner Eleganz, üppiger Frucht und sehr langem Nachhall präsentiert.

Kein Zweifel, in Yecla gibt es derzeit eine Qualitätsoffensive, die in den kommenden Jahren noch für viele Überraschungen gut sein wird.

D.O. YECLA

PROVINZEN MIT D.O.-FLÄCHE
Murcia

REBFLÄCHE
7200 ha

ANZAHL KELLEREIEN
11

PRODUKTION
7,6 Millionen Liter

GESCHÜTZTE WEINTYPEN
Weißwein, Rosado, Rotwein

ZUGELASSENE REBSORTEN
weiß: Merseguera, Airén, Macabeo, Malvasía, Chardonnay
rot: Monastrell, Garnacha, Tempranillo (Cencibel), Cabernet Sauvignon, Merlot, Garnacha tintorera, Syrah

Bodegas Señorío de Barahonda: Mehr als schöne Optik

Señorío de Barahonda ist die dritte Bodega des 1925 gegründeten Familienunternehmens Bodegas Antonio Candela e Hijos, das heute von Antonio Candela Poveda und seinen beiden Söhnen Antonio und Alfredo Candela Belda geleitet wird.

Die Stärken des Hauses sind vor allem reinsortige Monastrell-Weine von großteils 30 bis 65 Jahre alten Rebstöcken. Zu ihnen gehört der kraftvolle Bellum el Principio, der sich mit Aromen von eingemachten Pflaumen, Sauerkirsche, Lavendel, würzigen Noten und sehr gut integriertem Holz präsentiert und einen nachhaltigen fruchtig-würzigen Eindruck hinterlässt. Auch der komplexe Barahonda Summun und der fruchtintensive Heredad Candela Monastrell zählen zu den besten Weinen des Hauses. Kein Wunder, dass hier die Monastrell-Traube als *reina de la casa*, Königin des Hauses, bezeichnet wird.

Neben der Königin sind aber auch Cabernet Sauvignon, Merlot, Syrah und Petit Verdot in den Weinbergen vertreten. Meist mit Monastrell kombiniert, liefern sie spannende Varianten, wie der nach dunklen Früchten duftende Barahonda Barrica zeigt, der rund 30 % Cabernet Sauvignon enthält. Dass die Familie aber nicht nur mit Monastrell umzugehen weiß, beweist sie mit dem vorzüglichen Heredad Candela Petit Verdot, der dichte Frucht, sehr gut eingebundene Holznoten und eine starke Struktur zeigt.

Seit 2006 zählt das Weingut mit 70 ha Rebflächen auch optisch zu den Aushängeschildern der Provinz Murcia. Der Neubau bietet nicht nur genügend Platz für die Kellertechnik, sondern soll auch im Rahmen des Weintourismus Besuchern kompaktes Weinwissen und Weinkultur vermitteln. Dazu gehört auch das integrierte Restaurant, in dem man, wie Antonio verspricht, die Kunst der *maridaje*, der Kombination von Wein und Speisen, erleben kann.

Antonio Candela Belda präsentiert den Besuchern nicht nur gute Weine, sondern auch kulinarische und kulturelle Erlebnisse.

Land- und Tafelweine

Auf der Suche nach Topweinen außerhalb der D.O. wird man zuerst auf den Casa Cisca der Bodegas Castaño treffen. Für diesen Vino de Mesa ist der deutsche Ausdruck Tafelwein im Grunde perfekt gewählt. Mit seiner herrlichen Aromatik aus Fruchtnoten wie Kirsche und Feige, zarten würzigen Anklängen von Anis und Vanille und einer vielschichtigen Präsenz im Mund kann der reinsortige Monastrell tatsächlich jede Tafelrunde zieren. Dies ist sicherlich ein Monastrell-Wein der Spitzenklasse.

Unter den **Vinos de la Tierra Campo de Cartagena** ist vor allem der Darimus Syrah Dulce der Bodegas Serrano mit seiner fruchtigen Fülle hervorzuheben.

Westandalusien

*Auch wenn sich die Baudenkmäler nicht ganz so spektakulär ausmachen
wie weiter im Osten, so haben die sonnen- und ozeantrunkenen Küstengebiete
des Westens doch ein ganz eigenes Flair.*

Rebzeilen in der sanften Hügellandschaft nahe Jerez de la Frontera.

Sonne, Wind und Sherry – die große Weintradition des Südwestens

Westandalusien gilt nach wie vor als Geheimtipp. Die von der Luftfeuchtigkeit weichgezeichneten sanften Hügel, deren Kalkböden mit ihrem matten Weiß die Sinne besänftigen, das warme diffuse Licht, die kleinen Gehöfte auf den Anhöhen, vor den Blicken der Reisenden geschützt durch unregelmäßige Gruppen von hoch aufragenden Palmen, die endlosen Rebzeilen, die das Gelände wie grüne Fäden durchschneiden – es scheint, als wollten die weiten Flächen der Rebberge den Besucher auf die Grenzenlosigkeit des Ozeans vorbereiten. Nirgendwo in Spanien harmonisiert eine Kulturlandschaft so mit dem Meer wie in der Gegend von Jerez de la Frontera.

Natürlich sind der Sherry und der damit verbundene Weintourismus eine der Hauptattraktionen der Provinz Cádiz, zumal die berühmten Sherrykathedralen allein schon architektonisch eine Augenweide sind. Man sollte sich indes nicht nur auf die berühmten Kellereien beschränken. In kleineren Betrieben wie Pedro Romero im westlich gelegenen Sanlúcar de Barrameda scheint die Zeit stehen geblieben zu sein, und man fühlt sich wie in einem interaktiven Weinmuseum. Weinreisenden sei natürlich der Besuch der beiden anderen großen Zentren des Sherry, Jerez de la Frontera und El Puerto de Santa María, ebenso ans Herz gelegt. Alle Bodegas, die Weine der D.O. Jerez y Manzanilla de Sanlúcar de Barrameda abfüllen, befinden sich innerhalb der Gemeindegrenzen dieser drei Weinstädte. Das Gesetz will es so, und jeder Weintourist weiß diesen Umstand zu schätzen. Denn wo findet man schon ein solches Angebot an Weltklasseerzeugern auf engstem Raum wie an den drei Eckpunkten des berühmten Sherrydreiecks?

Sherry und Manzanilla

Die Doppelappellation Jerez y Manzanilla de Sanlúcar wird sicherlich von Spaniern wie von Nichtspaniern gleichermaßen als das traditionsreichste Weingebiet Spaniens wahrgenommen. Rückt man das Anbaugebiet dann noch in seinen weinhistorischen Kontext, kommt man nicht umhin, die Verdienste dieses uralten Anbaugebiets zu würdigen. Sherry zählt mit Port und Tokajer – und zeitlich gesehen ganz sicher vor den historischen »Clarets« aus Bordeaux – zu den ersten Superstars der internationalen Weinbühne. Die Kunst, Weine in Holzgebinden reifen zu lassen, fand dort ihre erste große Verbreitung. Selbstverständlich kann die heutige Herkunftsbezeichnung auch für sich beanspruchen, zu den ersten großen Abfüllern auf Glasflaschen zu gehören. Sherry galt über viele Jahrhunderte hinweg als die erfolgreichste und folglich auch als die begehrteste aus Trauben gewonnene Kreszenz der Welt – und aus diesem Grund haben selbst Nationen, die keine eigene Weinproduktion besaßen, wie Großbritannien mit dem British Sack, immer wieder versucht, dieses Erfolgsprodukt zu imitieren.

D.O. JEREZ – XÈRES – SHERRY Y MANZANILLA DE SANLÚCAR DE BARRAMEDA

PROVINZEN MIT D.O.-FLÄCHE
Cádiz

REBFLÄCHE
10 300 ha

ANZAHL KELLEREIEN
100

PRODUKTION
55 Millionen Liter

GESCHÜTZTE WEINTYPEN
Vinos generosos, Vinos generosos de licor, Vinos dulces naturales

ZUGELASSENE REBSORTEN
weiß: Palomino, Pedro Ximénez, Moscatel

Historisches

Die Geschichte des Gebiets reicht weit zurück, wobei die Ursprünge des Weinbaus nicht genau zu datieren sind. Wahrscheinlich gehen die ersten systematischen Pflanzungen auf die Phönizier zurück, die gemäß zahlreichen literarischen Überlieferungen die heutige Stadt Cádiz vor über 3000 Jahren gründeten. Ein phönizisches Kelterbecken aus dem 7. Jahrhundert v. Chr. im Dörfchen Doña Blanca nahe der Stadt Jerez de la Frontera legt davon Zeugnis ab. Eine nach heutigen Maßstäben ernst zu nehmende Entwicklung zu einem bedeutenden Weingebiet begann sicherlich erst nach der Wiedereroberung der von den maurisch-arabischen Bevölkerungsgruppen besetzten Gebiete durch christliche Truppen im 13. Jahrhundert, wobei die Römer selbstverständlich in der ganzen Provinz Betica, die in etwa dem heutigen Andalusien entsprach, große Mengen an Wein produzierten.

Die wichtigsten Entwicklungssprünge nach der Reconquista fanden im 15. und 18. Jahrhundert statt. Zunächst verhalf die Entdeckung des amerikanischen Kontinents und die sukzessive Gründung der neuspanischen Provinzen dem Anbaugebiet um Jerez zu seiner ersten großen Blüte. Zwei Jahrhunderte später öffnete sich der angelsächsische Markt, eine Großzahl der heute historischen Kellereien entstanden, und das Gebiet entwickelte sich zum »goldenen Dreieck«, wie wir es heute kennen.

Neuordnung nach der Krise

Beispiellose wirtschaftliche Erfolge, aber auch Massenproduktion und strukturelle, bzw. politische Probleme wie die Enteignung des Rumasa-Konzerns in den 1980er-Jahren sowie die Absatzkrise in den Neunzigern prägten das 20. Jahrhundert. Das erste D.O.-Regelwerk geht auf das Jahr 1935 zurück, die Trennung in der Namensgebung von Jerez und Manzanilla de Sanlúcar fand 34 Jahre später statt.

Heute befindet sich die Doppelappellation in einer Phase der ökonomischen Konsolidierung nach der durch die weltweit sinkende Nachfrage ausgelösten langen Krise. Viele Kenner sprechen von einer notwendigen Gesundschrumpfung, aber auch von einer bemerkenswerten Neuorientierung, was die Qualitätsphilosophie der meisten großen Häuser angeht.

Große Erwartungen werden in das neue *reglamento* der Doppelappellation gesetzt. Es soll voraussichtlich im Jahr 2010 in Kraft treten und das in einigen Punkten wenig präzise Regelwerk von 1977 ablösen. Die wesentlichen Neuerungen werden wohl Ordnung in den Wust der insbesondere für den englischen Markt so verwirrenden Weintypenbezeichnungen bringen. Zweideutige Etiketten wie »Medium dry Amontillado« werden dann wohl endlich der Vergangenheit angehören. Die ungeordnete Vielfalt, entstanden durch das Bestreben der Erzeuger, sich mit komplizierten Typenbezeichnungen gegen die Produkte der Konkurrenten abzuheben, hat dem Gebiet mehr geschadet als genutzt. Eine strengere Definition wird den Erzeugern ebenso wie den Konsumenten zugutekommen. Denn in zahlreichen Fällen war nicht

Typische Landschaft in Jerez mit den wasserspeichernden Albariza-Böden.

mehr klar herauszulesen, ob sich die Aussage des Etiketts allein auf eine Marke eines bestimmten Erzeugers oder auf einen im Handel üblichen Weintyp bezog.

Besondere Rahmenbedingungen

Sherry oder *vino de Jerez* stammt ausschließlich aus der westandalusischen Provinz Cádiz und wird durch das Gütesiegel der Appellation Jerez – Xérès – Sherry y Manzanilla de Sanlúcar de Barrameda seit den 1970er-Jahren geschützt. Die Doppel-D.O. steht nur für Weine aus dem geografischen Dreieck der drei Städte Sanlúcar de Barrameda, El Puerto de Santamaría und Jerez de la Frontera, die im traditionellen Ausbausystem *criadera y solera* bereitet werden. Die Produktion beschränkt sich auf sogenannte *vinos generosos*, das heißt mit Weinalkohol verstärkte Weine in den verschiedensten Varianten. Alle Betriebe, die D.O.-Wein abfüllen und vermarkten, befinden sich in diesen drei Städten, denn die zuständige Weinbaubehörde schreibt vor, dass der Ausbau, also die Reifung der Weine mit Gütesiegel der D.O., allein auf diese drei Gemeinden beschränkt ist.

Das *terruño* – Böden und Klima des Marco de Jerez

Die geografische Situation des Anbaugebiets würde zunächst vermuten lassen, dass es sich um ein sehr trockenes Gebiet handelt, insbesondere wenn man die unmittelbare Nähe der afrikanischen Küste in Betracht zieht. Dass die Reben trotzdem gedeihen und auch noch problemlos größere Erträge ohne Bewässerung hervorbringen, ist allein auf das außergewöhnliche Terroir zurückzuführen, also auf die Böden und das Klima des Gebiets.

Sherry ist das Ergebnis eines Zusammenspiels verschiedener Faktoren, die in dieser Form wohl einmalig sind. Zunächst wären da zum einen die fast weißen **Kalkmergelböden**, welche die intensive Sonneneinstrahlung reflektieren und sich bei großer Hitze schließen und verkrusten, statt wie andere Böden aufzubrechen. Dadurch verdunstet die Feuchtigkeit im Untergrund. Diese im Tertiär entstandenen leuchtend weißen Kalkböden werden Albariza (lat. *alba,*

weiß) genannt. Die porösen, im Sonnenlicht des Südens unwirklich hell wirkenden Böden bestehen aus organischem Kreidemergel und sind reich an Kalziumkarbonat, Silizium und Ton mit einem hohen Kreideanteil, der bei rund 65 % liegt. Sie verfügen zudem über eine hervorragende Speicherkapazität und sind in der Lage, die Wurzeln der Reben über lange Trockenperioden hinweg mit der nötigen Feuchtigkeit zu versorgen. Diese extrem hochwertigen Albarizas, die mitunter mit den Böden der Champagne verglichen werden, bilden auch das Kernstück des heutigen Anbaugebiets, nachdem im Zuge der »Gesundschrumpfung«, also der Verringerung der Überproduktion in den 1980er-Jahren, viele minderwertige Randlagen konsequenten Rodungen zum Opfer fielen. Damit dürfte Jerez eine höhere Konzentration an Spitzenlagen aufweisen als jedes andere Weinbaugebiet der Welt. Denn mit dem sogenannten Jerez Superior ist das alte Zentrum des Gebiets übrig geblieben, das zu über 80 % aus den Kreidemergelböden besteht.

Auch in Bezug auf die **Lagen** ist Jerez im Vergleich zum Rest der spanischen Appellationen privilegiert. Denn im Gegensatz zu anderen Traditionsanbaugebieten kann das Sherrydreieck tatsächlich auf eine alte Lagenkultur zurückgreifen. Inoffiziell spricht man von gut 100 Fluren oder Lagen, im *reglamento* des Kontrollrats sind die 40 renommiertesten aufgeführt, darunter so legendäre Namen wie Balbaina, Carrascal, Los Tercios oder Marchanudo. Ob es allerdings für die Erzeuger sinnvoll ist, Lagenweine nach den Kriterien des neuen spanischen Weingesetzes für Pagos (siehe Seite 19) zu produzieren, ist besonders bei den Weinen mit biologischer Reife fraglich. Zwar ergeben sich je nach Lage selbstredend unterschiedliche Grundweine, da aber auch der Ausbaustandort – mit kühlerem, feuchtem Klima im Fall von Sanlúcar oder mit trockenerer Witterung in Jerez de la Frontera – einen wichtigen Einfluss auf den Stil der Manzanillas und Finos hat, dürften sich die Besonderheiten des Terroir in diesen Fällen nicht so stark durchsetzen. Bei Olorosos hingegen ist Bodentypizität deutlich festzustellen. Man darf auf die kommende Entwicklung in dieser Frage gespannt sein.

Solera bei Lustau mit vier Fasslagen und dem traditionellen Lehm-Sand-Boden.

Unverhofft viel Niederschlag

Der Zusammenstoß der beiden ungleichen Meere Atlantik und Mittelmeer führt zu einem **Klima** mit recht hohen Niederschlägen sowie zur Entstehung eines Hefepilzes, der sich auf die vergorenen Weine legt und eine entscheidende Rolle bei der Entstehung der berühmten Finos, Manzanillas und Amontillados spielt. Mit über 600 Liter Regen – in extremen Jahren sogar annähernd 900 Liter – ist das Sherrydreieck vergleichsweise großzügig versorgt, wobei die Niederschläge sehr unregelmäßig fallen können. Die Temperaturen sind mild und liegen im Schnitt zwischen 17 und 18 °C. Nie werden im Marco de Jerez, wie man das Gebiet landläufig nennt, spanische Extremtemperaturen gemessen. Dass in Jerez de la Frontera 40 °C im Sommer allerdings möglich sind, darf angesichts der geografischen Lage nicht verwundern.

Erstaunlich hingegen sind die Unterschiede innerhalb des Gebiets. Sanlúcar de Barrameda, die Heimat des Manzanilla, und in etwas geringerem Maße auch El Puerto de Santa María, sind aufgrund ihrer Meeresnähe mit feuchterem und kühlerem Klima gesegnet als Jerez de la Frontera. Insbesondere der vom Atlantik aufkommende Westwind, Poniente genannt, trägt entscheidend dazu bei. Erleichterung finden die Reben während der trockenen Monate auch durch den Tau, ein zusätzliches Geschenk des allgegenwärtigen Ozeans im Westen.

Hefeflor – die Blume des Sherry-Weins

Der Atlantik ist sicherlich auch für das Phänomen der Florhefe verantwortlich, die ihren Teil zur Einmaligkeit der Sherrys beiträgt. Man muss sich diese Hefe als einen weißlichen Teppich vorstellen, der sich schon in der Endphase der Gärung spontan auf der Oberfläche des Weins ausbildet und aus den neutralen Grundweinen langsam Manzanillas und Finos formt. Dieses Phänomen kommt außerhalb Spaniens sonst nur im Jura, auf Zypern und im Kaukasus vor – alle künstlichen Versuche einer Injektion, die in der Vergangenheit beispielsweise in Südafrika und Australien unternommen wurden, führten nicht zum gewünschten Erfolg.

Nach der Gärung steigen Hefen auf der Suche nach Sauerstoff an die Oberfläche und bilden dort besagten Teppich. Nach und nach bedeckt er die gesamte Oberfläche des Weins, schließt ihn luftdicht ab und schützt ihn damit vor Oxidation. Die Bereitung von Fino und Manzanillo, ebenso wie der entsprechenden Weine aus Montilla-Moriles, ist sozusagen ein Arrangement mit der Natur, denn der Hefeflor-Prozess vollzieht sich in allen Weinen einer bestimmten Alkoholstärke. Die andalusischen Weinmacher haben also sozusagen aus der Not eine Tugend gemacht und dieses Phänomen kultiviert. Tatsächlich erblühen diese Hefekulturen nur in Küstennähe. Bewegt man sich weiter in Richtung des trockenen Inlands, werden sie schwächer und verschwinden schließlich ganz.

Wesentlich für das Wachsen und Gedeihen dieser Hefen sind Luftkontakt, ein Alkoholgehalt zwischen 14,8 und 15,5 Vol.-% (daher sind keine leichteren Sherrys möglich), eine hohe Luftfeuchtigkeit sowie eine möglichst konstante Temperatur. Manzanillas und Finos unterscheiden sich in ihrer Stilistik, da bei Ersteren in Sanlúcar de Barrameda die Florhefe aufgrund der konstanteren Temperatur das ganze Jahr über gedeiht und die unmittelbare Nähe des Atlantiks für mehr Feuchtigkeit sorgt, während in Jerez de la Frontera die Florhefe im Sommer und im Winter aufreißt und dadurch die Finos während ihrer Reifung einer gewissen Oxidation ausgesetzt sind. Aufgrund dieses geringfügig intensiveren Luftkontakts können Finos fülliger und etwas tieffarbiger wirken.

Criaderas y Soleras – das berühmte Ausbau- und Reifesystem der Andalusier

Wann genau das Solera-System »erfunden« wurde, lässt sich nicht mehr eindeutig feststellen. Vermutlich sind die ersten Soleras Ende des 18. Jahrhunderts in Betrieb genommen worden. Der Zweck war einerseits die Homogenisierung von Weinqualitäten, die vom wichtigsten Absatzmarkt, dem angelsächsischen Weltreich, gefordert wurden. Zum anderen ließen sich alte und neue Weine vermählen, sodass wirtschaftlich schwierige Perioden überbrückt werden konnten. Fest steht auf jeden Fall, dass das Solera-System über die Jahre hinweg innerhalb der einzelnen Marken zu unverkennbaren Weinen von gleichbleibender Qualität führt – unabhängig von Jahrgangsschwankungen.

Das Wort Solera steht gemeinhin für ein in sich geschlossenes Reifesystem aus drei oder vier übereinander gestapelten Fasslagen aus amerikanischer Eiche. Das System bringt einen einzigen Weintyp oder besser gesagt, eine Marke hervor und kann aus 90 Fässern oder aus 9000 bestehen. »Solera« steht aber auch für die Fässer der untersten Reihe (lat. *solum*, Boden). Die Fässer, in ganz Andalusien als *botas* bezeichnet, fassen zwischen 500 und 600 Liter und sind aus amerikanischer Eiche gefertigt. Neue Fässer werden nach Möglichkeit vermieden, da das aggressive Tannin neuer Eiche der Bildung des Hefepilzes sehr abträglich ist.

Innerhalb dieses geschlossenen Systems werden die Weine von oben nach unten immer in Richtung der letzten Fassreihe, der Solera, vermischt. Dass auch waagrechte Umfüllwege (*escalas*) oder das Springen von Fassstapel zu Fassstapel möglich sind, sei nur nebenbei angemerkt. Jeweils in sich geschlossene Systeme werden selbstverständlich nie miteinander vermischt. Die Anzahl verschiedener Soleras entspricht der Anzahl der Marken, die ein Erzeuger anbietet.

Zunächst wird ein neutraler Grundwein aus der Palomino-Traube vergoren, der mit 11 Vol.-% Alkohol denkbar leicht ausfällt. Nach der Gärung entscheidet der *capataz* genannte Kellermeister, zu welchem Sherry-Typ die einzelnen Partien in den Tanks ausgebaut werden. Sollen Manzanillas oder Finos mit Hefeflor entstehen, werden die feineren Weine ausgewählt und mit neutralem Weinalkohol auf eine Stärke von 15,5 bis 16 Vol.-% aufgespritet. Wird ein Oloroso ins Auge gefasst, greift man auf ausdrucksstärkere Weine zurück. Eine Aufspritung auf 19 bis 20 Vol.-% erfolgt. Der möglicherweise schon im Ansatz vorhandene Hefeflor verträgt diese Alkoholstärke nicht mehr und stirbt ab, und der zukünftige Oloroso beginnt seine rein oxidative Reifephase.

Im Anschluss gelangt der junge, frisch verstärkte Grundwein in ein »einjähriges« Fass noch außerhalb des Komplexes und wird dann nach 12 Monaten in die oberste Fassreihe, die »1° Criadera« eingespeist. Das ganze System bekommt auf diese Weise frischen Wein, der im Lauf der Zeit den Charakter der älteren Weine im System annimmt und im Fall der biologisch ausgebauten Weine den Qualitäten unter dem Flor frischen Nährstoff in Form von Alkohol zuführt, der den Hefepilz bei Laune hält. In gleicher Manier füllt das Kellerteam Weine von der obersten in die als »2° Criadera« bekannte mittlere Reihe und von der mittleren Lage in die Bodenlage um, die schließlich den Wein für die Flaschenfüllung abgibt. Je älter und damit homogener und komplexer das Produkt werden soll, desto mehr *escalas,* also Stufen in Form von Umfüllungen, durchläuft das Produkt. Die zugelassene Höchstmenge, die aus den am Boden ruhenden Soleras jedes Jahr abgezogen werden darf, legt die Weinbaubehörde jedes Jahr nach Marktlage neu fest. Im Schnitt liegt der Abzug jedoch bei einem Drittel. Das vorgeschriebene Mindestalter der Weine beträgt drei Jahre, tatsächlich liegt das Durchschnittsalter im Gebiet aber momentan bei etwas mehr als vier Jahren. Dies errechnet sich aus dem gesamten Fassstock aller Erzeuger, insgesamt 500 000 Stück, sowie dem aktuellen Verkaufsvolumen von 55 Millionen Liter im Jahr, entsprechend dem Inhalt von 100 000 *botas.*

So sind die Kellereien, die wegen ihrer kunstvollen luftig-eleganten Architektur auch Kathedralen genannt werden, in der Lage, große, aber auch streng limitierte Mengen eines jeweils homogenen Weintyps zu produzieren. Der Charakter ist ausschlaggebend, und damit die Marke. Jahrgänge kann es in diesem System nicht geben. Und dennoch sind auch in diesem Punkt Ausnahmen möglich. Entschließt sich ein Erzeuger zu einem statischen Ausbau jenseits des dynamischen Reifesystems in der Solera, kann ein – wohlgemerkt oxidativ ausgebauter – Wein als Jahrgangsqualität entstehen. Er wird nicht vermischt, lediglich die durch die Verdunstung verlorene Menge wird ersetzt. *Añada* nennt sich diese absolute Rarität, die von gerade einmal einem guten halben Dutzend Bodegas aus ausgesuchten Jahrgängen produziert wird. Allerdings ist momentan nur ein einziger Wein dieser Art – der Añada von González Byass – allgemein im Handel.

Erzeugerstrukturen und wichtige Kellereien

Wie schon erwähnt, müssen sämtliche Abfüller und Vermarkter von geschützten Appellationsweinen, im Gebiet **Bodegas de Crianza y Expedición** genannt, ihren Standort innerhalb der drei berühmten Sherrygemeinden haben. Zu dieser Gruppe gehören alle renommierten Häuser.

Eine andere Kategorie Kellerei stellen die inzwischen zumindest vom Typus her nicht mehr unbekannten **Almacenistas**. Bei diesen »Lagerhaltern« (span. *almacén,* Lager) handelt es sich meist um Privatleute, die völlig andere Berufe ausüben und die Produktion aus Tradition und Liebe zu ihren einheimischen Gewächsen aufrechterhalten. In der Regel verteilen sich diese in unscheinbaren Gebäuden über die alten Stadtkerne der drei Sherryzentren und bauen in ihren Soleras mit sehr reduzierter Fasszahl kleine Mengen individueller Weine aus. Usus ist, diese Qualitäten an die Großen zu veräußern, welche sie in ihre eigenen Spitzenweine verschneiden. In Ausnahmefällen jedoch wird die eine oder andere dieser Almacenista-Kreationen von einer der Bodegas de Crianza übernommen und direkt vermarktet. Bekannt geworden sind diese Weine dank des renommierten Erzeugers Lustau, der schon seit Jahrzehnten Almacenista-Weine unter dem Namen des jeweiligen Besitzers oder Gründers der Solera als Spezialität vermarktet.

Die Kellereien, die sich in einer der neun kleinen Gemeinden außerhalb der drei Sherrystädte befinden und Weine bereiten, heißen **Bodegas de Producción** und gehören einer dritten Kategorie an. Sie dürfen ihre Produkte zwar vor Ort selbst abfüllen, aber in diesem Fall nicht als D.O.-Wein vermarkten. In der Regel aber veräußern diese kleinen Kellereien ihre ausgebauten Qualitäten an die Sherryhäuser in einer der drei Städte, die sie dann in ihre D.O-Produktion einspeisen und vermarkten.

Mehr noch als die Rioja-Region wird die Doppel-D.O. von großen Kellereien dominiert, die das Marktgeschehen lenken. Die fünf größten Häuser mit ihren jeweils wichtigsten Marken sind Beam Global Jerez mit dem enorm erfolgreichen Klassiker Harvey's Bristol Cream, González Byass mit Tío Pepe, Garvey und sein kommerzielles Flagschiff Fino San Patricio, Sandeman sowie die Firma Williams & Humbert und ihr legendärer Dry Sack.

Es ist müßig, auf alle wichtigen Erzeuger und ihre Produkte eingehen zu wollen, insbesondere vor dem Hintergrund, dass die Kellertechniken nach außen hin praktisch identisch erscheinen. Bei genauerem Hinsehen gibt es natürlich wesentliche Unterschiede, doch viele Kniffe und Geheimnisse der Kellermeister gelangen nie an die Öffentlichkeit.

Die Welt des Sherrys zeigt sich in einem Maße komplex, geprägt von Tradition, Sachkenntnis und Erfahrung wie kein zweites Weinbaugebiet Südeuropas, sodass es schwer, wenn nicht gar unmöglich ist, auf die Stilvielfalt der vielen hervorragenden Häuser einzugehen. Aus diesem Grund muss die Auswahl an dieser Stelle klein und selektiv ausfallen.

Dabei soll ein Sachverhalt, den man in einem derart der Tradition verhafteten Gebiet kaum erwarten würde, nicht verschwiegen werden. Es gibt in der Tat Erzeuger, die erst in jüngster Zeit entstanden sind, und alle zählen sie zur Qualitätsspitze. Rey Fernando de Castilla produziert sehr harmonische Qualitäten und verzichtet auf ein breites Typenspektrum. Hervorragend in ihrer »modernen« Klarheit sind die Weine von Valdivia, untergebracht in einer historischen Bodega im Zentrum von Jerez. Der dritte Neuling, Bodegas Tradición, richtet den Fokus auf hervorragende VOS und VORS-Gewächse (siehe Seite 233).

Doch wie kann ein Neuanfang ganz ohne zeitlichen Vorlauf gelingen, wenn man keine eigenen alten Soleras besitzt? Ganz einfach, man erwirbt sie. Denn viele Erzeuger, ob groß oder klein, verfügen in ihren Kellerhallen über Soleras, die brachliegen, d. h. keine bedeutende Rolle für die Produktion der großen Marken spielen. Sie werden nur sehr verhalten genutzt, können aber dennoch großartige Qualität vorweisen. Ein gänzlich neues Phänomen ist das Önologenteam Equipo Navazos, das, immer auf der Suche nach dem Nonplusultra jedes Jahres, vier Qualitäten verschiedenster Herkunft vermarktet. Auf dem Etikett sind Fassnummer, Weintyp und manchmal eine Lage ausgewiesen.

Doch nun zu den prominenten Häusern. Das Gebiet zwingt auch in dieser Beziehung zum Umdenken. In Jerez, in El Puerto de Santa María und auch in Sanlúcar de Barrameda ist Größe gleich Klasse. Dies liegt

Eine Kathedrale der Weinkultur: La Mezquita der Bodega Domecq.

im Wesen der Sherryproduktion. Denn vor allem große Häuser verfügen über den enormen Erfahrungsschatz, der für das Bereiten von hochklassigen, immerfort gleiche Qualität bietenden Sherrys vorwiegend bedeutender Produktionsmengen nun mal unabdingbar ist.

Die drei Sherrystädte und ihre Kellereien

In **Jerez de la Frontera** sind die Erzeugerschwergewichte González Byass, Garvey, Williams & Humbert und Sandeman. Das Stammhaus von González Byass in Jerez de la Frontera besitzt einige der begehrtesten Lagen im Marco de Jerez und beweist mit der Qualität seines Tío Pepe jedes Jahr aufs Neue, dass es mög-

Berühmten Besuchern gewidmete »botas« bei Domecq.

lich ist, Millionen von Flaschen zu produzieren und dabei auf Weltniveau zu bleiben, ganz zu schweigen von den einmaligen (und uralten) VORS-Marken wie Matusalem, Noé oder Del Duque. Zudem produziert die Kellerei als einziges Haus in Jerez mit dem legendären Finest Dry Palo Cortado einen Jahrgangs-Sherry. Die aus vielen tausend *botas* bestehende Solera für den Fino Tío Pepe dürfte zu den größten des Gebiets gehören und damit eine der größten der Welt sein. Sandeman ist mit seinem Medium schon fast zum Synonym für Medium Sherry geworden. Bei allem kommerziellen Erfolg des Hauses sollte man nicht vergessen, dass die Kellerei auch hervorragende alte Sherry-Spezialitäten anbietet, insbesondere den charaktervollen PX Royal Ambrosante. Eine bemerkenswerte Renaissance wiederum hat die Kellerei Sánchez Romate erfahren, die für ihre Sherrys – immer hervorragend La Sacristía de Romate – wieder genauso bekannt sind wie für ihren Brandy Cardenal Mendoza. Eine weitere herausragende Position nimmt selbstverständlich auch Emilio Lustau ein, der nicht nur mit seinen Almacenista-Sherrys außergewöhnlich zuverlässige Qualitäten bietet. Weitere wichtige Erzeuger mit ihren Spitzenprodukten sind Garvey (Amontillado Tío Guillermo), Williams & Humbert (Jalifa VORS Amontillado) und die drei kleineren Bodegas El Maestro Sierra (El Maestro Sierra VORS Oloroso), Marqués del Real Tesoro (Tío Mateo Fino) sowie das großartige Traditionshaus Valdespino (Solera Su Majestad VORS Oloroso).

Im Gebiet von **El Puerto de Santa María** zählt Caballero zu den stark expandierenden Gruppen. Jüngster Coup war die Übernahme der ehemals extrem erfolgreichen Fino-Marke La Ina. Auch Lustau gehört inzwischen der Gruppe an. So operiert das Haus in Wirklichkeit an zwei Standorten. Osborne, die Kellerei mit dem Stier, geht auf einen englischen Adligen zurück, der im 18. Jahrhundert mehrere Kellereien in Cádiz erwarb. Sie ist das führende Haus am Platze, berühmt geworden durch Klassiker wie Fino Quinta, einen sehr kraftvollen Vertreter des Fino-Stils, oder die umwerfenden alten Sherrys Solera India und Solera PAP. Osborne ist der Inbegriff eines weltweit erfolgreichen Weinunternehmens. Dennoch liegt das Gewicht auf der Brandyproduktion. Terry ist dagegen etwas in Vergessenheit geraten, kann aber nach wie vor mit besten Lagen in Eigenbesitz aufwarten. Sehr verlässlich ist das Aushängeschild Terry Oloroso.

Auch bei den Manzanilla-Erzeugern in **Sanlúcar de Barrameda** steht Größe nicht im Widerspruch zu hervorragender Qualität. Barbadillo mit Solear, Bodegas Delgado Zuleta mit ihrer Topmarke Goya, Herederos de Argüeso mit dem Manzanilla San León Clásica, Hijos de Rainera Pérez Marín und sein famoser Manzanilla La Guita sowie der überaus solide Traditionalist Pedro Romero, bekannt für die Spezialität Manzanilla Pasada der Marke Aurora, sind die führenden Erzeuger. Selbstredend produzieren auch diese Häuser faszinierende Qualitäten anderer Sherry-Typen.

Die Crème de la Crème:
Sherrys mit Alterszertifizierung

Sherrys tragen, anders als normale, ungespritete Weine, aufgrund ihrer Herstellungsweise keinen Jahrgang. Um dennoch eine Altersangabe machen zu können, entwickelte die Weinbaubehörde in Jerez ein Modell der Alterszertifizierung, welches das Durchschnittsalter alter Sherrys garantiert.

Pünktlich zur Jahrtausendwende wurden die ersten Weine der Typen Amontillado, Palo Cortado und Pedro Ximénez den beiden neuen Kategorien zugeteilt: VOS (Vinum Optimum Signatum oder Very Old Sherry) steht für ein Durchschnittsalter von 20 Jahren, VORS (Vimum Optimum Rare Signatum oder Very Old Rare Sherry) für 30 Jahre. Die Echtheit des Inhalts bestimmen die Kontrollorgane über die Kellerbücher, breit angelegte Verkostungen sowie über die C_{14}-Radiokohlenstoffdatierung. Für jeden deklarierten Liter VOS-Qualität muss der Erzeuger einen Bestand der 20-fachen Menge desselben Weins vorweisen können, bei VORS-Weinen der 30-fachen. Übrigens übertreffen die meisten der VORS-Weine das vorgeschriebene Mindestdurchschnittsalter bei weitem. Man kann in diesen ungeheur komplexen Raritäten sozusagen den Ursprung der neueren Sherrygeschichte schmecken, denn viele gehen auf die erste Generation an Soleras zurück, die im Gebiet angelegt wurden. Rund 25 Erzeuger produzieren zertifizierte Gewächse dieser Klassen.

Aufgrund des großen Erfolgs dieser Weine zog man einige Jahre später mit einer kommerziellen Abstufung nach, die sich »Vinos con Indicación de Edad« nennt und Weine mit 12 und 15 Jahren Mindestalter zertifiziert.

Die Sherry-Typen – ein Versuch der Ordnung

Der Typenbogen beim Sherry ist weit gespannt, daher bedarf es zumindest eines Versuchs der Zuordnung. Im Grunde unterscheidet man zwei Familien. Zunächst die Weine mit rein biologischer Reife wie **Fino**, **Fino del Puerto** und **Manzanilla**, die unter Hefeflor reifen und direkt ohne Übergang auf die Flasche gebracht werden. Als Spezialität wird zudem **Manzanilla pasada** angeboten, ein Manzanilla, der in der Endphase aufgrund einer dünneren Florschicht mehr Luft »geatmet« hat.

Den Gegensatz dazu bildet der **Oloroso** als Vertreter des rein oxidativ, ohne Hefeflor gereiften Weins, der auch die Basis für Cream Sherry bildet. Auch der **Palo Cortado** kann grob gesehen in diese Familie mit (in diesem Fall nur »fast« reiner) oxidativer Reife aufgenommen werden.

Dazwischen liegt das Zwitterwesen **Amontillado**, das allerdings mehr von oxidativer Reife als durch Florreife geprägt ist. Bei der Spezialität **Fino Amontillado** ist dieses Verhältnis genau ins Gegenteil verkehrt.

Medium Sherry auf Amontillado-Basis ist eine Klasse für sich, ebenso die extrem süßen Qualitäten **Moscatel** und **Pedro Ximénez**.

Fino, Manzanilla, Amontillado, Oloroso und Palo Cortado fasst man auch unter dem Oberbegriff **Vinos generosos** zusammen, die kommerziellen Qualitäten Medium, Pale Cream und Cream gelten als **Vinos generosos de licor**, und Moscatel und Pedro Ximénez werden als **Vinos dulces naturales** bezeichnet.

Fino & Manzanilla

Die Weine sind in der Regel von ganz hellem Gelb, aber auch ein kräftiges Strohgelb ist typisch. Sie reifen vollständig biologisch unter dem Hefeflor.

Während der Fino aus den Gemeinden von Jerez de la Frontera und El Puerto de Santa María stammt, darf Manzanilla nur im Städtchen Sanlúcar de Barrameda ganz im Westen des Anbaugebiets produziert werden. Das Lesegut für die Grundweine darf jedoch aus dem gesamten Anbaugebiet der Doppelappellation kommen. Der feuchte atlantische Einfluss ist in Sanlúcar besonders prägend für das Klima, weshalb der Hefeflor eine noch dickere Schicht entwickelt als im Rest des Gebiets. Da sich der Flor von Alkohol und Zucker ernährt, fallen die Manzanillas aus Sanlúcar etwas schlanker und noch trockener aus als Finos. Auch die salzige Komponente kann beim Manzanilla etwas ausgeprägter ausfallen.

So elegant sich Fino und Manzanilla geben, so empfindlich sind sie auch: Kommen sie längere Zeit in Kontakt mit der Luft, geht das Gleichgewicht zwischen schlanker Finesse und Körper verloren. Ist die Flasche einmal angebrochen, empfiehlt es sich daher, diese filigranen Sherry-Typen im Kühlschrank aufzubewahren und innerhalb von maximal zehn Tagen aufzubrauchen.

Amontillado

Trockene oder nur leicht gesüßte Amontillados gehören zum Besten, was der Marco de Jerez anzubieten hat. Ein echter Amontillado ist ein Zwitter, nämlich ein Sherry, der zunächst wie ein Fino beziehungsweise Manzanilla ausgebaut wird. Nach einigen Jahren wird der Hefeflor durch die weitere Zugabe von Weinalkohol abgetötet, und der Wein reift in direktem Kontakt mit der Luft weiter. Diese zweite oxidative Reifephase verstärkt das Aroma und lässt den Wein über die Jahre einen bernsteinfarbenen Ton annehmen. Dieser komplexe Sherry erweist sich natürlich als wesentlich haltbarer als Finos oder Manzanillas. Da er im zweiten Ausbauabschnitt über Jahre hinweg der Luft ausgesetzt ist, kann ihm Oxidation auch nach der Abfüllung wenig anhaben. Er darf also nach dem Kauf problemlso noch eine Zeit im privaten Keller lagern. Selbst nach dem Öffnen der Flasche bewahrt ein Amontillado, gut verschlossen und gekühlt, noch mehrere Wochen seinen Charakter.

Oloroso

Der »Duftige«, wie sein Name in der Übersetzung lautet, ist ein kraftvoller und körperreicher Sherry. Im Gegensatz zum Amontillado kommt er nie mit Hefeflor in Kontakt. Direkt nach der Gärung wird der schon im »jungfräulichen« Zustand voluminös anmutende Wein auf 17 bis 19 Vol.-% Alkohol verstärkt und reift fortan kontinuierlich unter Lufteinfluss. Seine Farbnuancen reichen von dunklem Bernstein bis zu Mahagoni. Olorosos können ebenso alt werden wie Amontillados. Sie werden trocken und süß angeboten, doch mit einer eher dezenten Süße erreichen sie ihre Perfektion. Geröstetes Holz, Tabak, Nüsse und Liebstöckel, um nur einige Akzente zu nennen, machen ihr Aromenspektrum aus.

In den Bodegas Rey Fernando de Castilla, einer Kellereigründung jüngster Generation mit glasklaren Sherry-Qualitäten.

Sherry als Essensbegleiter

Passt Sherry zum Essen? Warum nicht – erzwingen sollte man aber nichts. Als kultivierte Aperitifs sind trockene Sherrys hinlänglich bekannt; dass man sie aber auch beispielsweise zu asiatischer Gastronomie genießen kann, ist weniger geläufig. Die Grundregel lautet: lieber zu kühl als zu warm. Kein hochprozentiger Wein verträgt Zimmertemperatur.

Finos und **Manzanillas** geben sich in der Nase leicht salzig und etwas spitz, gepaart mit feinen Noten von Bittermandeln. Diese Kombination wirkt anregend und macht das Tandem zum klassischen Aperitif, insbesondere für empfindliche Mägen, da weder Kohlensäure noch eine ausgeprägte Säure das Trinkvergnügen trüben. Fino- und Manzanilla-Sherrys können aber durchaus auch eine Mahlzeit begleiten. unschlagbar zeigt sich das Duett zu Oliven, Salzgebäck, gesalzenen Nüssen oder zu klassischen Tapas. Erstaunlich gut ergänzen die beiden auch edle Langusten oder Gambas vom Grill. Sie sollten kalt serviert werden, idealerweise bei 5 bis 8 °C. Trotz ihrer 15 Vol.-% Alkohol wirken die beiden gegen so manchen gehaltvollen Weißwein überaus spritzig.

Amontillados zeigen sich im Aroma elegant, aber überaus intensiv. Prägende Elemente sind Mandeln, Cashewnüsse, Liebstöckel und – je nach Süßegrad – auch Pflaumen und Datteln. Amontillados glänzen als Aperitif genauso wie als Digestif, passen aber auch zu Wild, hellem Fleisch oder Roastbeef. Auch der Amontillado verdient es, wie ein Tischwein behandelt zu werden und sollte leicht gekühlt bei 12 bis 14 °C serviert werden.

Ein **Oloroso** ist ein reicher und voller Wein. Einzigartig ist seine kraftvolle Länge. Bei Tisch lässt er sich mit gehaltvollen Bratensaucen kombinieren. Auch stark gewürzte Speisen aus dem Nahen wie Fernen Osten ergänzt er gut. Seine ideale Serviertemperatur liegt bei 14 bis 16 °C.

Die Handhabung eines **Palo Cortado** ähnelt der eines Oloroso, allerdings sollte er bei maximal 15 °C serviert werden, um das etwas feinere Bukett zur Geltung zu bringen. Palo Cortado kommt in der Regel nur sehr mäßig gesüßt auf den Markt. Er mag durchaus zu geschmortem Fleisch passen, doch empfiehlt es sich, ob seiner Eleganz einfach kandierte oder geröstete Nüsse zu servieren, um ihm die erforderliche Aufmerksamkeit widmen zu können.

Mit ihren Noten von kandierten Früchten, Orangenschalen, Schokolade und Nougat passen **süße Sherrys** hervorragend zu Kuchen, Süßgebäck, Eiscreme etc. **Pedro Ximénez** glänzt auch im Duett mit Kaffee, **Moscatel** eher mit eingelegten Früchten oder Fruchteis.

Einmal geöffnet, halten sich auch diese Weine gut gekühlt einige Wochen. Vorsicht bei der Serviertemperatur! Gerade die süßen Sherrys wirken fruchtiger und geschmeidiger, wenn man sie nicht zu warm serviert. 15 bis 16 °C sollten nicht überschritten werden.

Beste Harmonie – Ibérico-Schinken und Sherry.

Brandy de Jerez: Das Gold des Südens

Spanien ist Branntweinland. Katalonien, La Mancha und der Süden pflegen diese Spezialität. Der Imageträger für dieses althergebrachte Produkt ist natürlich der Brandy aus dem Marco de Jerez, seit 1989 als Denominación Específica geschützt, aber schon seit Jahrhunderten weltberühmt. Nichts liegt näher, als Destillationskunst und Südspanien in einem Atemzug zu nennen. Denn waren es nicht die arabischen Hochkulturen, die das Wissen um die Destillation erstmals nach Europa brachten? Ob nun die erste Destillerie der europäischen Geschichte in Süditalien oder Südspanien angesiedelt wurde, ist müßig zu diskutieren. Jerez und seine Umgebung zählen sicherlich zu den ersten Standorten.

Brandy de Jerez darf Grundweine aus den Regionen La Mancha und Extremadura zur Destillation heranziehen, Reifung und Abfüllung müssen allerdings in den drei Sherrystädten stattfinden. Der Terminus »Solera«, auf jedem Brandy-de-Jerez-Etikett aufgeführt, gibt einen unmissverständlichen Hinweis auf die Art der Reifung. Ein Brandy de Jerez durchläuft obligatorisch das traditionelle Reifeverfahren, das auch für Sherry angewendet wird. Auch die Fässer müssen einige Jahre dem Sherryausbau gedient haben, bevor sie in die Brandyreifung integriert werden können. Mit den Qualitätsstufen Solera, Reserva und Gran Reserva bieten die Produkte eine klare Abstufung, die sich auf die Reifezeit im Solera-System bezieht. Für die Gran-Reserva-Güteklasse gilt eine Mindestreifedauer von drei Jahren, wobei das Durchschnittsalter im Gebiet für diese Güteklasse bei acht Jahren liegt. Keine der renommierten Premiummarken, weder Carlos I noch Gran Duque de Alba, weisen weniger als 14 Jahre auf.

Der Charakter eines Brandy de Jerez ist geprägt vom Sherry-Typ, der vorher das Fass »imprägniert« hat. Am deutlichsten setzt sich natürlich das schokoladig-rosinige Aroma eines Pedro-Ximénez-(PX-)Fasses durch. Zuckercouleur und konzentrierte Traubenmoste dürfen für die typische Süßung und Einfärbung verwendet werden. Hingegen wird die Beigabe von Süßweinen wie PX zur Abrundung nur in kleinen Mengen toleriert. Im Schnitt liegen die Brandys bei 10 bis 20 g Zucker pro Liter. Die Extreme findet man beim trockenen Lepanto mit 1,5 g sowie bei Cardenal Mendoza mit über 30 g. Momentan beläuft sich die Produktion von Brandy de Jerez auf rund 80 Millionen Flaschen.

Palo Cortado

Dieser Wein ist nach einem von den Kellerarbeitern benutzten Kreidezeichen benannt mit dem die Fässer dieses Typs markiert werden. Es besitzt die Form eines »f«, das mit einem deutlichen Querstrich versehen ist. Eigentlich muss der »gekappte Stab«, so die Übersetzung, als ein Unfall betrachtet werden: ein Wein, der sich nicht in die vom Kellermeister vorbestimmten Bahnen fügt.

Palo Cortado entwickelt sich ursprünglich aus einem nur leicht verstärkten Wein, dessen Bestimmung eigentlich ein Manzanilla- oder Fino-Typ ist. Aus mikrobiologischen Gründen findet der Hefeflor aber nicht zu seiner Hochform; er schwächelt sozusagen, und der Wein wird schon in dieser ersten kurzen Entwicklungsphase einer leichten Oxidation unterzogen. Der Kellermeister zieht nun die Konsequenz und gibt mehr Alkohol hinzu, um die Hefeschicht gänzlich zu eliminieren. Die Bestimmung des Weins ändert sich, Ziel ist von nun an ein Oloroso, der in seinen Fassreihen aber einige Exoten, nämlich den seltenen Palo Cortado entwickeln kann.

Dann werden die markierten Fässer genau beobachtet und in kürzeren Intervallen verkostet. Ein Teil dieser selektionierten *botas* bringt mit der Zeit den für Palo Cortado typischen Charakter hervor: ein in seinem Werdegang oxidativ abgeschlossener Wein, der die aromatischen Eigenheiten eines Amontillado aufweist, dem konzentrierten Mundgefühl nach aber einem Oloroso entspricht. Er behauptet sich als eine Laune der Natur, als Wein mit zwei Seelen: der Nase eines Amontillados und dem Gaumen eines Olorosos. Nur erfahrene Kellermeister sind in der Lage, aus den langen Fassreihen einer solchen »Oloroso«-Solera die Fässer mit Palo-Cortado-Charakter herauszufinden.

Da Palo Cortado als Weintyp nicht programmierbar ist, kommt ihm unter allen Sherry-Typen die Rolle der Rarität zu.

Medium, Pale Cream und Cream

Ein Wort zu den unterschiedlichen Süßegraden dieser Sherry-Typen: Die Basisweine werden aus der weißen Palomino-Traube gewonnen und sind zunächst völlig trocken. Allein durch die Zugabe von Süßweinen aus Mocatel- oder Pedro-Ximénez-Weinen oder süßen Mosten gewinnt der Sherry mehr oder weniger Süße. So entsteht ein enormes Spektrum an Weinen, die sich in ihrem Alter, in ihrer Ausbauform und in ihrem Zuckergehalt unterscheiden.

Süße Sherrys der Klasse *vino generoso de licor* gibt es also in vielen Varianten. Offiziell sind indes nur die Typen Medium, Pale Cream und Cream definiert, nämlich über ihren Zuckergehalt. Der Medium (Synonyme sind Amoroso, Golden, Rich oder Brown) ist international gesehen sicherlich der mit Abstand erfolgreichste Wein aus Jerez. Kenner schätzen aber eher den süßeren Cream. Er gilt als der Sherry-Süßwein schlechthin, da er ein sehr gelungenes Gleichgewicht zwischen Süße und Körper aufweisen kann. Medium und Cream Sherrys werden in der Regel auf der Basis trockener Amontillados bzw. Olorosos produziert, die mit einem gebietstypischen Süßwein wie Pedro Ximénez oder Moscatel versetzt werden. Für die Herstellung eines Pale Cream Sherry (45 bis 115 g Zucker pro Liter) müssen – daher der

Oloroso, Amontillado und Fino: die drei wichtigsten Sherry-Typen.

D.O. CONDADO DE HUELVA

PROVINZEN MIT D.O.-FLÄCHE
Huelva

REBFLÄCHE
3450 ha

ANZAHL KELLEREIEN
28

PRODUKTION
30 Millionen Liter

GESCHÜTZTE WEINTYPEN
Weißweine, dazu die Spezialitäten Condado Pálido, Condado Viejo, Vino generoso de licor

ZUGELASSENE REBSORTEN
weiß: Zalema, Palomino, Listán de Huelva, Garrido fino, Moscatel, Pedro Ximénez
rot: Cabernet Sauvignon, Syrah, Tempranillo

Zusatz *pale,* blass – als Basisweine Manzanillas oder Finos eingesetzt werden.

Ein Cream Sherry muss sich in seinem Zuckergehalt zwischen 115 und 140 g bewegen. Ein Medium Sherry sollte maximal 115 g Zucker pro Liter enthalten und ist damit dem Pale Cream gleichgesetzt. Vor dem Regelwerk der zuständigen Weinbaubehörde ist im Übrigen der »Medium Dry« nichts anderes als ein Medium; in der Praxis aber haben die Weine mit dem Zusatz »dry« meist weniger Zucker und liegen in der Regel zwischen 25 und 45 g.

Moscatel

Die Trauben für die Moscatel-Weine stammen nicht von den berühmten Albariza-Böden, sondern wachsen auf Randlagen mit schweren Lehmböden, Barros genannt. Das Lesegut wird in der Sonne getrocknet, der Most nur angegoren, um dann mit Weinalkohol angereichert zu werden. Selbstverständlich reifen diese Weine in den Soleras rein oxidativ. Vorgeschrieben sind für Moscatel-dulce-natural-Qualitäten mindestens 150 g Zucker pro Liter.

Der Stier ist das Markenzeichen der Sherry-Bodega Osborne.

Pedro Ximénez (PX)

Er gilt als König der andalusischen Süßweine und spielt, was seinen Zuckergehalt angeht, in einer eigenen Liga. Die durchschnittlichen Weine dieser Kategorie liegen bei 200 bis 250 g Zucker pro Liter. Die Topkreszenzen beeindrucken sogar mit 400 bis 500 g Zucker. Dafür werden die Trauben zunächst für zwei Wochen auf Bastmatten getrocknet – es handelt sich um das gleiche sogenannte Soleo-Verfahren wie bei der Moscatel-Verarbeitung – und anschließend langsam gepresst. Dann wird dieser edle »Rosinensaft« sofort auf einen Alkoholgehalt von 18 bis 20 Vol.-% verstärkt und in die Solera eingespeist. Im Gegensatz zu Moscatel-Weinen sind sehr lange Reifezeiten bei Pedro-Ximénez-Kreszenzen keine Seltenheit. Einige der ältesten VORS-Gewächse auf dem Markt wurden aus dieser Traube gewonnen.

Die über Jahrzehnte von diesem Nektar imprägnierten Fässer dienen übrigens später der Reifung der Brandys de Jerez.

Condado de Huelva

Die ehemals bedeutende Appellation im äußersten Westen Andalusiens hat in den letzten Jahren zwar deutlich an Rebfläche eingebüßt, dafür aber das Qualitätsniveau bemerkenswert gesteigert. Im Gegensatz zum großen Nachbarn Jerez schützt die zuständige Weinbehörde zusätzlich zu den mit Alkohol verstärkten Weintypen auch »normale« Weißweine, die keine Aufspritung erfahren haben, sowie seit 2009 auch Rotweine.

Geprägt ist das Gebiet durch die Vorherrschaft einer Rebsorte, die mit dem Boom der frischen, unkomplizierten Weißweine wieder auf sich aufmerksam macht. Die weiße Zalema ist reblausresistent und setzte sich folglich Anfang des 20. Jahrhunderts erst richtig durch. Sie liefert leichte, mattgrüne Weißweine mit feiner Säure, Apfelnoten und blumigen Aromen sowie einer dezenten und belebenden Bitternote im Abgang. Die Trauben für den modern vinifizierten Condado Joven – nicht zu verwechseln mit den korpulenteren Weißen Condado Blanco und Condado Tradicional, die später gelesen und vermarktet werden – bringt man schon im August ein. Die frischen und leichten Weine finden reißenden Absatz in der Küstengastronomie der Provinz Huelva.

In klassischer andalusischer Tradition indes stehen die feinen verstärkten Weine unter der Bezeichnung Condado Pálido, die als Gegenstück zu Finos und Manzanillas gesehen werden müssen. Pálido reift unter Hefeflor und wird im Solera-System ausgebaut. Für ihn wie für die ebenfalls verstärkten Qualitäten Condado Viejo und die *Vinos generosos de licor* kommen die weißen Sorten Palomino, Listán de Huelva sowie Garrido fino zum Zuge. Besondere Beachtung sollte man den wenigen übrig gebliebenen Erzeugern mit Oloroso-Produktion schenken. Für wenig Geld werden ebenso ausdrucksstarke wie ausgewogene Weine dieses südspanischen Klassikers angeboten.

Landweine aus Westandalusien

Wenig bekannt sind bislang die Landweine aus dem Westen Andalusiens. Zwar produzieren so namhafte Sherryhäuser wie Barbadillo, Garvey oder Osborne schon seit geraumer Zeit jenseits ihrer berühmten Sherrys auch Tischweine, doch außerhalb der Regionalgrenzen finden diese einfachen Gewächse mit der Bezeichnung **Vino de la Tierra de Cádiz** keine Verbreitung. Umso wichtiger sind die frischen Weißen für die Erzeuger selbst, denn sie machen einen nicht unwesentlichen Anteil ihres Umsatzes aus. Für Barbadillo hat sich der äußerst populäre Weißwein Antonio Barbadillo sogar zu einem absoluten Bestseller entwickelt, der in Zeiten schwacher Manzanilla-Absätze als Retter in der Not fungiert. Nicht alle Andalusier bevorzugen trockene Sherrys, sodass die meist auf Palomino-Basis bereiteten Weine überall in der Region großen Zuspruch finden.

Doch sind, ähnlich wie in Granada und Málaga, auch einige Kellereien aktiv, die sich auf die Produktion von Rotwein spezialisiert haben. Für Furore sorgt seit seiner Gründung das Gut Huerta de Albalá bei Arcos

Palomino-Reben auf dem typischen weißen Albariza-Boden der Sherryregion.

de la Frontera. Von einem spanisch-deutschen Ehepaar mitten ins andalusische Weideland gebaut, setzt die Kellerei Maßstäbe für andalusische Rotweine. Insbesondere die Weine der Marke Taberner mit hohem Syrah-Anteil vereinen Fleischigkeit, Kraft und opulente Frucht.

Über 1000 ha sowie fast fünf Millionen Liter vermarkteter Wein weisen auf die wachsende Bedeutung der Landweine aus Cádiz hin, während die winzige Landweinbezeichnung **VdT Norte de Sevilla** kaum über ein Hundertstel der Fläche hinauskommt.

Zentralandalusien

Es ist ein wenig still geworden um die einst so begehrten Süßweine und Finos aus dem Gebiet zwischen Málaga und Córdoba, doch mit zunehmender Qualität stellen sich auch wieder erste Erfolge ein.

Oliven, Palmen und Weinreben gedeihen einträchtig nebeneinander in der Region Montilla-Moriles.

Lange Zeit fanden die Weine Zentralandalusiens nur wenig Beachtung. Die Süß- und Likörweine Málagas standen ebenso im langen Schatten anderer Regionen wie die Finos & Co. aus Montilla, und dass hier auch gute Rot- und interessante trockene Weißweine produziert werden, wusste außerhalb Spaniens kaum jemand. Dies dürfte sich aber in Anbetracht der steigenden Qualität, auch bei den Land- und Tafelweinen, schon bald ändern.

Málaga – Sierras de Málaga

Málaga hat eine lange Tradition der Süßweinbereitung und wurde bereits 1933 als geschütztes Herkunftsgebiet anerkannt. 2001 wurde das *reglamento* grundlegend modifiziert und mit der D.O. Sierras de Málaga zusätzlich eine Herkunftsbezeichnung eingeführt, die normale Weiß-, Rosado- und Rotweine abdeckt. Für die klassischen Süßweine gilt weiterhin die Herkunftsbezeichnung Málaga. Die Gebietsgrenzen der beiden D.O.s sind identisch, weswegen sie in der Regel gemeinsam genannt werden.

Das Gebiet teilt sich in fünf **Unterregionen** auf: Axarquía (der östliche Küstenstreifen bis Nerja), Montes (die Berge rund um die Provinzhauptstadt Málaga), Norte (der Norden der Provinz, insbesondere die Hochebene von Antequera), Costa Occidental (der Westteil der Küste bis hin zur Grenze der Provinz Cádiz) und Serranía de Ronda (der gebirgige Osten der Provinz um die Stadt Ronda; nur für die D.O. Sierras de Málaga).

Im Norden sind die Sommer eher kurz und heiß, in der Region Axarquía ist das **Klima** mediterran mit milden Temperaturen, und im Westen wechseln sich feuchtes und trockenes Wetter ab. Am kühlsten und feuchtesten ist es in den Bergen der Subregion Montes. Hier werden hauptsächlich Pedro Ximénez und Moscatel angebaut, die klassischen Sorten für süßen Málaga-Wein. Die **Bodenstruktur** reicht von überwiegend rot mit Kalkanteilen im Norden bis hin zu Schiefergestein in Axarquía.

Beeindruckende Süß- und Rotweine

Von der Renaissance bis ins 20. Jahrhundert hinein zählten die Likörweine aus Málaga mit zu den Stars der Weinwelt. Dann wurde es ziemlich still um die *Vinos de licor,* bis zuerst Telmo Rodríguez mit einem nicht aufgespriteten Süßwein für Furore sorgte. Ein weiteres Zeichen setzte dann Jorge Ordóñez mit dem mittlerweile verstorbenen österreichischen Süßweinstar Alois Kracher. Ihr Viejas Viñas Dulce aus Moscatel zählt ebenso wie der No. 4 Esencia, der als Vino de Mesa eingestuft ist, zu den besten Süßweinen der Welt. Zur bestechenden Aromatik aus Pfirsich, Honig, Haselnuss, getrockneter Aprikose und blumigen Noten kommt eine faszinierende Balance zwischen Süße und Säure.

D.O. MÁLAGA – SIERRAS DE MÁLAGA

PROVINZEN MIT D.O.-FLÄCHE
Malaga

REBFLÄCHE
1215 ha

ANZAHL KELLEREIEN
30

PRODUKTION
2 Millionen Liter

GESCHÜTZTE WEINTYPEN
Weißwein, Rosado, Rotwein

ZUGELASSENE REBSORTEN
weiß: Pedro Ximénez, Moscatel; in Sierras de Málaga zusätzlich Macabeo, Colombard, Chardonnay, Sauvignon blanc
rot: nur in Sierras de Málaga: Tempranillo, Romé, Cabernet Sauvignon, Merlot, Syrah, Petit Verdot

Mittlerweile findet man wieder eine Reihe spannender Süßweine, etwa den eleganten, nach frischen und kandierten Früchten duftenden Ariyanas Naturalmente Dulce aus Moscatel de Alejandria der Bodegas Bentomiz. Doch Clara Verheij und André Both, die das Gut 2003 gründeten, verstehen sich nicht nur auf ausgezeichnete Süßweine, sondern haben auch den bemerkenswert fruchtigen, kräuterwürzigen Ariyanas Tinto de Ensamblaje aus Cabernet Sauvignon, Tempranillo, Petit Verdot und Romé im Angebot.

Weitere großartige trockene Rotweine, meist Cuvées aus französischen Sorten, kommen vor allem aus der Serranía de Ronda. Zu den Glanzlichtern zählen der Vetas Selección von Juan Manuel Vetas Martín, der sich mit dichter Frucht, mineralischen Noten und feiner Würze zeigt, oder der Tadeo von Cortijo los Aguilares. Erstklassig sind zudem der Vinana von Bodega Kieninger, gegründet 2001 vom Österreicher Martin Kieninger, dem hier aus Pinot noir, Cabernet und Merlot eine komplexe Cuvée gelang, sowie der mineralisch-fruchtige Vieja der Bodega y Viñedos de la Capuchina. Überzeugende Qualitäten liefern aber auch die Bodegas Los Bujeos, etwa den Pasoslargos Roble oder den A Pasos, und die Bodega Coto de la Viña San Jacinto mit ihrem Spitzenwein Creacíon Conrad Soleón. Den holzbetonten Ramos Paul schließlich produziert Bodega y Viñedos El Chantre.

Hauptsächlich auf reinsortige Weine setzt die Bodega Friedrich Schatz. Herausragend sind hier sowohl der Petit Verdot als auch der Pinot noir, die jeweils mit einer ungewöhnlichen Fruchtfülle und einer sehr komplexen Struktur aufwarten.

Zweifellos gibt es in der D.O. viel Neues zu entdecken. Einmal vor Ort, lohnt sich ein Abstecher zu den Weinbergen um Almáchar in der labyrinthartigen Berglandschaft von Axarquía. Sie werden zu Recht als das Priorat Málagas bezeichnet.

Altmeister mit neuem Schwung

1885 gründeten die Brüder Salvador und Francisco López das Weingut López Hermanos, inzwischen umbenannt in Bodegas Málaga Virgen. In der dritten Generation leiten nun Rafael und Juan Ignacio de Burgos López den Betrieb, und sie haben es geschafft, den alten Glanz der Weine wieder erstrahlen zu lassen. Das Unternehmen verfügt über 250 ha Rebfläche und 6000 Barriques. Zu den Glanzlichtern zählt der überragende Don Juan PX, gefolgt vom Reserva de Familia PX, die beide mit einer Aromatik aus Rosinen, Pflaumen, Schokolade und Tabaknoten aufwarten und sich im Mund komplex, konzentriert, mit einer gut gepufferten enormen Süße und einem sehr langen Abgang präsentieren. Auf fast derselben Wellenlänge zeigt sich der Chorrera Cream Añejo Pedro Ximénez, während der Don Salvador mit seinem

---

MÁLAGA-WEINTYPEN

Da die Bezeichnungen der traditionellen Málaga-Stile für den Verbraucher nicht einfach nachzuvollziehen sind, verwenden etliche Kellereien mittlerweile nur die Bezeichnung Vino dulce oder Fantasienamen. Die klassischen Bezeichnungen der Málaga-Weintypen hängen vom Restzucker und der Reifung ab und davon, ob die Süße durch Stoppen der Gärung oder nach der Gärung noch natürlich vorhanden ist.

Die wichtigsten Bezeichnungen sind:
Vino de Licor: Alkoholgehalt 15 bis 22 Vol.-%
Vino dulce natural: 15 bis Vol.-%, aus den Rebsorten Moscatel oder Pedro Ximénez und einem Most mit einem Mindestzuckergehalt von 244 g/l
Vino naturalmente dulce: ohne Aufspritung mit über 13 Vol.-% und einem Mindestzuckergehalt von 300 g/l
Vino tranquilo: 10 bis 15 Vol.-%, ohne Aufspritung und nach dem Solera-System klassifiziert
Die Bezeichnung der Reifezeiten:
Málaga Joven: ohne Reifezeit
Málaga Pálido: ohne Reifezeit
Málaga: 6 bis 24 Monate gereift
Málaga Noble: 2 bis 3 Jahre gereift
Málaga Añejo: 3 bis 5 Jahre gereift
Málaga Trasañejo: über 5 Jahre gereift
Angaben des Restzuckergehalts:
seco: unter 4 g/l
semiseco: 4 bis 12 g/l
semidulce: 12 bis 25 g/l
dulce: über 45 g/l

Telmo Rodríguez, einer der großen Erneuerer im spanischen Weinbau, ist in vielen Regionen tätig. Málaga verdankt ihm zwei großartige Süßweine.

herrlichen Bukett aus Honig, Zuckermelone und Aprikose und einem grandiosen Süße-Säure-Spiel zu den besten Moscatel-Weinen des Landes zählt.

Der Wiederentdecker

Es ist zweifellos ein Verdienst des Starwinzers Telmo Rodríguez, dass man heute wieder über die D.O. Málaga spricht. Vor ein paar Jahren entdeckte er den außergewöhnlichen Schieferboden in den extremen Höhenlagen von Axarquía und stellte fest, dass hier die alten Moscatel-Trauben klimabedingt langsamer reifen und deshalb neben ihrer Intensität auch ein sehr elegantes Säurespiel aufweisen können. Mit seinem natürlichen Süßwein Molino Real hatte er auf Anhieb so großen Erfolg, dass er die alten aufgelassenen Terrassenanlagen wieder aufwendig renovierte. Es hat sich gelohnt. Bereits sein MR Mountain Wine zählt zu den großen Gewächsen des Gebiets und überrascht mit seiner Aromatik aus Honigmelone, Zitrusfrucht und blumigen Noten. Das Glanzlicht jedoch ist der Molino Real. Er duftet verführerisch nach Honig, kandierten Früchten, feiner Würze und präsentiert sich mit einer hochkonzentrierten fruchtig-süßen Eleganz mit enormer Länge.

Montilla-Moriles

Zwischen Córdoba und Málaga liegt Montilla-Moriles, eines der ältesten D.O.-Gebiete Spaniens. Hier werden sherryähnliche Weine aus der Sorte Pedro Ximénez erzeugt. Beim **Klima** überlappen sich mediterrane Einflüsse mit kontinentalen Komponenten. Die Sommer sind sehr lang, trocken und heiß mit Temperaturen von nicht selten über 40 °C. Die Winter sind kurz und kühl, und die jährliche Niederschlagsmenge beträgt über 500 mm.

In den höheren Lagen in den Gemeinden Montilla sowie in Moriles, Castro del Rio, Cabra und Aguilar de Frontera trifft man auf weißen kalkhaltigen **Krei-deboden**, auch als **Albariza** bekannt. Hier wachsen die besten Pedro-Ximénez-Trauben. In den tieferen Lagen hingegen dominieren locker sandige Böden.

Die Finos auf der Basis von Pedro Ximénez kommen dank des hohen natürlichen Zuckergehalts der PX-Traube ohne Alkoholzugabe aus. Sie wirken weicher, würziger und besitzen eine feine, sehr weinige Art. Finos stellen zwar die Mehrzahl der Weine, dazu gibt

D.O. MONTILLA-MORILES

PROVINZEN MIT D.O.-FLÄCHE
Córdoba

REBFLÄCHE
6993 ha

ANZAHL KELLEREIEN
93

PRODUKTION
21,5 Millionen Liter

GESCHÜTZTE WEINTYPEN
Weißwein, Rosado, Rotwein

ZUGELASSENE REBSORTEN
weiß: Pedro Ximénez, Moscatel Layrén, Baladí, Torrontés
rot: Tempranillo, Romé, Cabernet Sauvignon, Syrah

Pérez Barquero: Hochkarätige Raritäten

Gegründet wurde die Bodega im Jahr 1905, und mit ihrer 1905er Kollektion wurde sie auch von Robert Parker in den spanischen Weinhimmel erhoben. Er verlieh dem 1905 Oloroso 97 Punkte, dem 1905 Amontillado 98 und dem 1905 PX sogar 99 Punkte. Zwar lassen sich solche Erfolge nicht jedes Jahr wiederholen, doch eine Handvoll Qualitäten, die für eine Bewertung oberhalb der 90 Punkte gut sind, hat Pérez Barquero fast immer zu bieten. Da ist zum Beispiel der La Cañada PX, der wunderbar nach Datteln, Feigen, Rosinen, Nüssen und Kakao duftet und im Mund sehr lange anhält. Von einer enorm fruchtigen Seite, die am Gaumen von einer überraschenden Frische begleitet wird, zeigt sich der Gran Barquero PX.

Ein hochkarätiges Trio.

Auch die trockenen Qualitäten sind erstklassig, so der Gran Barquero Amontillado Seco mit einer Aromatik aus Trockenfrüchten und einem Hauch Meersalz oder der nach Mandeln duftende, mineralische Gran Barquero Fino.

es überzeugende Amontillados, doch die besten Gewächse sind die oft uralten Pedro-Ximénez-Süßweine. Zu den besten Erzeugern zählt neben Alvear und Pérez Barquero das Haus Toro Albalá, das mit zwei herausragenden PX-Weinen – Don PX 1979 Gran Reserva und Don PX Ginés Lébana 1976 Especial Filatélicos – und einem kaum minder hochkarätigen Don PX 2005 aufwarten kann.

Enorm präsentiert sich außerdem der mit einer guten Säure ausgestattete Cruz Conde Solera Fundación 1902 PX der Bodegas Cruz Conde sowie der körperreiche 1974 PX von Bodegas Delgado. Überzeugende Qualitäten liefert auch die Cooperativa La Aurora mit dem Solera 1981 PX und dem ausgeprägt fruchtigen Amanecer PX. Bei Moreno überragt der mahagonibraune Virgilio PX den jodfarbenen Amontillado Siete Sabios. Gracia Hermanos hat neben einem ausgezeichneten Gracia PX auch einen exzellenten fruchtig-herben Tauromaquia Fino sowie einen sehr guten, pikanten Tauromaquia Amontillado im Programm. Einen erstklassigen Amontillado, 1890 Viejo, erhält man auch bei Herederos Torres Burgos. Die Compañía Vinícola del Sur überzeugt sowohl mit dem feinherben Tomás García PX als auch mit dem kraftvollen Verbenera Fino, dazu mit der Montecristo-Reihe, allen voran dem komplexen Oloroso mit schöner Säure, einem salzigen, nachhaltigen Fino und einem würzigen, kräftigen Amontillado. Ein sicherer Tipp sind zudem die Angebote des Weinguts Equipo Navazos, das sich auf die Entdeckung alter Solera-Weine spezialisiert hat. Noch neu in dieser Region ist die Produktion von jungen, frischen Weißweinen aus heimischen Sorten sowie Rotweinen, die bisher meist unkompliziert zu trinken sind.

Eine Familienerfolgsgeschichte

Das älteste Weingut Andalusiens, 1729 von Don Diego de Alvear y Escalera gegründet, ist Alvear in Montilla. Auf über 130 ha Rebfläche wird hauptsächlich Pedro Ximénez angebaut. Die aktuell achte Generation der Familie hat allen Grund stolz zu sein, kann sie doch jedes Jahr mit einer breiten Palette von Weinen jenseits der 90-Punkte-Bewertung aufwarten.

Bei Alvear wird nicht nur der Name, sondern auch die Qualität großgeschrieben.

Absolute Spitze ist der Alvear PX 1830 Reserva, der sich mit einer gewaltigen Aromenfülle von Dattel, Rosine, getrockneter Pflaume, Honig, Karamell und Nüssen präsentiert. Spitzenweine sind auch der Pedro Ximénez 1927 und der Alvear Solera Fundacíon Amontillado Solera. Marqués de la Sierra schließlich heißt ein Weißwein aus der interessanten Kombination von Pedro Ximénez, Chardonnay, Sauvignon blanc und Riesling, der zwar im Sortiment etwas abfällt, aber immerhin angenehm trinkbar ist.

Land- und Tafelweine

Bei den Gebieten mit **Vino-de-la-Tierra**-Status überzeugen vor allem die Landweine mit dem Zusatz **»de Cádiz«** – allen voran vom Erzeuger Huerta de Albalá. Gelungen ist zudem der Finca Moncloa der gleichnamigen Bodega, dessen Kombination aus Cabernet Sauvignon, Syrah, Merlot und etwas Tintilla feine Frucht und Würze aufweist. Bei den Weißweinen überrascht die Manzanilla-Kellerei Barbadillo mit dem fruchtig-blumigen Weißwein Castillo de San Diego aus der Sorte Palomino.

Im VdT-Gebiet **Laujar-Alpujarra** hält die Bodega el Cortijo de la Vieja mit dem fruchtigen und mit einer guten Tanninstruktur ausgestatteten Iniza Cabernet, der noch einen Schuss Tempranillo enthält, die Qualitätsfahne hoch. Aus **Ribera del Andarax** gibt es ebenfalls etwas Gutes zu vermelden, hier überzeugt die Finca Anfora mit einem hochkarätigen Cabernet Sauvignon, Vega Enix Laurenti, der sich mit seinem beerenduftigen, würzigen Charakter, einer kraftvollen Tanninstruktur und einer enormen Länge zu den besten Rotweinen Andalusiens zählen kann. Außerdem noch weit überdurchschnittlich ist der Vega Enix Syntys aus Garnacha und Syrah.

Bei den Vinos de Mesa ragt der enorm dichte, fruchtbetonte Petit Verdot von Príncipe Alfonso de Hohenlohe heraus. Eine hochfeine Rarität bietet die Bodega F. Schatz mit einem Lemberger, Acipino Crianza, ebenso wie Bodega Kieninger mit dem Siete Vin aus Zweigelt, Blaufränkisch und Blauburgunder. Einen sehr guten Rotwein hält auch Antonio Vilches Valenzuela mit der von Tempranillo und Cabernet dominierten Cuvée Naranjuez Prisa Mata bereit, und einen feinen, fruchtig-frischen Macabeo namens Este haben die Bodegas Alto Almanzora im Programm.

Neuling mit großen Zielen

Am Fuß der Sierra de Grazelema liegt das architektonisch spektakuläre, 2006 fertiggestellte Gut Huerta de Albalá, das dem Weinhändler Vicente Taberner gehört. Er ließ die fast 100 ha Rebflächen mit Syrah, Merlot, Cabernet Sauvignon und der autochthonen Sorte Tintilla de Rota bepflanzen und engagierte die aus der Rioja stammende Önologin Milagros Vinegra. Im Keller arbeitet sie ausschließlich mit französischen Barriques, und die bisherigen Resultate sprechen für sich. Zu den besten Weinen Andalusiens zählt bereits der kraftvolle Taberner Vino de la Tierra de Cádiz mit feiner Beerenfrucht sowie Kaffee- und Röstaromen. Doch auch die beiden einfacheren Weine, der rote Barbazul und der Rosado Barba Rosa, gehören mit zur Spitze in Andalusien. Über allen jedoch steht der kraftvolle Taberner 1, der mit einer Aromatik aus roten Früchten, Gewürzen und feinen Holznoten sowie einer stattlichen Länge demonstriert, welches Potenzial in den Rotweinen dieses Gebiets steckt.

Extremadura

Das weite, sanft gewellte Land der Extremadura ist dünn besiedelt, zählt aber zu den ältesten Kulturlandschaften Spaniens. Seit 1997 hat der Weinbau hier durch die Einrichtung der D.O. Ribera del Guadiana neuen Schwung bekommen.

Reben in Einzelstockerziehung in der
D.O. Ribera del Guadiana.

Spaniens wilder Westen

Die Extremadura steht wie kaum eine andere Region für das echte und unverfälschte Spanien, eine heimliche Verlockung, die nach wie vor als Geheimtipp gilt und abseits ausgetretener Touristenpfade viele Jahrzehnte nur von gut informierten Kulturreisenden besucht wurde. Das verwundert nicht, denn allein die Provinzhauptstadt Cáceres mit ihrem wundersam komplett erhaltenen Altstadtkern zählt zu den großen baulichen Attraktionen Südeuropas. Nirgendwo anschaulicher als in der Extremadura kann man zudem die zu Stein gewordenen Zeugen spanischen Abenteurer- und Großmachttums besichtigen. Hunderte Konquistadoren verließen den darbenden und verarmten Westen Spaniens, um ihr Glück im neu entdeckten Amerika zu suchen.

Die Region Extremadura ist nie eine feste Weingröße unter den spanischen Anbaugebieten gewesen, obwohl in den beiden Provinzen Cáceres und Badajoz früher einmal weit über 100 000 ha unter Reben standen. Nach den letzten Erhebungen weist die Region in Spaniens Südwesten immer noch knapp 82 000 ha auf; sie dienen aber nicht alle der Erzeugung von Wein, da immer noch Tafeltrauben produziert werden. Ein nicht geringer Teil des Leseguts wird zwar zu Wein vergoren, aber später zur Destillation gegeben. Zudem bezieht der Brandysektor des Südens regelmäßig einen Teil seiner Basisware von hier. Den Genossenschaften der Extremadura ist aber auch die geografische Lage stets zugutegekommen. Der Nachbar Portugal bezieht traditionell aus dem Westen Spaniens einfache weiße Fassware, die auf der anderen Seite des Guadiana-Flusses für die Produktion von Tafelwein genutzt wird.

Nichtsdestotrotz sind schon in der Mitte des vergangenen Jahrhunderts einige Familienbetriebe dazu übergegangen, Flaschenweine zu produzieren. Die Anzahl der Abfüller stagnierte jedoch. Zum einen fiel es den Erzeugern schwer, mit ihren sehr traditionell anmutenden, rustikalen Qualitäten außerhalb der Region Fuß zu fassen. Zum anderen wies das Kernland der Weinerzeugung, die Tierra de Barros, bei weitem mehr weiße Pflanzungen als rote Anlagen auf, was der Produktion von Rotweinen auf der Flasche schon von Anbeginn Grenzen gesetzt hat.

Nach der Reblaus hatte man im Übermaß mit weißen Trauben bestockt, da diese als weniger empfindlich gegen Trockenheit galten und eher in das Konsumverhalten der Spanier passten. Man genoss den Wein als Lebensmittel und bevorzugte natürlich leichtere und frischere Gewächse, die allenfalls mit etwas Rotwein farblich »gestärkt« wurden.

Die wenigen Erzeuger, die sich der Rotweinerzeugung widmeten, setzten auf kraftvolle Qualitäten, die meist in großen Holzgebinden, aber auch in Fässern mit einer Füllkapazität von 500 Litern ausgebaut wurden, wie man sie im nicht weit entfernten Sherrygebiet einsetzte. Ihr Charakter war würzig, oftmals zeigten sie sherryähnlichen Charakter. Ihre oxidative Art kam schließlich aus der Mode, und von ganz wenigen Ausnahmen abgesehen kam die Produktion bei den Erzeugern von roten Flaschenweinen nie richtig in Schwung.

Ein neuer Anfang

Dennoch hielten einige Erzeuger hartnäckig an der Bereitung von roten Flaschenweinen fest und bewiesen, dass auch in einem warmen Gebiet wie der Tierra de Barros der Ausbau von verlässlichen und einigermaßen zeitgemäßen *tintos* möglich ist. Eine der zuverlässigsten Bodegas des Gebiets, Lar de Barros – Inviosa, produzierte über viele Jahre einen an Rioja angelehnten Weinstil und hat damit bis heute beachtlichen Erfolg.

Anfang der 1990er-Jahre wurde der Weinbausektor in der Extremadura unruhig. Die Zeiten des ungetrübten Geschäfts mit einfachen Fassweinqualitäten neigten sich dem Ende zu. Viele Erzeuger in gänzlich unbekannten Gebieten anderer Regionen brachen auf zu neuen Ufern. Die Genossenschaften zeigten sich zwar immer noch wenig flexibel, dafür machten sich einige Familienbetriebe wie Antonio Medina, Martínez Paiva, Dolores Morenas, Ortiz und Romale, um nur einige zu nennen, auf, die Flaschenweinerzeugung wieder zu intensivieren.

Gleichzeitig unternahm man auf regionaler Ebene Anstrengungen, eine geschützte Herkunftsbezeichnung aus der Taufe zu heben. Eines der gravierenden Probleme, denen sich die Verwaltung gegenübersah, war das Fehlen eines homogenen Weingebiets. So entschied man sich für eine diplomatische Lösung und schmiedete eine Appellation, der man eher symbolhaft den Namen des einzig wichtigen fließenden Gewässers der Region verlieh, des Guadiana. Das Ergebnis ist eine zumindest auf den ersten Blick sehr vielseitig anmutende Denominación de Origen, die sich aber in der Praxis weiterhin auf das alte Kernland Tierra de Barros in Badajoz konzentriert.

Ribera del Guadiana

Das einzige als D.O. ausgezeichnete Anbaugebiet umfasst schwerpunktmäßig den Süden der Region mit dem Städtchen Almendralejo als Zentrum. Die Appellation Ribera del Guadiana ist eher ein Verwaltungskonstrukt als ein einheitlich gewachsenes Weinbaugebiet, und auch der Guadiana-Fluss kann keineswegs als Zentrum des Gebiets angesehen werden. Als 1997 das Regelwerk der zukünftigen Qualitätsweinregion vorgestellt wurde, hatte man sechs Unterzonen zusammengefasst, deren Nord- und Südbegrenzungen fast zwei Autostunden auseinanderlagen. Nichtsdestotrotz weisen die vier südlichen der insgesamt sechs Teilgebiete ähnliche Rahmenbedingungen auf. Badajoz, die südlichere der beiden Provinzen, beheimatet auch das Gros der eingetragenen Appellationsfläche. Für etwas Verwirrung mag der 30 Sorten umfassende Rebsortenspiegel sorgen. Bei näherem Hinsehen stellt man jedoch rasch fest, dass 90 % der Weine aus altbekannten Trauben wie Garnacha, Tempranillo, Cabernet Sauvignon oder der weißen Macabeo gekeltert werden.

Das Gebiet der D.O. Ribera del Guadiana umfasst insgesamt 16 664 km^2. Die Weinbaufläche liegt momentan bei knapp 27 000 ha, Tendenz bislang steigend. Die Rebfläche verteilt sich auf sechs Teilgebiete (siehe Seite 250), die weit mehr Rebfläche aufweisen als die eingetragenen D.O.-Weinberge, sodass man nach Belieben erweitern könnte. Aber selbst aus den eingetragenen Anbauflächen wird eine große Menge an Lesegut für Landweine unter der Bezeichnung Vino de la Tierra de Extremadura oder

Garnacha ist eine auch in der Extremadura viel angebaute Rebsorte.

für Tafelweine verwendet. Dies hat einen entscheidenden Vorteil: Insbesondere die Weinmacher der vielen Genossenschaften können aus einem enormen »Pool« von Lesegut die besten Trauben herausfiltern und diese zu Appellationsweinen verarbeiten.

Strukturen und Weintypen

Ribera del Guadiana ist nach wie vor ein von Kooperativen beherrschtes Anbaugebiet. Mindestens 55 % der Qualitätsweine mit Gütesiegel der D.O. werden von den Genossenschaftlern bereitet.

Selbst für spanische Verhältnisse sind die Größenordnungen in der Extremadura »extrem«. Genossenschaftskellereien mit 2000 ha gelten eher als bescheiden. Der größte Zusammenschluss, Viñaoliva Sdad. Coop., eine Genossenschaft zweiten Grades, welche die Verarbeitung der Trauben kleinerer Genossenschaftsbetriebe übernimmt, vereint über die ihr angegliederten Betriebe knapp 50 000 ha in einer Hand. Selbstredend gehen die Trauben nur in geringem Maß in die Produktion von D.O.-Weinen. Die meisten Kooperativen haben erst in diesem Jahrtausend mit dem Abfüllen begonnen. Trotz fehlender Erfahrung ist dennoch eine steil ansteigende Qualität bei den meisten Kellereien zu beobachten.

Schnell wachsende Rotweinflächen

Aufgrund der Versäumnisse der Vergangenheit schleppt der Weinbau in der D.O. Ribera del Guadiana – wie in der ganzen Extremadura – immer noch Altlasten in Form eines Übermaßes an Weißweinanlagen mit sich herum. Wie in so vielen anderen spanischen Anbaugebieten hatte man nach der Reblausplage eine Vielzahl an weißen Rebsorten gesetzt, die sich gut an das heiße Klima des Südwestens anzupassen vermochten. Seit die Umstrukturierung von Brüssel aus massiv gefördert wird (ab dem Jahr 2000), hat sich das Verhältnis von weiß zu rot in einem rasanten Tempo gewandelt. In der Region Extremadura spricht man von einer Umbestockung von weiß auf rot von 25 000 bis 30 000 ha bis ins Jahr 2010. Schon heute belegt Tempranillo knapp die Hälfte der D.O.-Fläche. Die importierte Cabernet-Sauvignon-Traube ist bei den Weinmachern ebenfalls beliebt,

Auch Viehzucht spielt in der agrarisch geprägten Extremadura eine große Rolle.

D.O. RIBERA DEL GUADIANA

PROVINZEN MIT D.O.-FLÄCHE
Cáceres, Badajoz

REBFLÄCHE
27 000 ha

ANZAHL KELLEREIEN
74

PRODUKTION
7 bis 8 Millionen Liter

GESCHÜTZTE WEINTYPEN
Weißwein, Rosado, Rotwein

ZUGELASSENE REBSORTEN
weiß: Pardina, Cayetana blanca, Macabeo, Alarije, Borba, Cigüente, Chardonnay, Eva, Malvar, Montua, Moscatel, Parellada, Pedro Ximénez, Perruno, Verdejo, Sauvignon blanc
rot: Tempranillo, Cabernet Sauvignon, Syrah, Bobal, Garnacha, Garnacha tintorera, Graciano, Jaen, Mazuelo, Merlot, Monastrell, Pinot noir, Syrah

DIE TEILGEBIETE DER D.O. RIBERA DEL GUADIANA

Cañamero: Diese Unterregion liegt im Südosten der Provinz Cáceres in den Bergen der Sierra de Guadalupe auf Höhen zwischen 600 und 800 m. Karge Schieferböden, aber auch Granit sowie ein relativ mildes Klima prägen den Charakter der Weine. Die weiße Rebsorte Alarije wird hauptsächlich angebaut.

Montánchez: Das Gebiet befindet sich sozusagen in der Mitte der Region in der Provinz Cáceres. Etwa 65 % der Rebfläche sind mit der weißen Rebsorte Borba bestockt, die gut auf den dunklen und ziemlich sauren Böden mit Granituntergrund auf etwa 640 m Höhe gedeiht. Die hügelige Landschaft wird durch viele kleine Täler geprägt. Das Klima lässt sich am ehesten als mediterran-kontinental beschreiben; es weist weniger ausgedehnte Hitzeperioden auf als die Teilgebiete des Südens.

Ribera Alta: Auf den sandigen Böden der heißen und trockenen Tiefebene der Provinz Badajoz und der Sierra de Guadalupe werden hauptsächlich die weißen Reben Alarije und Borba sowie die roten Sorten Tempranillo und Garnacha angebaut.

Ribera Baja: Das trockene kontinentale Klima wird – von Jahr zu Jahr unterschiedlich stark – durch atlantische Einflüsse etwas abgemildert. Dennoch zählt die Gegend zusammen mit Tierra de Barros zu den wärmsten Gebieten Spaniens. Die Reben stehen meist auf tonhaltigen Schwemmlandböden und verteilen sich um die Stadt Badajoz. Die roten Reben Tempranillo, Garnacha und Cabernet Sauvignon dominieren, bei den weißen sind es Cayetana blanca und Pardina.

Tierra de Barros: Das »Lehmland« (span. »barro«, Lehm) bildet mit einer Fläche von über 18 000 ha in einer Höhe von durchschnittlich 520 m über dem Meeresspiegel die größte Unterregion. Sehr fruchtbare, nährstoffreiche, rote Böden bilden die Grundlage des Weinbaus. Sie können die Feuchtigkeit gut speichern, was dem Weinbau in dieser heißen Gegend entscheidend zum Vorteil gereicht. Es werden überwiegend die roten Rebsorten Tempranillo, Garnacha und Cabernet Sauvignon angebaut. Die kräftigen, würzigen Weißweine werden von den Sorten Cayetana blanca, Pardina und Macabeo bestimmt.

Matanegra: Die südlichste Region der D.O. ist am ehesten mit dem Teilgebiet Tierra de Barros vergleichbar. Auf knapp 640 m Höhe werden dieselben Rebsorten angebaut, auch die Böden sind von ähnlicher Beschaffenheit. Lediglich das Klima ist in Matanegra etwas milder, deshalb verlagert sich die Ernte auf einen etwas späteren Zeitpunkt.

und Syrah hat sich nach Aussagen des zuständigen Kontrollrats hervorragend an das warme Klima und die eisenhaltigen Lehmböden angepasst und könnte durchaus eine herausragende Position im Sortenfächer erlangen. Weiße Sorten wie die unbekannte Montua oder die milde Pardina werden höchstwahrscheinlich im Register der Denominación de Origen auf wenige Prozentpunkte schrumpfen.

Einfache Basisweine, weiche Crianzas und Reservas

Das Gros der D.O.-Weine entfällt momentan neben einigen korrekten und milden Weißen noch verstärkt auf einfache, fruchtige Rotweine sowie ein rasch zunehmendes Angebot von im Holzfass ausgebauten Roten. Betrachtet man die Investitionen in neue Keller und die immer größer werdenden Barriquelager, so wird klar, welche Richtung vorgegeben ist: im kleinen Fass ausgebaute Tempranillos oder Cuvées. Auf diesem Gebiet sind die Familienbetriebe weiter vorangeschritten, aber die Genossenschaften holen schnell auf.

Das Gebiet kann natürlich das warme Klima nicht leugnen. Tempranillo-Weine in Ribera del Guadiana zeigen im Aromenspektrum mehr Noten von Pflaumen und Datteln, selbst Kompottnoten sind nicht selten. Gerade für diesen Typ eignet sich ein kontrollierter, begrenzter Holzausbau, was von vielen Weinmachern erkannt worden ist.

Dennoch kann das Qualitätsweingebiet durchaus auch mit ansprechenden Crianzas aufwarten. Wie in den meisten südlichen Denominaciones de Origen sind für diese Qualitätsstufe nur sechs Monate Barrique vorgeschrieben. Die Crianzas sind meist weich, besitzen eine gewisse Wärme und wirken südländisch würzig. Wie es bei einem so jungen D.O.-Gebiet wie Ribera del Guadiana nicht anders sein kann, spielen Reservas noch eine sehr bescheidene Rolle. Nur rund zwei Dutzend Bodegas führen diese Qualitätsstufe im Angebot. Gran Reservas sind im Moment noch Zukunftsmusik, doch wird der eine oder andere Erzeuger mit Sicherheit früher oder später Weine dieser Qualitätsstufe präsentieren.

Bodegas Habla: Zukunftsmusik im historischen Trujillo

Mit Bodegas Habla hat nun auch die Extremadura ein spektakuläres neues Weinprojekt vorzuweisen. Die von einem prominenten spanischen Architekten perfekt durchgestylte Kellerei zählt sicherlich zu den bestdurchdachten neuen Großprojekten des spanischen Weinsektors.

Das 100-ha-Gut außerhalb der malerischen Kleinstadt Trujillo in der Provinz Cáceres gelegen, arbeitet nach modernsten önologischen Erkenntnissen und scheut keine noch so aufwendige Technik, um im Weinberg wie im Keller optimale Resultate zu erzielen. Die ersten Schritte unternahm man im Jahr 2000. Unterteilt in 30 Parzellen wurden auf teilweise sehr kargen Granitverwitterungsböden Cabernet Sauvignon, Cabernet franc, Petit Verdot, Malbec, Tempranillo und Syrah gepflanzt. Mit Recht weist Mitbesitzer José Civantos Mayo darauf hin, dass die Tempranillo-Traube in warmen Gefilden nur selten zu ihrer Bestform findet. Aus diesem Grund spielt sie im Rebsortenspiegel des Betriebs keine Hauptrolle. Man setzt vielmehr auf Syrah und Cabernet Sauvignon als maßgebliche Qualitätsträger, die in dem speziellen Terroir einen ganz eigenwilligen Charakter entwickeln. »Wuchtig-elegant« trifft den Stil wohl am ehesten, wobei die Weine durchweg einen schönen würzig-mineralischen Aspekt zeigen. Weinmacher Gonzalo Iturriaga ist der Kopf, der hinter diesen sehr reichhaltigen, üppigen und saftigen Gewächsen steht, die im ganzen Westen nicht ihresgleichen finden. Die Weine werden nach ihrem Freistellungsdatum einfach durchnummeriert. So stellte man 2007 Habla N° 1, 2 und 3 des Debütjahrgangs 2005 vor. Dann folgten mit N° 4 und 5 ein reinsortiger Syrah sowie ein Verschnitt aus Tempranillo, Cabernet und Petit Verdot aus dem Folgejahrgang. Für 2009 sind zwei weitere Habla-Kreationen vorgesehen.

Ein Investitionsboom von Seiten nationaler oder internationaler Weinunternehmer ist bislang ausgeblieben. Zwei Ausnahmen bestätigen hier allerdings die Regel. Zum einen investierte der aus Montilla in der Provinz Córdoba stammende andalusische Traditionalist Alvear in ein Gut bei Almendralejo und baut derzeit auf etwa 100 ha Tempranillo, Cabernet Sauvignon, Garnacha und Syrah an. Seit dem Jahrtausendwechsel produziert er mit der Marke Palacio Quemado einen der wenigen Finca-Weine in Ribera del Guadiana. Zum anderen hoben nur kurze Zeit später zwei einheimische Unternehmer, die sich im Transportwesen sowie in der Bauwirtschaft einen Namen gemacht haben, mit Bodegas Habla das wohl ambitionierteste Kellereiprojekt der Region aus der Taufe (siehe oben). Allerdings werden die Gewächse der gleichnamigen Marke als Landweine vermarktet.

Spaniens wilder Westen beeindruckt durch seine sonnendurchfluteten weiten Landschaften und seine Urwüchsigkeit.

Die Inseln

Auch abseits des Festlandes hat Spanien Weinregionen von beeindruckender Qualität zu bieten. Die Balearen-Weine waren schon in der Antike gefragt; auf den Kanarischen Inseln haben sich viele seltene Rebsorten erhalten.

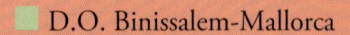

- D.O. Binissalem-Mallorca
- D.O. Pla i Llevant

- D.O. Abona
- D.O. Tacoronte-Acentejo
- D.O. Valle de Güimar
- D.O. Valle de la Orotava
- D.O. Ycoden-Daute-Isora
- D.O. El Hierro
- D.O. Gran Canaria
- D.O. La Gomera
- D.O. La Palma
- D.O. Lanzarote

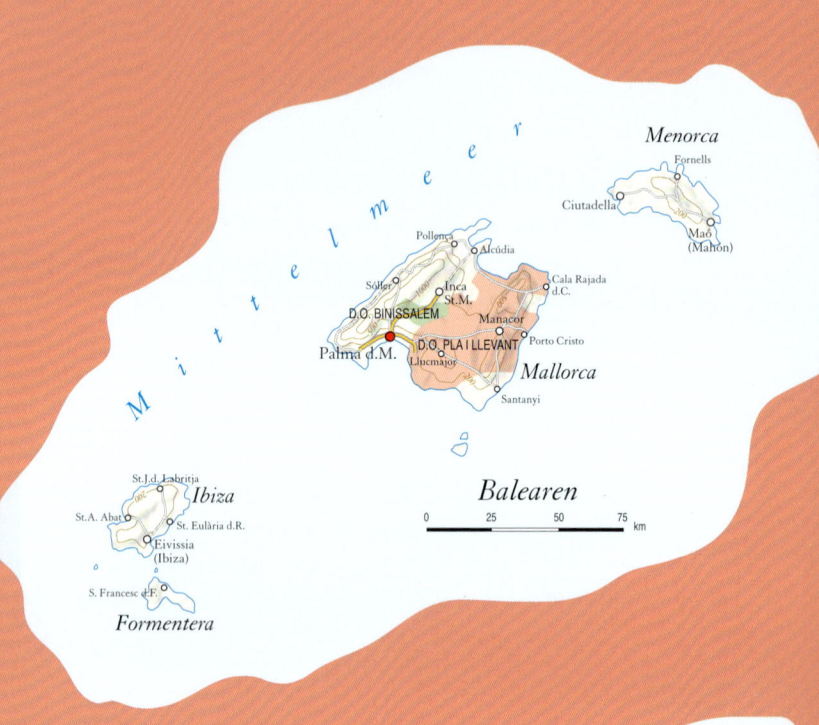

Der Weinbau erlebt schon seit einiger Zeit eine bemerkenswerte Renaissance auf der Balearen-Hauptinsel Mallorca, und Weinkultur wird wieder großgeschrieben. Einst konnte die Insel ganze 15 000 ha Rebfläche vorweisen. Heute zählt man trotz bedeutender Neupflanzungen nur einen Bruchteil davon. Entscheidend für den Weinliebhaber ist indes das Angebot, und dies ist so abwechslungsreich wie nie zuvor. Inzwischen zeigt die Weinszene die typischen Merkmale eines Booms, der seinen Zenit überschritten hat. Die wilden Jahre sind vorbei, nun wird die Qualität konsolidiert, und die vielen neuen Erzeuger festigen ihren Stil. Wie auch auf dem Festland finden sich die Spitzenbetriebe nicht nur innerhalb der zwei geschützten Herkunftsbezeichnungen. Mitunter werden hervorragende Gewächse auch als scheinbar einfache Landweinqualitäten angeboten. Sympathisch ist die Erzeugerstruktur der vielen kleinen Bodegas, die das spanische Angebot mediterraner Weine insgesamt merklich bereichert haben.

Das Weinangebot der Kanarischen Inseln ist dagegen wesentlich schwieriger zu überschauen. Ganze zehn Qualitätsweingebiete verteilen sich über den Archipel, fünf davon allein auf die Insel Teneriffa. Kaum jemand möchte glauben, dass die Weinrebe hier die am weitesten verbreitete Kulturpflanze ist. Und dennoch sind die Weine der Inselgruppe vor der Küste Afrikas ebenso unbekannt wie die vielen exotischen Rebsorten, die sich aufgrund der isolierten Position der Kanaren glücklicherweise erhalten haben. Erst in jüngster Zeit treten die Weingüter mit dem notwendigen Selbstbewusstsein und der Energie auf, um ihre Weine auch auf dem europäischen Festland bekannt zu machen. Denn eigentlich wurden die einheimischen Gewächse bis dato nur auf den Inseln selbst vermarktet – der Tourismus machte es möglich. Der Weinbau hat auf den Kanaren ein ungewöhnliches Gesicht. Die teilweise noch archaischen Erziehungsformen, die extrem fruchtbaren Vulkanböden und die Fülle fremdartiger Traubensorten formen ein völlig eigenständiges Panorama. Auch wenn die Qualität mitunter durchwachsen ist, überraschen die Weinmacher zunehmend mit charaktervollen Kreationen.

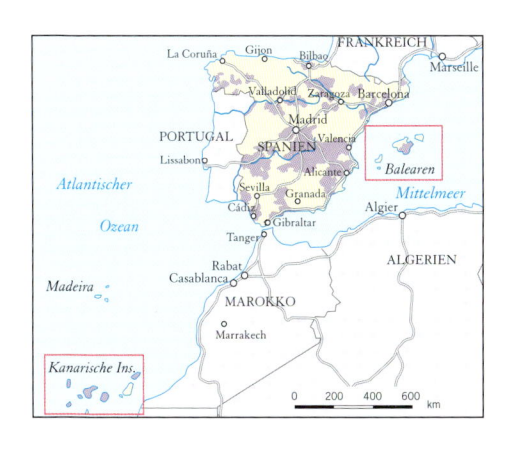

Balearen

Vor allem Mallorca, die Hauptinsel der Balearen, kann auf eine lange, erfolgreiche Rebkulturtradition verweisen und sorgt heute mit ihren beiden D.O.s und einigen Landweingebieten wieder für Aufsehen.

Trotz allem Urlaubstrubel gibt es auf der Weininsel Mallorca noch viel zu entdecken.

Nicht nur ein Urlaubsland

Auch wenn sonnenhungrige Mitteleuropäer die Balearen vor allem mit Sonne, Strand und Meer gleichsetzen – der Archipel, und ganz besonders die Hauptinsel Mallorca, hat Weinfreunden weitaus mehr zu bieten. Schon früher genossen die Weine der Inseln einen guten Ruf, heute sind sie drauf und dran, sich selbst zu übertreffen. Das ist neben engagierten, meist kleineren Winzern vor allem der Gruppe von kulturell interessierten Touristen zu verdanken, die am liebsten einheimische Weine genießen möchten. Manch einer, der ursprünglich nur ein paar schöne Wochen auf den Inseln verbringen wollte, ist dem Charme der Balearen gänzlich erlegen und hat sich dort niedergelassen. Einige haben alte Bodegas auf Mallorca übernommen oder neue gegründet, und zusammen mit ein paar ehrgeizigen einheimischen Winzern ist es ihnen gelungen, Weine im modernen Stil auf hohem Niveau zu erzeugen. Die Balearen gehören zum katalanischen Kulturkreis; das auf den Inseln gesprochene *mallorqí* ist ein Dialekt der katalanischen Sprache.

Reiche Geschichte

Wohl schon im 7. Jahrhundert v. Chr., als die Balearen eine Kolonie Karthagos waren, wurde auf Ibiza Wein erzeugt. Auch unter römischer Herrschaft wurden die Weine der Inseln hoch geschätzt; im 1. Jahrhundert v. Chr. befand Plinius, dass sie den besten Weinen Italiens ebenbürtig seien. Selbst die Mauren, die ab 902 Mallorca für 300 Jahre besetzt hielten, duldeten offenbar weiterhin den Weinbau, denn einem historischen Text zufolge bot der Maure Beni Abet dem König Jakob I. anlässlich dessen Rückeroberung der Insel im Jahr 1231 Weine von hoher Qualität an. In der Folge unterstützten zunächst die Herrscher von Aragón und etwas später auch der Hof von Kastilien durch die Vergabe von Anpflanzungslizenzen eine Ausweitung des Weinbaus auf Mallorca, Menorca und Ibiza. Unter dem Reino de Mallorca, dem von 1276 bis 1344 bestehenden Königreich Mallorca, wurden eigene Gesetze für den Weinbau und den Weinhandel auf den Balearen erlassen. In dieser Zeit kamen auch viele Einwanderer aus Katalonien auf die Inseln, was die bis heute bestehende katalanische Prägung der Balearen begründete.

Im 18. Jahrhundert war der Weinbau auf den Inseln ein Synonym für Wohlstand. Die Produktion stieg von 8,8 Millionen Liter im Jahr 1777 auf über 14,8 Millionen Liter 1790. 1802 wurde den Bewohnern sogar eine Steuerbefreiung für 20 Jahre bewilligt, sofern sie Reben kultivierten. Vor allem wegen seiner süßen Malvasía-Weine, die qualitativ dem Madeira gleichgestellt wurden, war Mallorca im 19. Jahrhundert berühmt. Der Einfall der Reblaus in Frankreich 1862 sorgte bis 1891 für einen zusätzlichen Boom – doch dann erreichte die Plage auch die Balearen und richtete einen ebenso verheerenden Schaden an wie im übrigen Europa. Bis 1895 wanderten viele Besitzer kleinerer und mittlerer Weingüter aus, vor allem nach Mittel- und Südamerika.

Nach wechselvollen Jahren im 20. Jahrhundert gewann der Weinbau erst ab dem Ende der 1980er-Jahre wieder an Bedeutung. Ein erster Höhepunkt war die Einstufung der Region Binissalem auf Mallorca als D.O. im Jahr 1991 – die erste geschützte Herkunftsbezeichnung außerhalb des Festlands. 1999 kam die D.O. Pla i Llevant hinzu. Insgesamt stehen auf Mallorca heute 2500 ha unter Reben, mit steigender Tendenz.

Binissalem

Im Herzen Mallorcas gelegen, wird die D.O. Binissalem mit den Gemeinden Santa María del Camí, Binissalem, Sencelles, Consell und Santa Eugènia von den Gebirgszügen Sierra de Alfabia und Sierra de Tramuntana vor dem kalten Nordwind geschützt. Das **Klima** ist mediterran-mild mit heißen, trockenen Sommern und kurzen Wintern, die Temperaturen sinken nur selten unter 5 °C; Niederschlag fällt durchschnittlich 450 mm pro Jahr. Die Reben

Flasche um Flasche reiht sich im gut begehbaren Keller der Bodegues Màcia Batle, einem der Toperzeuger auf Mallorca, aneinander.

Die Rotweine, die mindestens zur Hälfte die autochthone Sorte Manto negro enthalten müssen, präsentieren sich mit Aromen von ausgereiften Früchten und würzigen Anklängen, geschmacklich sind sie meist ausgewogen mit einem anhaltenden Nachklang. Die Rosados zeigen sich ebenfalls fruchtbetont, und die besten Weißweine der Sorte Moll überzeugen durch ihre Aromatik von Äpfeln und Trockenfrüchten, manchmal gepaart mit Noten von Aprikosen und Bittermandeln im Nachhall. Grundsätzlich müssen Weißweine mit D.O.-Siegel zu wenigstens 50 % aus Moll oder Moscatel gekeltert sein.

Manto negro

Die bekannteste autochthone Sorte der Balearen liefert in der Regel eher leichte, nicht allzu nachhaltige Rotweine mit einem charakteristischen Duft von reifen Früchten, oft ergänzt durch würzige Noten und dezente Karamellanklänge. Besondere Bedeutung hat sie in der D.O. Binissalem, genießt aber auch in der D.O. Pla i Llevant einen guten Ruf. Obwohl sie geschmacklich gut ausgewogene Weine liefern kann, wird sie meistens mit anderen Sorten, etwa der ebenfalls autochthonen Callet oder mit Cabernet Sauvignon und Merlot, aufgewertet – dabei hätte sie das, vor allem bei Traubengut von älteren Reben, nicht unbedingt nötig.

wachsen in einer sanft hügeligen Landschaft zwischen 75 und 200 m Höhe vorwiegend auf **Böden** kontinentalen Ursprungs mit kalziumreichen Quartärsedimenten, was zu einer kalkhaltigen, graubraunen bzw. braunkalkigen Erdfärbung führt, die teilweise kalkige Krusten aufweist.

Erzeuger

Zu den besten Produzenten von D.O.-Weinen zählt Macià Batle in Santa Maria del Camí, mitten im Herzen des traditionellsten Weinbaugebiets Mallorcas. Auf dem Gut wird schon seit 1856 Wein gekeltert, doch bekannt wurde der Betrieb erst, nachdem die Erben sich 1996 zu einem Neuanfang durchringen konnten. Heute werden in der 1998 in Betrieb genommenen hochmodernen Bodega jährlich etwa 600 000 Liter Wein erzeugt. Das Weingut ist bekannt für seine bemerkenswerte Gastlichkeit sowie für seine Aufgeschlossenheit gegenüber der Kunst: Das Spek-

D.O. BINISSALEM MALLORCA

PROVINZEN MIT D.O.-FLÄCHE
Mallorca

REBFLÄCHE
608 ha

ANZAHL KELLEREIEN
16

PRODUKTION
ca. 2 Millionen Liter

GESCHÜTZTE WEINTYPEN
Weißwein, Rosado, Rotwein

ZUGELASSENE REBSORTEN
weiß: Moll (Prensal blanc), Macabeo, Parellada, Moscatel, Chardonnay
rot: Manto negro, Cabernet Sauvignon, Monastrell, Tempranillo, Callet, Syrah, Merlot

trum reicht von Veranstaltungen und Installationen im großen Probiersaal über individuelle Lampen bis hin zur Ausstattung der Reserva Privada mit jährlich wechselnden Künstleretiketten. Herausragend sind vor allem der unter Mitwirkung des ehemaligen Ànima-Negra-Teilhabers Juan Luis Pérez de Olate entstandene kraftvolle, fruchtig-würzige Pagos de Marìa aus Manto negro, Cabernet Sauvignon, Syrah und etwas Merlot sowie die nach einem Korb voll Früchten und Kakao duftende Reserva Privada, bei der Manto negro den Ton angibt und nur mit etwas Callet und Cabernet Sauvignon abgerundet wird.

Ebenfalls überzeugend sind der Verán und der Gran Verán von Celler Biniagual, die jeder zur Hälfte aus Manto negro bestehen, ergänzt durch Cabernet Sauvignon und Syrah, und die mit einer Kombination aus roten Früchten, würzigen Noten und cremiger Textur aufwarten. Dass man in der D.O. auch nur mit Manto negro und 20 % Callet einen starken Wein bereiten kann, beweist Jaume de Puntiró mit seinem nach Kompott, süßen Gewürzen und Zedernholz duftenden Carmesí. Vom selben Erzeuger stammt auch der weiße, im Barrique ausgebaute Daurat aus Prensal blanc (Moll), der sich mit ausdrucksvoller Frucht, blumigen Noten und einem kräftigen Körper präsentiert.

Den wohl besten Rosado der D.O. Binissalem auf Manto-negro-Basis (mit Anteilen von Merlot und Cabernet Sauvignon) produziert Vins Nadal: ein frisch-fruchtiger Wein mit Beerenaroma und blumigen Geschmacksnoten.

Pla i Llevant

Das 1999 zur D.O. erhobene Anbaugebiet im mittleren und östlichen Teil Mallorcas hat auf der Insel die längste Weinbautradition, da hier schon seit den Zeiten der römischen Besatzung Weinberge kultiviert werden. Das **Klima** dieses Gebiets ist typisch mediterran mit einer Durchschnittstemperatur von 16 bis 17 °C und nicht sehr kalten Wintern sowie trockenen und warmen Sommern. Die Nähe zum Meer spielt eine wichtige Rolle, da es ausgleichend wirkt und für den Weinbau moderate Bedingungen schafft. Die Niederschläge bewegen sich im Jahresschnitt zwischen 400 und 450 mm, die durchschnittliche Sonneneinstrahlung beträgt über 2800 Stunden.

Der **Boden** besteht aus kalkhaltigem Gestein, über dem sich ein kalk- und tonhaltiger Lehmboden gebildet hat. Die typisch rötliche Farbe der Erde hat ihren Ursprung im Eisenoxidanteil im Boden. Daneben trifft man aber auch fast weiße Böden, deren Farbe durch Kalk, Ton und Magnesiumkarbonat bedingt sind. Diese Eigenschaften führen zu einer schnellen Durchwurzelung des Bodens, was dem Terroirgedanken durchaus entgegenkommt.

Einige der interessantesten Winzer der Balearen produzieren in der D.O. Pla i Llevant. Neben Biowinzern, Biodynamikern und Produzenten sogenannter Autorenweine sind auch traditionsreiche Familienbetriebe anzutreffen. Der Unterschied zur D.O. Binissalem Mallorca liegt in der Vielfalt der zulässigen Rebsorten und der daraus resultierenden fast ungehemmten Experimentierfreude der Winzer, die sich nicht an Mindestanteile halten müssen.

D.O. PLA I LLEVANT

PROVINZEN MIT D.O.-FLÄCHE
Mallorca

REBFLÄCHE
335 ha

ANZAHL KELLEREIEN
13

PRODUKTION
ca. 1,2 Millionen Liter

GESCHÜTZTE WEINTYPEN
Weißwein, Rosado, Rotwein

ZUGELASSENE REBSORTEN
weiß: Prensal blanc, Parellada, Macabeo, Moscatel, Chardonnay
rot: Callet, Manto negro, Tempranillo, Fogoneu, Monastrell, Cabernet Sauvignon, Syrah, Merlot

Àn Negra Viticultors: Der autochthone Kultwein der Insel

Das Grundrezept für einen Kultwein ist eigentlich ganz einfach: Man nehme ein paar Weinprofis, bringe sie mit alten Rebanlagen in Kontakt, lasse sie etwas experimentieren, und schon bald gelingt ein Wein, der die Welt begeistert. Das ist im Grunde auch die Geschichte des Ànima Negra. 1994 schlossen sich Francesc Grimalt, Miquel Ángel Cerdà und Pere-Ignaci Obrador zusammen, um aus alten Rebstöcken in der Gegend von Felantix einen neuen Wein zu kreieren.

Der Durchbruch kam jedoch keineswegs über Nacht. Erst als man 1998 beschloss, ganz auf die autochthone Sorte Callet zu setzen – die damals alles andere als einen hervorragenden Ruf genoss –, stellte sich der große Erfolg ein.

Auch heute wird der Hauptwein ÀN fast ausschließlich aus Callet von alten Reben bereitet, ergänzt durch geringe Mengen Manto negro und Fogoneu. Er reift in neuen französische Barriques, ebenso wie der neuen Topwein Son Negre, dessen Etiketten der Maler und Bildhauer Miguel Barcelo gestaltet. Wem der ÀN zu teuer ist, kann auf den Zweitwein ÀN/2 ausweichen, der auch einen Anteil Syrah enthält.

Chardonnay dominiert die besten Weißweine. Teils mit Prensal blanc als Partner, liefert sie fruchtige, frische, ausgewogene und angenehm nach Blumen und Kräutern duftende Weine. Zu den besten Weißen zählen etwa der kraftvolle Bio-Chardonnay Son Blanc von Can Majoral, der würzige Chardonnay von dem ganz auf Feng Shui ausgerichteten Betrieb Vins Toni Gelabert sowie der betont fruchtige Sa Vall Selecció Privada von Vins Miquel Gelabert aus Prensal blanc, Chardonnay und Moscatel.

Die Rosados fallen eher kräftig aus, da sie meist aus internationalen Sorten gekeltert werden. Durstlöscher für die heißen Sommermonate mit entsprechendem kommerziellem Erfolg sind sie jedenfalls nicht.

Dafür sind die roten Gewächse, die sich fruchtig, würzig, körperreich und mit meist weichen, reifen Tanninen präsentieren, eindrucksvoller. Allen voran stehen die Weine der Bodega Miquel Oliver. Treibende Kraft hier ist die in Frankreich ausgebildete Önologin Pilar Oliver, die das Gut zusammen mit ihrem Mann Jaume Olivella führt. 1912 von Großvater Melchor Oliver gegründet, wurde das Gut noch unter der Ägide ihres Vaters Miquel 1991 auf einen Schlag berühmt, als sein trockener Muskat zum besten Weißwein des Landes gekürt wurde. Doch eigentlich liegen die Stärken des Hauses im Rotweinbereich. Die Aushängeschilder des 12 ha großen Betriebs sind der nach kandierten Früchten duftende SES Ferritges (Callet, Syrah, Merlot und Cabernet Sauvignon) und der Aìa, ein komplexer sortenreiner Merlot. Zusammen mit dem intensiven Syrah Negre zählen sie zu den besten Roten der Insel. Überzeugend ist auch der sortentypische Torrent Negre Merlot Selecció Privada von Vins Miquel Gelabert und sein Cabernet Sauvignon aus derselben Linie. Dagegen zählt Jaume Mesquida de Mallorca zu den bisher wenigen Anbietern, die mehr als nur überzeugende Cuvées aus heimischen und internationalen Sorten keltern. Sein Jaume Mesquida Negre aus je rund 30 % Callet und Manto negro, dazu Merlot und Syrah, beweist jedenfalls, dass es beim Experimentieren mit »multikulturellen« Cuvées noch einiges zu entdecken geben wird.

Die Landweinregionen

Zwischen Kap Formentor im Nordwesten und der südwestlichen Küste bei Andratx erstreckt sich das Gebiet **Serra de Tramuntana-Costa Nord**, das seit

2002 den Status eines Vino de la Tierra hat und wohl der nächste Kandidat für eine D.O. auf Mallorca sein dürfte. Zu den besten Gewächsen zählt hier der herrlich nachhaltige Cabernet Sauvignon von Ca'n Vidalet, dessen jetziger Besitzer ein Hamburger TU-Professor ist. Bei den Weißweinen hat die Coop. Malvasía de Banyalbufar mit ihrem blumig-fruchtigen Malvasía namens Cornet die Nase vorn.

Wichtiger als ein D.O.-Status dürfte der Mehrheit der Winzer aber die 2007 erfolgte Einführung des Siegels **Vino de la Tierra de Mallorca** sein. Alle Weine, deren Trauben auf Mallorca gewachsen sind und die im Erzeugungsgebiet abgefüllt wurden, dürfen diese Bezeichnung tragen. Da die Rebsortenfreiheit hier besonders groß ist und dennoch der Name Mallorca auf den Etiketten stehen darf, dürfte diese Variante am zukunftsträchtigsten sein. Für arrivierte Kellereien wie Àn Negra Viticultors oder Bodegas Ribas sowie exzellente neue Betriebe wie 4 Kilos Vinícola, wo Francesc Grimalt streng auf Qualität achtet, ist es offensichtlich wichtiger, den Inselnamen zu führen, als die manchmal allzu einengenden Vorschriften einer D.O. zu befolgen.

Bei Miquel Gelabert ist man vor allem auf Merlot und Cabernet Sauvignon spezialisiert.

Dabei entstehen überzeugende Weine, so der komplexe, mineralische 4 Kilos aus Cabernet Rubi und Callet oder der kraftvolle, fruchtig-mineralische 12 Volts aus Merlot, Syrah, Cabernet Sauvignon und Callet, beide von 4 Kilos Vinícola. Bei Finca Es Verger ragt

Castell Miquel: Wein als Medizin

Das erst 1999 gegründete Gut zwischen Alaró und Lloseta zählt zu den innovativsten Betrieben Mallorcas. Sein Besitzer Prof. Dr. Michael Popp, zugleich Chef des deutschen Pharmaunternehmens Bionorica, gilt international als Heilpflanzenexperte. Zusammen mit der Universität Innsbruck entwickelte er ein patentiertes Analyseverfahren, um den Gehalt an gesundheitsfördernden Wirkstoffen im Wein zu messen. Die Inhaltsstoffe seiner Weine werden analysiert und in einer Art Beipackzettel den Flaschen beigegeben – ein wegweisendes Konzept gerade in den Zeiten der zunehmenden Alkoholdiskussion, verbindet es doch Gesundheit und Genuss in auch für Laien nachvollziehbarer Weise.

Bewirtschaftet werden 5,5 ha Rebland, großteils auf 500 Jahre alten Terrassen mit Trockensteinmauern, die in vorbildlicher Weise instand gesetzt und rekultiviert wurden.

Besondere Aufmerksamkeit gilt der Premiumlinie Stairway To Heaven mit jeweils sortenreinem Cabernet Sauvignon und Shiraz. Die Bereitung erfolgt in speziellen Maischetauchertanks, die zum Teil eine Eichenholzummantelung besitzen. Durch den frühen Holzkontakt entfalten die Maischen ihre Aromen sehr intensiv, ohne aber überladen zu wirken. Das Resultat sind Weine, die mit zu den besten der Inseln zählen und besonders bekömmlich sind.

der Ses Marjades heraus, ein nach roten Früchten duftender Manto negro, und bei Vins Nadal die fruchtbetonte, würzig-kraftvolle Coupage 110 aus Manto negro, Merlot und Cabernet Sauvignon. Auch der Stairway to Heaven Cabernet Sauvignon von Bodegas Castell Miquel zählt zu den bemerkenswertesten Weinen dieses Gebiets.

Bei den Weißweinen überragen der Nou Nat von Binigrau Vins, eine enorm strukturierte, fruchtig-würzige Cuvée aus Prensal blanc und Chardonnay, sowie der nach Früchten, Nüssen und Gewürzen duftende Chardonnay Bota von Finca Son Bordils.

Bereits im Jahr 2003 wurde das Siegel Vino de la Tierra (katalanisch Vi de la Terra) Illes Baleares eingeführt. Hierfür dürfen Trauben aus dem gesamten Gebiet der Balearen verwendet werden, sofern die Weine auf dem Archipel ausgebaut werden.

Das älteste Gut der Insel

Schon 1711 gründete Pedro Ribas de Cabrera in Consell einen Betrieb, dessen Weine schon bald im In- und Ausland einen guten Ruf genossen. Auch heute gelten die Weine des 40 ha großen Weinguts Bodegues Ribas zu den überzeugendsten Vertretern des Inselweinbaus. Zu verdanken ist das der Grande Dame des mallorquinischen Weinanbaus, Maria Antonia Oliver, und ihrer Tochter Araceli Servera Ribas, die heute mit ihrem Bruder Xavier die Geschicke des Hauses leitet. Das Anwesen wurde behutsam modernisiert und gemäß den Bedürfnissen eines konkurrenzfähigen Betriebs eingerichtet. In Fässern aus französischem und amerikanischem Holz reifen neben hervorragenden Rotweinen auch erstaunliche weiße Gewächse, darunter ein komplexer Viognier, der mit zu den besten Weißweinen der Insel zählt. Knapp zwei Drittel des Sortiments sind Rotweine, überwiegend Cuvées aus heimischen und internationalen Sorten. Für Spitzenweine wie den Sio und den Ribas de Cabrera werden Trauben von rund 50-jährigen Manto-negro-Stöcken verwendet, dazu kommt ein Anteil Cabernet Sauvignon, Merlot und Syrah. Tradition und Moderne, bei Bodegas Ribas stimmt die Mischung.

Weine der anderen Inseln

Weine von mitunter hoher Qualität kommen auch von den anderen Baleareninseln. Auf **Ibiza** (katalanisch Eivissa), das 1996 den Status **VdT Eivissa** erhielt, wachsen die Reben in kleinen Tälern zwischen zwei Bergmassiven. Der Boden besteht aus Kalkstein, Dolomit und Mergel und ist zum größten Teil tonhaltig, von braun-rötlicher Farbe und meist mit einer kalkhaltigen Kruste bedeckt. Die Rotweine werden oft aus der traditionellen Sorte Monastrell hergestellt und weisen eine Aromatik von roten Beeren und würzigen Kräuternoten auf. Die besten Weine jedoch, wie der Lausos von Can Rich de Buscatell, werden aus Cabernet Sauvignon, oder, wie der Barrica von Vinos Can Maymó, aus Tempranillo und Merlot gekeltert. Für die Weißweine wird vornehmlich die Sorte Macabeo verwendet, deren Duft an Äpfel und Blumen erinnert.

Wer Mallorca im Frühling besucht, sollte auch die frisch abgefüllten jungen Weißweine der Insel probieren.

Auf **Menorca** mit den meist kalkhaltigen Böden von brauner Farbe mit sand- oder tonhaltiger Textur sind dagegen Merlot und Cabernet Sauvignon die meistangebauten Sorten. Für Weine mit der Ursprungsbezeichnung **Vino de la Tierra Isla de Menorca** dürfen dazu noch Monastrell, Tempranillo und Syrah sowie die weißen Sorten Chardonnay, Macabeo, Malvasía, Moscatel, Parellada und Moll verwendet werden. Den besten Rotwein produzieren die Bodegas Binifadet, deren RD ausschließlich aus internationalen Sorten besteht und Aromen von Beeren und Veilchen aufweist. Der beste Weißwein ist der nach reifem Obst und Blumen duftende Vinya Sa Cudia Malvasía von der Finca Sa Cudia Nova.

Die besten Weine außerhalb Mallorcas allerdings kommen aus **Formentera**. Auf der wärmsten und trockensten Insel herrscht ein mediterranes, subtropisch-trockenes Klima, die Durchschnittstemperatur beträgt über 18 °C. Niederschläge fallen jährlich etwa 450 mm, im Norden sogar oft nur 300 mm.

Die Winzer haben sich auf rote Sorten spezialisiert, die auf sandigen bzw. tonhaltigen Böden wachsen und oft einen etwas höheren Alkoholgehalt als auf den Nachbarinseln aufweisen. Die Rotweine, meist mit einem hohen Anteil Monastrell, haben eine Aromatik von reifen Früchten, speziell Erdbeeren oder Johannisbeeren, und Noten von Pflaumen und Feigen. Im Mund zeigen sie sich mit kraftvollem Körper und guter Tanninstruktur. Der beste Rotwein der Insel, Cap de Barbaria, wird von der gleichnamigen jungen Bodega in Sant Francesc erzeugt. Die Cuvée aus je gut einem Drittel Cabernet Sauvignon und Monastrell, einem Viertel Merlot und etwas Fogoneu besticht mit Aromen von reifen Früchten und Gebirgskräutern.

Die Einwohner Mallorcas sind stolz auf ihre alten, gut erhaltenen Windmühlen.

José Luis Ferrer: Nicht nur die Größe zählt

Allgegenwärtig auf Mallorca sind die Flaschen mit dem auffälligen orangefarbenen Etikett und der roten Banderole – die derart gestaltete Crianza José L. Ferrer gilt schon fast als ein Wahrzeichen des mallorquinischen Weinbaus, und auch die anderen Weine der Bodegas Ferrer sind in fast allen Restaurants und vielen Läden auf der Insel anzutreffen.

Gegründet wurde der Familienbetrieb 1931 vom Großvater des heutigen Besitzers, und von Beginn an wurde viel Wert auf die jeweils modernste Technik gelegt. Modern im Stil, ohne aber den regionaltypischen Charakter zu leugnen, präsentieren sich heute vor allem die Rotweine des Hauses.

Neben der stets überzeugenden Crianza, die aus Manto negro sowie Cabernet und Tempranillo besteht, zählen außerdem die Reserva und die neue Linie D2UES zu den überdurchschnittlichen Gewächsen, nicht nur der D.O. Binissalem.

Kanarische Inseln

Einst brachen die Konquistadoren von hier in die Neue Welt auf, heute ist die Inselgruppe im Atlantik ein viel besuchtes Urlaubsparadies, dessen vielfältige Landschaften sich in den Weinen widerspiegeln.

Terrassierter Weinberg auf La Gomera. Die Insel hat seit Ende 2003 D.O.-Status.

Archipel vor Afrikas Küste

Es gibt Tage, da fegt der Sand afrikanischer Wüsten durch die Städte und Dörfer der östlichsten Flecken der Kanaren, so nahe ist man dort dem Schwarzen Kontinent. Auf einigen Inseln wähnt man sich dennoch im Paradies, der Blick wird aufgesogen von üppigster subtropischer Wald- und Blumenpracht. Auf anderen dagegen verneigt man sich demütig vor den Urgewalten der Natur. Die grandiose Unwirtlichkeit der Aschefelder Lanzarotes und die in ihrer gleichgültigen Starre verharrenden Lavastrände von El Hierro werden in ihrer Intensität nur noch von der Magie des endlos blauen Atlantiks übertroffen.

Wenig bekannt ist, wo der Weinbau zuerst Fuß fasste. 1402 betrat mit dem normannischen Eroberer Jean de Bethencourt erstmals ein Europäer die Kanaren, und zwar auf Lanzarote. Überliefert ist die Tatsache, dass ein Portugiese die erste Rebe in die Erde der heute wichtigsten Weininsel Teneriffa setzte: Fernando de Castro begann mit den ersten Pflanzungen bei Los Realejos, und von dort dehnte sich der Weinbau über die gesamte Insel aus. Die mediterrane Malvasierrebe gedieh auf der vulkanischen Erde hervorragend und erlangte als bernsteinfarbener Süßwein unter der zugkräftigen Bezeichnung »Canary Sack« Weltruhm. So schmackhaft und verführerisch waren die Weine, dass ihnen der große Shakespeare in seinen Dramen ein Denkmal setzte.

Der Niedergang setzte jedoch bereits Ende des 17. Jahrhunderts mit dem Erfolg der Madeira-Weine ein, als Resultat der sich verbessernden Beziehungen Portugals zu England, die gleichzeitig mit Boykottmaßnahmen gegenüber Spanien einhergingen. Schließlich erreichte schon 1850 der Echte Mehltau die Kanaren und beendete die ruhmreiche Zeit endgültig.

Erspart blieb dem Archipel hingegen die Reblaus, was zur Folge hatte, dass sich in den Weingärten der Kanaren heute ein Sammelsurium seltener und mitunter praktisch ausgestorbener Rebsorten findet. Damit bietet der Archipel ein weithin völlig unterschätztes Potenzial für die Erzeugung eigenständiger Qualitätsweine, die wohltuend aus dem oft trüben Einerlei vieler Anbaugebiete Südeuropas herausstechen könnten.

Der kanarische Weinbau – eine zwiespältige Angelegenheit

Der Weinbau spielt eine herausragende Rolle in der Landwirtschaft der Inselgruppe, und die Rebfläche übertrifft alle anderen Pflanzungskulturen bei weitem. Selbst die berühmten Bananen und der Tabak fallen gegenüber der Rebe ab. Auf geschätzten 19 000 von insgesamt 52 000 ha landwirtschaftlich genutzter Fläche wächst Wein, und fast 14 000 Familien sollen mit dem Weinbau beschäftigt sein, wenn auch sicher nicht alle im Vollerwerb. Da jedoch der Weinverbrauch nicht zuletzt aufgrund des massiven Tourismus die Eigenproduktion weit übersteigt – allein auf Teneriffa werden etwa 70 Millionen Liter konsumiert, aber maximal 20 Millionen Liter erzeugt –, bleibt für das spanische Festland oder gar die Exportmärkte kaum etwas übrig.

Dazu kommt, dass nur etwa 7600 ha Rebland, bearbeitet von 9500 Weinbauern, sowie 285 Kellereien in die zehn offiziellen Appellationen eingetragen sind. Ein bedeutender Anteil des Leseguts außerhalb dieser Denominaciones de Origen wird also nicht nach zeitgemäßen Maßstäben verarbeitet. Dies mag bei dem einen oder anderen Weinbauern gut gehen, der seinen Weinen mit viel Liebe einen bodenständigen und würzig-erdigen Charakter abzugewinnen vermag. Bei vielen Feierabendwinzern lässt das Ergebnis in seiner breitschultrigen, rustikalen und oft oxidierten Art jedoch sehr zu wünschen übrig.

Nirgendwo klaffen daher die Qualitätsextreme im Weinbau so weit auseinander wie auf den Kanarischen Inseln. Eine schnell wachsende Zahl ambitionierter Weinmacher beiderlei Geschlechts zeigt indes auch, dass sprunghafte Fortschritte möglich sind: In nur wenigen Jahren ist auf den Kanaren eine moderne

Malvasía: Protagonist großer Süßweine der Kanaren

Ursprünglich stammt die Malvasía wohl aus Kleinasien, machte aber erst in Griechenland von sich reden. Katalanische Seefahrer brachten sie im 13. Jahrhundert an ihre heimischen Küsten, sodass neben den Kanaren die Gegend um Sitges als Quelle authentischer Malvasía-Reben bekannt ist. Malvasía ist nämlich nicht gleich Malvasía. Ihre ungeheure Beliebtheit verleitete offenbar die Weinbauern so mancher Anbaugebiete dazu, auch anderen Sorten diesen zugkräftigen Namen zu geben. An vielen Orten existieren Trauben mit dem Beinamen Malvasía, die mit dem Original wenig oder überhaupt nichts zu tun haben. Ein Beispiel ist die Alarije, die am Ebro als *Malvasía riojana* bekannt ist.

Die Malvasía-Traube bringt insbesondere auf La Palma einige der schönsten Süßweine des spanischen Weinbaus hervor.

Auf den Kanarischen Inseln waren es zunächst vor allem die Weine von La Palma, die in alle Welt verschifft wurden. Die Insel verfügte aufgrund ihrer Lage weit im Westen der Inselgruppe über die Erlaubnis der spanischen Krone, Schiffe auf der Atlantikroute zu verproviantieren. Heute ist zwar der eine oder andere traditionelle Erzeuger auf der Insel noch nicht ganz auf dem neuesten technischen Stand, doch immer noch entstehen auf dieser wohl schönsten Kanareninsel einige großartige Malvasía-Süßweine. Ganz hervorragend präsentieren sich die Weltklassegewächse von Eliseo Carballo, der mit seiner Holzpresse von 1810 den geschliffenen Malvasía Dulce Carballo sowie den äußerst komplexen, nach Harz, Honig und Mirabellen duftenden Añejo bereitet.

Weinkultur im wahrsten Sinn des Wortes entstanden, die einen regelrechten Qualitätsspurt vollführt. Die Seele der kanarischen Weinkultur ist also zwiegespalten. Gerade aber dieser Kontrast, diese Zweigleisigkeit macht einen der vielen faszinierenden Aspekte des kanarischen Weinbaus aus.

Überhaupt werden von der Malvasía wohl die meisten unterschiedlichen Weinstile produziert: Malvasía seco, Malvasía en barrica, Malvasía joven dulce oder der aufgespritete Malvasía clásico bieten eine bemerkenswerte Bandbreite.

La Palma, aber auch Teneriffa können auf die »kleinasische« Orginalsorte verweisen, während die Malvasía de Lanzarote aus einer Kreuzung mit der Bermejuela-Traube hervorgegangen ist. Vereinzelt anzutreffen ist auch die Malvasía rosada, eine Mutation der Malvasía de Palma mit starker Pigmentierung. Sie ist für die Bereitung von Rotweinen nicht geeignet und ergänzt meist als weiß gepresster Most andere Rebsorten in der Cuvée.

Komplexes Klima, fruchtbare Böden

Die Kanarischen Inseln werden von einem sehr milden **Seeklima** bestimmt, dessen sensibles Gleichgewicht von einem Zusammenspiel unterschiedlichster Faktoren aufrechterhalten wird. Für die Feuchtigkeit – echte Niederschläge fallen von Insel zu Insel und von Inselseite zu Inselseite sehr unterschiedlich aus – sorgt der legendäre Nordostpassat, der früher die großen Segelschiffe in die Neue Welt brachte. Diese *vientos alisios* nehmen auf ihrem Weg über den Atlantik große Mengen an Wasser auf und geben es in Form von starkem Tauniederschlag auf die Flora der Inseln wieder ab. Die westlichen Inseln wie La Palma und El Hierro profitieren am meisten von den »elysischen Winden«. Bleiben diese einmal aus, drohen raue Atlantikstürme oder heiße Luftmassen vom afrikanischen Kontinent, die natürlich in erster Linie auf Gran Canaria und Lanzarote im Ostteil des Archipels treffen. Abgeschwächt wird das subtropische Klima von einem Ausläufer des Golfstroms, dem Kanarenstrom, der als sanft kühlende Komponente für ein bemerkenswert stabiles Temperaturgefüge sorgt. So weist Tacoronte Acentejo auf Teneriffa, das wichtigste Anbaugebiet der Inselgruppe, ein maximales Tag- Nacht-Temperaturgefälle von nicht einmal 7 °C auf.

Im Allgemeinen gelten vulkanische **Böden**, wie sie auf den Kanaren vorherrschen, als fruchtbar und mineralreich. Je kürzer der Entstehungsprozess der jeweiligen Inseln allerdings zurückliegt, desto stärker prägt sich die Dominanz reiner Asche- und Lavaböden aus. Diese schwarzen Ascheböden tragen die Bezeichnung *picón,* ein Begriff, der Vulkansand jeglichen Verwitterungszustands beschreibt. Dass selbst auf purer Asche Weinbau möglich ist, zeigen die in Mulden gezogenen Kriechreben auf Lanzarote. Auch wenn diese Böden denkbar lebensfeindlich wirken, neigen sie dazu, Wasser zu speichern. Darüber hinaus sind jedoch vielerlei Bodenformationen anzutreffen. Auch Basalt, Lehm oder selbst Kalk prägen je nach Höhenlage vielerorts die Bodenbeschaffenheit.

Ein Rebsortenmuseum

Der Rebsortenspiegel der Kanaren ist breit gefächert und kann mit zahlreichen exotischen Sorten aufwarten. Allein auf Teneriffa sind 24 verschiedene Varietäten registriert. Insgesamt geht der kanarische Rebsortenforscher Jorge Zerolo von über 40 eigenständigen Sorten aus.

Die am weitesten verbreiteten weißen Trauben sind Listán blanca und die ursprünglich aus Griechenland stammende Malvasía. Als meistgepflanzte rote Sorte fungiert die Listán negra, entstanden aus einer Kreuzung der aus Andalusien stammenden Listán blanca mit der roten Negramoll, die wiederum in La Palma unter dem Synonym Mulata die wichtigste rote Sorte stellt. Listán negra bringt leichte, fruchtige Rotweine hervor und scheint eine neue Karriere als Lieferant roter Süßweine anzustreben.

Als potenzielle Qualitätsträger gelten die weißen Sorten Marmajuelo (auf El Hierro heißt sie Bermejuela und erbringt kräftige Weine mit guter Frucht und intensiv gelber Farbe), Gual (auf Madeira als Boal bekannt; die Weine weisen eine gute Säure sowie dezente Rauch- und Rosenwassernoten auf), die

D.O.s ABONA, TACORONTE ACENTEJO, VALLE DE GÜIMAR, VALLE DE LA OROTAVA, YCODEN – DAUTE – ISORA

PROVINZEN MIT D.O.-FLÄCHE
Santa Cruz de Tenerife

REBFLÄCHE
4260 ha

ANZAHL KELLEREIEN
137

PRODUKTION
8 Millionen Liter

GESCHÜTZTE WEINTYPEN
Weißwein, Rosado, Rotwein

ZUGELASSENE REBSORTEN
weiß: Listán blanca, Bastardo blanco, Forastera blanca, Gual, Malvasía, Marmajuelo, Moscatel, Pedro Ximénez, Sabro, Torrontés, Verdello, Vijariego
rot: Listán negro, Bastardo negro, Cabernet Sauvignon, Castellana negra, Listán prieto, Malvasía rosada, Moscatel negro, Negramoll, Pinot noir, Rubí Cabernet, Syrah, Tempranillo, Tintilla, Vijariego negro

Die oftmals archaisch anmutenden Erziehungsmethoden sind ein typischer Aspekt des kanarischen Weinbaus.

Auf die oft abrupt wechselnden Klimabedingungen und unterschiedlichen Höhenlagen müssen sich die Anbau- und Erziehungsmethoden flexibel einstellen. Vom einfachen Spalier über die verschiedensten Pergolavarianten bis zur Kriechrebe, die sich meterlang über den Boden schlängelt und immer wieder auf Holz gestützt wird, ist alles möglich.

Zweifellos ist die hohe Luftfeuchtigkeit ein kritischer Aspekt, dem aber mit modernen Anbaumethoden, vernünftigen Erntemengen und sorgfältiger Traubenauslese durchaus beizukommen ist. Nur ein kleiner Höhenstreifen von etwa 700 bis 850 m Höhe ist wirklich mit Feuchtigkeitsproblemen konfrontiert.

wenig ertragreiche Verdello sowie natürlich die Malvasía. Im roten Bereich sind es Negramoll, verantwortlich für weiche und fruchtige Gewächse, und Tintilla, die kraftvolle, tanninreiche Rote mit Struktur hervorbringen kann.

Die Weininsel Teneriffa

Teneriffa ist klimatisch gesehen ausgesprochen vielseitig. Dadurch mag in gewisser Hinsicht auch die überraschend hohe Zahl von fünf Appellationen auf einer einzigen Insel gerechtfertigt sein. Das **Klima** im eher feuchten Nordwesten unterscheidet sich erheblich vom trocken, heißen Südosten, dazu wachsen die Weine in sehr unterschiedlichen Höhenlagen zwischen 200 und 1800 m. An den Hängen des Vulkans Teide – mit 3718 m der höchste Berg Spaniens – befinden sich die höchstgelegenen Pflanzungen des Landes.

Auch bei den **Böden** herrscht Vielfalt. Weitgehend vulkanische Böden können ebenso charaktervolle Weine ergeben wie die vereinzelt kalkigen Anteile, die etwa in Ycoden-Daute-Isora zu finden sind. Saure Ton- und Sandböden sind ebenso vorhanden. Sehr typisch ist auch der *jable,* ein leichter, feiner Vulkansand, der insbesondere im Süden der Insel den festeren Untergrund abdeckt und Feuchtigkeit speichert.

Klassiker und Modernisten – die Qualitätserzeuger auf Teneriffa

Es gibt Licht und Schatten, doch alles in allem kann die Insel mit etlichen guten Erzeugern aufwarten. Als wegbereitende Klassiker müssen Bodegas Monge ebenso genannt werden wie Bodegas Insulares. Beide stehen für fruchtige Rotweine mit gemäßigtem Tannin und teilweise auch »typisch spanischem« Barriqueausbau.

Arca de Vitis ist eine kleine, fast experimentelle Bodega von Jorge Zerolo und Rodrigo Mesa im Valle de Güimar, die als absoluter Geheimtipp gehandelt wird. Eigene Massenselektion im Anbau, Versuche mit Rebsorten wie Marmajuelo und Moscatel sowie sorgfältige Traubenauslese bringen Ergebnisse, die aufhorchen lassen. Musterbeispiele sind der brillante, trockene Malvasía Contiempo Seco Clásico mit leichter Holznote und der strahlend fruchtige Malvasía dulce.

In der kleinen Kellerei Bodegas Buten in Tacoronte Acentejo dagegen beschränkt man sich auf Rotwein. Hier ist die junge Peter-Sissek-Schülerin Loles Pérez mit viel Engagement am Werk und hat mit ihrem Wein namens Crater den Sorten Negramoll und Listan negra zweifellos das Bestmögliche abgerungen. Für ihr in kleinen Mengen bereitetes Spitzengewächs Magma greift sie auf 50 % Syrah zurück.

Ein modernes, sehr professionell wirkendes Konzept verfolgt die 2003 eröffnete, auch äußerlich geschmackvolle Bodega Tierra de Frontos im trocken-heißen Süden: überzeugendes Rebsortenspektrum heimischer Sorten (Gual, Verdello, Barboso, Vijar), Pflanzungen bis auf 1700 m Höhe, ein auslandserfahrener Önologe, ein gutes Restaurant. Das Ergebnis ist ein durchweg gutes Sortiment von Weinen aus ungewöhnlichen Cuvées modernen, sehr fruchtigen Zuschnitts.

Von zentraler Bedeutung für den gesamten modernen Weinbau der Inseln ist jedoch die Viñatigo-Gruppe mit Hauptsitz in der Gemeinde La Guancha in der D.O. Ycoden-Daute-Isora und ihr Önologe Juan Jesús Méndez. Er gilt als Spezialist für die Rehabilitation vergessener Sorten wie der roten Baboso negro. Seine Rebsortenweine müssen schon fast als Schulbeispiele betrachtet werden. Als vehementer Verfechter heimischer Sorten hat er seine Spitzencuvée Tacande nur aus den besten autochthonen Sorten gekeltert: Baboso negro (feiner Veilchenduft und robustes Tannin), Vijariego (rote Frucht, stabile Säure), Negramoll (samtige, weiche Art) und Tintilla (Noten von schwarzer Schokolade). Der Tacande stammt von einer Einzellage auf der Nordseite der Insel und soll schon bald als Vino de Calidad de Canarias vermarktet werden. Diese Bezeichnung, die Qualitätsweine besonderer Anbaugebiete schützt (siehe Seite 19), könnte schon Ende 2009 in Kraft treten.

D.O.s der anderen Inseln

So unterschiedlich wie die Inseln, so unterschiedlich sind auch die Böden, das Klima – und das Qualitätsniveau. Gran Canaria und Lanzarote werden mehr vom afrikanischen Klima beeinflusst, für El Hierro und La Gomera ist der Atlantik bestimmend. Auf **La Palma** und **Lanzarote** haben traditionell immer die Süßweine dominiert, wobei neben der Malvasía auf Lanzarote auch Moscatel zum Zuge kommt. El Grifo ist in dieser Beziehung der tonangebende Erzeuger auf der »schwarzen« Insel. Auf **El Hierro** ist die seltene Sorte Baboso negro beheimatet, die vom Viñatigo-Weinmacher Juan Jesús Méndez zu einem profunden und tiefdunklen *tinto* der Marke Tanajara verarbeitet wird. Das Angebot auf **La Gomera** wird eher von rustikalen, einfachen Weinen beherrscht. Auf **Gran Canaria** hingegen gibt es bereits einige ambitionierte Erzeuger wie La Higuera Mayor mit einem saftigen, opulenten Rotwein.

La Palma weist mit seiner D.O. ein recht differenziertes Anbaugebiet auf. Den östlichen Teil nennt man Hoya de Mazo, im Norden sprechen die Winzer einfach von der *subzona norte,* und der südliche Teil nennt sich Fuencaliente. Wer glaubt, dass die Appellation nur traditionelle Erzeuger bietet, irrt. Im Norden hat beispielsweise der junge Biowinzer Juan Jesús Pérez mit seinem saftigen roten Listán negro der Bodegas Tagalgüén für Aufsehen gesorgt.

D.O.s EL HIERRO, GRAN CANARIA, LA GOMERA, LA PALMA, LANZAROTE

PROVINZEN MIT D.O.-FLÄCHE
Las Palmas, Santa Cruz de Tenerife

REBFLÄCHE
3420 ha

ANZAHL KELLEREIEN
118

PRODUKTION
5 Millionen Liter

GESCHÜTZTE WEINTYPEN
Weißwein, Rosado, Rotwein

ZUGELASSENE REBSORTEN
weiß: Malvasía, Albillo, Baboso, Brebal, Bremajuelo, Burrablanca, Forastera blanca, Forastera Gomera, Gual (Uval), Listán blanca, Moscatel, Sabro, Torrontés, Pedro Ximénez, Verdello, Verijadiego blanco
rot: Listán negro, Negramoll, Cabernet Sauvignon, Rubí Cabernet, Baboso negro, Moscatel negro, Malvasía rosada, Tintilla, Tintilla castellana, Verijadiego negro

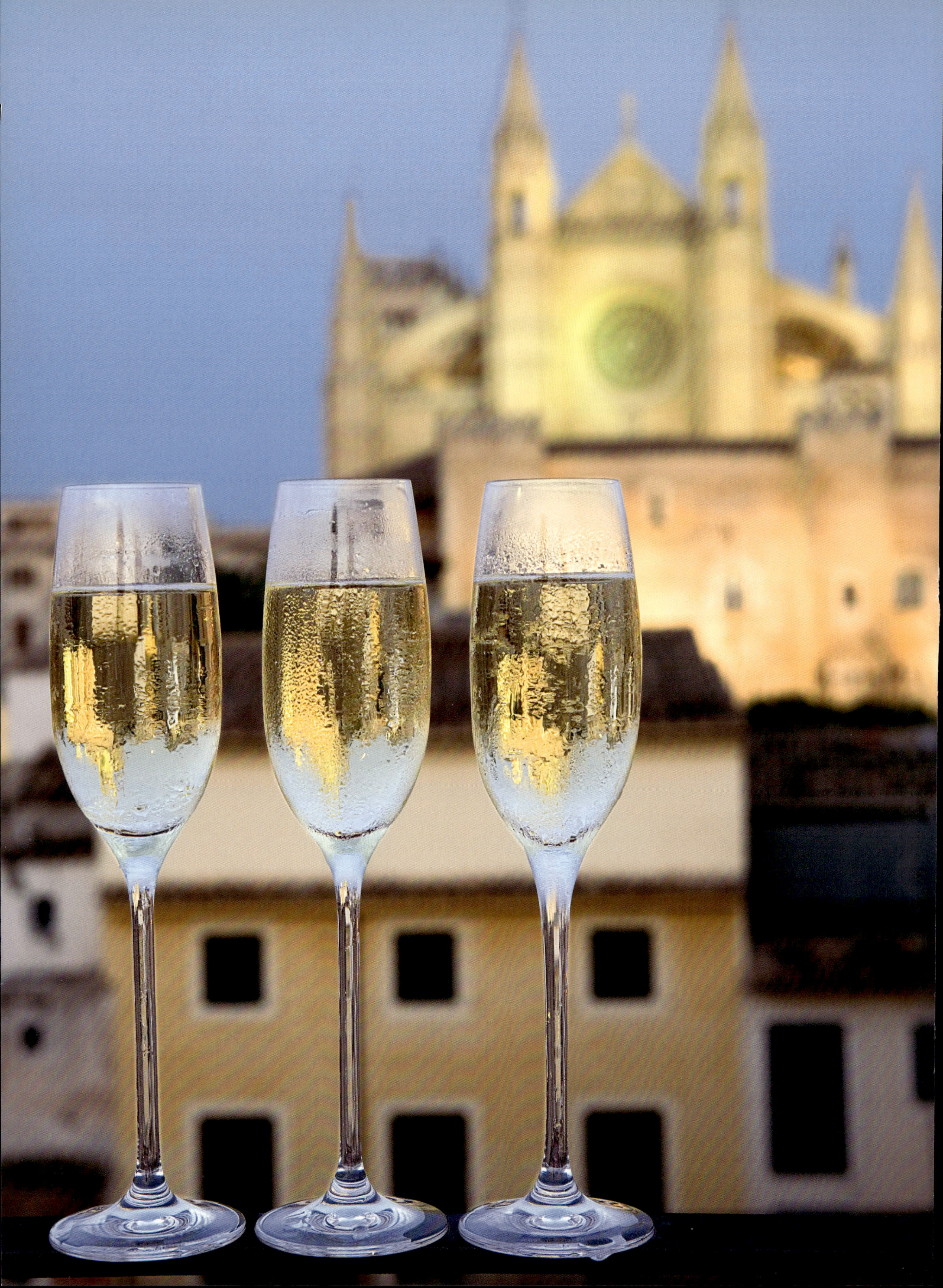

Produzentenverzeichnis

Die im Buch genannten Erzeugerbetriebe werden, nach Kapiteln geordnet, auf den folgenden Seiten aufgelistet. Aus Platzgründen wurde bei Betrieben, die eigene Internetauftritte unterhalten, nur die Webadresse angegeben, unter der alle weiteren Informationen zu finden sind.

Vinos de Pago

Bodega Otazu	www.otazu.com
Bodegas Irache	www.irache.com
Bodegas y Viñedos Sánchez Muliterno (Pago Guijoso)	www.sanchez-muliterno.com
Dr. Gómez Sequeira (Dehesa del Carrizal)	www.dehesadelcarrizal.com
Marqués de Griñon (Dominio de Valdepusa)	www.pagosodefamilia.com
René Barbier	www.renebarbier.com
Señorío de Arínzano (Bodegas Chivite)	www.bodegaschivite.com
Viñedos y Bodega Manuel Manzaneque (Finca Élez)	www.manuelmanzaneque.com

Bioweine

Albet i Noya	www.albetinoya.com
Álvaro Palacios	Afores s/n / 43737 Gratallops (Tarragona) / Tel. +34(0) 977 839 195 / info@alvaraopalacios.com
Azul y Garanza Bodegas	www.azulygaranza.com
Bodega Friedrich Schatz	www.f-schatz.com
Bodega Kieninger	www.bodegakieninger.com
Bodega Los Pinos	Casa Los Pinos s/n / 46635 Fontanars dels Alforins (Valencia) / Tel. +34(0) 962 222 090 / domlospinos@telefonica.net
Bodegas Dionisos	C/Unión, 82 / Valdepeñas (Ciudad Real) / Tel. +34(0) 926 313 248 / info@labodegadelasestrellas.com
Bodegas Dominio de Pingus	Hospital s/n (Apdo. 93, Peñafiel) / 47350 Quintanilla de Onésimo (Valladolid) / Tel. +34(0) 639 833 854 /
Bodegas Ecológica Luis Saavedra	bodegasaavedra.com
Bodegas Hacienda Monasterio	www.haciendamonasterio.com
Bodegas Los Frailes	www.bodegaslosfrailes.com
Bodegas Montgó	www.montgo.de / www.flordelmontgowines.com
Bodegas Palmera	www.bodegas-palmera.com
Bodegas Parra Jiménez	www.bodegasparrajimenez.com
Bodegas Schatz	www.f-schatz.com
Bodegas y Viñedos Quaderna Via	www.quadernavia.com
Can Majoral	www.canmajoral.com
Casa de la Ermita	www.casadelaermita.com
Descendientes de J. Palacios	Calvo Sotelo, 6 / 24500 Villafranca del Bierzo (León) / Tel. +34(0) 987 540 821 / Fax: +34(0) 987 540 851 / bodega@djpalacios.com
Mas Igneus	www.masigneus.com
Osoti Viñedos Ecológicos	Julián Gayarre, 1 / 31261 Andosilla (Navarra) Tel. +34(0) 948 674 010 / Fax: +34(0) 948 674 832 / info@anpiwines.com
Parés Baltà	www.paresbalta.com

Katalonien

Agrícola Falset-Marçà	www.falsetmarca.com
Agustí Torelló	www.agustitorellomata.com
Albet i Noia	www.albetinoya.com
Alella Vinícola	www.alellavinicola.com
Alta Alella	www.altaalella.com
Álvaro Palacios	Afores s/n / 43737 Gratallops (Tarragona) / Tel. +34(0) 977 839 195 / Fax: +34(0) 977 839 197 / info@alvaraopalacios.com
Aretey	www.aretey.com
Bàrbara Forés	www.cellerbarbarafores.com
Bodega Masies d'Avinyó	www.abadal.net
Bodegas Concavins/ Clos Montblanc	www.closmontblanc.com
Bodegas Mas Alta	www.bodegasmasalta.com
Bodegues Sumarroca	www.sumarroca.es
Ca N'Estruc	Ctra. C.1414, km. 1,05 / 08292 Esparreguera (Barcelona) / Tel. +34(0) 937 777 017 / Fax: +34(0) 937 771 108 / canestruc@vilaviniteca.es
Can Blau	Ctra. Bellmut s/n / 43730 Falset (Tarragona) / Tel. +34(0) 690 818 509 / Fax: +34(0) 976 852 764 / info@orowines.com
Can Bonastre	www.canbonastre.com
Can Feixes	www.canfeixes.com
Can Ràfols dels Caus	www.canrafolsdelscaus.com
Canals & Nubiola	www.canalsnubiola.es
Capafons-Osso	www.capafons-osso.com
Carles Andreu	www.cavandreu.com
Castell de Remei	www.castelldelremei.com
Castell Sant Antoni	www.castellsantantoni.com
Castellblanch	www.castellblanch.com
Castillo Perelada	www.castilloperelada.com
Celler Batea	www.cellerbatea.com
Celler Cercavins	Polígono 8 Parcela 17 / 25340 Verdú (Lleida) / Tel. +34(0) 617 6199 / Fax: +34(0) 937 3481 / info@cellercercavins.com
Celler Mas Foraster	www.josepforaster.com
Celler Pardas	http://pardas.net

Cérvoles	www.cervoles.com
Clos Erasmus	La Font, 1 / 43737 Gratallops (Tarragona) / Tel. +34(0) 977 839 022 / Fax: +34(0) 977 839 179 / info@closerasmus.com
Clos Figueras	Carrer La Font, 38 / 43737 Gratallops (Tarragona) / Tel. +34(0) 977 831 712 / Fax: +34(0) 977 831 797 / laurona@cellerlaurona.com
Codorníu	www.codorniu.es
Conde de Caralt	www.condedecaralt.com
Cooperatiu de l'Espluga de Francolí	www.espluga.altanet.org/turisme/celler.ph
Cooperativa Agrícola de Barberà de la Conca	www.doconcadebarbera.com
Cooperativa Agrícola de Pira	Av. Arnau de Ponç, 16 / 43423 Pira / Tel. +34(0) 977 887 007 / copira@do-conca.org
Cooperativa de Capçanes	www.cellercapcanes.com
Costers del Siurana	www.costersdelsiurana.com
Covides	www.covides.com
De Muller	www.demuller.es
Ferrer Bobet	www.ferrerbobet.com
Freixenet	www.freixenet.com
García Carrión	www.donsimon.com
Gramona	www.gramona.com
Gratavinum	www.gratavinum.com
Jané Ventura	www.janeventura.com
Jaume Serra	Finca El Padruell, s/n / 08800 Vilanova i la Geltru (Barcelona) / Tel. +34(0) 938 936 404 / Fax: +34(0) 938 142 262 / jaumeserra@jpc.es
Jean León	www.jeanleon.es
Joan D'Anguera	www.cellersjoandanguera.com
Joan Sardá	www.joansarda.com
José Luis Pérez	www.vinyesdomenech.com
Juvé y Camps	www.juveycamps.com
Marqués de Monistrol	www.arcobu.com
Mas d'en Gil	www.masdengil.com
Mas Doix	www.masdoix.com
Mas Estela	www.masestela.com
Mas Gil (Clos d'Agon)	www.closdagon.com
Mas Martinet	www.masmartinet.com
Mas Perinet	www.masperinet.com
Masía Bach	Ctra. Matorell Capellades km. 20,5 / 08781 Sant Esteve Sesrovires (Barcelona) / Tel. +34(0) 937 714 052 / Fax: +34(0) 937 713 177
Masia Serra	Dels Solés, 20 / 17750 Cantallops (Girona) / Tel. +34(0) 972 531 765 / Fax: +34(0) 972 531 766 / masiaserra@masiaserra.com
Nadal	www.nadal.com
Oliver Conti	www.oliverconti.com
Parés Baltà	www.paresbalta.com
Parxet	www.parxet.es
Piñol	www.vinospinol.com
Pinord	www.pinord.es
Raimat	www.raimat.com
Raventós Rosell	www.raventosrosell.com
Recaredo	www.recaredo.es
René Barbier	www.renebarbier.com
Roger Goulart	Major 6 / 08635 Sant Esteve Sesrovires (Barcelona) / Tel. +34(0) 937 713 159 / Fax: +34(0) 937 713 759
Roqueta	www.roqueta.com
Roura	www.roura.es
Rovellats	www.cavasrovellats.com
Sarral/Portell	www.cava.portell.com
Scala Dei	Rambla de la Cartoixa, s/n / 43379 Scala Dei (Tarragona) / Tel. +34(0) 977 827 027 / Fax: +34(0) 977 827 044 / codinfo@codorniu.es / www.grupocodorniu.com
Segura Viudas	www.seguraviudas.es
Sumarroca	www.sumarroca.es
Terrer d'Aubert	www.terrer.net
Vallformosa	www.vallformosa.es
Vall-Llach	www.vallllach.com
Venus la Universal	Ctra. Porrera, s/n / 43730 Falset (Tarragona) / Tel. +34(0) 629 237 0 / info@venuslauniversal.com
Vilarnau	www.gonzalezbyass.com
Vinya L'Hereu	www.vinyalhereu.com
Vinyes Domènech	www.vinyesdomenech.com

Aragón

Blecua	www.bodegablecua.com
Bodega Pirineos	www.bodegapirineos.com
Bodega Venta d'Aubert	www.ventadaubert.ch
Bodegas Alto Moncayo	Ctra. Nacionnal 122, km. 69,5 / 50546 Bulbuente (Zaragoza) / Tel. +34(0) 690 818 509 / info@orowines.com / www.orowines.com
Bodegas Añadas	www.lasanadas.es
Bodegas Aragonesas	www.bodegasaragonesas.com
Bodegas Ateca	Ctra. Nacional II, km. 221 / 50220 Ateca (Zaragoza) / Tel. +34(0) 661 419 719 / info@orowine.com
Bodegas Ballabriga	www.bodegasballabriga.com
Bodegas Borsao	www.bodegasborsao.com
Bodegas Ignacio Marín	www.ignaciomarin.com
Bodegas Irius	www.bodegairius.com
Bodegas Lalanne	www.bodegaslalanne.com
Bodegas Langa Hermanos	www.bodegas-langa.com
Bodegas Laus	www.bodegaslaus.com
Bodegas Leceranas	Ignacio de Ara, 3 / 50002 Zaragoza / Tel. +34(0) 976 461 056 / bodegasevohe@terra.de
Bodegas Lomablanca	www.bodegaslomablanca.com
Bodegas Meler	www.bodegasmeler.com
Bodegas Monclús	www.inesdemonclus.com

Bodegas Olvena	www.bodegasolvena.com	Artadi	www.artadi.com
Bodegas Osca	www.bodegasosca.com	Barón de Ley	www.barondeley.com
Bodegas Otto Bestué	www.bodega-ottobestue.com	Benjamín Romeo	Ctra. Baños de Ebro, km. 1 / 26338 San Vicente de la Sonsierra / Tel. +34(0) 941 334 537 / Fax: +34(0) 941 334 537 / benjamin@bodegacontador.com
Bodegas San Alejandro	www.san-alejandro.com		
Bodegas Señorío de Aylés	www.bodegasayles.com		
Bodegas Tempore	www.bodegastempore.com	Bodegas Bilbaínas	www.bodegasbilbainas.com
Bodegas Valonga	www.valonga.com	Bodegas Bretón	www.bodegasbreton.com
Bodegas Victoria	www.bodegasvictoria.com	Bodegas Franco-Españolas	www.francoespanolas.com
Bodegas Virgen del Águila S. Coop.	www.bodegasvirgenaguila.com	Bodegas Montecillo	San Cristobal, 34 / 26360 Fuenmayor / Tel. +34(0) 941 440 125 / Fax: +34(0) 941 440 663 / comunicacion@osborne.es / www.osborne.es
Bodegas y Viñedos del Jalón	www.castillodemaluenda.com		
Bordejé	www.bodegasbordeje.com		
Cooperativa Virgen de la Sierra	www.bodegavirgendelasierra.com	Bodegas Muga	www.bodegasmuga.com
		Bodegas Riojanas	www.bodegasriojanas.com
Covinca	www.axialvinos.com	Bodegas Roda	www.roda.es
Crianzas y Viñedos Santo Cristo	www.bodegas-santo-cristo.com	Bodegas Ysios	www.bodegasysios.com
		CVNE	www.cvne.com
Dominio Maestrazgo	www.dominiomaestrazgo.com	El Coto	www.elcoto.com
Enate (Viñedos y Crianzas del Alto Aragón)	www.enate.es	Faustino	www.bodegasfaustino.com
		Federico Paternina	www.paternina.com
		Fernando Remírez de Ganuza	www.remirezdeganuza.com
Grandes Vinos y Viñedos	www.grandesvinos.com	Granja Remelluri	www.remelluri.com
Niño Jesús	Las Tablas, s/n / 50313 Aniñón (Zaragoza) / Tel. +34(0) 976 899 150 / n.jesusani@vestaninon.net	Herederos del Marqués de Riscal	www.marquesderiscal.com
		Herencia Remondo	www.vinosherenciaremondo.com
San Gregorio	www.bodegasangregorio.com	Juan Alcorta	Camino de la Puebla, 50 / 26006 Logroño / Tel. +34(0) 941 279 900 / Fax: +34(0) 941 279 901 / juanalcorta@domecqbodegas.com / www.domecqbodegas.com
Viñas del Vero	www.vinasdelvero.es		
Viñedos y Bodegas Pablo	www.granviu.com		

Navarra

		Juan López de Lacalle/ Artadi	www.artadi.com
		La Rioja Alta	www.riojalta.com/es
Bodega Otazu	www.otazu.com	López de Heredia/ Viña Tondonia	www.lopezdeheredia.com
Bodegas Nekeas	www.nekeas.com		
Bodegas Viña Magaña	www.vinamagana.com	Marqués de Cáceres	www.marquesdecaceres.com
Castillo de Monjardín	www.monjardin.es	Marqués de Murrieta	www.marquesdemurrieta.com
Chivite	Ribera, 34 / 31592 Cintruenigo Navarra / Tel. +34(0) 948 811000 / bodegas@chivite.com	Marqués de Riscal	www.marquesderiscal.com
		Miguel Merino	www.miguelmerino.com
		R. López de Heredia	www.lopezdeheredia.com
Guelbenzu	www.guelbenzu.com	Ramón Bilbao	www.bodegasramonbilbao.es
Irache	www.irache.com	Señorío de San Vicente	Los Remedios, 27 / 26338 San Vicente de la Sonsierra / Tel. +34(0) 902 334 080 / Fax: +34(0) 945 600 885 / info@eguren.com / www.eguren.com
Javier Malumbres	www.malumbres.com		
Bodegas y Viñedos Artazu/ Juan Carlos Lopéz de Lacalle	Mayor, 3 / 31109 Artazu / Tel. +34(0) 945 60 01 / Fax: +34(0) 945 600 850 / artazu@artadi.com		
		Sierra Cantabria	Amorebieta, 3 / 26338 San Vicente de la Sonsierra / Tel. +34(0) 902 334 080 / Fax: +34(0) 945 600 885 / info@eguren.com / www.eguren.com
Ochoa	www.bodegasochoa.com		

Rioja

		Torre de Oña	Finca San Martín s/n / 01307 Paganos – Laguardia (Álava) / Tel. +34(0) 945 621 154 / Fax: +34(0) 945 621 171 / baron@riojalta.com / www.riojalta.com
Abel Mendoza Monge	Ctra. Peñacerrada, 7 / 26338 San Vicente de la Sonsierra / Tel. +34(0) 941 308 010 / Fax: +34(0) 941 308 010 / jarrate@datalogic.es		
		Valsacro	www.valsacro.com
		Viña Ijalba	www.ijalba.es

Viña Real	Ctra. Logroño – Laguardia, km. 4, 8 / 01307 Páganos – Laguardia (Álava) / Tel. +34(0) 945 625 210/ Fax: +34(0) 945 625 209 / laguardia@cvne.com / www.cvne.com	Godeval	www.godeval.com
		Lagar de Fornelos	Barrio de Cruces Fornelos / 36778 La Guardia (Pontevedra) / Tel. +34(0) 607 533 314
Viñedos de Páganos	Ctra. Navaridas, s/n / 01307 Páganos – Laguardia (Álava) / Tel. +34(0) 902 334 080 / Fax: +34(0) 945 600 885 / info@eguren.com / www.eguren.com	Lagar do Merens	José Merens Martínez / Chaos / 32417 Arnoia (Orense) / Tel. +34(0) 607 533 314
		Mar de Frades	www.mardefrades.es
		Martín Códax	www.martincodax.com
Viñedos del Contino	Finca San Rafael, s/n / 01321 Laserna (Álava) / Tel. +34(0) 945 600 201/ Fax: +34(0) 945 621 114 / laserna@contino-sa.com / www.cvne.com	Nora und Forjas del Salnés	Viña Blanca del Salnes, S.A. / Baltar, 15 – Castrelo / 36639 Cambados / Tel. +34(0) 986 542 910 / Fax: +34(0) 986 542 910 / info@vinablanca.com / www.vinablanca.com
Viñedos y Bodegas de La Marquesa	www.valserrano.com	Palacio de Fefiñanes	www.fefinanes.com
		Pazo de Barrantes	www.pazodebarrantes.com
		Pazo de Señorans	www.pazodesenorans.com

Baskenland

		Prada A Tope	www.pradaatope.es
		Rafael Palacios	www.rafaelpalacios.com
Ameztoi	www.txakoliameztoi.com	Santa Marta	www.bodegasantamarta.com
Doniene Gorrondona Txakolina	www.donienegorrondona.com	Santigo Ruiz	www.bodegasantiagoruiz.com
		Senen Guitian	Velasco / 32310 A Tapada Rubiá (Orense) / Tel. +34(0) 988 324 195
Gañeta	Agerre Goikoa Baserria / 20808 Getaria (Guipúzcoa) / Tel. +34(0) 943 140 174 / Fax: +34(0) 943 140 174	Terra do Gargalo	www.gargalo.es
		Terras Gauda	www.terrasgauda.com
		Vilariño-Cambados	Burgáns 91 Vilarino / 36633 Cambados (Pontevedra) / Tel. +34(0) 986 521 001 / Fax: +34(0) 986 520 875
Itsasmendi	www.bodegasitsasmendi.com		
Iturrialde	Varrio Legina, s/n / 48195 Larrrabetzu (Vizcaya) / Tel. +34(0) 946 742 706 / Fax: +34(0) 946 741 221 / txakoli@gorkaizagirre.com	Viña Costeira	www.aulacosteira.com
		Viña Mein	www.vinamein.com
		Viña Somoza	www.vinosomoza.com
Señorío de Astobiza	www.senoriodeastobiza.com	Vionta	www.vionta.com
Txomín Etxaníz	www.txominetxaniz.com		

Galicien

Kastilien-León

Adega Pazos de Lusco	www.lusco.es	Abadía Retuerta	www.abadia-retuerta.es
Adegas Galegas	www.adegasgalegas.es	Alejandro Fernández	www.pesqueraafernandez.com
Agro de Bazán	www.agrodebazansa.es	Alonso Toribio	www.bodegasalonsotoribio.es
Bodega Quinta da Muradella	Avenida Luis Espada, 99 / 32600 Verín (Orense) / Tel. +34(0) 988 413 137	Alter Ego Bodega de Crianza	Larga, 4 / 49709 Cabañas de Sayago (Zamora) / Tel. +34(0) 670 095 149
Bodegas Algueira	www.adegaalgueira.com	Ángel Anocíbar	Weingut Abadía Retuerta / Carretera Nacional 122, km. 332,5 / 47340 Sardón de Duero / Tel. +34(0) 983 680 314 / info@abadia-retuerta.es / www.abadia-retuerta.es
Bodegas Cunqueiro	www.bodegascunqueiro.es		
Bodegas Guimaró/ Raul Pérez	www.raulperezbodegas.es		
Bodegas Valdavia	www.adegasvaldavia.com	Arco Bodegas Unidas	www.arcobu.com
Bodegas Viña Nora	Bruñeiras, 7 / 36440 As Neves (Pontevedra) / Tel. +34(0) 986 667 210 / Fax: +34(0) 986 664 610 / info@vinanora.com	Avelino Vegas	www.avelinovegas.com
		Barón de Ley	www.barondeley.com
		Bienvenida de Vinos	C/ Las Bodegas s/n / 49810 Morales de Toro (Zamora) / Tel. +34(0) 983 403 094 / Fax: +34(0) 983 403 146 / b.leda@bodegasleda.com / www.dotoro.es
Campante	www.campante.com		
Condes de Albarei	www.salnesur.es		
Coto de Gomariz	www.cotodegomariz.com		
Crego e Monaguillo	www.cregoemonaguillo.com	Bodega César Príncipe	Ctra. Mucientes, km. 1 / 47194 Fuensaldaña (Valladolid) / Tel. +34(0) 629 779 282 / Fax: +34(0) 983 583 242 / cesarprincipe@wanadoo.es
Dominio do Bibei	www.dominiodobibei.com		
Emilio Rojo	Lugar de Remoiño, s/n / 32233 Arnoia (Orense) / Tel. +34(0) 988 488 050		
		Bodega Ismael Arroyo	www.valsotillo.com
Fillaboa	www.bodegasfillaboa.com	Bodegas Aalto	www.aalto.es

PRODUZENTENVERZEICHNIS   273

Bodegas de Crianza de Castilla La Vieja	www.palaciodebornos.com
Bodegas Hermanos Pérez Pascuas	www.vinapedrosa.com
Bodegas Izadi	www.grupoartevino.com
Bodegas Mauro	www.bodegasmauro.com
Bodegas Ossian Vides y Vinos	San Marcos, 5 / 40447 Nieva Segovia / Tel : +34(0) 921 594 207 / www.ossian.es
Bodegas Peique	www.bodegaspeique.com
Bodegas Pintia	www.bodegaspintia.com
Bodegas Vega Sauco	www.vegasauco.com
Bodegas Vinos de León	www.bodegasvinosdeleon.es
Bodegas y Viñedos Gancedo	www.bodegasgancedo.com
Buezo Vendimia Seleccionada y Vinos de Guarda	www.buezo.com
Cámbrico	www.cambrico.com
Carmelo Rodero	www.bodegasrodero.com
Castro Ventosa	www.castroventosa.com
César Muñoz	www.cesarmunoz.es
Descendientes de J. Palacio	Calvo Sotelo, 6 / 24500 Villafranca del Bierzo (León) / Tel. +34(0) 987 540 821 / bodega@djpalacios.com
Dominio de Atauta	www.dominiodeatauta.com
Dominio de Tares	www.dominiodetares.com
Familie Arzuaga	www.hotelarzuaga.com
Farrán Diez	www.bodegasfarran.com
Félix Lezcano	www.bodegaslezcano.es
Hacienda Monasterio	www.haciendamonasterio.com
Hacienda Unamuno	www.notodohoteles.com/es
José Hidalgo	Banda de la Playa, 42 / 11540 Sanlúcar de Barrameda / Tel. +34(0) 956 385 304 / Fax: +34(0) 956 363 844 / www.lagitana.es
La Legua	www.lalegua.com
La Setera	www.lasetera.com
Lezcano Lacalle	www.bodegaslezcano.es
Los Curros	Carretera Peñaranda, s/n / 47494 Fuente el Sol / Tel. +34(0) 983 824 356 / bodegasloscurros@yahoo.es
Manuel Fariña	www.bodegasfarina.com/es
Marqués de Riscal	www.marquesderiscal.com
Martín Códax	www.martincodax.com
Matarredonda	www.vinolibranza.com
Matarromera	www.matarromera.es
Maurodos	www.bodegasmauro.com
Monte Amán	www.monteaman.com
O. Fournier	www.ofournier.com
Pago de Carraovejas	www.pagodecarraovejas.com
Paixar	Ribadeo, 56 / 24500 Villafranca del Bierzo / Tel. +34(0) 987 549 002 / Fax: +34(0) 987 549 214
Pardevalles	www.pardevalles.es
Pilcar	www.pilcar.com
Protos	www.bodegasprotos.com/es
Quinta de la Quietud	www.quintaquietud.com
Quinta Sardonia/Viñas de la Vega del Duero	Casa s/n Granja Sardón / 47340 Sardon de Duero (Valladolid) / Tel. +34(0) 650 498 353 / Fax: +34(0) 983 339 622 / jbgnd@telefonica.net
Ribera del Duratón	www.riberadelduraton.com/index.html.en
Ricardo Sanz	http://jacob.disam.etsii.upm.es/~sanz/
Terrazgo Bodegas de Crianza	http://terrazgo.com
Teso la Monja	Ctra. Toro – Valdefinjas, Km. 6 (Pago de Valdebuey) / 49882 Valdefinjas (Zamora) / Tel. +34(0) 980 568 143 / info@eguren.com / www.eguren.com
Traslanzas	www.traslanzas.com
Valdelosfrailes	www.valdelosfrailes.es
Vega Sicilia	www.vega-sicilia.com
Villacreces	www.villacreces.com
Viña Bajoz	www.vinabajoz.com
Viña Mayor	Ctra. Valladolid-Soria, km. 325,6 / 47350 Quintanilla de Onésimo / Tel. +34(0) 915 006 000 / Fax: +34(0) 915 006 006 / www.habarcelo.es
Viñas del Cenit	www.bodegascenit.com
Viñedos de Nieva	www.vinedosdenieva.com
Vizcarra Ramos	www.vizcarra.es

Kastilien-La Mancha/ Vinos de Madrid

Bodega Altolandon	www.altolandon.com
Bodega Arrayán	www.arrayan.es
Bodega Ecológica Luis Saavedra	www.bodegasaavedra.com/es
Bodega el Monegrillo	Finca el Monegrillo / Polígono 13, parcela 20 / 16235 Iniesta (Cuenca)
Bodega Flores Alcázar	Arenal, 13 / 13210 Villarta de San Juan (Ciudad Real) / Tel. +34(0) 689 405 590 / transvinos@cpe-cr.es
Bodega Los Aljibes	www.fincalosaljibes.com
Bodega Tikalo	www.bodegatikalo.com
Bodegas Almanseñas	www.ventalavega.com
Bodegas Arùspide	www.aruspide.com
Bodegas Ayuso	www.bodegasayuso.es
Bodegas Campo Reales (Nuestra Señora Del Rosario)	www.bodegascamposreales.com
Bodegas Canopy	Av. Barber, 71 / 45004 Toledo / Tel. +34 619 244 878
Bodegas Casa de la Viña	www.bodegascasadelavina.com
Bodegas Centro Españolas	www.allozo.com
Bodegas Cristo de la Vega	www.bodegascrisve.es
Bodegas Dionisos	C/Unión, 82 / Valdepeñas (Ciudad Real) / Tel. +34(0) 926 313 248 / info@labodegadelasestrellas.com
Bodegas el Tanino	www.bodegaseltanino.com

Bodegas Enomar	Ctra. Córdoba – Tarragona, km. 322 / 16630 Mota del Cuervo (Cuenca) / Tel. +34(0) 967 182 570 / Fax: +34(0) 967 180 628 / bodegasenomar@eresmas.com	Cooperativa Nuestra Señora de la Piedad	Ctra Circunvalacion s/n / Quintanar De La Orden / 45800 Toledo / Tel. +34(0) 925 180 930 / Fax: +34(0) 925 180 480
Bodegas Entremontes	www.vevinter.com	Cooperativa Nuestra Señora del Pilar	www.cooperativadelpilar.com
Bodegas Ercavio	www.bodegasercavio.com	Cooperativa Purísima Concepción	Ctra. Minaya-San Clemente, s/n / 16610 Casas de Fernando Alonso (Cuenca) / Tel. +34(0) 969 383 043 / Fax: +34(0) 969 383 153 / purisima@ucaman.es
Bodegas Finca la Estacada	www.fincalaestacada.com		
Bodegas Fontana	www.bodegasfontana.com		
Bodegas Hacienda Albae	www.haciendaalbae.com		
Bodegas Juan Ramírez	www.bodegasjuanramirez.com		
Bodegas Lahoz	www.bodegaslahoz.com		
Bodegas Lobecasope	Menasalbas, 18 / 45120 San Pablo de los Montes (Toledo) / Tel. +34(0) 679 443 792 / flequi.berruti@lobecasope.com	Cooperativa Unión Campesina Iniestense	http://cooperativauci.com/
		Cooperativa Vid y Espiga	www.vidyespiga.es
		Cooperativa Vinícola Virgen de las Viñas	www.vinostomillar.com
Bodegas López Panach	www.lopezpanach.com		
Bodegas Los Marcos	www.bodegaslosmarcos.com	Cosecheros y Criadores	www.familiamartinezbujanda.com
Bodegas Mariscal	www.mariscal.es	Cristo de la Vega	www.bodegascrisve.es
Bodegas Martúe	www.martue.com	Dehesa la Granja	www.dehesalagranja.com
Bodegas Moralia	www.bodegasmoralia.com	Domecq Bodegas	www.domecqbodegas.com
Bodegas Naranjo	www.bodegasnaranjo.com	El Vínculo	www.elvinculo.com
Bodegas Navarro López	www.navarrolopez.com	El Progreso Sociedad Coop. CL Mancha	Avda. de la Virgen, 89 / 13670 Villarubia de los Ojos (Ciudad Real) / Tel. +34(0) 926 896 088 / Fax: +34(0) 926 896 135 / elprogreso@cooprogres.com
Bodegas Palomar Sánchez	www.bodega.palomarsanchez.es		
Bodegas Parra Jiménez	www.bodegasparrajimenez.com		
Bodegas Piqueras	www.bodegaspiqueras.es		
Bodegas Real	www.bodegas-real.com		
Bodegas Roble Alto	www.bodegasroblealto.com	Elviwines	www.elviwines.com
Bodegas Tagonius	www.tagonius.com	Enate	www.enate.es
Bodegas Villavid	www.villavid.com	Félix Solís Bodegas	www.felixsolis.com
Bodegas Volver	Tel. +34(0) 690 8185 / info@orowines.com	Finca Antigua	www.familiamartinezbujanda.com
Bodegas y Viñedos Barreda	www.bodegas-barreda.com	Finca Constancia	Camino del Bravo s/n / 45543 Otero (Toledo) / Tel. +34(0) 914 903 700 / Fax: +34(0) 916 612 124 / mgarciag@gonzalezbyass.es / www.gonzalezbyass.es
Bodegas y Viñedos Gosálbez Orti	www.bodegasgosalbezorti.com		
Bodegas y Viñedos Illana	www.bodegasillana.com		
Bodegas y Viñedos Ponce	Ctra. N-310 s/n Extrarradio / 19230 Villanueva de la Jara (Cuenca) / Tel. +34(0) 967 490 580 / ponce@iniestahoy.com	Finca Coronado	Sevilla s/n / 13440 Argamasilla de Calatrava (Ciudad Real) / Tel. +34(0) 618 614 888 / info@fincacoronado.com
Bodegas y Viñedos Vega Tolosa	www.vegatolosa.com	Finca Los Alijares	www.fincalosalijares.com
Casa Quemada	www.dehesacasaquemada.com	Finca Los Nevados	www.fincalosnevados.es
Casalobos	Matadero, 1 / 128019 Madrid (Madrid) / Tel. +34(0) 915 745 534 / casalobos@sedeqasesores.es	Finca Sandoval	CM-3222, km. 26, 800 / 16237 Ledaña (Cuenca) / Tel. +34(0) 616 444 805 / Fax: +34(0) 915 864 848 / consulto@terra.es
Cervantino	Cl. Grande, 66 / 13670 Villarubia de los Ojos (Ciudad Real) / Tel. +34(0) 926 898 018 / cervantino@b-lozano.com	Francisco Casas	www.bodegascasas.com
		Hacienda el Espino	www.haciendaelespino.com
		Jiménez-Landi	www.bodegasjimenezlandi.com
Condado de Haza	www.condadodehaza.com	Mano a Mano	Ctra. CM 412, km. 100 / 13248 Alhambra (Ciudad Real) / Tel. +34(0) 915 942 076 / Fax: +34(0) 916 160 246 / victorre@telefonica.net
Coop. del Campo Santa Catalina	www.santacatalina.es		
Cooperativa Agraria San Isidro	16220 Quintanar del Rey (Cuenca) / Tel. +34(0) 967 495 052 / cooperativarey2@terra.es		
		Marqués de Griñón	www.pagosdelafamilia.com
		Mont Reaga	www.mont-reaga.com
Cooperativa Agraria Santa Quitera	Baltasar González Sáez, 34 / 02694 Higueruela (Albacete) / Tel. +34(0) 967 287 012 / direccion@tintoralba.com / www.tintoralba.com	Montalvo Wilmot	www.bodegasmontalvowilmot.com
		Nuestra Señora de la Cabeza	www.casagualda.com
		Osborne Malpica	www.osborne.es/centros/malpica/ visita/introenglish.htm
Cooperativa La Invencible	www.invencible.biz		

Pago de la Jaraba	www.lajaraba.com
Pago de Vallegarcía	www.vallegarcia.com
Pago del Vicario	www.pagodelvicario.com
Pagos de Familia Marqués de Griñón	www.pagosdefamilia.com
Ricardo Benito	Las Eras, 5 / 28600 Navalcarnero (Madrid) / Tel. +34(0) 918 110 097 / bodega@ricardobenito.com
Santa Catalina	Cooperativa, 2 / 13240 La Solana (Ciudad Real) / Tel. +34(0) 926 632 194 / Fax: +34(0) 926 631 085 / compras@santacatalina.es
Señorío del Júcar	www.senoriodeljucar.com
Sociedad Cooperativa San Ginés	www.cincoalmudes.es
Tinto Pesquera	www.pesqueraafernandez.com
Uribes Madero	www.pagodecalzadilla.net
Viñas de El Regajal	Antigua Ctra. Andalucía, km. 50,5 / 28300 Aranjuez (Madrid) / Tel. +34(0) 913 576 312 / Fax: +34(0) 913 079 636 / dgpita@terra.es
Viñedos Cigarral Santa María	http://www.grupoadolfo.com/ cigarral-santamaria.html
Viñedos Pinuaga	www.bodegaspinuaga.com
Viñedos y Bodegas Muñoz	www.bodegasmunoz.com
Viñedos y Reservas	Ctra. Quintanar, km. 2 / 45810 Villanueva de Alcardete (Toledo) / Tel. +34(0) 925 167 536 / Fax: +34(0) 925 167 260
Vinícola de Aranda Sociedad Cooperativa Madrileña	Camino de San Martín de la Vega, 16 / 28500 Arganda del Rey (Madrid) / Tel. +34(0) 918 710 201 / Fax: +34(0) 918 710 201 / vinicola.cvarganda.e.telefonica.net
Vinícola de Castilla	www.vinicoladecastilla.com
Vinícola de Tomelloso	www.vinicolatomelloso.com
Vinos Jeromín	www.vinosjeromin.com
Vitivinos Anunciación	www.vitivinos.com

Valencia

Álvarez Nölting	www.alvareznolting.com
Andrés Valiente e Hijos	www.vegalfaro.com
Bernabé Navarro	www.bodegasbernabenavarro.com
Bodega Francisco Gómez	www.bodegasfranciscogomez.es
Bodega Mustiguillo	www.bodegamustiguillo.es
Bodega Vicente Gandia	www.vicentegandia.es
Bodegas Artadi	www.artadi.com
Bodegas Bernabé Navarro	www.bodegasbernabenavarro.com
Bodegas Bocopa	www.bocopa.com
Bodegas Castaño	www.bodegascastano.com
Bodegas Celler del Roure	Carretera de Les Alcusses, km. 2,5 / 13248 46640 Moixent / Tel. +34(0) 962 295 020 / Fax: +34(0) 916 160 246 / victorre@telefonica.net
Bodegas Coviñas	www.covinas.com
Bodegas E. Mendoza	www.bodegasmendoza.com
Bodegas el Angosto	www.bodegaelangosto.com
Bodegas Enguera	www.bodegasenguera.com
Bodegas Gutiérrez de la Vega	www.castadiva.es
Bodegas los Frailes	www.bodegaslosfrailes.com
Bodegas Murviedro	http://bodegasmurviedro.twis.info
Bodegas Palmera	www.bodegas-palmera.com
Bodegas Sierra Norte	www.bodegasierranorte.com
Bodegas Sierra Salinas	www.sierrasalinas.com
Bodegas Torroja	www.bodegastorroja.com
Bodegas Utielanas	www.bodegasutielanas.com
Bodegas Vegalfaro	www.vegalfaro.com
Bodegas Vidal	www.bodegasvidal.com
Bodegas y Bebidas	Paseo del Urumea, 21 / 20014 San Sebastián / Tel. +34(0) 943 445 700 / http://www.byb.es
Bodegas y Viñedos de Utiel	www.bodegasdeutiel.com
Bodegas y Viñedos El Sequé	www.artadi.com/esp
Celler la Muntanya	www.cellerlamuntanya.com
Criadores Artesanos	www.vinospasiego.com
Cultivo Uvas Ecológicas Vinos y Afines	Mayor, 2 / 46357 La Portera / Tel. +34(0) 619 390 728
Dominio de Aranleón	www.aranleon.com
El Carche	Paraje La Raja s/n / 30520 Jumilla (Murcia) / Tel. +34(0) 965 978 349 / Fax: +34(0) 965 978 060 / info@valledelcarche.es / www.valledelcarche.es
Finca San Blas	www.fincasanblas.com
Haecky Drink & Wine AG	www.haecky.ch
Heretat de Taverners	www.heretatdetaverners.com
La Bodega de Pinoso	www.labodegadepinoso.com
La Casa de las Vides Bodegues i Vinyes	www.lacasadelasvides.com
Mas Martinet	www.masmartinet.com
Pago Casa Gran	www.pagocasagran.com
Pago de Tharsys	www.pagodetharsys.com
Pagos del Molino	www.pagosdelmolino.com
Primitivo Quiles	www.primitivoquiles.com
Rafael Cambra	Plaza Concepción, 13–19 / 46870 Onteniente / Tel. +34(0) 616 463 245 / rafael@rafaelcambra.es /
Salvador Poveda	www.salvadorpoveda.com
Sierra Salinas	www.sierrasalinas.com
Telmo Rodríguez	www.telmorodriguez.com
Vera de Estenas	www.veradeestenas.es
Viñedo y Bodega Heretat de Cesilia	www.heretatdecesilia.com
Viñedos y Bodegas Mayo Casanova	www.mayocasanova.com
Viñedos y Bodegas Vegalfaro	www.vegalfaro.com
Vinícola del Oeste	www.vinicoladeloeste.es
Vinos de la Viña	www.vinosdelavina.com
Vins del Comtat	www.vinsdelcomtat.com

Murcia

Altos del Cuadrado	Apdo. 120 / 30510 Yecla / Tel. +34(0) 968 791 604 /
Bodega Monastrell	www.bodegamonastrell.com
Bodegas Balcona	C/Democracia, 7 / 30180 Bullas / Tel. +34(0) 968 223 867 / Fax: +34(0) 968 223 867
Bodegas Bleda	Avda. de Yecla, 26 / 30510 Yecla / Tel. +34(0) 968 780 012 / Fax: +34(0) 968 782 699 / wines@bodegasbleda.com
Bodegas Castaño	www.bodegascastano.com
Bodegas El Nido	Paraje de la Aragona, s/n / 30520 Jumilla / Tel. +34(0) 690 818 509 / Fax: +34(0) 976 852 764 / info@bodegaselnido.com
Bodegas Guardiola	www.bodegasguardiola.com
Bodegas Juan Gil	www.juangil.es
Bodegas La Purísima	www.bodegaslapurisima.com
Bodegas Luzón	www.bodegasluzon.com
Bodegas Madroñal	www.bodegasmadronal.com
Bodegas Olivares	Vereda Real, s/n / 30520 Jumilla / Tel. +34(0) 968 780 180 / Fax: +34(0) 968 756 474 / correo@bodegasolivares.com
Bodegas San Isidro	http://www.bsi.es/cas/calidad_bsi.html
Bodegas Serrano	www.bodegaserrano.com
Bodegas Torrecastillo	www.torrecastillo.com
Bodegas y Viñedos de Murcia	Isaac Peral, 31 / 30520 Jumilla / Tel. +34(0) 968 783 035 / Fax: +34(0) 968 716 063 / info@casadelasespecias.com
Bodegas y Viñedos Evine	www.bodegasevine.com
Casa de la Ermita	www.casadelaermita.com
Cooperativa Agro-Vinícola Nuestra Señora del Rosario	Avda. de la Libertad s/n / 30180 Bullas / Tel. +34(0) 968 652 075 / Fax: +34(0) 968 652 765 / info@bdegasdelrosario.com
Cooperativa Vinícola Agraria San Isidro	Polígono Industrial Marimingo / Parcela 19. Altiplano, s/n / 30180 Bullas / Tel. +34(0) 968 652 160 / Fax: +34(0) 968 652 160 / bodegasanisidro@terra.es
Finca Omblancas	www.fincaomblancas.com
Julia Roch e Hijos	Finca Casa Castillo / Ctra. Jumilla – Hellín, km. 15, 7 / 30520 Jumilla / Tel. +34(0) 968 781 691 / Fax: +34(0) 968 716 238 / info@casacastillo.es / www.casacastillo.es
Mähler-Besse	www.mahler-besse.com
Mas Martinet	www.masmartinet.com
Molino y Lagares de Bullas	www.bodegaslavia.com
Pedro Luis Martínez	www.alceno.com
Señorío de Barahonda	http://barahonda.com
Viña Campanero	www.vinacampanero.com
Viñedos y Bodegas Martínez Verdú	www.xenysel.com
Vinnico Export	www.vinnico.com

Westandalusien

Barbadillo	www.barbadillo.com
Beam Global Jerez	www.beamglobal.com
Bodega La Mezquita	www.bodegasmezquita.com
Bodegas Delgado Zuleta	www.delgadozuleta.com
Bodegas Tradición	www.bodegastradicion.com
Caballero	www.caballero.es
El Maestro Sierra	www.maestrosierra.com
Emilio Lustau	www.lustau.es / www.lustau.com
Equipo Navazos	www.equiponavazos.com
Garvey	www.bodegasgarvey.com
González Byass	www.gonzalezbyass.com
Herederos de Argüeso	www.argueso.es
Hijos de Rainera Pérez Marín	www.laguita.com
Huerta de Albalá	www.huertadealbala.com
Lustau	www.lustau.es
Marqués del Real Tesoro	www.grupoestevez.es
Osborne	www.osborne.es
Pedro Romero	Trasbolsa, 84 / 11540 Sanlúcar de Barrameda (Cádiz) / Tel. +34(0) 956 360 736 / Fax: +34(0) 956 361 027 / pedroromero@pedroromero.es
Rey Fernando de Castilla	www.fernandodecastilla.es
Sánchez Romate	www.romate.com
Sandeman	www.sandeman.eu
Terry	www.bodegasterry.com
Valdespino	www.grupoestevez.es
Valdivia	www.bodegasvaldivia.com
Williams & Humbert	www.williams-humbert.com

Zentralandalusien

Alvear	www.alvear.es
Antonio Vilches Valenzuela	www.vinossingulares.com
Barbadillo	www.barbadillo.com
Bodega Coto de la Viña San Jacinto	Ctra. Ronda – El Burgo km. 4,5 / 29400 Ronda (Málaga) / Tel. +34(0) 652 853 196 / conrad@vinosconrad.com / www.vinosconrad.com
Bodega el Cortijo de la Vieja	Ctra. A-348 (Lanjarón – Almería) km 85 / Paraje de la Vieja / 04480 Alcolea (Almería) / Tel. +34(0) 950 343 919 / isabel_lopezglaria@yahoo.es
Bodega F. Schatz	www.f-schatz.com
Bodega Kieninger	www.bodegakieninger.com
Bodega y Viñedos de la Capuchina	www.bodegalacapuchina.es
Bodega y Viñedos El Chantre	Pueblo Verde, 17 / Urbanización Simón Verde / 41120 Gelves (Sevilla) / Tel. +34(0) 670 851 480 / elchantre@telefonica.net

Bodegas Alto Almanzora www.bodegasaltoalmanzora.com
Bodegas Bentomiz www.bodegasbentomiz.com
Bodegas Cruz Conde www.bodegascruzconde.es
Bodegas Delgado www.bodegasdelgado.com
Bodegas Los Bujeos Ctra. El Buro, km. 1 /
29400 Ronda (Málaga) /
Tel. +34(0) 952 161 170 /
Fax: +34(0) 952 161 160 /
hotel@eljuncal.com
Bodegas Málaga Virgen www.bodegasmalagavirgen.com
Compañía Vinícola del Sur Burgueños, 9 / 14550 Montilla (Córdoba)
Tel. +34(0) 957 650 500 /
Fax: +34(0) 957 652 335 /
comercial@vivinoladelsur.com
Cooperativa Aurora Avenida de Europa, 7 /
14550 Montilla (Córdoba) /
Tel. +34(0) 957 650 362
Cortijo los Aguilares www.cortijolosaguilares.com
Equipo Navazos www.equiponavazos.com
Finca Anfora www.fincaanfora.com
Finca Moncloa Manuel María González, 12 /
11403 Jerez de la Frontera (Cádiz) /
Tel. +34(0) 956 357 000 /
Fax: +34(0) 956 357 043 /
nacional@gonzalezbyass.com /
www.gonzalezbyass.es
Gracia Hermanos Avda. Marqués de la Vega de Armijo, 103 /
14550 Montilla (Córdoba) /
Tel. +34(0) 957 650 162 /
Fax: +34(0) 957 652 335 /
comercial@bodegasgracia.com
Herederos Torres Burgos www.torresburgos.com
Huerta de Albalá www.huertadealbala.com
Juan Manuel Vetas Martín Camino Nador. Finca El Baco /
29350 Arriate (Málaga) /
Tel. +34(0) 952 870 539 /
Fax: +34(0) 952 870 539 /
elbacoarriate@hotmail.com
Moreno www.morenosa.com
Pérez Barquero www.perezbarquero.com
Príncipe Alfonso
de Hohenlohe Estación de Parchite, 104, Finca las Monjas /
29400 Ronda (Málaga) /
Tel. +34(0) 914 365 900 /
Fax: +34(0) 914 369 515 /
informacionyreservas@haciendas-espana.com
Telmo Rodríguez www.telmorodriguez.com
Toro Albalá www.toroalbala.com

Extremadura

Alvear www.alvear.eu
Antonio Medina www.bodegasmedina.net
Bodegas Habla www.bodegashabla.com
Dolores Morenas www.doloresmorenas.com
Lar de Barros-Inviosa www.lardebarros.com
Martínez Paiva www.payva.es
Ortiz www.bodegasortiz.com
Romale www.romale.com
Viñaoliva Sdad. Coop. Poligono Industrial /
Parcela 4–17 /
06200 Almendralejo (Badajoz)

Balearen

4 Kilos Vinícola www.4kilos.com
Àn Negra Viticultors www.annegra.com
Binigrau Vins www.binigrau.es
Bodegas Binifadet www.binifadet.com
Bodegas Castell Miquel www.castellmiquel.com
Bodegas Ferrer www.vinosferrer.com
Bodegas Ribas www.bodeguesribas.com
Bodegues Macià Batle www.maciabatle.com
Bodegues Ribas www.bodeguesribas.com
Can Majoral www.canmajoral.com
Can Rich de Buscatell www.bodegascanrich.com
Ca'n Vidalet www.canvidalet.com
Cap de Barbaria www.capdebarbaria.com
Castell Miquel www.castellmiquel.com
Celler Biniagual www.bodegabiniagual.com
Coop. Malvasía
de Banyalbufar www.malvasiadebanyalbufar.com
Es Verger S'Hort d'es Verger s/n /
07190 Esporles (Palma de Mallorca) /
Tel. +34(0) 971 619 220 /
Fax: +34(0) 971 665 867 /
esvergerolivi@yahoo.es
Finca Sa Cúdía Nova www.vinyasacudia.com
Finca Son Bordils www.sonbordils.es
Jaume de Puntiró www.vinsjaumedepuntiro.com
Miquel Oliver www.miqueloliver.com
Vinos Can Maymó www.bodegascanmaymo.com
Vins Miquel Gelabert www.vinsmiquelgelabert.com
Vins Nadal www.vinsnadal.com
Vins Toni Gelabert www.vinstonigelabert.com

Kanarische Inseln

Arca de Vitis www.arcadevitis.com
Bodega Tierra de Frontos www.tierradefrontos.com
Bodegas Buten San Nicolás, 122 /
38360 El Sauzal (Santa Cruz de Tenerife) /
Tel. +34(0) 922 573 272 /
Fax: +34(0) 922 573 225 /
crater@bodegasbuten.com
Bodegas Carballo www.bodegascarballo.com
Bodegas Viñatigo www.vinatigo.com
El Grifo www.elgrifo.com
Juan Jesús Pérez Bajada al Puerto de Santo Domingo s/n /
38787 Villaa de Garafia /
Tel. +34(0) 649 924 348 /
Fax: +34(0) 649 924 348
La Higuera Mayor www.lahigueramayor.com

Glossar

(Auf)Spriten – Anreicherung von Wein mit Alkohol (meist Branntwein aus Wein). Gespritete Weine sind z.B. Sherry und Manzanilla oder trockene Madeira-Arten.

Adega – Galicisch »Weinkellerei«.

Albariza – Bezeichnung für den kreideweißen Boden in einem Teil der andalusischen Region Jerez.

Amontillado – Sherrystil zwischen Fino und Oloroso, mehr von oxidativer als von Florreife geprägt.

Añada – Nicht in der Solera gereifter, extrem seltener Jahrgangs-Sherry.

Añejo – Reifestufe für Vino de la Tierra (Landwein) mit einer Mindestreifezeit von 24 Monaten.

Ausbau – Oberbegriff für sämtliche Kellerarbeiten von der Gärung bis zur Abfüllung. Im engeren Sinn ist damit oft auch nur die Reifung des Weins gemeint.

Autochthon – Rebsorten, die nahezu ausschließlich und seit relativ langer Zeit in einem bestimmten Anbaugebiet kultiviert werden, z.B. Picapoll in Pla de Bages, Katalonien, oder Manto negro auf den Balearen.

Autonomía – Kurzbezeichnung für die insgesamt 17, in der Regel jeweils mehrere Provinzen umfassenden autonomen Regionen Spaniens (Comunidades Autónomas, kurz CC.AA.); hinzu kommen die beiden autonomen Städte (Ciudades Autónomas) Ceuta und Melilla. Die Gebietskörperschaften verfügen im Rahmen der spanischen Verfassung (Autonomiestatute) über bestimmte, jeweils variierende Kompetenzen in Gesetzgebung und Vollzug.

WEINBEZEICHNUNGEN

Das spanische Weingesetz sieht folgende Qualitätsstufen für Weine vor (siehe auch S. 18/19):
- VINO DE MESA
- VINO DE LA TIERRA
- INDICACIÓN GEOGRÁFICA VIÑEDOS DE ESPAÑA
- VINO DE CALIDAD CON INDICACIÓN GEOGRÁFICA
- DENOMINACIÓN DE ORIGEN
- DENOMINACIÓN DE ORIGEN CALIFICADA
- VINO DE PAGO

Barrica – Span. Bezeichnung für Barrique, ein kleines Eichenfass mit einem Volumen von 225 Litern (300 Flaschen à 0,75 Liter), ursprünglich aus dem Bordelais stammend.

Biowein – Wein von Trauben aus ökologischem Anbau, der auf den Einsatz von chemischen und mineralischen Düngemitteln, Herbiziden und Pestiziden sowie gentechnisch verändertem Material verzichtet. Für Ausbau und Etikettierung von Bio- bzw. Ökowein sehen die EU-Gesetze keine speziellen Bestimmungen vor.

Blanco – Span. »weiß«.

Bodega – Span. »Keller«, »Kellerei«.

Bota – Fass für die Sherry-Solera aus amerikanischer Eiche mit einem Volumen von 500 bis 600 Litern.

Botrytis cinerea – Schimmelpilz, verursacht Edelfäule sowie (im unerwünschten Fall) Graufäule an den Trauben.

Brut – Frz. »roh«; Bezeichnung für trockenen Schaumwein (Cava) mit weniger als 15 g/l Restsüße.

Brut nature – Bezeichnung für extrem trockenen Cava mit maximal 3 g/l Restsüße.

Cava – Spanischer Schaumwein, der nach der klassischen Methode der Flaschengärung erzeugt wird, vorwiegend in Katalonien.

Celler – Katalanisch »Keller«, »Kellerei«.

Chaptalisierung – Zugabe von Zucker zum Traubensaft oder Most vor bzw. während der Gärung, um den endgültigen Alkoholgehalt des Weins zu erhöhen. Das Verfahren wird auch als »Anreicherung« bezeichnet.

Consejo Regulador – Kontrollrat für die jeweilige D.O.-Region.

Cooperativa – Genossenschaft.

Criadera – Horizontale Fassreihe in einer Solera.

Dulce – Bezeichnung für süßen Cava mit mehr als 50 g/l Restsüße sowie für süßen Málaga-Wein mit mehr als 45 g/l Restsüße.

Entrappen – Trennung der Beeren von den Stielen (»Rappen«) beim oder unmittelbar nach dem Mahlen (Quetschen) des Traubenguts.

Extra brut – Bezeichnung für sehr trockenen Schaumwein (Cava) mit maximal 6 g/l Restsüße.

Extra seco – Bezeichnung für halbtrockenen Cava mit 12–20 g/l Restsüße.

Fino – Sherrystil; die meist hellgelben Finos reifen vollständig biologisch unter dem Hefeflor.

Lagar – Span. »Kelter«: flacher Trog, in dem die Weine Spaniens traditionell vergoren wurden.

Llicorella – Bodentyp in Katalonien, v. a. im Priorat: Schiefer mit Quarzeinschlüssen.

Maceración carbónica – Kohlensäuremaischung: Einmaischung ganzer, unzerkleinerter Trauben in sauerstofffreier Atmosphäre, sodass eine intrazelluläre Gärung einsetzt. Erbringt Rotweine von intensiver Farbe und ausdrucksstarker Aromatik.

Manzanilla – Name für Sherry im Fino-Stil, der in Sanlúcar de Barrameda erzeugt wird.

Medium seco – Bezeichnung für sehr lieblichen Cava mit 33–50 g/l Restsüße.

Mehltau – Echter (Oidium) und Falscher (Peronospora) Mehltau sind Pilzkrankheiten, die Blattwerk und Frucht schädigen und die Weinqualität erheblich beeinträchtigen.

Oloroso – Rein oxidativ, d. h. ohne Hefeflor gereifter Sherry.

Noble – Vino de la Tierra (Landwein) mit einer Reifezeit von 18 Monaten.

Pago – Wein aus einer besonderen Einzellage oder ganzen Flur *(pago)*; die 2003 eingeführte Qualitätsstufe heißt Vino de Pago.

Palo Cortado – Sherrystil ähnlich dem Oloroso, fast ausschließlich oxidativ gereift.

PX – Abk. für die in Andalusien verbreitete Rebsorte Pedro Ximénez.

Rancio – Span. »uralt«; Süßwein aus gespritetem Wein oder Wein mit hohem natürlichem Alkoholgehalt, der seine besonderen Aromen durch die Lagerung unter Einwirkung von (Sonnen-)Wärme und/oder Sauerstoff erhält.

Reblaus – Schadinsekt, das die Weinrebe durch Schädigung der Wurzeln abtötet. Wurde Mitte des 19. Jhs. aus Nordamerika nach Europa eingeschleppt und vernichtete einen Großteil des gesamten Rebbestands. Da die meisten amerikanischen Reben gegen die Reblaus resistent sind, begegnete man der Plage durch Pfropfung europäischer Edelreiser auf amerikanische Unterlagsreben.

Reglamento – Vom jeweils zuständigen Consejo Regulador herausgegebenes Regelwerk für D.O.-Gebiete, in dem u. a. zugelassene Rebsorten, Bestockungsdichte, Höchstertrag pro Hektar, Erziehungssysteme und Weinbereitungsmethoden festgelegt sind.

Restzucker – Die Gesamtmenge an unvergorenen Zuckern (Restsüße) im fertigen Wein.

Roble – Wörtlich »Eiche«. Bezeichnung für kurze Zeit im Fass gelagerten Wein, auch Semicrianza genannt.

Rosado – Rosé.

Seco – Bezeichnung für lieblichen Cava mit 17–35 g/l Restsüße sowie für trockenen Málaga-Wein mit weniger als 4 g/l Restsüße.

Semidulce – Bezeichnung für lieblichen Málaga-Wein mit 12–25 g/l Restsüße.

Semiseco – Bezeichnung für halbtrockenen Málaga-Wein mit 4–12 g/l Restsüße.

Sierra – Span. »Gebirge«, »Bergkette«.

Solera – Span. »Bodenlage«; in sich geschlossenes Reifungssystem aus mehreren übereinandergestapelten Fasslagen zur Bereitung von Sherry oder Málaga-Wein; zugleich der Name der untersten Fassreihe (von *suelo*, Fußboden). Siehe auch S. 229.

Stillwein – Wein, der keine oder nur sehr wenig Kohlensäure enthält, d. h. jeder Wein, der kein Schaumwein ist.

Subzona – Teilbereich eines Anbaugebiets.

Tinaja – Bis zu 6 m hoher Tonkrug, der in La Mancha traditionell zur Bereitung und Lagerung von Wein verwendet wurde.

Tinto – Span. »rot«.

Viejo – Reifestufe für Vino de la Tierra (Landwein) mit einer Mindestreifezeit von 36 Monaten.

Viña – Weinberg.

Viñedo – Weinberg.

Vino generoso – Mit Weinalkohol verstärkter (gespriteter) Wein.

REIFESTUFEN

Je nach Reifedauer werden folgende Begriffe verwendet (siehe auch S. 19):

- JOVEN
- CRIANZA
- RESERVA
- GRAN RESERVA

Sach-, Erzeuger- und Personenregister

Bei Erzeugerbetrieben werden Zusätze wie Bodega(s), Celler, Finca, Viña(s) oder Viñedos nachgestellt, nicht aber Casa und Cooperativa. Ansonsten sind Erzeuger unter ihrem vollständigen Namen aufgeführt, d. h. Álvarez Nölting erscheint unter »A«.

Die im Buch erwähnten Weine werden auf S. 285 in einem eigenen Register geführt.

4 Kilos Vinícola 259

A

Aalto 150, 152
Abadía Retuerta 169
Abel Mendoza Monge 112
Abona (D.O.) 265
Adegas Galegas 128
Adrià, Ferran 53, 181
Agrícola Falset-Marçà 69
Agro de Bazán 126
Agustí Torelló 79
Airén 41, 172, 175, 186, 189, 191, 197, 205, 217, 219, 222
Alarije 249
Albali, Viña 193
Albarello 135
Albarín blanco 163
Albariño 41, 56, 126, 129, 131
Albariza 28, 226, 227, 243
Albet i Noia 32, 61, 65
Albilla 129
Albillo 143, 159, 165, 185, 197, 267
Alcañón 81
Alella (D.O.) 59
Alella Vinícola 59
Algueira, Bod. 132
Almacenistas 230
Almansa (D.O.) 186
Almanseñas, Bod. 186
Alonso Toribio 169
Alt-Penedès 61, 64
Alta Alella 59
Alter Ego Bod. de Crianza 158
Alto Almanzora, Bod. 245
Alto Aragón, Viñedos y Crianzas del 84
Alto Moncayo, Bod. 87
Alto Turia 203, 211
Altolandon, Bod. 184, 186, 187
Altos del Cuadrado 219
Álvarez Nölting 210
Álvarez, Pablo 146, 147
Álvaro Palacios 11, 14, 33, 66, 67, 89
Alvear 244, 245, 251
Amandi 133
Ameztoi 121
Amontillado 233, 234, 235, 237
Ampurdán (D.O.) 52
Àn Negra Viticultors 258, 259
Añada 230
Añadas, Bod. 88
Andrés Valiente e Hijos 213
Anfora, Finca 245
Ángel Anocíbar 169
Antigua, Finca 179
Antonio Candela e Hijos, Bod. 223
Antonio Medina 248
Antonio Vilches Valenzuela 245

Arabako Txakolina (D.O.) 120
Aragonesas, Bod. 87
Aranda de Duero 143, 147
Arauxa 133
Arca de Vitis 266
Arco Bod. Unidas 160
Arenas de San Juan 189
Aretey 79
Arganda 197
Arlanza (D.O.) 167
Arrayán, Bod. 188
Arribes del Duero (D.O.) 158
Arroyo, Marisa 150
Arroyo, Miguel Ángel 150
Arroyo, Ramón 150
Artadi, Bod. 116, 209
Artajona, Jesús 84
Artesa de Segre 58
Arùspide, Bod. 196
Arzak, Juan Marí 119
Arzuaga 150, 167, 169
Ateca, Bod. 85
Ausás, Xavier 146, 147
Avelino Vegas 165
Axarquía 29, 241
Ayuso 173
Azul y Garanza Bod. 33

B

Baboso 267
Baboso negro 267
Baix Empordà 55
Baix-Penedès 62, 64
Baja Montaña 93, 95
Bajo Aragón (VdT) 89
Bajoz, Viña 155
Baladí 244
Balcona, Bod. 218
Ballabriga, Bod. 85
Bañales, Javier 23, 94
Barbadillo 9, 232, 239, 145
Barbanza e Iria (VdT) 124
Bàrbara Forés 72, 73
Barbastro 81, 85
Barbier, René
 siehe René Barbier
Barbier, René jun. 69, 70
Barcelo, Miguel 258, 259
Barón de Ley 106, 166
Barreda, Bod. y Viñedos 183
Barrique 25, 109, 193
Barroso del Rea, Familia 194
Bastardo 133, 135
Bastardo blanco 265
Bastardo negro 265
Bastida, Rodolfo 116, 117
Beam Global Jerez 230
Benediktiner 131
Benjamin Romeo 117
Bentomiz, Bod. 242
Berceo, Gonzalo de 11
Bernabé Navarro, Bod. 205, 206
Bernabé, Rafael 206
Betanzos (VdT) 124
Bethencourt, Jean de 263
Bienvenida de Vinos 157
Bierzo (D.O.) 161
Bilbaínas 105
Bilbao 119
Biniagual, Celler 257
Binifadet 261
Binigrau Vins 260
Binissalem (D.O.) 255
Bizkaiko Txakolina (D.O.) 120

Blecua 83
Bleda 219
Bobal 37, 185, 190, 205, 208, 209, 213, 249
Bocopa, Bod. 205
Bodegas de Crianza y Expedición 230
Bodegas de Producción 230
Bodegas y Bebidas 203
Borba 249
Bordejé 87
Borja 86
Borsao, Bod. 87
Botas 229, 230, 232, 237
Both, André 242
Bougnaud, Jerome 198
Brancellao 126, 129, 131
Brandy de Jerez 236
Brebal 267
Bremajuelo 267
Bretón, Bod. 116
Bruñal 160
Bueno, Marisol 127
Buezo Vendimia Seleccionada y Vinos de Guarda 167
Bullas (D.O.) 217
Burgos 141
Burgos López, Juan Ignacio de 242
Burgos López, Rafael de 242
Burrablanca 267
Buten, Bod. 266

C

Ca N'Estruc 74
Caballero 232
Cabernet franc 52, 55, 60, 61, 72, 73
Cabernet Sauvignon 52, 55, 56, 58, 60, 61, 65, 69, 71, 72, 73, 81, 85, 87, 88, 93, 143, 151, 157, 161, 167, 175, 185, 187, 188, 189, 190, 191, 197, 205, 209, 213, 217, 219, 222, 237, 241, 243, 249, 256, 257, 265, 267
Cádiz (VdT) 239, 245
Caíño 129
Caíño blanco 126
Caíño tinto 126, 131
Calatayud (D.O.) 85
Calatayud, Pablo 214
Callet 256, 257
Cámbrico 168
Camp 71
Campanero, Viña 219
Campante 130
Campo de Borja (D.O.) 86
Campo de Cartagena (VdT) 223
Campo Reales, Bod. 178
Can Blau 70
Can Bonastre 61
Can Feixes 61, 65
Can Majoral 33, 258
Can Maymó 260
Can Ràfols dels Caus 61, 65
Can Rich de Buscatell 260
Ca'n Vidalet 259
Canals & Nubiola 76
Cañamero 250
Canary Sack 12, 263
Candela Belda, Alfredo 223
Candela Belda, Antonio 223

Candela Poveda, Antonio 223
Canopy, Bod. 188
Cantarero Morales, Familie 191
Cap de Barbaria 261
Capafons-Osso 68, 70
Capuchina, Bod. y Viñedos de la 242
Carballo, Eliseo 264
Cardenal Mendoza (Brandy) 232, 236
Cariñena (D.O.) 87
Cariñena (Rebsorte) 36, 52, 61, 65, 68, 69, 71, 72, 73, 88
Carles Andreu 61
Carlos I (Brandy) 236
Carmelo Rodero 149
Casa Balaguer 206
Casa Castillo 221
Casa de la Ermita 33, 219
Casa de la Viña 180, 183
Casa del Huerto del Cura 193
Casa Quemada 182
Casalobos 183
Castaño, Bod. 207, 222, 223
Castaño, Familie 207
Castell de Remei 57, 59
Castell Miquel, Bod. 259, 260
Castell Sant Antoni 79
Castellana negra 265
Castellblanch 76, 79
Castilla (VdT) 171, 181
Castilla y León (VdT) 167
Castilla La Vieja, Bod. de Crianza de 153
Castillo de Monjardín 92, 98
Castillo Perelada 54, 77
Castro Ventosa 163
Castro, Fernando de 263
Catalunya/Cataluña (D.O.) 73
Cava 64, 71
Cava (D.O.) 74
Cayetana blanca 249
Celler Cooperatiu de Batea 73
Cencibel 35, 175, 185, 186, 187, 188, 190, 219, 222
Cenit, Viñas del 158
Centro Españolas, Bod. 175
Cercavins, Celler 59
Cerdà, Miquel Àngel 258, 259
Cervantes, Miguel de 171, 175
Cervantino 173
Cérvoles 59
César Muñoz 166
Chacolí siehe Txacolí
Chantada 133
Chardonnay 52, 55, 56, 58, 60, 61, 69, 71, 72, 73, 75, 81, 85, 87, 88, 93, 105, 175, 185, 205, 209, 213, 222, 241, 249, 256, 257
Chenin blanc 58, 60, 61, 65
Chivite, Bod. 22, 94, 96, 97, 101
Chivite, Fernando 23, 94, 96, 98
Cigales (D.O.) 165
Cigarral Santa María, Viñedos 182, 183
Cigüente 249
Cintruénigo 94
Ciudad Real 171
Clariano 203, 212
Clos Erasmus 67
Codorníu 50, 57, 60, 75, 76, 77, 79

Colombard 241
Compañía Vinícola
 del Sur 244
Comtat, Vins del 205, 215
Conca de Barberà (D.O.) 59
Concavins 60
Condado de Haza 176
Condado de Huelva (D.O.) 238
Condado do Tea 128
Conde de Caralt 76
Condes de Albarei 126
Consejo Regulador 18
Constancia, Finca 184
Contino, Viñedos del 105
Coop. del Campo Santa
 Catalina 178
Coop. Jesus del Perdon 32
Coop. Malvasía de Banyalbufar
 259
Coop. San Isidro 32
Cooperatiu de l'Espluga
 de Francolí 60
Cooperativa Agraria
 San Isidro 185
Cooperativa Agraria
 Santa Quiteria 187
Cooperativa Agrícola de Barberà
 de la Conca 60
Cooperativa Agrícola
 de Pira 60
Cooperativa Agro-Vinícola Nuestra
 Señora del Rosario 218
Cooperativa Aurora 244
Cooperativa de Capçanes 69
Cooperativa
 La Invencible 195
Cooperativa Nuestra Señora
 de la Piedad 178
Cooperativa Nuestra Señora
 del Pilar 173
Cooperativa Purísima
 Concepción 191
Cooperativa Unión Campesina
 Iniestense 185
Cooperativa Vid y Espiga
 189
Cooperativa Vinícola Agraria
 San Isidro 218
Cooperativa Vinícola
 Coviñas 210
Cooperativa Vinícola Virgen
 de las Viñas 178
Cooperativa Virgen
 de la Sierra 85
Coronado, Finca 175, 183
Cortijo los Aguilares 242
Cosecheros y Criadores 184
Costa Occidental 241
Costeira, Viña 130
Costers del Segre (D.O.) 57
Costers del Siurana 67
Coto de Gomariz 129, 130
Coto de la Viña San Jacinto,
 Bod. 242
Covides 65, 88
Cream Sherry 233, 237
Crego e Monaguillo 135
Criadera 229
Criadores Artesanos 210
Crianza 19
Crianzas y Viñedos
 Santo Cristo 87
Cristo de la Vega 173, 178
Cruz Conde, Bod. 244
Cultivo Uvas Ecológicas
 Vinos y Afines 210
Cunqueiro 129
Cusiné, Familie 59
CVNE 107

D
D.O. 19, 130, 204
D.O.Ca. 19
Dalí, Salvador 51
Dalmau, Núria 54
De Muller 66, 71
Dehesa del Carrizal (D.O.)
 20, 22, 177
Dehesa la Granja 176
Delgado, Bod. 244
Delgado Zuleta, Bod. 232
Denominación de Origen 19
Denominación de Origen
 Calificada 19
Depardieu, Gerard 156
Descendientes de J. Palacios
 33, 162
Díaz, Yolanda 86
Dionisos, Bod. 32, 196
Doble Pasta 215
Dolores Morenas 248
Domecq 128, 173, 231, 232
Domènech, Juan Ignacio 70
Dominio de Aranleón 210
Dominio de Atauta 143
Dominio de Tares 163, 164
Dominio de Valdepusa (D.O.)
 20, 177
Dominio do Bibei 132
Dominio Maestrazgo 89
Don Quijote 171, 175
Doña blanca 131, 133, 135, 161
Doniene Gorrondona
 Txakolina 121
Donostia (San Sebastián) 119
Dorst, Stefan 89
Drake, Francis 12
Duero 158, 169

E
Egli 203
Eguren, Familie 116, 156
Eivissa (VdT) 260
El Angosto, Bod. 213
El Carche 209
El Chaconera, Finca 207
El Chantre, Bod. y Viñedos 242
El Cortijo de la Vieja, Bod. 245
El Coto 113
Élez siehe Finca Élez
El Grifo 267
El Hierro (D.O.) 267
El Maestro Sierra 232
El Monegrillo, Bod. 184
El Nido, Bod. 217, 219, 220
El Progreso Sociedad Coop.
 CL Mancha 178
El Puerto de Santa María
 228, 232
El Regajal, Viñas de 198
El Sequé, Bod. y Viñedos
 205, 208
El Taníno, Bod. 187
El Terrerazo (VdT)
 214, 215
El Vínculo 176
Elviwines 190
Emilio Rojo 129
Empordà (D.O.) 52
Enate 81, 84, 85, 197
Enguera, Bod. 212
Enomar, Bod. 173
Entremontes, Bod. 173
Equipo Navazos 231, 244
Ercavio, Bod. 182
Es Verger, Finca 259
Espadeiro 126
Espinosa, Rodrigo 191
Esquirol, Miguel 75

Eva 249
EVENA 92
Evine, Bod. y Viñedos 222
Extremadura (VdT) 248

F
F. Schatz, Bod. 32, 33, 242, 245
Falcó, Carlos 14, 20, 21, 177
Fariña, Manuel 156
Farrán Diez 165
Faustino 32, 113
Federico Paternina 113
Félix Lezcano 166
Félix Solís Bod. 193, 196
Ferdinand von Aragón 81, 141
Fernández, Alejandro 145, 176
Fernández, Horacio 137
Fernando Remírez de Ganuza 117
Ferrer Bobet 69
Ferrer, Bod. 261
Ferrer, José Luis 261
Ferrón 129
Fillaboa 127
Finca Élez (D.O.) 20, 177
Finca la Estacada, Bod. 182
Fino 233, 235, 237
Fino Amontillado 233
Fino del Puerto 233
Flores Alcázar, Bod. 173
Fogoneu 257
Folle blanche 120
Fondillón 204
Fontana, Bod. 176, 189, 191
Foraster, Familie 61
Forastera blanca 265, 267
Forastera Gomera 267
Forcayat 213
Forjas del Salnés 128
Formentera 261
Francisco Casas 199
Francisco Gómez, Bod. 205
Franco Españolas 113
Franco, Francisco 14, 49
Freixenet 75, 76, 79, 128
Fuencaliente 267

G
Gancedo, Bod. y Viñedos 163
Gañeta 121
García, Alberto 152
García, Eduardo 152
García, Mariano 152, 157, 167
García Carrión 79
García Pita, Daniel 198
Garnacha 35, 52, 55, 56, 58,
 60, 61, 65, 68, 69, 71, 72, 73,
 75, 81, 85, 87, 88, 93, 100, 105,
 143, 151, 154, 157, 159, 163,
 165, 167, 175, 185, 187, 189,
 191, 197, 205, 209, 213, 217,
 219, 222, 248, 249
Garnacha blanca 42, 52, 56, 58,
 60, 65, 69, 71, 72, 73, 81, 85,
 88, 93, 105
Garnacha gris 165
Garnacha peluda 52, 65, 69, 72
Garnacha tintorera 72, 73, 129,
 131, 135, 161, 186, 205, 213,
 219, 222, 249
Garrido fino 237
Garrut 56
Garvey 230, 231, 232, 239
Gaudí, Antonio 50
Gehry, Frank 103, 119
Genossenschaften 14, 32, 60, 73,
 91, 126, 147, 161, 177, 185,
 195, 248, 249
Gerardo Méndez, Adega 124
Getaria 119

Getariako Txakolina (D.O.) 120
Gewürztraminer 52, 55, 56,
 61, 73, 81
Gil, D. Miguel 220
Gil, Wenceslao 157
Glorian, Dafne 66, 67, 68
Godello 43, 126, 129, 131, 133,
 135, 136, 137, 161, 163
Godeval 136, 137
Gómez Sequeira, Dr. 22
González Byass 13, 230, 231
González, Fernando 132
Gosálbez Orti, Bod. y
 Viñedos 198
Gracía, Mariano 150
Gracia Hermanos 244
Graciano 36, 93, 105, 249
Gramona 77, 79
Gran Canaria (D.O.) 267
Gran Duque de Alba
 (Brandy) 236
Gran Reserva 19
Grandes Vinos y Viñedos 88, 89
Granit 29
Grao negro 135
Gratavinum 69
Gregorio, Miguel Ángel de 116
Griechen 10, 62, 203
Grimalt, Francesc 258, 259
Gros Manseng 120
Gual 265, 267
Guardiola, Bod. 219
Guelbenzu 92
Güemes, Luis 199
Guimaró, Bod. 132
Gutiérrez de la Vega, Bod. 206

H
Habla, Bod. 251
Hacienda Albae, Bod. 183
Hacienda el Espino 187
Hacienda Monasterio
 33, 149, 150
Hacienda Unamuno 160
Haecky Drink & Wine AG 203
Haro 13, 110, 114
Hefeflor 228, 233
Herederos de Argüeso 232
Herederos del Marqués
 de Riscal 115
Herederos Torres Burgos 244
Heredia, Julio de 113
Heredia, María José de 113
Heredia, Mercedes de 113
Herencia Remondo 106
Heretat de Cesilia,
 Viñedo y Bod. 214
Heretat de Taverners 213
Hidalgo, José 166
Hidalgo, Luis 137
Hijos de Rainera Pérez
 Marín 232
Hondarrabi Beltza 120
Hondarrabi Zuri 120
Hoya de Mazo 267
Huerta de Albalá 239, 245
Humboldt, Alexander von 120
Hurtado de Amézaga,
 Francisco 115

I
Iberer 57
Ibiza 260
Ignacio Marín, Bod. 88
Ignacio Príncipe 166
Ijalba, Viña 112
Illana, Bod. y Viñedos 190
Illes Baleares (VdT) 260
INCAVI 52, 57

Indicación Geográfica
  Viñedos de España 18
INDO (Instituto Nacional de
  Denominaciónes de Origen) 18
Irache, Bod. 23, 94
Irius, Bod. 24, 81, 82
Isabella von Kastilien 81, 141
Isla de Menorca (VdT) 261
Ismael Arroyo, Bod. 150
Itsasmendi 121
Iturrialde 121
Izadi, Bod. 150

J
Jable 266
Jaen 249
Jakobsweg 11, 91, 92, 94, 95,
  123, 125
Jalón, Bod. y Viñedos del 86
Jané Ventura 65, 70
Jaume de Puntiró 257
Jaume Mesquida de Mallorca 258
Jaume Serra 65
Javier Malumbres 97
Jean Léon 14, 62, 64
Jerez de la Frontera 228, 231
Jerez-Xères-Sherry y Manzanilla
  de Sanlúcar de Barrameda
  (D.O.) 225
Jeromín, Vinos 198, 199
Jiménez-Landi 188
Joan D'Anguera 70
Joan Serdá 65
Joven 19
Juan Alcorta 107
Juan García 38, 159, 160
Juan Gil, Bod. 219
Juan Ibáñez 88
Juan Manuel Vetas Martín 242
Juan Ramírez, Bod.
Julia Roch e Hijos 217, 219, 221
Jumilla (D.O.) 219
Justo i Villanueva, Lluis 75
Juvé y Camps 77, 79

K
Kalk 28, 104
Karthager 49, 62, 197, 255
Kieninger, Bod. 33, 242, 245
Kieninger, Martin 242
Kies 29
Kolumbus, Christoph 141
Kracher, Alois 241

L
L'Hereu, Vinya 59
La Bodega de Pinoso 205
La Casa de las Vides
  Bodgues i Vinyes 213
La Gomera 263
La Gomera (D.O.) 267
La Higuera Mayor 267
La Legua 166
La Mancha (D.O.) 174
La Marina 121
La Marquesa, Viñedos y
  Bod. de 105
La Mezquita, Bod. 231
La Muntanya, Celler 215
La Palma 264
La Palma (D.O.) 267
La Purísima, Bod. 222
La Rioja Alta, Bod. 113, 114, 128
La Setera 160
Lado 129
Lafage, Jean-Marc 86
Lagar de Cervera 128
Lagar de Fornelos 128
Lagar do Merens 129

Lagares 24
Lahoz, Bod. 173, 138
Lalanne, Bod. 82
Langa Hermanos, Bod. 86
Lanzarote (D.O.) 267
Lar de Barros – Inviosa 247
Laujar-Alpujarra (VdT) 245
Laurona 70
Laus, Bod. 82
Leceranas, Bod. 89
Lepanto (Brandy) 236
Les Garrigues 58, 59
Lezcano Lacalle 165
Listán blanca 265, 267
Listán de Huelva 237
Listán negro 265, 267
Listán prieto 265
Llach, Luis 68
Llicorella 62, 67, 70
Lobecasope, Bod. 183
Logroño 104
Lomablanca, Bod. 88
López de Heredia
  26, 105, 110, 113
López de Lacalle, Juan Carlos
  96, 117, 209
López Hermanos 242
López Panach, Bod. 183
Los Alijares, Finca 184
Los Aljibes, Bod. 181
Los Bujeos, Bod. 242
Los Curros 168
los Frailes, Bod. 33, 212
Los Marcos, Bod.
Los Nevados, Finca 183
Los Pinos 33
Loureira 126, 129, 131
Loureira blanca 126
Loureira tinta 126
Luis Saavedra, Bod. Ecológica
  33, 198
Lusco 128
Lustau 228, 230, 232
Luzón, Bod. 219

M
Macabeo 42, 52, 55, 56, 58, 60,
  61, 65, 69, 71, 72, 73, 75, 81,
  85, 87, 88, 129, 175, 185, 188,
  191, 197, 205, 209, 213, 217,
  219, 222, 241, 249, 256, 257
Macià Batle 256
Madrigal, Margarita 182
Madroñal, Bod. 218
Magaña, Bod. 98
Magaña, Diego 98
Magaña, Juan 93, 98
Magaña, Nelly 168
Mähler-Besse, Franck 219
Maillo, Fernando 168
Málaga – Sierras de Málaga
  (D.O.) 241
Málaga Virgen, Bod. 242
Malbec 143
Mallorca (VdT) 259
Malvar 188, 197, 249
Malvasía 44, 52, 56, 58, 71,
  73, 75, 85, 93, 154, 157,
  159, 161, 163, 213, 219, 222,
  264, 265, 267
Malvasía de Rioja 105
Malvasía rosada 265, 267
Manchuela (D.O.) 184
Mano a Mano 176
Manto negro 39, 256, 257
Manuel Fariña 154, 156
Manuel Manzaneque,
  Viñedos y Bod. 21
Manzanilla 225, 233, 235

Manzanilla pasada 233
Mar de Frades 128
María Pinacho 166
Marisánchez, Finca 188
Mariscal, Bod. 189
Marmajuelo 265
Marqués de Cáceres 113
Marqués de Griñon 20, 21, 177
Marqués de Monistrol 65, 77, 79
Marqués de Murrieta 13, 113,
  114, 128
Marqués de Riscal 13, 103, 108,
  116, 152
Marqués del Real Tesoro 232
Martín Códax 126, 127, 161
Martín, Ana 136, 166
Martínez, Félix 198
Martínez, Gregorio 198
Martínez, Manuel 198
Martínez, María 114
Martínez Bujanda 109, 176, 179
Martínez Paiva 248
Martínez Verdú, Bod. 219
Martúe, Bod. 183
Mas Alta, Bod. 69
Mas d'en Gil 69
Mas Doix 69
Mas Estela 54, 55
Mas Foraster, Celler 61
Mas Gil 55, 74
Mas Igneus 33
Mas Martinet 67, 218
Mas Perinet 69, 70
Masía Bach 65, 77
Masia Serra 55
Masies d'Avinyó, Bod. 56
Matanegra 250
Matarredonda 157
Matarromera 150
Mateo, José Luis 135
Maturana blanca 105
Maturana tinta 105
Maturano 105
Mauren 11, 144, 171,
  197, 203, 255
Mauro, Bod. 167
Maurodos 157
Mayo Casanova,
  Viñedos y Bod. 215
Mayor, Viña 169
Mazuela 36, 56, 60, 85, 87, 88
Mazuelo 36, 93, 105, 249
Medium Sherry 233, 237
Mehltau 13, 203, 263
Mein, Viña 129, 130
Meler, Bod. 83
Mencía 37, 126, 129, 131, 133,
  135, 159, 161, 163, 167
Méndez, Juan Jesús 267
Mendoza, Bod. 205, 207
Mendoza, Enrique 207
Mendoza, Julian 208
Mendoza, Pepe 208
Menorca 261
Méntrida (D.O.) 187
Merenzao 131, 135
Merlot 52, 55, 56, 58, 60, 61, 65,
  69, 71, 72, 73, 81, 85, 87, 88,
  93, 143, 151, 161, 167, 175,
  185, 187, 189, 190, 197, 205,
  209, 213, 217, 219, 222, 241,
  249, 256, 257
Merseguera 205, 209, 213, 222
Miguel Ángel de Gregorio 117
Miguel Merino 112
Miguel, Ignacio de 199
Miño 124, 130
Miquel Gelabert, Vins
  258, 259

Miquel Oliver, Bod.
Mistela 215
Molina, Rosalía 186
Molino y Lagares de Bullas 218
Moll 256
Monastel de Rioja 105
Monasterio de Santo Estevo 133
Monastrell, Bod. 218
Monastrell (Rebsorte) 38, 52, 56,
  60, 61, 69, 71, 73, 75, 85, 185,
  186, 187, 204, 205, 213, 217,
  219, 222, 249, 256, 257
Mönche 11, 60, 81, 108, 131
Moncloa, Finca 245
Monclús, Bod. 82
Mondavi, Robert 191
Mondéjar (D.O.) 188
Monstruosa 134, 135
Mont Reaga 182
Montalvo Wilmot 183
Montánchez 250
Monte Amán 167
Montecillo, Bod. 109, 114
Monterrei (D.O.) 133
Montes 241
Montgó, Bod. 33
Montilla-Moriles (D.O.) 243
Montsant (D.O.) 69
Montua 249
Moralia, Bod. 183
Moravia 175
Moravia dulce 185
Morenillo 72
Moreno 244
Moristel 81
Moscatel (Rebsorte) 87, 204, 213,
  225, 237, 238, 241, 249, 256,
  257, 265, 267
Moscatel (Sherry) 233, 235
Moscatel de Alejandría 52, 56, 60,
  61, 71, 72, 73, 85, 205
Moscatel de grano grande 56
Moscatel de grano menudo
  52, 56, 60, 61, 69, 71, 72,
  73, 93, 112, 135, 157, 175,
  190, 197
Moscatel de Valencia 212
Moscatel Layrén 243
Moscatel negro 265, 267
Moscatel romano 88
Mouratón 131
Mourvèdre 38
Muga, Bod. 109, 113, 115
Muñoz, César 168
Muñoz, Viñedos y Bod. 177, 183
Murcia, Bod. y Viñedos de 222
Murviedro, Bod. 203, 210
Mustiguillo, Bod. 210, 214, 215

N
Nadal (Cava) 79
Nadal, Vins (Mallorca)
  257, 260
Naranjo, Bod. 173
Navalcarnero 197
Navarra (D.O.) 93
Navarro López, Bod. 195
Navarro, Olga 206
Negramoll 265, 267
Negreda 135
Nekeas, Bod. 96
Niehus, Familie 207
Nieva, Viñedos de 152
Niño Jesús 86
Nora, Bod. 128
Norte 241
Norte de Sevilla (VdT) 239
Nova García, Dionisio de 32
Nozaleda, Familie 84

Nuestra Señora de la Cabeza 178, 185, 190
Nuestra Señora Del Rosario 178

O
O Rosal 128
Obrador, Pere-Ignaci 258, 259
Ochoa, Adriana 98
Ochoa, Bod. 97, 98
Ochoa, Javier 98
Olano, Victor 98
Olivares, Bod. 219
Olivella, Jaume 258
Oliver Conti 55
Oliver, Maria Antonia 260
Oliver, Miquel 258
Oliver, Pilar 258
Oloroso 233, 234, 235, 237
Olvena, Bod. 82
Omblancas, Finca 219, 220
Ordoñez, Jorge 85, 87, 186, 220, 222, 241
Ortega Fournier, José Manuel 150
Ortiz 248
Orujo de Galicia 123
Osborne 232, 238, 239
Osborne Malpica 183, 184
Osca, Bod. 82
Osoti 33
Otazu, Bod. 23, 94, 98
Otto Bestué, Bod. 83

P
Pablo, Viñedos y Bod. 88
Páganos, Viñedos de 116
Pago Casa Gran 213
Pago de Carraovejas 149
Pago de la Jaraba 175
Pago de Otazu 23
Pago de Tharsys 215
Pago de Vallegarcía 183
Pago del Vicario 183, 184
Pago Guijoso (D.O.) 20, 177
Pagos de Familia Marqués de Griñón 197
Pagos del Molino 215
Paixar 163
Palacio de Fefiñanes 126, 128
Palacio Quemado 251
Palacios, Álvaro
 siehe Álvaro Palacios
Palacios, Rafael
 siehe Rafael Palacios
Pale Cream 233, 237
Pallars Jussà 58
Palmera, Bod. 33, 210, 211
Palo Cortado 233, 235, 236
Palomar Sánchez, Bod. 189
Palomino 129, 131, 134, 135, 137, 151, 163, 225, 237, 239
Pamplona 91
Pansa blanca 45, 58
Pansa rosada 58
Pansal 69
Pardas, Celler 65
Pardevalles 164
Pardina 249
Parellada 55, 56, 58, 60, 61, 69, 71, 72, 73, 75, 88, 197, 249, 256, 257
Parés Baltà 33, 65, 77
Parker, Robert 145
Parra, Francisco 181
Parra, Javier 181
Parra Jiménez, Bod. 33, 181
Parrelata 81
Parxet 59, 79
Pastrana, Carles 66

Paternina, Bod. 32
Pazo de Barrantes 128
Pazo de Señorans 127, 128
Pazo de Villarei 128
Pedro Jiménez 44
Pedro Luis Martínez 220
Pedro Romero 225, 232
Pedro Ximénez (Rebsorte) 44, 65, 72, 73, 213, 219, 225, 237, 238, 241, 243, 249, 265, 267
Pedro Ximénez (Sherry) 233, 235
Peique, Bod. 163
Peña, José de la 13
Penedès (D.O.) 61
Pérez, José Luis 66, 68, 218
Pérez, Juan Jesús 267
Pérez, Loles 266
Pérez, Raúl 135, 163
Pérez, Sara 69, 70, 132, 214, 215
Pérez Barquero 244
Pérez de Olate, Juan Luis 257
Pérez Oveja, José Manuel 151
Pérez Palacios, Ricardo 162
Pérez Pascuas 151
Perignon, Dom Pierre 75
Perruno 249
Petit Courbu 120
Petit Manseng 120
Petit Verdot 167, 175, 187, 241
Peynaud, Émile 20
Phokäer 55
Phönizier 10, 49, 62, 204, 226
Picapoll 52, 55, 56, 58, 73
Picapoll blanc 52
Picapoll negre 69
Pilcar 165
Pinacho, María 166
Pingus 33
Piñol 72
Pinord 65
Pinot noir 56, 58, 60, 61, 71, 73, 75, 81, 93, 205, 213, 249, 265
Pintia, Bod. 157
Pinuaga, Viñedos 183
Piqueras, Bod. 186
Pirineos, Bod. 85
Pla de Bages (D.O.) 55
Pla i Llevant (D.O.) 257
Planta fina 205, 213
Planta nova 209, 213
Plinius 255
Poblet 59, 60, 77
Ponce, Bod. y Viñedos 185
Popp, Prof. Dr. Michael 259
Postigo, Tomás 149
Prada 136
Prensal blanc 256, 257
Prieto Picudo 39, 163, 164
Primitivo Quiles 206
Príncipe Alfonso de Hohenlohe 245
Priorat/Priorato (D.O.Ca.) 65
Protos 147
PX siehe Pedro Ximénez

Q
Quaderna Via, Bod. 33
Quinta da Muradella, Bod. 135
Quinta de la Quietud 157
Quinta Sardonia 169, 198
Quintano, Manuel 13
Quiroga-Bibei 133

R
Rabassa morta 50
Rafael Cambra 212, 213
Rafael Palacios 136, 137

Raimat 57, 58, 77
Ramón Bilbao 117, 128
Rancio 42, 215
Raventós, Josep 13, 75, 77
Raventós, Manuel 57
Raventós, Miguel 77
Raventós i Blanc 79
Raventós Rosell 77
Raymond de Citeaux 11
Real, Bod. 188, 194, 195, 196
Real, Viña 107
Reblaus 13, 120, 129, 172, 197, 203, 205, 247, 255, 263
Recaredo 79
Reconquista 11, 108, 141, 203, 226
Rectoral de Amandi 131
Remelluri 111, 117
Renacimiento 150
René Barbier 23, 32, 52, 65, 66, 67, 132
Reserva 19
Rey Fernando de Castilla 231, 234
Rías Baixas (D.O.) 126
Ribas, Bod. 259, 260
Ribeira do Ulla 128
Ribeiras do Miño 133
Ribeiras do Sil 133
Ribeiro (D.O.) 128
Ribera Alta (Extremadura) 250
Ribera Alta (Navarra) 93, 95
Ribera Baja (Extremadura) 250
Ribera Baja (Navarra) 93, 95
Ribera d'Ebre 71
Ribera del Andarax (VdT) 245
Ribera del Duero (D.O.) 142
Ribera del Duratón 168
Ribera del Guadiana (D.O.) 248
Ribera del Júcar (D.O.) 190
Ribera del Queiles (VdT) 92
Riberas (VdT) 92
Ricardo Benito 198
Ricardo Sanz 153
Rico Martínez, Agapito 209
Riesling 56, 61, 73
Ringland, Christopher 220
Rioja (D.O.Ca.) 105
Rioja Alavesa 106
Rioja Alta 106
Rioja Baja 106, 112
Riojanas, Bod. 113, 114, 128
Roa 144
Roble 19, 97, 144
Roble Alto, Bod. 185
Roca, Gebrüder 53
Roda 117
Rodríguez, Gonzalo 167, 182
Rodríguez, Telmo
 siehe Telmo Rodriguez
Roger Goulart 79
Rolland, Michel 20
Romale 248
Romé 241, 243
Römer 10, 49, 55, 57, 62, 66, 91, 129, 131, 144, 171, 197, 203, 255
Rondel 77
Roqueta, Bod. 56, 74
Roqueta, Valentin 56
Roura 59
Roure, Bod. Celler del 212, 214
Rovellats 61, 79
Rubí Cabernet 265, 267
Rueda (D.O.) 151
Rufete 159, 160

Rumasa 226
Ruscalleda, Carme 53

S
Sa Cudia Nova, Finca 261
Sabro 265, 267
Salvador Poveda 206
Samsó 36, 52, 56, 60, 69, 73
San Alejandro, Bod. 85, 86
San Blas, Finca 210
San Gregorio 86
San Isidro, Bod. 219
San Martín de Valdeiglesias 197
San Sebastián (Donostia) 119
Sánchez Muliterno, Bod. y Viñedos 22
Sánchez Muliterno, Eduardo 22
Sánchez Muliterno, Juan 22
Sánchez Romate 232
Sandeman 230, 231, 232
Sandoval, Finca 184, 185, 187
Sanlúcar de Barrameda 225, 228, 229, 232
Sant Sadurní d'Anoia 75, 76, 77, 79
Santa Catalina 173
Santa Marta 136
Santamaría, Santí 53
Santiago de Compostela 10, 123, 125
Santigo Ruiz 126
Santolaya, Agustín 14, 117
Sanz, Alejandra 153
Sanz, Antonio 153
Sanz, Marco 153
Sanz, Ricardo 164
Sarral 60
Sarrión Martínez, Antonio 210, 215
Sauer, Heiner 211
Sauvignon blanc 52, 55, 56, 58, 60, 61, 71, 72, 73, 93, 105, 151, 175, 185, 186, 189, 190, 205, 209, 241, 249
Scala Dei 66, 69, 77
Schenk 203
Schiefer 27, 29, 68
Schmedes, Alexandra 182
Segrià 58
Segura Viudas 76, 79
Semicrianza 19
Senen Guitian 136
Señorío de Arínzano 22, 25, 96
Señorío de Astobiza 121
Señorío de Aylés, Bod. 88
Señorío de Barahonda, Bod. 217, 223
Señorío de Otazu 93
Señorío de San Vicente 116
Señorío del Júcar 185
Serna, Victor de la 185
Serra de Tramuntana-Costa Nord (VdT) 258
Serranía de Ronda 241
Serrano, Bod. 223
Servera Ribas, Araceli 260
Sese, Jesús 84
Shakespeare, William 263
Sherry 225
Sierra Cantabria 116
Sierra Norte, Bod. 210
Sierra Salinas, Bod. 205, 207
Sierras de Málaga (D.O.) 241
Sil-Tal 132
Sissek, Peter 14, 148, 149, 150, 198
Sociedad Cooperativa San Ginés 190
Solera 204, 228, 229, 236

Solís Fernández, Félix 193
Solís Ramos, Félix 193
Somontano (D.O.) 81
Somoza 136
Son Bordils, Finca 260
Soto, Diego 54
Sourdais, Bertrand 143
Sousón 126, 129, 131
Soutomaior 128
Souzón 135
Subirat parent 44, 56, 75
Subzona norte 267
Sumarroca 65, 79
Sumoll 55
Superreserva 116
Suqué, Javier 54
Syrah 52, 55, 56, 58, 60, 65, 69, 71, 72, 73, 81, 85, 87, 88, 93, 175, 185, 186, 187, 189, 190, 197, 205, 209, 213, 217, 219, 222, 237, 241, 243, 249, 256, 257, 265

T
Taberner, Vicente 245
Tacoronte Acentejo (D.O.) 265
Tagalguén, Bod. 267
Tagonius, Bod. 199
Tarragona (D.O.) 71
Telmo Rodríguez 14, 205, 241, 243
Tempore, Bod. 89
Tempranillo 35, 52, 55, 56, 58, 60, 61, 69, 71, 72, 73, 81, 85, 87, 88, 93, 105, 129, 131, 133, 135, 143, 148, 151, 154, 157, 159, 161, 163, 165, 167, 175, 185, 186, 187, 188, 189, 190, 191, 197, 205, 209, 213, 217, 219, 222, 237, 241, 243, 249, 256, 257, 265
Terra Alta (D.O.) 72
Terra do Gargalo 135
Terras Gauda 127
Terrazgo Bod. de Crianza 160
Terrer d'Aubert 71
Terruño 33, 103, 104, 111, 117, 118, 156, 227
Terry 232
Teschendorf 203
Teso la Monja 156
Tierra de Barros 247, 250
Tierra de Frontos 267
Tierra de León (D.O.) 163
Tierra del Vino de Zamora (D.O.) 157
Tierra Estella 93, 94, 95
Tikalo, Bod. 182
Tinajas 178, 180, 192, 195
Tinta de Toro 154, 155
Tinta del País 35, 143, 167
Tintilla 265, 267
Tintilla castellana 267
Tinto fino 143, 197
Tinto Pesquera 176
Tondonia, Viña 109, 110, 113, 114
Tonerde 28
Toni Gelabert, Vins 258
Toro (D.O.) 154
Toro Albalá 244
Torre de Oña 105
Torre Oría 77
Torrecastillo, Bod. 219
Torres 14, 26, 50, 60, 62, 63, 64, 65, 69
Torres Maczassek, Miguel 63
Torres, Miguel A. 14, 62, 63
Torres, Miguel sen. 63
Torres, Mireia 63
Torroja, Bod. 210
Torrontés 126, 129, 131, 188, 197, 243, 265, 267
Tortosí 213
Tostada 130
Tradición, Bod. 231
Treixadura 45, 126, 129, 131, 133
Trepat 56, 60, 61, 73, 75
Tudela de Duero 143
Turruntés 105
Txakolí 119, 120, 121
Txomín Etxaníz 121
Txueka, Gebrüder 119

U
Uclés (D.O.) 189
Ull de Llebre 35, 52, 56, 58, 60, 69, 71, 73
Urgell 58
Uribes Madero 183
Utiel, Bod. y Viñedos de 210
Utielanas, Bod. 209
Utiel-Requena (D.O.) 209
Uval 267

V
Val do Salnés 128
Valdavia 129
Valdelosfrailes 166
Valdeorras (D.O.) 135
Valdepeñas (D.O.) 191
Valdespino 232
Valdevimbre 164
Valdivia 231
Valdizarbe 93, 95
Valencia (D.O.) 211
Valentino 203, 212
Valiente, Andres 211
Valiente, Rodolfo 211
Vall del Riu Corb 58
Valle De Güimar (D.O.) 265
Valle De La Orotava (D.O.) 265
Valle del Cinca (VdT) 89
Valle del Miño-Orense (VdT) 124
Valles de Benavente (VCIG) 142, 169
Valles de Sadacia (VdT) 112
Vallformosa 77
Vall-Llach 68
Valonga, Bod. 89
Valsacro 106
Valtiendas (VCIG) 142
Vanhoutte-Rigoll, Michel 69
VCIG 19
Vega de Ribes 62
Vega Sauco, Bod. 157
Vega Sicilia 143, 146, 149, 150, 157, 167, 169
Vega Tolosa, Bod. y Viñedos 185
Vegalfaro, Viñedos y Bod. 210, 211
Veiga Naúm 128
Vendimia tardía 121
Venta d'Aubert, Bod. 89
Vera de Estenas 215
Verdejo 43, 105, 151, 154, 157, 159, 163, 165, 167, 175, 185, 186, 189, 249
Verdello 265, 267
Verdil 205, 212, 213
Vergil 75
Verheij, Clara 242
Verijadiego blanco 267
Verijadiego negro 267
Verino, Roberto 135
Vero, Viñas del 26, 81, 83, 85
Vi de Finca 23, 52
Vi de la Terra 260
Vicente Gandia, Bod. 210
Vicente, José María 221
Victoria, Bod. 88
Vidadillo 88, 89
Vidal, Bod. 213
Vijariego 265
Vijariego negro 265
Vilaret, Augustín 75
Vilariño-Cambados 126
Vilarnau 79
VILE, Bod. 164
Villacreces 169
Villanueva 172
Villavid, Bod. 185
Viña, Vinos de la 212
Viñaoliva Sdad. Coop 249
Viñatigo 267
Viñedos y Reservas 173
Vinegra, Milagros 245
Vinícola de Aranda Sociedad Cooperativa Madrileña 199
Vinícola de Castilla 175
Vinícola de Tomelloso 178
Vinícola del Oeste 210
Vinnico Export 222
Vino de Calidad con Indicación Geográfica 19, 142
Vino de Calidad de Canarias 267
Vino de la Tierra 18
Vino de la Tierra Bajo Aragón 89
Vino de la Tierra Barbanza e Iria 124
Vino de la Tierra Betanzos 124
Vino de la Tierra Campo de Cartagena 223
Vino de la Tierra Castilla y León 167
Vino de la Tierra de Cádiz 239, 245
Vino de la Tierra de Castilla 171, 181
Vino de la Tierra de Extremadura 248
Vino de la Tierra de Mallorca 259
Vino de la Tierra Eivissa 260
Vino de la Tierra El Terrerazo 214, 215
Vino de la Tierra Illes Baleares 260
Vino de la Tierra Isla de Menorca 261
Vino de la Tierra Laujar-Alpujarra 245
Vino de la Tierra Norte de Sevilla 239
Vino de la Tierra Ribera del Andarax 245
Vino de la Tierra Ribera del Queiles 92
Vino de la Tierra Riberas 92
Vino de la Tierra Serra de Tramuntana-Costa Nord 258
Vino de la Tierra Valle del Cinca 89
Vino de la Tierra Valle del Miño-Orense 124
Vino de la Tierra Valles de Sadacia 112
Vino de Mesa 18
Vino de Pago 19
Vino generoso 13, 227, 233
Vino generoso de licor 233, 237, 239
Vinos de alta expresión 116
Vinos de León 164
Vinos de licor 241
Vinos de Madrid (D.O.) 197
Vinos dulces naturales 234
Viognier 72
Vionta 128
Virgen del Águila S. Coop., Bod. 88
Vitivinos Anunciación 184
Viura 42, 52, 93, 105, 151, 167, 175
Vizcarra, Juan Carlos 148
Vizcarra Ramos 148
Volver, Bod. 175
VORS (Vinum Optimum Rare Signatum/Very Old Rare Sherry) 233
VOS (Vinum Optimum Signatum/Very Old Sherry) 233
Vulkanische Böden 29

W
Williams & Humbert 230, 231, 232

X
Xarel-lo 45, 52, 56, 58, 61, 71, 73, 75

Y
Ycoden-Daute-Isora (D.O.) 265
Yecla (D.O.) 220
Ysios, Bod. 115

Z
Zaccagnini, Javier 152
Zalema 237, 238
Zamora 155
Zaragoza 81
Zerolo, Jorge 265
Zisterzienser 11, 49, 50, 59, 60, 129, 131, 144

Register der Weine

12 Volts 259
1752 Cabernet Sauvignon
1752 Syrah
»1780« 59
1890 Viejo 244
1905 Amontillado 244
1905 Oloroso 244
1905 PX 244
3.9 57
4 Kilos 259
5 Merlot 57
9 Cotas 184

A
A Pasos 242
A Trabe 135
AAA 21
Abadal 3.9 57
Abadal 5 Merlot 57
Abadal Selecció 57
Absum Colección Chardonnay 82
Absum Colección Merlot 82
Absum Varietales 82
Acipino Crianza 33, 245
Acustic 70
ACVLIVIS 213
Adar 190
Adaras Tinto 186
Agios 183
Ágora 196
Ágora Roble 196
Aia 258
Alabaster 156
Alba de Casaquemada 182
Alba de los Infantes Reserva 196
Albada Calatayud Superior Reserva 85
Albali Arium Gran Reserva Tempranillo 193
Albali Arium Tempranillo 193
Albali Tempranillo Rosado 193
Albariño de Fefiñanes III. Año 128
Alceño Syrah 219
Alfa Spiga 150
Aljibes 181
Allozo 175
Alma de Luzón 219
Almoroig 215
Almuvedre 205
Altar 94
Alto las Pizzaras 86
Alto Moncayo 87
Altolandon 187
Altos de Luzón 219
Altozano Verdejo-Sauvignon 184
Alvear Pedro Ximénez 1927 245
Alvear PX 1830 Reserva 245
Alvear Solera Fundacíon Amontillado Solera 245
Amancio 116
Amanecer PX 244
Ambos 153
Amontillado Siete Sabios 244
Amontillado Tío Guillermo 232
ÀN 258
ÀN/2 258
Anayón 88
Àndalus Petit Verdot 245
Andres Meler 83
Angosto 213
Antonio Barbadillo 239
Aquilón 87

Aragus Garnacha Cabernet 87
Arca de Vitis Malvasía dulce 266
Arcaduz 173
Ardales 196
Ariyanas Naturalmente Dulce 242
Ariyanas Tinto de Ensamblaje 242
Armiño 173
Arras de Bobal 215
Arrayán Petit Verdot 188
Arrayán Premium 188
Arrayán Syrah 188
Artadi Pagos Viejos 117
Artero Crianza 177
As Sortes 26, 136, 137
Aula Bobal de Lágrima 210
Aula Merlot Crianza 210
Aurora Manzanilla Pasada 232
Autor de Arúspide 196
Avanthia 135
Aylés Tres de 3000 88
Azagador (Marke) 175

B
Baltasar Gracián Garnacha Viñas Viejas 86
Baltasar Gracián Superior 86
Baltasar Gracián Tempranillo Viñas Viejas 86
Barahonda Barrica 223
Barahonda Summun 223
Barba Rosa 245
Barbazul 245
Barón de Chirel 115
Bellum el Principio 223
Bembibre 163
Benengeli 173
Beryna 206
Beryna Selección 206
Bilogía 33
Blas Muñoz Chardonnay 177
Blecua Reserva 83
Bonal Macabeo 194
Bonal Tempranillo 194
Bugader 70

C
Ca'n Vidalet Cabernet Sauvignon 259
Cabernet Vitral 94
Cabriel 211
Calcari Xarel-lo 33
Calvario 117
Calzadilla 183
Calzás Pie Franco Barrica 219
Caminillos 199
Campo Reales 178
Campo Viejo 107
Can Maymó Barrica 260
Cánfora Pie Franco Reserva Especial 178
Canforrales 178
Canforrales Syrah Roble 178
Cap de Barbaria 261
Capuchina Vieja 242
Carballo Añejo 264
Carballo Malvasía Dulce 264
Cardenal Álvarez Dulce 214
Care Finca Bancales Barrica 88
Care XCLNT 88
Carmesí 257
Carroleón 164
Casa Balaguer 206
Casa Castillo Crianza 1991 221
Casa Castillo Monastrell 221

Casa Castillo Pie Franco 221
Casa Cisca 223
Casa de Illana Carmen 190
Casa de Illana Selección 190
Casa de la Ermita Crianza 33
Casa de la Ermita Petit Verdot 219
Casa de la Ermita Reserva 219
Casa de la Viña Edición Limitada 183
Casa del Canto Barrica 222
Casa Gualda 178
Casa Gualda Syrah 190
Casalobos Tinto 183
Casta Diva Fondillón 206
Casta Diva Reserva Real 206
Castaño Colección 222
Castaño Rosado Monastrell 222
Castillo de Almansa 186
Castillo de Monjardín Chardonnay Reserva 99
Castillo de San Diego 245
Castillo Ygay Gran Reserva 114
Cecilia 185
Cenit 158
Centenario Gran Via Reserva 199
Cepas del Zorro Barrica 218
Cepas del Zorro Rosado 218
Cepas Vellas 137
Cepas Viejas Crianza 198
Céron 221
Cerro Bercial Parcela Ladera los Cantos 210
Cerro Bercial Rosado 210
Cerro Bercial Selección 210
Cervantino Blanco 173
César Príncipe 166
Chaveo Monastrell 218
Chivite Colección 125 Reserva 96
Chorrera Cream Añejo Pedro Ximénez 242
Cims de Porrera 68
Cinco Almudes Tempranillo 190
Classic Crianza 82
Clavelito 178
Clavelito Airén 173
Clavis Viñedo Pico Garbanzo Reserva 179
Clio 220
Clos d'Agón 55
Clos de L'Obac 67
Clos Dofi 67
Clos Erasmus 67
Clos Figueras 70
Clos Manyettes 67
Clos Martinet 67
Clos Mogador 52, 67
Clos Montblanc 60
Colección el Ariño Merlot 83
Colección el Enebro Gewürztraminer 83
Colección las Canteras Syrah 83
Colección San Miguel Chardonnay 83
Collecció Syrah 33
Contador 117
Contiempo Seco Clásico 266
Cornet 259
Coronado Tinto 183
Coronas 63
Costeira 130
Coto de Hayas Reserva 87
Coupage 110 260
Cráter 266

Creacíon Conrad Soleón 242
Crianza 82
Cristal-lí Dulce Moscatel 205
Cruz Conde Solera Fundacíon 1902 PX 244
Cruz de Piedra Capricho 85
Cueva Barrica Selección 210
Cuevas Santoyo Brut 173
Cum Laude 33
Cumal 164
Cuvée Vinana 33

D
D2UES 261
Darimus Syrah Dulce 223
Daurat 257
DeDos 153
Del Duque 232
Delgado 1974 PX 244
Desierto 33
Detrás de la Casa Cabernet Sauvignon-Tintorera 222
Detrás de la Casa Syrah 222
Dido 70
Diego de Almagro Gran Reserva de Familia 193
Diego de Almagro Reserva Tempranillo 193
Dimensión 94
Dionisio Ruiz 112
Dionus 89
Divinus 22
Divo Gran Vino de Guarda 198
Divus 219
Dominio de Conte 116
Dominio de Longaz 88
Dominio de Sexmil 158
Domus 89
Don Aurelio Tempranillo Reserva 195
Don Grumier Blanco 173
Don Juan PX 242
Don PX 1979 Gran Reserva 244
Don PX 2005 244
Don PX Ginés Lébana 1976 Especial Filatélicos 244
Don Salvador 242
Don Suero 164
Dry Sack 230
Dú Pago de Valdeátima 166
Dueto de Fontana 191
Durius Magister 160

E
E Terna Selección Prieto Picudo 164
Edición Summa 158
Ego Primus Crianza 32
EI Vínculo 176
El Arbol Crianza 210
El Chapparal 96
El Maestro Sierra VORS Oloroso 232
El Nido 217, 220
El Pecado 132
El Regajal Selección Especial 198
El Rincón 198
El Sequé Roble 209
El Templarí 73
El Vínculo Reserva 176
Eméritus 21
Emoción 85

Enate Cabernet Sauvignon Reserva 84
Enate Merlot-Merlot 84
Enate Reserva Especial 84
Enate Rosado 84
Enate Syrah-Shiraz 84
Enate Uno Chardonnay 84
Enrique Mendoza Cabernet Sauvignon/Shiraz Reserva 208
Enrique Mendoza Monastrell Estrecho Crianza 208
Enrique Mendoza Petit Verdot Crianza 208
Entremontes 178
Ercavio Limited Reserve 182
Ercavio Roble Tempranillo 182
Escena 22
Esencia Monjardín 99
Espectacle 70
Espolla 54
Este 245
Estecillo Legado Viñas Viejas 86
Eterna Selección Prieto Picudo 153
Eterna Selección Garnacha 153
Evo 92
Evohe 89

F
FA 112 33
FA 206 33
Facus 169
Falcata Casa Gran Arenal 213
Félix Martínez Cepas Viejas Reserva 198
Finca Antigua Reserva 179
Finca Antigua Syrah 179
Finca Cerrada Crianza 178
Finca de Malpica 184
Finca El Bosque 116
Finca Élez Crianza 22
Finca Garbet 54
Finca la Hoya de Santa Ana 219
Finca la Milana 33
Finca Marisánchez Roble 194
Finca Moncloa 245
Finca Muñoz 177
Finca Muñoz Cepas Viejas 177
Finca Muñoz Cepas Viejas Barrica 183
Finca Notario 135
Finca Sandoval 185
Finca Santa Sabina 83
Finca Terrerazo 215
Fino Quinta 232
Fino San Patricio 230
Flor de Merlot Rosado 82
Flor del Montgó Organic Joven 33
Fondillón 1980 Gran Reserva 206
Fondillón Gran Reserva Solera 1948 206
Fontal 177
Fontela 162
Fransola 63
Furia de Elviwines 190

G
Gabarda IV Crianza 88
Gabarda PV 88
Ganuza Reserva 117
Garnacha de Fuego 85
Garnacha del Terreno 89
Gazate Chardonnay 178
Gémina Premium Reserva 219
Generación 1 210
González Byass Añada 230
González Byass Finest Dry Palo Cortado 232

Goya 232
Gracia PX 244
Graciano 183
Graciano Grano a Grano 112
Graciano Reserva 213
Gran Barquero Amontillado Seco 244
Gran Barquero Fino 244
Gran Barquero PX 244
Gran Eroles Reserva 82
Gran Feudo 94
Gran Feudo Rosado criado sobre lías 101
Gran Fontal Vendimia Seleccionada 191
Gran Reserva 904 114
Gran Verán 257
Gran Vino de Pago de Arínzano 23, 94, 96
Gran Viu Selección Reserva 89
Gran Vos Reserva 83
Grans Muralles 60, 63
Grego Crianza 198
Grego Roble 198

H
Habla Nº 1 – Nº 5 251
Hache 82
Hacienda Albae Selección Barrica 183
Harvey's Bristol Cream 230
Hécula 222
Heredad Candela Monastrell 223
Heredad Candela Petit Verdot 217, 223
Heretat de Cesilia Selección de Barricas 214
Higueruela 187

I
Imperial 107
Ines de Monclús 82
Iniza Cabernet 245

J
Jabalí Garnacha-Syrah 88
Jalifa VORS Amontillado 232
Janus 145
Jardín de Lúculo 97
Jaume Codorníu 79
Jaume Mesquida Negre 258
José L. Ferrer Crianza 261
José L. Ferrer Reserva 261
Juan Gil Monastrell 219
Juan Gil Monastrell 12 meses en barrica 219
Juan Gil Monastrell de Cepas Viejas 219

K
Kios Tempranillo 182
Kyathos 222

L
L'Ame de Altolandon 187
L'Angelet 33, 211
L'Angelet d'Or 211
L'Ermita 67, 68
La Aurora Solera 1981 PX 244
La Cañada PX 244
La Era Rioja DOCa Viñedo unico 33
La Estacada Syrah Merlot 182
La Faraona 162
La Garriga 54
La Huella de Adaras 186
La Ina 232
La Mala 143
La Nieta tinto 116

La Plazuela 182
La Sacristía de Romate 232
La Vega de Adaras 186
La Vicalanda Reserva 105
La Viña de Andrés Romeo 117
Labor del Almadeque Reserva de la Familia 210
Laderas de El Sequé Joven 209
Lagar de Cervera 128
Landó de Arúspide 196
Langa Centenaria 86
Las Gravas 221
Las Lamas 162
Las Reñas Monastrell 218
Las Reñas Selección 218
Laudum Garnacha Syrah Barrica 205
Lausos 260
Lavia Monastrell-Syrah Crianza 218
Lavia+ 218
Leda Tinto 168
Legado Muñoz 184
Leles de Bordejé Roble 87
Leonor Lalanne Merlot 82
Les Alcusses 214
Lignum 33
Llanos de Almendro 143
Longus 88
López Panach Barrica 183
López Panach Selección 183
Los Galanes 173
Los Galanes Tinto 178
Luis Saavedra Garnacha Cepas Viejas Crianza 33

M
Macià Batle Reserva Privada 257
Madroñal Crianza 218
Maduresa 214
Magma 267
Magnanimvs Vino de Autor 215
Magnificus 22
Malaveina 54
Malpaso 188
Malpica Vendimia Selecciónada 183
Manga del Brujo 86
Mano a Mano 176
Manu Vino de Autor Crianza 198
Manuel de la Osa Vino de Autor 33, 181
Manzanilla La Guita 232
Manzanilla San León Clásica 232
Mar de Frades 128
Mariage Riserva 199
Marín Garnacha 88
Marius Reserva 186
Marqués de Castilla 173
Marqués de Castilla Tinto 178
Marqués de la Sierra 245
Martúe Chardonnay Barrique 183
Mas Estela Garnacha d'Empordà 55
Mas la Plana 63
Matusalem 232
Mauro Vendimia Seleccionada 168
Mazuelo de la Quinta Cruz 112
Mederaño de Freixenet 76
Megala 212
Meler Barrica 83
Menade Verdejo 153
Mesta Tempranillo 191
Mestizaje 215
Milmanda 60
Miquel Oliver Syrah Negre 258
Mira Salinas 207
Mirto 117

Misterio de Fontana Joven 189
Misterio de Fontana Roble 189
MO 207
Molino Real 243
Moncerbal 162
Mont Reaga Clásico 182
Mont Reaga La Esencia 182
Montalvo Cabernet de Familia 183
Montcabrer 215
Monte de las Mozas 185
Monte Real 114
Monte Valonga Merlot 89
Monte Valonga Syrah 89
Montecillo Gran Reserva Especia 114
Montecristo 244
Montecruz Tempranillo Selección 196
Montesierra Agricultura Ecológica 85
Montesierra Rosado 85
Moralia Verdejo 183
Morfeo 153
Moscatel Ainzón 90 Días Barrica 87
MR Mountain Wine 243
Museo 196
Museum 166

N
Naranjuez Prisa Mata 245
Nevados Viognier 183
No. 4 Esencia 241
Noé 232
Nou Nat 260
Nuestra Selección 22
Numanthia 156

O
Ojos del Guadiana Tempranillo Reserva 178
Omblancas Selección Especial 219
One for One Varietal Airén 173
Opta Calzadilla 183
Ossian 26, 152
Otazu Chardonnay 94
Otero 169

P
P 3 163
Paciencia 156
Page del Vicario Petit Verdot 184
Pago de Carraovejas Joven 149
Pago de Huechaseca Barrica 87
Pago de Irache 23
Pago de los Balagueses Crianza 211
Pago de Tharsys Vendimia Nocturna 215
Pago del Ama Barrica 183
Pago del Ama Syrah 182
Pago Negralada 169
Pagos de Marìa 257
Palacio de Borno 153
Palacio de Ibor Reserva 194
Palacio de Sada Garnacha Centenaria 97
Palacio Quemado 251
Palmera 211
Parque Natural Dulce 207
Parra Celsius Crianza 181
Parra Graciano 181
Parra Syrah Irjimpa 181
Partal Vino de Autor 218
Pasamonte 213
Pasiego de Autor Crianza 210
Paso a Paso 175
Pasoslargos Roble 242

REGISTER DER WEINE   287

Pasrtal Selección 37 Barrica 218
Pazo de Barrantes 128
Pazo de Villarei 128
Pazo Señorans Selección
  de añada 128
Peique Selección
  Familiar 163
Peréz Pascuas 151
Perpetual 69
Peruco Reserva 199
Pétalos 162
Petit Grealó 33
Pie Franco 152
Piélago 188
Pingus 149
Pinuaga 12 Meses en
  Barrica 183
Pirineos Gewürztraminer 85
Pizarra 132
Pont de Molins 54
Pontos 1932 205
Pontos Cepa 50 205
Portell 60
Prado Enea-Gran Reserva 115
Prado Irache 94
Primeros Viñedos 97
Puerta de Alcalá Crianza 198
Puerta de Alcalá Reserva 198
Puerta Salinas 207

Q
Quaderna Via Reserva 33
Qubel Nature 198
Qubel Paciencia Reserva 198
Quercus 191
Quincha Corral 215
QV 33

R
»R.« (Erre Punto) Maceración
  Carbónica 117
Rafael Cambra Dos 213
Rafael Cambra Uno 213
Ramos Paul 242
RD 261
Real de Asúa 107
Realce 185
Recato 183
Reina Cristina 79
Reserva de Familia PX 242
Reserva Martí 33
Reserva Real 63, 65, 79
Rex Deus 89
Ribas de Cabrera 260
Rocal Tinto 85
Roda 117

S
Sa Vall Selcció Privada 258
Saint Jacques 163
Salia 185
San Martín 162
San Vicente 116

Sandeman Medium 232
Sandeman PX Royal
  Ambrosante 232
Sangre de Toro 63
Santa Cruz de Artazu 96
Santa Elena Blanco 173
Santa Rosa Reserva 208
Santo Cristo 60 Aniversario
  Garnacha 87
Schatz Petit Verdot 33, 242
Schatz Pinot Noir 242
Secastilla 83
Secua Cabernet Syrah 182
Selección 40 Barricas
  Tempranillo 191
Selectus 181
Señorío de Guadianeja 175
Series Limitadas 83
Serrata Crianza 205
SES Ferritges 258
Ses Marjades 260
Sierra Salinas 1237 207
Siete Vin 245
Signo 185
Sio 260
Siscar 218
Solear 232
Solera India 232
Solera PAP 232
Solera Su Majestad VORS
  Oloroso 232
Solo 08 Syrah 87
Son Blanc 258
Son Blanc Chardonnay 33
Son Bordils Chardonnay Bota 260
Sotorrondero 188
Stairway To Heaven 259, 260
Sueño de Megala 212
Summa Varietalis 21
Sybarus Crianza 210
Syrah Valtosca 217

T
Taberner 239, 245
Tacande 267
Tadeo 242
Tagalguén Listán negro 267
Tagonius Crianza 199
Tagonius Gran Vino
  Selección Reserva 199
Tagonius Varietal Syrah 199
Taja Excelencia 219
Tanajara 267
Tauromaquia Amontillado 244
Tauromaquia Fino 244
Teatinos Syrah 191
Teixar 70
Tempore Roble 89
Termanthia 156
Terra Grande 186
Terrai 88
Terreus 168
Terry Oloroso 232

Tinto Pesquera 14, 145
Tío Mateo Fino 232
Tio Pepe 13, 230, 231, 232
TNS 185
Tochuelo 199
Tomás García PX 244
Tomillar 178
Torre de Barreda Pañofino 183
Torre Muga 115
Torrent Negre Cabernet
  Sauvignon 258
Torrent Negre Merlot Selcció
  Privada 258
Toscar Cabernet Sauvignon
  Crianza 206
Trapío 222
Traslanzas 166
Trasnocho 117
Trenza 222
Tres Patas 188
Tres Picos 87
Trilogía 33, 212
Troncal Roble 183
Txomín Etxaníz 119

U
Ucedo 163
Uva d'or Moscatel 213

V
V3
Vaermador Ecológico
  Barrica 205
Valbuena 5° año 146
Valche Crianza 218
Valdeazor 195
Valdelosfrailes Vendimia
  Seleccionada 166
Vallegarcía Cabernet
  Sauvignon – Merlot 183
Vallegarcía Viognier 183
Valserrano Finca Montevieja 105
Valsotillo 150
Valtuille 163
Varietales del dos Mil Cuatro 84
VD 158
VdV (Vino de Verdad) 153
Vega Córcoles Airén 173
Vega Enix Laurenti 245
Vega Enix Syntys 245
Vega Guijoso 22
Vega Ibor Tempranillo
  Barrica 194
Vega Infante Madurado
  en Barrica 209
Vega Libre Rosado 210
Vega Sicilia Único
  Gran Reserva 146
Vega Sicilia Único
  Gran Reserva Especial 146
Vega Tolosa Finca los Halcones
  Cabernet Sauvignon 185
Vegalfaro Blanco 211

Vegalfaro Crianza 211
Vegardal Cuco del Ardal 219
Veiga Naúm 128
Venta d'Aubert Blanco 89
Venta d'Aubert Merlot 89
Venta del Puerto No. 12 212
Venta del Puerto No. 18
  Vendimia Seleccionada 212
Venta la Ossa 176
Ventus Reserva 89
Venus 70
Verán 257
Veratón 87
Verbenera Fino 244
Verdeval 205
Verdil de Gel Barrica 212
Vetas Selección 242
Viaril 185
Victorino 156
Viejas Viñas Dulce 241
Villa de Corullón 162
Viña al Lado de la Casa 222
Viña Albali 193
Viña Albali Selección Privada
  Gran Reserva 193
Viña Albina
  Gran Reserva 114
Viña Ardanza Reserva 114
Viña Castaro Crianza 210
Viña Consolación 22
Viña Cuerva Airén 173
Viña El Olivo 105
Viña El Pisón 117
Viña Lastra Ecológico 195
Viña Pedrosa 151
Viña Sol 63
Viña Tondonia 105
Vinana 242
Viñas del Vero Chardonnay 83
Vinícola del Oeste Reserva 210
Vins Toni Gelabert
  Chardonnay 258
Vinya del Vuit 69
Vinya Laia 33
Vinya Sa Cudia Malvasía 261
Vionta 128
Virgilio PX 244
VVV 219

W
Wrongo Dongo 222

X
Xestal 163

Y
Yllera 168
Yugo 178
Yugo Blanco 173

Z
Zemis 64
Ziries 183

Danksagung

Für die fachkundige und tatkräftige Unterstützung bei der Realisierung dieses Buches dankt der Verlag sehr herzlich Pablo Calvo *(Leiter Abteilung Wein, ICEX/Spanische Wirtschafts- und Handelsabteilung in Düsseldorf)* und Sonja Overhage-Mrosk *(Stellv. Leiterin Abteilung Wein, ICEX/Spanische Wirtschafts- und Handelsabteilung Düsseldorf)*.

Fotos

Armin Faber, Düsseldorf

Weitere Fotos

S. 6 Holger Leue/LOOK; S. 11, 62, 94 Pablo Neustadt/ICEX; S. 39 age foodstock/LOOK; S. 40 Armin Faber/Stockfood; S. 44 Harold Heckle/ICEX; S. 45 links Monica Gumm/Bildagentur Waldhäusl; S. 59 age foodstock/LOOK; S. 92 Blanca Berlin/ICEX; S. 112 Mick Rock, von Cephas/Stockfood; S. 125 Brigitte Merz/LOOK; S. 132, 137 Wolfgang Mathäß; S. 152 Miguel S. Moñita, Lucía M. Diz/ICEX; S. 155 age foodstock/LOOK; S. 158 Pablo Calvo; S. 182 Wolfgang Mathäß; S. 193 Felix Solis; S. 249 age foodstock/LOOK; S. 266 Wolfgang Mathäß; S. 268 Holger Leue/LOOK

Titelbild

Janine Polte, Independent Medien Design, München

Liebe Leserinnen und Leser,
vielen Dank, dass Sie sich für dieses Buch entschieden haben. Ihre Meinung ist uns wichtig – bitte senden Sie uns Ihre Fragen, Anregungen, Kritik oder Lob. Wir freuen uns auf Ihre Nachricht!

GRÄFE UND UNZER VERLAG
Leserservice
Postfach 860313
81630 München

Wir sind für Sie da!
Montag – Donnerstag: 8:00 – 18:00 Uhr
Freitag: 8:00 – 16:00 Uhr

Tel.: 0180-5005054*
Fax: 0180-5012054*
E-Mail: leserservice@graefe-und-unzer.de

*(0,14 €/Min. aus dem dt. Festnetz/Mobilfunkpreise können abweichen)

© GRÄFE UND UNZER VERLAG GmbH
Grillparzerstr. 12, 81675 München

Alle Rechte vorbehalten.
Nachdruck, auch auszugsweise, sowie Verbreitung durch Bild, Funk, Fernsehen und Internet, durch fotomechanische Wiedergabe, Tonträger und Datenverarbeitungssysteme jeder Art nur mit schriftlicher Genehmigung des Verlages.

Alle Angaben in diesem HALLWAG-Weinbuch wurden gewissenhaft geprüft. Für eventuelle Fehler übernimmt der Verlag keine Haftung.

Projektleitung: Claudia Bruckmann
Redaktion: Martin Waller, Buchproduktion Werkstatt München GbR
Konzept: Marc Strittmatter
Gestaltung: independent Medien-Design, Janine Polte, München
Herstellung: Markus Plötz
Satz: Anja Dengler, Buchproduktion Werkstatt München GbR
Repro: Wahl Media, München
Druck und Bindung: Firmengruppe APPL, aprinta druck, Wemding
Karten: Joachim Zwick, Gießen

HALLWAG ist ein Unternehmen der
GRÄFE UND UNZER VERLAG GmbH, München
GANSKE VERLAGSGRUPPE.

leserservice@graefe-und-unzer.de
www.hallwag.de

ISBN 978-3-8338-1619-2